两宋风云

从盛世繁华到风雨飘摇

丁守卫◎著

中国铁道出版社有限公司
CHINA RAILWAY PUBLISHING HOUSE CO., LTD.

图书在版编目（CIP）数据

两宋风云 ：从盛世繁华到风雨飘摇 / 丁守卫著.
北京 ：中国铁道出版社有限公司，2025. 7. – ISBN
978-7-113-32467-4

Ⅰ. K244.09

中国国家版本馆 CIP 数据核字第 2025SL0346 号

书　　名：两宋风云：从盛世繁华到风雨飘摇
LIANG SONG FENGYUN：CONG SHENGSHI FANHUA
DAO FENGYU-PIAOYAO

作　　者：丁守卫

责任编辑：冯彩茹　　　　**电　　话：**（010）51873005
封面设计：赵　兆
责任校对：刘　畅
责任印制：高春晓

出版发行：中国铁道出版社有限公司（100054，北京市西城区右安门西街 8 号）
网　　址：https://www.tdpress.com
印　　刷：河北宝昌佳彩印刷有限公司
版　　次：2025 年 7 月第 1 版　2025 年 7 月第 1 次印刷
开　　本：710 mm×1 000 mm 1/16　**印张：**20　**字数：**308 千
书　　号：ISBN 978-7-113-32467-4
定　　价：98.00 元

目录

第一章

黄袍下的自私与怯懦

两宋皇帝，给人的总体印象，倘若用一句话来概括，应该说是“看似精明，实则糊涂”，或者叫作“有小聪明而无大智慧”。就说开国皇帝赵匡胤吧，表面上看起来，绝对是个“人精”，但实际上，却是鼠目寸光的糊涂虫，究其原因，乃是由于其黄袍下面掩藏着人性的自私与怯懦。

阴谋家的发迹史

后唐天成二年（927 年）二月十六日，赵匡胤出生在河南洛阳夹马营。据说，他出生时身上有一股异香，三日不散。因而，他从小就有一个好听的乳名，叫作“香孩儿”。很有可能，这是在赵匡胤当了皇帝之后，其本人或是一些拍马溜须之徒的蓄意杜撰，意在证明他乃天命所归的真龙天子，生有异征，不同凡人。实际上，赵匡胤能当上皇帝，虽然有一些天命即运气的成分，然而更多的似乎还应归因于他的精明与能干。

从史书上看，赵匡胤出身于一个普通人家，几乎没有任何背景。他的父亲赵弘殷虽说曾是后唐、后晋、后汉、后周四代王朝的禁军将领，但却是一个没有多大长进的下级军官。赵匡胤出生时，家道中落，所以，赵匡胤日后的出人头地完全是靠他个人打拼得来的。或者，换句文绉绉的话说，他的奋斗史完全是由他自己一个人去书写的。

尽管时间已经过去了一千多年，但在今天，读赵匡胤的个人奋斗史或者叫发迹史仍然觉得很有意思。就像梁羽生和金庸武侠小说中的人物一样，早年赵匡胤的经历也很有传奇色彩。或者，用《水浒传》里的话说，年轻时的赵匡胤“风风火火闯九州”，“端的是一条好汉”。

据史料记载，由于生于“五代十国”这样一个乱世年间，更由于受家庭的熏陶，赵匡胤从小便喜欢舞枪弄棒，练就了一身好武艺。据传说，千百年来广泛流传于我国北方被称为中国武术界六大名拳之一的“太祖长拳”就是赵匡胤当年独创的，此外，武术中的“大小盘龙棍”，也就是“双节棍”，据说也是赵匡胤发明的。所以，若论武功，赵匡胤绝对是中国皇帝中的冠军，即使是后来的成吉思汗与忽必烈这些马背上的皇帝，倘若单打独斗起来，也绝对不是他的对手。

也许正是由于自恃有一身好武艺，二十一岁那年，赵匡胤决意离开虽不富裕但还算温暖的家，只身到外面闯荡江湖，由此谱写了一曲成功的“流浪者之歌”。

在刚开始的两年中，他简直就像个没头的苍蝇，到处乱转，不仅人生没有目标，生活也没有着落，就像一个流浪汉。最惨的时候，竟然靠在街边设赌局骗钱来填饱肚子。由此可见，在落难时，这位大宋开国皇帝混得确实不怎么样，和早年曾当过和尚、做过乞丐的明朝开国皇帝朱元璋简直就是难兄难弟。相传，有次在与人赌钱时，赵匡胤竟然遭到了当地一伙流氓的围攻殴打，可想而知，这位未来的大宋开国皇帝在当时落魄到了怎样的一种程度。

就在年轻的赵匡胤在人生之路上穷困潦倒陷入极度迷茫时，即所谓的“山重水复疑无路”的时候，有一天，一个很偶然的机会，一个老和尚竟然为他指点了迷津。

那是后汉乾祐二年（949年）的秋天，到处流浪的赵匡胤到了汉水边上的重镇襄阳，因为没有钱住店，便栖身在一座寺庙里。在我国的许多武侠小说中，通常都把一些寺庙的住持或方丈描写成能通阴阳、明八卦、上知神佛、下晓鬼神的世外高人，赵匡胤在襄阳栖身的这座寺庙的住持便是这样一位接近于半神半人的高僧。当时，这位住持已年近百岁，因饱经沧桑，阅人无数，所以，乍一看到赵匡胤，他便觉得这位个头不高，虽风尘满面却难掩英挺之气，衣衫褴褛然全无寒酸之态的年轻人绝非池中之物，日后一定会富贵至极。于是，老和尚便将赵匡胤待为上宾，热情接待。他与赵匡胤谈古论今，彻夜倾谈，指教赵匡胤说，如今汉水以南社会稳定，英雄无用武之地，难有作为；而北方现在兵荒马乱，征战不休，自古乱世出英雄，正好可以大显身手。说到最后，老和尚忽然有些神秘地微笑着，用一种异样的眼光凝神看着赵匡胤说：“老衲不知道少年英雄奈何南下，而不北上去建功立业？”

一语惊醒梦中人。经老和尚这么一点拨，赵匡胤顿时如醍醐灌顶，茅塞顿开，第二天一大早立即掉头北上。临别时，老和尚倾囊相助，赠送给赵匡胤一大笔重金，又将寺中唯一的一头毛驴送给他作为脚力。

与老和尚传奇般的相遇，可以说使赵匡胤的人生峰回路转，出现了戏剧般的变化。

一年后，赵匡胤来到邺都（今河北大名东北），投奔到后汉枢密使郭威麾下，当了一名普通的士兵，从此正式结束了流浪汉的生涯。一个新的颇具传奇色彩的时代开始了。

因为武艺高强，作战勇猛，头脑又很灵活，所以，年轻的赵匡胤很快便在一大堆士兵中脱颖而出，得到了郭威养子柴荣的赏识。乾祐三年（950 年），郭威发动兵变，于次年夺取皇位取代后汉自立，成为后周的开国皇帝。954 年，郭威病死，因没有儿子，其抢来的皇位只好由其养子柴荣继承，是谓周世宗。柴荣即位以后，受其赏识的赵匡胤自然被调到中央禁军任职，成了一名经常待在皇帝身边的中级军官。

显德元年（954 年）二月，趁柴荣即位不久，当时的北汉勾结辽国契丹大举入侵后周。时年只有三十三岁的柴荣决定御驾亲征。双方在高平（今山西晋城东北）展开激战。当时，敌强我弱，后周军队严重受挫，形势岌岌可危。赵匡胤虽说还只是个普通的禁军将领，但在后周的两员大将贪生怕死临阵脱逃的关键时刻，看到周世宗柴荣身先士卒，拼死作战，他深受感动，大声疾呼："皇上这么危险，主危臣死，我们怎么能不拼死作战？"说罢，便奋勇杀入敌阵，后周士气由此大振，并很快反败为胜。

战后，周世宗柴荣破格将赵匡胤提拔为殿前都虞候，一战成名的赵匡胤由此一跃而跻身到高级将领的行列。所以，从某种意义上说，高平之战的最大赢家是赵匡胤，故后世史学家称这场战役为赵匡胤肇基皇业的开始。

如果事情仅仅只是到此为止，赵匡胤不过是个高级将领罢了，绝对不会成为后来的赵匡胤，人们也根本看不清其实也压根就看不到他那野心家的真实面目。但随后的一系列征战，不仅使赵匡胤立下了显赫战功，也使他在军队内外获得了广泛的人际关系网络，而且，他的赌徒心理也被渐渐激活。

就这样，由于各种内外因素的杂交与耦合，一个野心家渐渐破壳而出，浮出了水面。

赵匡胤做人做事外粗内细、外憨内精，表面看来，方头大耳的他为人处世大大咧咧，但实际上，却很有城府，心机颇深，绝对不是那种四肢发达、头脑简单的一介武夫。

也许因为闯荡过江湖，据说赵匡胤身上颇有些江湖义气，犹如当年瓦岗寨的秦琼、程咬金以及后来的梁山泊好汉那样，平时他非常重友情，讲义气，仗义疏财，慷慨大方，真正是有酒大家喝、有肉大家吃、有钱大家花。但是，不同的是，如果说秦琼、程咬金以及后来的梁山泊好汉的这些表现完全是个人性格的真实流露，没有任何的做作与虚伪，而对于赵匡胤来说，其中固然有其性格的自然流露，但更多的是出于个人不可告人之目的所作的虚情假意的伪装与表演。

赵匡胤是从什么时候开始对皇位产生觊觎之心的？无法考证，也无须考证。但可以肯定地说，自从高平之战后，周世宗出于对他的信任，让他全权负责整顿军队，并组建殿前司诸军，曾经在街边靠设赌局骗钱的他便乘机开始玩弄伎俩，暗中准备。

从史书上看，赵匡胤的篡位之路走得异常顺坦，可以说，只下了五步棋，便将后周之“帅”将死，真正是探囊取物一般，很轻松地便将一枚传国玉玺抢夺到了自己的囊中。

民间有一句谚语叫未捕鱼先结网。在篡夺皇位的道路上，赵匡胤所下的第一步棋，显然也是最为重要的一步棋便是罗织党羽，培植势力，用现在的话说就是拉帮结派，构建自己的关系网。

赵匡胤这人很有心机，还在当士兵时，他便很注意经营人际关系。后来，随着官职与地位的不断提升，更是利用手中的权力和资源做人情，暗中广结人缘，罗织党羽，培植自己的势力。经过多年的苦心经营，他终于在军队当中逐渐编织了一个盘根错节的关系网，形成了一个庞大的政治集团，或曰“赵匡胤集团”。其中，最著名的便是“义社十兄弟”，他们是杨光义、石守信、李继勋、王审琦、刘庆义、刘廷让等人。当年，这些人都是郭威麾下的得力干将，然而，此一时，彼一时。如今，经不住赵匡胤以结拜兄弟等方式的拉拢，这些都很有实力的武将全都陆续成了赵匡胤生死相交、患难与共的铁哥们。

尽管网罗了一大批手握重兵的中高级将领，但赵匡胤的聪明之处就在于，平时喜欢读书的他深知，如果没有像姜子牙、张良这样的谋臣策士的辅佐，光靠一批“猛张飞”无论如何是难以成就大事的。所以，在看似不经意间，他又千方百计地网罗了一批谋士，最著名的便是赵普，此外还有吕余庆、刘熙古、沈义伦、李处耘、王仁赡等人。

后来的事实证明，这些武将和谋士竭忠尽智，为赵匡胤日后篡夺大位和巩固政权发挥了不可或缺的重要作用。

赵匡胤下的第二步棋可谓标新立异，突出自己。史载，赵匡胤早年每次征战时都要刻意“打扮”，挖空心思竭力让自己的装束、兵器显得与众不同，他所骑的战马也被他装饰得耀眼夺目。这种“包装”想必是受了唐朝颇具英雄传奇色彩的“白袍小将”薛仁贵的影响。对其行为和做法，当时军中有许多人不解，认为他这样打扮在作战中很容易被敌人发现，成为众矢之的而招致不必要的危险。殊不知，赵匡胤要的就是这种效果，他这样刻意为之，目的是突显自己勇猛善战的形象。这使得赵匡胤在后周军中的知名度却越来越高。

但赵匡胤对自己的炒作仅限于军事方面，竭力塑造和突显自己英勇善战奋不顾身的“战将”形象，而在政治方面，他却尽量伪装自己，表现得对政治似乎天生愚钝，丝毫不感兴趣。流传至今的史料中，几乎看不到这期间赵匡胤参与过军事之外的任何政治活动。一句话，在表面上，他绝对不会犯忌，稀里糊涂地去涉足政治这一敏感的“雷区”。仅此可见，赵匡胤的确很有心眼，精明过人。

说来，赵匡胤真的就像是一个高明的棋手，每步棋该走什么，究竟怎样走，他都胸有成竹，非常清楚。在走好前两步棋后，接下来，他所走的第三步棋便是陷害对手，消除障碍。

原来，赵匡胤尽管这些年像乘火箭似的，由一名普通士兵一跃而成殿前都指挥使，但毕竟只是军中的第三把手，在他的头上起码还有两个人，那便是殿前都点检张永德，以及侍卫亲军都指挥使李重进。张永德是后周建立者郭威的女婿，而李重进则是郭威的外甥。他俩都手握重兵，是后周禁军的最高指挥官。赵匡胤深知，自己要想篡位成功，就必须彻底推翻这两座压在自己头上的“大山”。

显德六年（959 年）春天，周世宗在北征契丹的途中，偶尔发现一块木牌，上面隐隐约约写着“点检做天子”的字样。周世宗看了顿时起了疑心，对自己的姐夫殿前都点检张永德自此再也放心不下。为了防止肘腋生变，回到开封后，他立即用明升暗降的方式解除了张永德殿前都点检的职务，而让自己信得过的赵匡胤担任了这一重要职务。

事后想想，这一事件显然是有人栽赃陷害张永德，写木牌的人当然不可能是张永德自己，因为，即便是张永德再怎么愚蠢，也断然不会自己陷害自己，所以，这一事件的幕后主使，很有可能就是赵匡胤。

张永德倒台后，很快，赵匡胤又通过裙带关系让符太后一纸诏书把李重进贬到扬州。周世宗去世后，年仅七岁的皇子柴宗训即位，趁这当口，赵匡胤又悄然对军队进行了大改组、大换血，将军队的中枢机关和中央禁军将领全部换成了自己的把弟兄。

至此，赵匡胤几乎已经完全控制了整个军队，篡夺皇位可谓已经瓜熟蒂落。

于是，在赵普等人的参谋策划下，赵匡胤又下了第四、第五步棋，将后周小皇帝柴宗训完全逼进了死角，直至“劫杀”，使其推枰认输，束手就擒。

骗子的伎俩

周世宗柴荣是在显德六年去世的，死时才三十九岁。一代明君英年早逝，赍志而殁，想来一定会死不瞑目。然而，倘若九泉有知，更让他追悔莫及的显然还不是这事，而是他在临终前解除自己的姐夫张永德殿前都点检之职，升赵匡胤为检校太傅、殿前都点检，在政治上所犯的这一低级而又致命的错误。

的确，仅仅发现了一块“点检做天子”的牌子就上当受骗，而让骗子的伎俩轻易得逞，一向并不糊涂的世宗皇帝当时也真的是很轻率，颇欠考虑，由此，犯下了永远不可饶恕的历史性错误。

不妨设想一下，在赵匡胤略施小计便取代张永德成为军队的最高长官，几乎完全掌控了整个军队后，即使是周世宗柴荣不死，料想他后面的日子也不会好过。有赵匡胤这样一个拥有绝对实力的野心家、阴谋家整天在自己的“卧榻之侧”虎视眈眈地“伺候”着，可想而知，他的皇位一定会危如累卵，朝不保夕，而早有不臣之心的赵匡胤发动政变取而代之也只是迟早的事。

但是，说来也真是不幸中的万幸，是老天帮助周世宗逃过了一劫，由于过早离世，他才幸运地没有遭受到由座上君变为阶下囚的奇耻大辱。

事实上，周世宗死后，小皇帝即位，手握重兵的赵匡胤篡夺皇位可谓易如反掌。但是，尽管胜券在握，赵匡胤还是不愿贸然行事，明火执仗肆无忌惮地抢夺小皇帝屁股底下还没坐热的龙椅，究其原因，当然不是于心不忍，不好意思，而是在“知书识礼”的赵匡胤看来，以下犯上本就是大逆不道之事，完全赤裸裸地从孤儿寡母手中去抢皇位，怎么说都显得有些名不正言不顺，在道德上会遭到天下以及后代人的谴责。所以，在皇位已经很容易就会到手的情势下，用坊间老百姓的话说，赵匡胤总想把事情做得漂亮点，使自己的篡位行径尽量显得冠冕堂皇，名正言顺。

如此一来，他便又接二连三、一气呵成掷出第四、第五步棋，即制造舆论，妖言惑众，以及谎报军情，发动兵变。或者，换句话说，在赵普等人的共同策划下，惯于行骗的赵匡胤瞒天过海，欺世盗名，煞有介事地上演了一出极为精彩的篡位好戏。

那是显德七年（960 年）的大年初一，后周君臣正在庆贺新年，也许当时小皇帝柴宗训还正在宫中欢欢喜喜地看一帮小太监燃放烟花爆竹，或是在看什么杂耍，忽然一封来自北方边境的“紧急战报”送到了他的手中。那战报上说，辽国契丹与太原的北汉联军联合南下，大举入侵，军情紧急，请求朝廷速速派兵救援！

由此可见，大幕开启，这场“戏剧”从一开始就引人入胜，扣人心弦。

对这样一封十万火急的“战报”，才八岁的小皇帝柴宗训和他的后娘其实也是小姨符太后自然信以为真，不敢怠慢，于是慌慌张张地赶忙找来托孤大臣——宰相范质、王溥在一起商议，而商议的结果则是“兵来将挡，水来土掩”，于是，小皇帝柴宗训按照两位老宰相的授意，当即命令时任归德军（治所宋州，在今河南商丘南）节度使兼检校太尉以及殿前都点检的赵匡胤率军前往御敌。

显然，这一决定正好中了赵匡胤的下怀，将一支当时为后周最精锐的王牌部队交到他的手里，由他带领前去“御敌”征战，不啻是小皇帝柴宗训和他的后娘符太后在不知不觉中亲手送给赵匡胤的最好的新年的“礼物”，事实上也无异于是小皇帝把自己的玉玺当玩具一样稀里糊涂地送到了赵匡胤的手里。所以，当接到小皇帝命他火速率军御敌的诏令后，赵匡胤一时竟禁不住心花怒放，喜形于色。

就这样，在接到诏令的第二天，也就是大年初二，赵匡胤便名正言顺地把一支队伍骗到了手中，借出征御敌为名，带领这支大军浩浩荡荡地离开了京城。

可以想见，也许就在昨天夜里，赵匡胤的心还一直悬在半天云中，生怕夜长梦多，担心小皇帝和符太后，当然还有宰相范质、王溥会起疑心，对那封十万火急的“军事战报”产生怀疑，或者，对由他赵匡胤带兵出征产生顾忌，因而会临时变卦。然而，到了大年初二的早上，眼见一切波平浪静，他那一颗悬了很久的心才渐渐放了下来。

显然，一场由他和赵普等人精心创作与导演的大戏正在显德七年的春节按部就班地上演。从始至终，小皇帝柴宗训和那些托孤大臣几乎都被蒙在鼓里，因而舞台上根本看不到他们的身影，只有赵匡胤和他的一帮拜把子兄弟，再有便是许多“群众演员”——那些刚刚从小皇帝手里接管的军队显得异常活跃。在赵匡胤看来，有这样一支国家最精锐的军队实实在在地控制在自己的手里，那“新年的礼物”事实上已经指日可待，乃至于唾手可得。

据史书记载，当大军离开汴京景爱门来到距离汴京东北四十里的陈桥驿后，一个名叫苗训的都指挥使号称会看天象，那天忽然走到人群前，煞有介事地指着天空，神秘兮兮地说有两个太阳在天上打架，苗训说：“那两个太阳，一个先没落了，后一个光芒四射。那先没落的就是周，后一个光芒四射的将应验在点检身上。天象已现，就在眼前，这是天命。”

这话立刻在军队中风传开来。而在这之前，所谓“将以出军之日，策点检为天子”的传闻这些天也一直在汴京城里四处蔓延，广为流传。

在正式篡位之前，大打舆论战，攻心战，由此可见，以赵匡胤为首的政变集团是何等精明与阴险！

紧接着发生的历史上有名的“陈桥兵变”与“黄袍加身”事件是大家都知道的，当几乎所有的将士都被诱骗而鼓动得群情激昂、“众望所归”，一致要求“不如应天顺人，先立点检为天子，然后北征”，用现在的话说就是把自己的思想和行动都自觉或不自觉地统一到赵匡胤等人的阴谋意图上来，旗帜鲜明地与他们保持一致时，事实上，这场旨在拥立新的皇帝的军事政变已经箭在弦上，不可遏止。可是，身为这场“政治戏剧”总策划、总编剧与总导演，同时也当仁不让在剧中成功地扮演了最佳男主角的赵匡胤却忸怩作态，大“秀”一把，故意显得“茫然无知”，好像眼前所发生的一切全然与自己无关。

兵变是在大年初三的凌晨发生的。据说，当数千将士一齐聚集到赵匡胤宿营的大帐周围，吵吵嚷嚷地准备拥立赵匡胤为天子时，由于昨夜喝得烂醉的赵匡胤仍在呼呼大睡，对外面发生的情况竟然一无所知！最后，乃是一帮把兄弟以及许多手持刀枪剑戟的将士闯到帐内，将他推醒，高喊：“我辈无主，愿奉点检为皇上！”懵懵懂懂的他还尚未明白这一切到底是怎么回事，直到有人上前来将一件早已预备好的绣龙黄袍披在他身上，很不情愿的赵匡胤在众多将士的一再强求下，最终才“被逼无奈”地被人扶上马，答应回京即皇帝位。

于是，接下来发生的事便真的好像是在演戏了，一切按部就班，水到渠成，农历大年初四，当赵匡胤率军从陈桥驿回到开封，他的铁哥们时任殿前指挥使的石守信等人大开城门，而那出“禅让”大戏从事后看也早已在暗中准备妥当。所以，几乎没有任何耽搁，赵匡胤便很轻易地在当天就从后周小皇帝柴宗训的手中接过新年的“礼物”，接过那封早已事先代拟好的“禅让”诏书，然后，从容登上崇元殿，顺应天命登上了皇帝的宝座。

历史上，有许多上演“禅让”大戏篡位的皇帝，诸如王莽、司马炎以及隋文帝等都是“演戏高手”，但比较起来，赵匡胤确乎更胜一筹，把一出原本自编自导的戏演得这么“逼真”，这么“自然”，也真的多亏他早年流落街头靠设赌局锻炼出来的高超的骗子功夫。

对赵匡胤陈桥兵变黄袍加身一事，清初大诗人查慎行有首咏史诗这样写道：

梁宋遗墟指汴京，纷纷禅代事何轻！
也知光义难为弟，不及朱三尚有兄。
将帅权倾皆易姓，英雄时至适成名。
千秋疑杂陈桥驿，一著黄袍遂罢兵。

这首咏史名诗，经常为后代论“陈桥兵变”者所乐引。查慎行在诗中说“千秋疑杂陈桥驿”，其实，疑惑和混乱，只不过是骗子的伎俩罢了。

果然，黄袍加身后，那边境十万火急的军事战报便不了了之，再没有了下文，倒好像北汉与契丹的侵略军一听到赵匡胤做了天子便不战而退仓皇逃跑了似的。

这里，顺便说一下，赵匡胤欺负曾对自己有知遇之恩的“老领导”柴荣的孤儿寡母，将人家的传世玉玺硬是抢到自己手里，后代有人为柴氏一家打抱不平，也写了一首诗曰：

忆昔陈桥兵变时，欺他寡妇与孤儿。
谁知三百余年后，寡妇孤儿又被欺。

这诗的最后一句是说南宋亡国以后，南宋末代的小皇帝赵昺和皇太后，最终也被元朝的大将伯颜赶尽杀绝，世事的轮转，犹如历史的翻版，让人掩卷遐思，真的是百感交集，感慨万千！

此乃题外话，就此打住。

黄袍下的自私与怯懦

历史上，有许多帝王在开国后往往都会“飞鸟尽，良弓藏；狡兔死，走狗烹”，即在取得政权后过河拆桥，大肆杀戮功臣。如春秋时的越王勾践、汉高祖刘邦，还有明太祖朱元璋，等等，便是这方面的代表。而之所以会做出这种伤天害理，不仁不义的事，诚如我们所知道的那样，道理其实也很简单，首先，一方面固然是由于人性的自私所致，即新皇帝一心想化家为国，用现在的话说，就是不愿与那些曾经患难与共，出生入死帮自己打天下的“战友们”有福共享，而想由自己一个人或自己家人独享“胜利的果实”；而另一方面，更主要的还是由于黄袍下的怯懦使然，即害怕有一天会秦失其鹿，担心已经到手的“胜利果实”不小心被一帮功高权重的袍泽们抢去。所以，为了巩固新生政权，确保自己以及后代能够坐稳龙椅，于是，便不择手段、不遗余力地杀戮功臣，设法消除来自各方面，特别是那些功高权重的开国功臣们的现实或潜在威胁。

显然，正是由于黄袍下掩饰不住的自私与怯懦，才使我国古代许多帝王干出了过河拆桥，大肆杀戮功臣的勾当，而“飞鸟尽，良弓藏；狡兔死，走狗烹”的悲剧也才会在历史上一再重演。

由于对历史的误读，说到有关“兔死狗烹”方面的话题，在常人的印象里，似乎宋太祖赵匡胤是个例外。

从表面看来，赵匡胤这个人大大咧咧，是那种天不怕地不怕的“江湖好汉”，重情重义的侠义之士。但其实，在他的内心深处，却存有许多鲜为人知的算计、顾忌与怯懦。

先说赵匡胤的阴毒。除了前面所说的“点检做天子”事件，通过借刀杀人，将一向待自己不薄的都点检张永德神不知鬼不觉地暗地里给害了，最能够说明问题的，应该是他对后周皇室一事的处理。

据正史记载，赵匡胤篡位成功后，不仅对后周皇室始终实行优待政策，而且，还特意让人制作了一块刻有誓约的石碑，置于太庙寝殿的夹室内，其中，誓约的第一条款便是“保全柴氏子孙，不得因有罪加刑”，要自己的子孙后代务必遵守，不得背弃，否则是为不详，必遭天谴。

把保护优待先皇室成员作为大宋的“祖宗家法”，实质上也就是上升为封建王朝的最高法律，纵观中国古代，不能不说既是赵匡胤的首创，也是他的独创，在漫长的封建社会，实在是前无古人，后无来者。也正因此，后代的读者在读到这一段历史时，多半都误以为赵匡胤这人很够意思，虽说是个“抢来的皇帝”，但他这“抢来的皇帝”却心慈手软，仁爱厚道，完全可以称得上是一个“文明强盗”，与历史上其他“抢来的皇帝”简直不可同日而语，有着天壤之别。

然而，令人遗憾的是，事实却绝非如此。

据史料记载，后周小皇帝被废后，赵匡胤将他改封为“郑王”。十三年后，刚刚过了弱冠之年的柴宗训，年纪轻轻的却突然发病而死。柴宗训是怎么死的？很有可能是被毒药毒死的。因为，赵匡胤与赵光义兄弟俩最喜欢用毒药害人，在当时，有许多“政敌”，像南唐后主李煜、后蜀皇帝孟昶，包括赵匡胤都是被一种名叫“牵机药”的毒药害死的。

当然，柴宗训究竟是怎么死的？史料语焉不详，无从知晓，这里，姑且存疑。但是，据有人考证，周世宗有七个儿子，除老大、老二、老三被后汉隐帝杀掉，老六柴熙谨已在宋初不明不白地死掉，老五柴熙晦、老七柴熙让皆“不知其所终”，死得莫名其妙。到最后，因为赵匡胤的“特殊优待”，原本子嗣众多的柴荣竟然也没有嫡系子孙存活世上，说来，这真的是一个绝妙的讽刺，而所谓的“保全柴氏子孙，不得因有罪加刑”的誓约条款只成了赵匡胤欺世盗名的一个漂亮的幌子。

赵匡胤的阴毒与杀人不见血的手腕由此可见一斑。

再说顾忌与怯懦。赵匡胤的皇位是从柴氏孤儿寡母手中骗来、抢来的。所以，他坐上龙椅后，心里一直都不踏实，用坊间老百姓的话说，就是整天疑神疑鬼、担惊受怕的，老是害怕有人在背地里玩刀子搞他。

据史料记载，乍一当上皇帝后，赵匡胤经常微服出宫私访，而且多半是在夜晚，供奉官翟守珣等大臣认为这样做很不安全，就劝谏赵匡胤不要轻易外出，说是现在的身份不同了，不再是一个人的安危，一旦有什么闪失将会危及国家安全。有一天夜晚，太祖微服到丞相赵普府上，赵普慌忙出迎，引进大厅，拜见完毕，也劝太祖出入慎重。要说赵匡胤也还实在，听了赵普的话，他苦笑着说：“朕也是因为国家初定，不知人心动向，才私查暗访。”

赵匡胤有一句传之后世的名言，“卧榻之侧，岂容他人鼾睡”，可以说是他当时内心情感的真实写照。表面听来此话说得很霸气，但其实却正是他心虚胆怯、底气不足的表现。这正像一个强盗，突然间抢到了许多金钱，藏在家里，心里一下子发生了一百八十度的大转变，也即以前是想着去抢别人，而现在则是害怕被别人抢，于是从此便老是心惊胆战的，经常白天黑夜睡不着觉，往往睡到半夜爬起来，故意动静很大地跑到屋外打探一下，尽量壮着胆子看看房前屋后有没有小偷和强盗。可想而知，赵匡胤当时的心理压力有多大。

当然，话说回来，赵匡胤的这种担心与害怕也不是没有道理。从唐玄宗时期的“安史之乱”开始，藩镇割据、武将乱国的祸根，就已经深深植根于神州古国。唐，因此而亡；五代十国，因此而乱，一如《新唐书·兵志》所说，晚唐以来的历史，就是一部“兵骄而逐帅，帅强而叛上”的历史。

由于生于乱世，加上平时又喜欢读书，赵匡胤对此当然心知肚明，所以，黄袍加身后，由于害怕前朝“废置天子，变易朝廷”之类的军事政变再次发生，他的目光便不得不时时机警地打量四周，防备一切难以预料的反叛。

但老是处于这样一种高度紧张的防备状态，心理上一定会不胜重负，时间长了，任谁也受不了，非得精神病不可。

那么，有什么好的解决办法吗？

史载，有一天，一直为此苦恼不已的赵匡胤把自己的“高参”——时任宰相的赵普找来单独谈话，问他说：“天下自唐末以来，数十年间，帝王就换了十个姓，战事频繁，苍生涂炭，这是为什么呢？我想从此停止战争，使国家长治久安，该从哪里着手去做呢？”

用现在的话说，赵普这人学历并不高，是个“半吊子”书生，但自称“半部《论语》治天下”的他却很有真知灼见，宋初太祖赵匡胤和太宗赵光义的许多好主意、坏主意都是他出的。听了赵匡胤的话，他略略沉思了下便回答说：“陛下能考虑到这些，真天下之福也。唐末以来，兵战不息，国家不安，其原因不是别的，而是武将兵权太重，君弱而臣强。今天要治好此患，没有别的奇巧办法，唯有夺其权力，收其精兵，控其财政，天下自然就安定了。”

所谓响鼓不用重槌，明白人一点就通。赵普话还未说完，太祖便插话道：“卿不用再说，我已明白了。”

于是，一天晚朝结束，宋太祖在宫中摆下丰盛的酒宴，请来石守信、王审琦等一班禁军宿将。饮至酒酣耳热之时，太祖屏去左右侍从，对这些故友勋臣说：“我没有你们的帮助，就没有今天，你们的功劳非常之大。但做天子也太艰难了，倒不如当节度使来得快活。我现在可是长年累月提心吊胆，不敢安枕而睡啊！”

石守信等人不解其意，忙问：“这是何故呢？”

太祖说：“这有什么不明白的，天子这个位置，谁不想坐呀？”

石守信等人一听太祖话里有话，连忙惶恐地起身叩头道：“陛下何出此言，如今天命已定，谁敢再有异心？”

太祖这时叹口气说：“我当然知道你们没有异心，可你们的部下将士如果要贪图富贵怎么办？倘若有朝一日，这些人把黄袍也加在你们身上，到时你们想不干，恐怕也办不到吧？”

话说到这份上，众将恍然大悟，禁不住都吓出一身冷汗，害怕弄不好历史上那种“狡兔死，走狗烹”的惨剧眼看就要应验在自己身上，于是一个个惶恐万状，连声祈求：“臣等愚钝，望陛下哀怜，指条生路。”

见此情景，赵匡胤坦然一笑，开导道：“人生一世，草木一秋，所以祈求富贵者，不过多积攒些金银，自个好好享乐，也让子孙不再贫穷。你们何不放弃兵权，选择好的田宅买下来，为子孙置下永久的产业；再多买些歌儿舞女，每天饮酒作乐，以终天年。我还可以与你们结成儿女亲家，共享富贵。这样，君臣之间，都无猜疑，上下相安，不是很好吗?”

众将听罢，都长舒口气，一再感谢太祖为臣下想得如此周全。

这天晚上，酒席一散，众将各自回家，第二天上朝，不约而同，一起来了个“集体辞职”。大家都向赵匡胤递上“辞职报告”，且理由一律都是说自己年老多病，请求辞职。

赵匡胤当然一一“恩准”，同时或许还表现得“很不情愿”似的收回他们的兵权，同时不忘赏给弟兄们一大笔财物，打发他们到各地去做节度使。

这便是历史上著名的“杯酒释兵权”的故事。

据考证，有关“杯酒释兵权”的故事，最早见于宋真宗时的宰相丁谓所写的《谈录》。此外，司马光的《涑水记闻》、李焘的《续资治通鉴长编》也都作了详细记载，还有宋人王辟之、邵伯温、陈均等也在其著作中记录了这件事。

这之后，据说赵匡胤又以同样的手法将一批节度使免去了职务，给以无实权的“奉朝请”之类的闲散职务。所谓“奉朝请”者，不必每日上朝，只需要每逢当月一日、五日上朝朝见皇帝即可。

就这样，仅仅通过几杯酒，精明的赵匡胤便颇有些戏剧化地将自己“卧榻之侧”那一帮有可能对自己的皇权构成威胁的拜把子兄弟彻彻底底地给搞定了，很轻易地便达到了“飞鸟尽，良弓藏”的目的。

虽然，武将们的兵权被一一解除了，但是，隐藏在赵匡胤黄袍下的自私与怯懦却一点儿也没有消除。

以腐败换兵权

乍一看来，赵匡胤的“杯酒释兵权”好像很潇洒，很轻易，令人真有那种“谈笑间，樯橹灰飞烟灭”的感觉，似乎不费什么劲，手腕多多的赵匡胤便将这件原本应该非常棘手的事情给搞定了。

但在实际上，赵匡胤却为此付出了巨大的代价！

从国家或民族利益的角度来看，应该说，赵匡胤聪明反被聪明误，“杯酒释兵权”完全是他的一大政治败笔，是他一生中所犯的最大政治错误。

这里，且不说“杯酒释兵权”将一帮能征善战的武将手中的军权剥夺了，让他们靠边站，对大宋来说，无异于是自断己臂，自残己足，作茧自缚，宋朝后来饱受外族欺凌与蹂躏完全与此有关，单就“杯酒释兵权”所开的一代风气而言，其后果就真的是很严重。

仔细想想，“杯酒释兵权”其实是宋太祖赵匡胤与整个武将集团的一场政治博弈，既然是博弈，作为博弈双方的任何一方自然都不可能无本生利，不付代价。很显然，在这场政治博弈中，武将集团所付出的代价是从此失去了手中的“兵权”，而这“兵权”当然不是白白失去的，它所换来的则是皇帝赵匡胤金口许诺与赏赐的奢侈与享乐。

史载，在“杯酒释兵权”时，赵匡胤曾开导众武将说：“人生苦短，白驹过隙。众爱卿不如多积金宝，广置良田美宅、歌儿舞女以终天年。如此，君臣之间再无嫌猜，可以两全。”那话的意思是再明显不过了，只要众将放下武器，不掌兵权，不再对他赵匡胤的皇位构成威胁，那么，其他一切都好说，想要什么都行。

仅此可见，赵匡胤在“释兵权”时，表现得非常慷慨——当然是慷国家、民族之慷，用《宋史·石守信传》的原话说就是“赏赉甚厚”，给众武将开出了极为优厚的价码。

透过现象看本质，所谓的“杯酒释兵权”，说白了，其实不过是宋太祖赵匡胤“以腐败换兵权”罢了。

从某种意义上说，“杯酒释兵权”，不啻是赵匡胤给整个武将集团颁发了一张“腐败许可证”。由于有了皇帝亲自颁发的这张“腐败许可证”为庇护，所以，从那之后，武将们都“理直气壮”地进行腐败。据史料记载，太祖的武将们几乎清一色的都是些贪财好色之徒。

这里，不妨对太祖时期的一些著名武将的贪墨情况作一简要列举：如史书上称石守信“累任节镇，专务聚敛，积财巨万”；王全斌“破蜀日，夺民家子女玉帛”，纵兵大掠蜀中；王仁赡破蜀之日，“纳李廷珪妓女，开丰德库取金宝”；楚昭辅“颇吝啬，前后赐予万计，悉聚而畜之。尝引宾客故旧至藏中纵观，且曰：‘吾无汗马劳，徒以际会得此，吾为国家守尔，后当献于上。’及罢机务，悉以市善田宅，时论鄙之。”崔彦进“频立战功，然好聚财货，所至无善政。”曹翰“贪冒货赂。”张铎“州官岁市马，张铎厚增其直而私取之，累至十六万贯，及擅借公帑钱万余缗，侵用官曲六千四百饼。”田景咸“性鄙吝，务聚敛，每使命至，惟设肉一器，宾主共食。”王晖“性亦吝啬，赀甚富，而妻子饭疏粝，纵部曲诛求，民甚苦之”……

必须指出，太祖时期的一些武将在内心中——起码在最早的时候其实并不想贪污腐败，但因为害怕过于洁身自好被赵匡胤怀疑有不臣之心，于是便只好“作秀”，故意装得自轻自贱，自甘堕落的样子。如石守信原本是一员仁将，虽作战勇猛，但一向重义轻利，可是，自从“杯酒释兵权”事件发生后，他忽然顿悟，从此开始追求声色犬马，疯狂聚敛财物，对他的这一“表现”，《宋史》如此评价道：“岂非亦因以自晦者邪?!”话说得很透彻，原来他老兄不过是像当年秦朝大将王翦那样，在出征灭楚途中为了消除秦始皇的疑虑，故意“自污”罢了。

而另一位武将王全斌，史书上也说他以前一直表现很好，为人素来“轻财重士，不求声誉，宽厚容众，军旅乐为之用”，可是，“杯酒释兵权”后，他竟像换了个人似的，克蜀之日，竟自己带头，放纵部下大肆搜掠蜀中，“侵侮宪章，专杀降兵，擅开公帑，豪夺妇女，广纳货财，敛万民之怨嗟，致群盗之充斥。”

很显然，王全斌的这种反常之举也是为了自污求保。因为，在他以为，克蜀之功太大，自己的威望已瞬间升至无以复加的程度，到了这种地步，太祖赵匡胤已经赏无可赏，如果不来一场声势同样浩大的“自污”之举，因为功高震主，自己一定不会有什么好下场。

由此可见，这些武将虽然出身行伍，性格鲁莽，但也很有敏锐性，能混到那种地步，说明这些人绝对不是猪脑壳。

如果说，刚开始由于太祖的诱迫，有很多武将一时情非得已，在贪污腐败时还颇有些作秀的成分，只不过是逢场作戏并不当真的话，那么，久而久之，由于人性中普遍所潜在的诸如纵欲享乐等劣根性作祟，便习惯成自然，对贪污腐败渐渐习以为常。

由于自己有言在先，对于武将们的贪墨腐败，赵匡胤是尽量“睁一只眼，闭一只眼”，做到能不说的不说，能不管的不管。有时，有的武将在这方面做得实在是太过分了，在必须要处理时，他也尽量高抬贵手，手下留情。

有这样一个例子可以佐证，有个名叫王继勋的武将，是彰德军节度使王饶之子，王皇后的胞弟。据《宋史·王继勋传》记载，这位国舅爷性情残暴，是个贪财渔色、“专以脔割（即将活人身上的肉割成一片一片的，谓之脔割）奴婢为乐”的食人魔王。一天，王继勋府中围墙因大雨坍塌，大量奴婢逃出牢笼，跑到宋太祖面前告御状，把王继勋骇人听闻的罪行全都捅了出来。

据说，宋太祖“大骇”之下，对王继勋判决得挺狠：“削夺官爵，勒归私第。仍令甲士守之。俄又配流登州。”但最终处理起来却是雷声大，雨点小，这边，还没等自己的小舅子王继勋上路前往流放地，那边，赵匡胤早已改授其职为右监门率府副率。由于有恃无恐，开宝三年，王继勋被任命为西京洛阳的行政长官，到任之后，变本加厉地发泄着自己残暴的本性，开始吃人：“强市民家子女备给使，小不如意，即杀食之，而棺其骨弃野外。”以致人贩子和棺材铺商人日夜出入王继勋府中，门庭若市。有了上一次告御状的教训，洛阳百姓对上诉不再抱持希望，学会了听天由命，任其宰割。

据统计，直到太宗在位王继勋被处死时，仅在开宝六年到太平兴国二年这短短的五年时间里，王继勋前后亲手杀掉和吃掉的奴婢就有一百多人。这样一个十恶不赦的食人恶魔，如果不是赵匡胤有意庇护，想必绝对不会吃人吃得这么不亦乐乎，逍遥自在。

还有一个例子，就是对镇守关南的大将李汉超强娶民女为妾及贷民钱不偿一事，宋太祖也是巧言相辩，对这位武将竭力包庇纵容。当受害者亲属到京城告状时，宋太祖召之相问：“汝女可嫁何人?”讼者答：“农家尔。”又问：“汉超未至关南时，契丹何如?”答说：“岁苦侵暴。”再问：“今还有否?”答说：“无也。”最后，宋太祖对这个告状的农民说：“汉超，朕之贵臣。汝女为之妾，难道不比为农妇强?假使没有汉超在关南，汝家尚能保住所有货财吗?”在对告状者进行了一番斥责之后，赵匡胤命人将讼者遣送回乡，而对“朕之贵臣”李汉超强娶民女为妾及贷民钱不偿一事竟然无丝毫究责，只是将他找来，劝他今后尽量要多注意些影响，最后，不惩反赏，竟然还赐给李汉超钱财。

在“杯酒释兵权”这场历史上著名的政治博弈与政治交易中，赵匡胤表现得极为慷慨和仁爱，为了“安抚”石守信等武将，他不但向他们赏赐了大量的钱财，而且还“约婚以示无间”，与一帮武将缔结政治婚姻。“杯酒释兵权”后，太祖便将自己寡居在家的妹妹燕国长公主嫁给了高怀德，女儿延庆公主、昭庆公主则分别下嫁给了石守信之子和王审琦之子。显而，这种婚姻有着强烈的政治色彩，是对失去兵权后的武将们的一种笼络、安慰与补偿。

谁知道，赵匡胤的这些小恩小惠、耍小聪明的做法真的非常有效，由于赵匡胤所采取的“以腐败换兵权”的政策或策略，除了在立国之初相继发生了两起由后周旧臣李筠、李重进所发动的叛乱外，此后，在大宋内部，三百多年间竟然再也没有发生过一起类似“黄袍加身”的政治事变。

然而，天下事往往有一利则必有一弊。后面我们将要说到，“以腐败换兵权”对于大宋来说，无异于自毁长城。仔细算一算账，就会发觉，这代价也真的太大了！

皇帝的歪理邪说

提起路易十五，一般人可能不太了解。但如果说到“在我死后，哪管它洪水滔天？”这句名言，想必就有很多人知道了。不错，这句极为混账的话就是路易十五说的。比起路易十五，宋太祖赵匡胤当然要强多了，这位大宋开国皇帝既不昏庸，也不暴戾，称得上是中国历史上少有的一位明君。然而，就是这样一位“明君”，也有他的一套靠小聪明治国驭人的“歪理邪说”。

赵匡胤的“歪理邪说”之一可以称之为“文官优于武将论”。

据北宋李焘《续资治通鉴长编》卷十三记载，开宝五年（972 年），太祖皇帝要丞相赵普为他推荐一位有军事才能的文官去担任武将之职，赵普将时任知彭州、左补阙之职的辛仲甫推荐给他，赵匡胤在亲自对辛仲甫进行了一番“面试”后，便将他提拔为西川兵马都监。

之所以要将一位文官刻意提拔成为武将，显然赵匡胤有他自己的考虑，在将辛仲甫等一批文官任命为武将后，他便对赵普：“朕今选儒臣干事者百余，分治大藩，纵皆贪浊，亦不及武臣一人也。”

赵匡胤有感而发，但他这话让人听起来总感到有些别扭，怎么说纵然一百个文官全部贪腐，也抵不上一个武将造成的危害？

仅仅因为“五代方镇残虐，民受其祸”就得出这样一个“文官优于武将”的结论，显然在哲学上犯了以特殊性代替一般性这样一个错误。所以，无论是在逻辑上还是在事实上，赵匡胤得出的这样一个政治结论都是不成立的，只能说是一个似是而非的“歪理邪说”。

然而，一向自以为是的赵匡胤却对这一“歪理邪说”执迷不悟，信以为真，不仅将它付诸实践，而且，还将它固化为“偃武修文”的“祖宗家法”，用现在时髦的话说就是形成了所谓的长效机制，这就大错特错了！

也许正是由于受这一“歪理邪说”的影响，平时，赵匡胤对文官们的贪污受贿行为通常不太在乎，显得宽厚大度，即使是有时案情已经查实，而且人赃俱在，也只是一笑了之，并不追究。最典型的案子莫过于那桩历史上有名的“赵普受贿案”，于此窥一斑而知全豹，可见只要不是政治犯罪，对于大臣们的经济犯罪，太祖赵匡胤是多么包容。

关于这桩“赵普受贿案”，《宋史·赵普列传》及司马光的《涑水记闻》卷三等史书都有较为详细的记载。开宝六年，有一天，赵匡胤突然驾临宰相赵普府邸。现在想来，那天，赵匡胤一定是事先得到密报才特意前往宰相府，搞这么一次“突然袭击”的。因为，这天，就在这次“突然袭击”之前，钱俶派遣的使者刚刚拜访过宰相府。钱俶是割据两浙的吴越末代国君。他让使者不仅捎来了自己写给赵普的书信，而且，还悄悄呈送给赵普“海物十瓶”。

因宋太祖来得突然，那十瓶海物当时置于廊下，还没有来得及收藏，就被宋太祖发现了。赵匡胤走到这些瓶子旁边看了看，就问赵普瓶中为何物。赵普回答是海物，也就是我们现在所说的海鲜。

宋太祖当然不信，这时便话里有话说：“此海物必佳。”并当即命人开启，结果发现，这十个看似普通的瓶子里“皆满贮瓜子金”。

见此情景，赵普一时非常惶恐，当即向宋太祖辩解说：“臣未发书，实不知。若知之，当奏闻而却之。”

赵匡胤也不去拆穿赵普的谎言，他只是轻蔑地笑着说：“但取之，无虑，彼谓国家事皆由汝书生耳。”然后显得很大气地命令赵普，对钱俶所送重贿，要“谢而受之”。

后来，赵普在京城开封所建豪宅“皆用此金所修”。当御史中丞雷德骧劾奏赵普“强市人宅第、聚敛财贿”时，宋太祖非但不去惩治赵普，反而斥责雷德骧说：“汝不闻赵普乃吾之社稷臣乎？”并命左右将雷德骧拖下殿，在殿庭中狂拖数圈后，又召之上殿，训诫雷德骧“今后不宜”管这类事，说这次“且赦汝”，此事“勿令外人知也”。

对于贪污受贿、违法乱纪的权臣贪官即所谓的“坏官”不去追究惩治，但行姑息纵容的策略，而对那些奉公守法为民称颂的“好官”却反而压制、打击，这不能不说是宋太祖赵匡胤的又一“歪理邪说”，姑且名之曰“好官要不得”！

据史料记载，杨光美是北宋名将。青州北海县升格为北海军后，杨光美被派去担任知军。乾德三年（965 年），在三年任期满后，杨光美被朝廷召回拟任他职。此人在青州北海县任职期间为政清廉，官声极佳，真正是“为官一任，造福一方”，因而深受百姓爱戴。所以，当他离任时，当地有数百名百姓自发来到京城请愿，要求留杨光美继续担任北海地方长官。

按照常理，赵匡胤不仅应该答应百姓们的这一善意请求，而且，对杨光美这样一位深受百姓爱戴的“好官”还应当表彰奖励，将其选树为优秀官员典型，号召全国为官者向他学习。可是，谁知道，赵匡胤对杨光美这样的“好官”既不表彰奖掖，对青州百姓的请求也断然拒绝，下诏令百姓离去。那些上京请愿的百姓心有不甘，不肯离去，于是，赵匡胤竟下令“笞其为首者”，就是下令鞭打领头的人，结果，把一件喜事竟然办成了丧事。

由此可见，赵匡胤内心并不喜欢那些深受百姓爱戴的“好官”。而且，后来他还下令，地方官任期满后，当地百姓不得上朝廷请求地方官留任。

一句话，就是“好官要不得”，或者，换句话说，在赵匡胤的心目中，绝对是宁要贪官，不要清官，想来，真是咄咄怪事！

赵匡胤是个精明人，他的所作所为都有着不可告人的目的和用心。“文官优于武将论”也好，“好官要不得”也罢，这些看似有悖常识和情理的“歪理邪说”，之所以会在他的头脑中产生，并在实际当中强力推行，追根到底还是他那黄袍下的自私与怯懦所致。

权力的迷宫

表面上大大咧咧、宽厚仁爱的赵匡胤在骨子里其实真的是小肚鸡肠之人。如前所说，这正像一个靠不义之财突然发家的暴发户，因为害怕别人入室偷盗自己的钱财，危害自己的生命，因而处处设防，在家里又是安装防盗窗、防盗门，又是安装报警器、摄像头，只要是有门的地方都加上防盗锁，同时，还不忘在家里挖地窖、设密室，把钱财宝物密藏于其中。

从史书上看，当上皇帝的赵匡胤对自己的臣民一直都是秉持不信任的态度，如果说，他对武将们始终就像是防寇一样，那么，对于文臣，则犹如防贼一般。

说来真的很有意思，为了确保赵宋王朝江山永固，长治久安，宋太祖赵匡胤对本朝的“权力金字塔”进行了重新设计与改造，在国家权力金字塔的内部建构起了一座“权力的迷宫”。

对这样一座“权力的迷宫”，不仅后代人看得眼花缭乱，就是生在当时，很多人对此也云里雾里。

所以，在此本书中，宋朝迷宫一样的权力架构与官僚任职，便是其中之一。

这里，不妨让我们对这座“权力的迷宫”做个大致的参观和了解。

诚如我们所知道的那样，在篡夺政权后，为了防止类似“黄袍加身”这样的事件再次发生，赵匡胤可谓处心积虑，挖空了心思，在制度层面上首先对军队的机构建制与管理体制进行了重大的改革，其总的思路与具体做法是：对军队中的一些重要将领“取其精兵，收其兵权，撤销其职位”，同时将与军队有关的权力一分为三，第一部分为调兵权，由枢密院掌管，主要负责战略决策、处理日常事务，招募、调遣军队，长官称枢密使。第二部分为掌兵权，统归三衙掌管。“三衙”全名是殿前司、侍卫马军司、侍卫步军司。大凡军队的日常管理、训练等，便由三衙负责。第三部分为统兵权，由皇帝在战时临时指派将领，统兵实施军事行动。待军事行动结束后，统兵将领必须迅速交出部队，调到其他单位。

显然，这一军队改革对削弱唐藩镇割据以来的兵祸，确保宋政权的稳定非常有效，但同时，也造成了将士之间相互掣肘、军队战斗力极为低下的严重弊端。

在对军队的建制大动了一番内外科手术，赵匡胤自作聪明地对国家的行政机构和文官制度也进行了一番极为烦琐也极为奇怪的设计与改造。之所以说是“极为烦琐也极为奇怪的设计与改造”，乃是因为，古往今来，通常一些国家的行政改革，多半都是化繁为简，实行机构精简，人员精减，而赵匡胤所实行的改革却正好相反，可谓反其道而行之，结果是机构越改越复杂，人员越改越臃肿，效率也越改越低下。

而更为奇怪的是，宋朝的官僚机构中，许多官员竟然都不知道自己担任何职。

在文官制度上，赵匡胤实行所谓官、职、差遣三种职衔集于官员一身的改革。因此宋朝的文官通常都具有官、职、差遣三种职衔。简单地说，就是上至宰相，下到相当于县里的主簿官，一般都不担任与官职名称相符的事务。举例说吧，就是身为中书令、侍中、尚书令却不理朝政，侍郎、给事没有实职，而起居郎、起居舍人平时却不做秘书一类的记录之事……

究其原因，主要是因为在宋初，官与职分离。在当时，所谓官，也称正官，指三省六部及寺监等的各种官称，如仆射、尚书、郎中、中书舍人等，元丰五年（1082 年）官制改革以前，只作为官员定官位和俸禄高低的官称，称为“寄禄官”。而所谓“职”，也称职名，指馆、阁、殿的学士、直学士、待制、修撰、直阁等，在馆阁中实际任职的称为馆职。其他朝廷和地方官员所带的修撰、直阁等较低的“职”，称为贴职，除宋初外并不实任其职，只作为文官的荣誉衔。“差遣”有时也称“职”，但大多数“职”专指职名、贴职。至于“差遣”，则是官员担任的实际职务，“差遣”本身无品级，以“官（寄禄官）”定品。除同平章事、参知政事、枢密使、翰林学士等外，“差遣”职务名称前通常都带有“判、知、同、提举、提点、管勾（干）”等字，如判尚书省事、知府等。

在宋代，官员既可以只升降“差遣”职务，也可只升降“官”级或“职”等，也可以升降三者中的两种，甚至三者都升降。低级文官及受处罚的官员，通常只有“官”与“差遣”而没有“职”。

柏杨先生在《中国人史纲》第二十四章之《宋立国精神——苟且偷安》一文中所举的例子：“像中书令，名义上是中书省的首长，事实上中书令只是一个高级官衔，他只能在自己家里享受这个荣誉，不能去中书省行使他的首长职权。去中书省行使首长职权的人，即中书省的实际首长，则由尚书省副首长（右仆射）（尚书省首长尚书令，同样也不能行使他的首长职权），兼任中书省副首长（侍郎），然后再代理中书省首长（尚书右仆射兼中书侍郎判省事）。”

所以，有一个成语叫“张冠李戴”，倘若用它来形容宋朝的这种奇特错位的官员制度，真是再恰当不过。

就这样，经过七改八改，最终，赵匡胤把军权、政权、财权全都“改”到了皇帝一人手里。

据说，在隋唐时代，宰相们可以面对面地坐在皇帝面前，品着香茗，商讨国是。可是，经过赵匡胤这么一改，不仅把“相权”越改越弱，而且，把宰相原本就很可怜兮兮的那么一点人格与尊严也给彻底“改”没了。

宋朝建立后，赵匡胤为了表示对后周旧臣的“优待”，便将后周的三个宰相范质、王溥、魏仁浦原封不动地转任为宋朝的宰相。建隆元年（960年）二月的一天，赵匡胤召几位宰相到朝堂议事。在看一则由宰相们刚呈上的奏折时，他假装说有一个字看不明白，故意让几个原本毕恭毕敬坐在那儿的宰相走上前来帮自己辨认。几个宰相不知是计，便都走上前来。可是，等大家看完，再走回去时，却发现先前坐的椅子已被几个内侍搬走了。

而从此，宰相坐议之礼也就这样莫名其妙地给废除了。

被劁去的“睾丸”

种种史实表明，赵匡胤对军队所实施的改革完全是灾难性的，甚至是致命性的错误，给整个大宋带来了深重的灾难。因为，如前所述，从表面上看，改革固然在大宋内部有效地防止了黄袍加身式的兵变再次发生的可能，但在另一方面，如此错综复杂的管理指挥体系，运转起来缓慢无比，没有什么效率可言。

从史书上看，早在太祖时期，将帅无权，军队缺乏训练等矛盾就已经暴露了出来。如随着岁月的流逝，先前选练的禁兵多已死去，老弱的又不能裁减。后来的兵士没有听过战鼓，不识兵阵。平时缺少训练，"生于无事，而饱于衣食"，这样的兵士只能说是一些乌合之众。而宋太宗即位后，不仅一切"按既定方针办"，而且对武将的防范更是变本加厉、无孔不入，甚至连武将的一举手、一投足都有法令约束。其中，最让人"读不懂"的其实也是最愚蠢的政策就是"将从中御"，完全剥夺了将帅在战场上独立自主、相机行事的指挥权，在战场上，皇帝要么亲自领兵作战，要么坐在皇宫里"颁赐阵图"，遥控千里之外的战场。这简直就像是郑人买履、刻舟求剑一样荒诞而又愚蠢的宋"祖传战法"，无异于把大宋军队的手脚又给捆绑了起来，所以，也就难怪宋朝的军队在与外敌交战时，常常不堪一击了。

说来，宋也真像是一头被劁去了睾丸而日渐长壮了的"肥羊"，让北方各强大民族虎视眈眈，一有机会便"咬"它一口。而大宋内部日益滋生的腐败又在一点点地掏空大宋的内囊。于是，积贫积弱的大宋在被北方先崛起的金"咬"去半边身子，不得不偏安一隅后，侥幸剩下的"半条命"在苟延残喘了一段时间后，最终被北方又一新崛起的蒙古汗国完全给吞噬了。

第二章

历史永远被篡改

赵匡胤的皇位来得容易，没想到丢得也很容易。如果说他当初从后周小皇帝——只有八岁的小孩子柴宗训的手里抢夺皇位，乃是“螳螂捕蝉”的话，那么，十七年后，他的弟弟赵光义从他的手中篡夺皇位，则可以说是“黄雀在后”。

所以，一点儿也不夸张地说，在历史上，赵匡胤与赵光义这兄弟俩，绝对是超一流的“窃国大盗”，所不同的只是赵匡胤窃取来的乃是别人家的玉玺，而且是属于“明抢”；而赵光义的“黑手”则直接伸向了自己的哥哥，当然是属于“暗偷”，其结果，不仅将他老兄的皇冠给偷了，而且，捎带着也把一向待他不薄的哥哥的老命也给“偷”了。

当然，对于这些，身为“犯罪嫌疑人”，宋太宗赵光义是绝对不会“供认不讳”的，而宋朝那些御用史官，自然也不会“董狐直笔”，也正因此，千百年来，有关宋太宗赵光义的继位问题一直是宋史中最为扑朔迷离的难解之谜。

太宗的“功勋问题”

在宋史中，应该说，宋太宗赵光义以及其后代宋高宗赵构是两个最让人“读不懂”的历史人物。由于种种原因，笼罩在他俩的头上，有许多历史的谜团。关于宋高宗赵构，将在后面章节中专门述说，这里，还是先来说说宋太宗赵光义的“那些事儿”。

赵光义，本名赵匡义，后因避其兄太祖赵匡胤讳改名光义，即位后又改名为赵炅，像历史上许多封建帝王死后都封有庙号一样，赵光义的庙号便是“太宗”。

在宋太宗的头上笼罩着许多历史谜团，而第一个谜团，就是赵光义究竟有没有参加过“陈桥兵变”？究竟是不是这次兵变的功臣？这里，不妨称之为太宗的“功勋问题”。

诚如大家所知道的，宋朝的建立最早是从“陈桥兵变”开始的，虽然和唐朝“晋阳起兵”一样，但是，宋朝的政权相对于唐朝的政权来得要容易得多，比两汉以及明朝的政权的取得更是不知要容易多少倍！与这些王朝开国前的血流成河的惨烈征战相比，宋朝的“陈桥兵变”简直就像是在演戏。

也正是由于政权的取得易如反掌，因而，从严格意义上说，北宋其实没有为夺取江山立下汗马功劳的“开国功臣”。

但即便是这样，在太宗朝以后的一些正史中，还是把赵光义描绘成“陈桥兵变”的功臣，说他在整个兵变中发挥了极其重要的作用，好像倘若没有赵光义的强力主张与推动，“黄袍加身”这一幕就不会上演似的。

然而，对于开国时赵光义的“功勋问题”，史学界历来存在两种截然相反的观点与结论。

就像辩论的双方各持己见针锋相对一样，在正方即代表正史观点的一方看来，赵光义不仅参加了陈桥驿兵变，而且，还是陈桥兵变集团的核心人物，是这次兵变的主要策划者与组织者。如在反映宋代的不少史书中，都对他在整个兵变中的言行做了具体而生动的描写。

说是显德七年（960 年）的大年初二，身为后周殿前都点检的赵匡胤奉诏率军出征，时为供奉官都知的赵光义也在军中。在行军途中，赵光义与赵普等人一直明里暗里做着策反鼓动工作，为兵变的成功大造舆论，在部队来到距离开封四十多里的陈桥驿后的第二天早晨，又与众将士一起闯进赵匡胤的营帐，不容赵匡胤分说，硬是将一件象征皇权的黄袍披在了赵匡胤的身上。

不仅如此，还有的史书如生活在宋真宗与宋仁宗时代被誉为“唐宋八大家”之一的曾巩所著的重要文献《隆平集》一文中说，陈桥兵变时，“市不易肆”，也即士兵入城，秋毫无犯，也完全是赵光义的功劳。说是赵匡胤被“黄袍加身”后，回师向开封进发，在进城之前，赵光义拦住赵匡胤的马头，叩马而谏：“这次回师开封，将士们如果自恃功高，大肆抢劫，使得老百姓肝脑涂地，那就不符合应天顺人的精神！最好是要诸军将领立下严守军纪的誓言，然后前进。”硬是给他哥上了一堂极为生动极为重要的“政治课”。

如果真是这样的话，那么，赵光义真的是很有见识、很有思想，而且也极富有仁爱精神。而按照正史的观点，显然，也正是由于赵光义的“友情提醒”，赵匡胤才与将士们约法三章，确保大军进城秋毫无犯。

据说，赵匡胤对自己的这个弟弟非常赏识，称赞赵光义很有谋略，也就是从这个时候起，就有了等自己百年之后把帝位传给弟弟赵光义的想法。

如果照此看来，赵光义的确是宋的开创者与奠基者。赵匡胤之所以能够华丽转身，成功“变脸”，几乎在一夜间就由后周殿前都点检变成大宋天子，而且成为一个圣明、仁爱的天子，在很大程度上应该归功于自己的弟弟赵光义与赵普们的鼎力相助。倘若说，赵匡胤是这场戏剧的优秀男主角，那么，理所当然，毫无争议，与赵普一样，赵光义也是这场戏剧的总策划、总导演、总剧务之一。而且，他所发挥的作用很显然比他的哥哥赵匡胤还要大。

可是，反方的看法却截然相反，认为陈桥兵变，当时赵光义根本就不在现场，所谓的“叩马而谏”等纯粹是子虚乌有，凭空杜撰。

据学者考证，《太祖实录》有新旧两本，旧本《太祖实录》没有这一情节，而在新本《太祖实录》中，赵光义不仅“叩马进谏”，而且还是陈桥兵变的主要策划者与发动者，以此表明，作为宋的草创者或“元勋”，赵光义继承太祖的皇位乃是理所当然名正言顺的事情。

然而，据生于宋仁宗嘉祐二年（1057 年），卒于高宗绍兴四年（1134 年）的宋人邵伯温在其《邵氏闻见录》中引证王禹偁的《建隆遗事》说，赵光义压根就没有参与陈桥兵变，他甚至都没有随大军一起“出征”，当陈桥驿兵变发生的时候，赵光义当时还在开封城里陪他的母亲杜氏，一家人正聚在一起“欢欢喜喜过新年”！

这里，值得注意的是，王禹偁曾于太宗至道元年（995 年）任翰林学士，后以谤讪朝廷的罪名，以工部郎中贬知滁州（今安徽滁州市），次年改知扬州。他曾参与撰修《太祖实录》，因直书史事，引起宰相的不满，又遭谗谤，于咸平二年（999 年）再次被贬出京城。所以，若是根据直觉判断，敢于直书史事具有“硬骨头精神”的王禹偁在其《建隆遗事》中所言应该说比较真实可信。

对于这些内幕，由于人所共知的原因，宋人不好明说，但是元人敢说。《宋史》是元代修的，所以元人袁桷在《清容居士集》一文中说：实录中“太宗叩马”的那一段话，“后录增入，显是迎合”。袁桷是元代一位著名学者，文章和书法俱佳，年轻时就因“能文”被荐为翰林国史院检阅官，后来又长期担任同知制诰兼国史院编修官，至治元年（1321 年）又迁侍讲学士，参与纂修累朝学录。所以，从他的履历看，应该说袁桷是一位宋史研究的专家。在袁桷看来，宋代许多御用史官在记事中添油加醋，无中生有，只不过是为了拍太宗皇帝的“马屁”而已。

养弟为患

有道是：智者千虑，必有一失。

宋太祖赵匡胤无疑是个智者，但盖棺论定，终其一生，他却聪明反被聪明误，犯下了两大严重的政治错误：第一大错误便是他自作聪明制定了“偃武修文”的基本国策或基本路线，使“两宋”自始至终都深陷于畏敌如虎的悲惨境地而不能自拔；第二个错误，便是他在接班人问题上考虑不周，养弟为患，由此导致了“烛影斧声”悲剧的发生。

有道是：人心险恶，人心惟危。

对于世道人心，21 岁就“风风火火闯九州”的赵匡胤显然再清楚不过，所以，当他被自己的一帮拜把子兄弟“黄袍加身”后，坐上龙椅的他其后背老是感到冷飕飕的，时常疑神疑鬼，害怕别人有一天也会仿效郭威以及自己来个“黄袍加身”，在他后背捅上一刀。也正是因为有此心病，当他向赵普求诊问治时，赵普才对症下药，为他开列了“杯酒释兵权”这一历史上著名的“药方”。

在中国历代帝王中，应该说，赵匡胤还算是个并不厚道的厚道人。比较其他封建王朝，北宋的封建政权在建立时明显少了许多硝烟味，开国皇帝屁股底下坐着的龙椅自然也少了许多血腥气。

但是，这并不意味着赵匡胤真的就是个宅心仁厚、乐善好施的“好好先生”，如果真是一个“好好先生”，他也绝对成不了大宋开国皇帝。事实上，仅仅从他的“卧榻之侧，岂容他人酣睡”这句名言就可看出端倪，和历史上许多开国皇帝一样，在内心中，赵匡胤也极端地自私和霸道，在人性上，他其实和“宁我负人，毋人负我”的魏武帝曹操并无二致，堪称伯仲，而两人的这两句名言也真可谓异曲同工。

可是，在这一问题上，赵匡胤明显存在一个认识误区，那就是他只是片面地以为，“卧榻之侧”，只有也只有“外人”才有可能对他的皇权乃至生命构成严重的威胁，而自己的家人则绝无可能，不在自己的防范之列。所以，自始至终，他都没有对自己的弟弟赵光义予以任何必要的防范。

其实，从历史上看，对皇权构成最大威胁的，有时往往并不是那些来自外部的力量，龙椅下的血雨腥风多半都是一些皇室内部的势力酿成的。

对于这样一个其实并不深刻而且也一再被血染的历史所演绎和揭橥的真理，从后来发生的事件看，赵匡胤很有可能因亲情而障目，压根就没有注意到，甚或从来就没有意识到。

所以，一点也不夸张地说，其弟赵光义完全是由赵匡胤姑息养奸，亲手培养起来的掘墓人。

据史料记载，赵匡胤与赵光义兄弟俩尽管都是一母所生，而且都中等身材，肥胖而略显臃肿，面孔黝黑，方面大耳，“隆准龙颜”，但他俩的性格与为人却迥然有别，哥哥赵匡胤果敢、仗义，虽然机智圆滑但却不失为真诚、坦荡，而弟弟赵光义尽管也沉着勇敢，但为人却心机颇深，阴险狡诈，是个野心勃勃而且心肠狠毒的阴谋家。

赵光义是从什么时候开始对皇位产生觊觎之心的？史无所载，不得而知，但从种种实际情形推测，当初在赵匡胤“黄袍加身”时，他虽然对哥哥满心羡慕，但因为当时心中对皇帝还充满敬畏，还有一种神圣感与神秘感，也许并未产生当年项羽和刘邦在第一次见到秦始皇时的那种“大丈夫当取而代之”的勃勃野心。可是，由于后来当皇帝的就是从小与自己在一起玩耍的哥哥，而且这当皇帝的哥哥在自己面前一点也不威严，平时和自己一样爱喝酒、好放屁，所以，那种对皇帝的敬畏感与神秘感便渐渐消失了。特别是到了后来，随着自己的地位日益提高，权力不断加强，离高高在上的皇位越来越近，那种争权夺位取而代之的欲望便如岩浆般在胸中汹涌澎湃起来，以致最终冲出地壳，成为火山……

史载，赵匡胤抢夺皇位后，赵光义被封为殿前都虞候、领睦州防御使，不久又任大内都点检，加同平章事、行开封尹，再兼中书令，到后来又被封为晋王，“序班宰相上”。按职务排名已在宰相之上，真可谓是“一人之下，万人之上”。

将如此重要的军政大权不加设防地交给皇弟赵光义，而且，还有意无意地把赵光义突出出来，“序班宰相上”，不难看出，一向精明的赵匡胤在这件事上是多么糊涂！

想当年，曹丕在夺嫡成功后，对自己的弟弟曹植简直如防贼一般，严加防范。曹植实际上也由此成了暗中被监视和软禁的“囚犯”。晋武帝司马炎在篡位成功后，对“才望出武帝之右”的亲弟弟司马攸也竭力防范和打压，以防其对皇权构成威胁。而唐太宗李世民在与自己的大哥、弟弟夺嫡时更是手足相残，痛下杀手！由此可见，在皇权的巨大诱惑下，一切的亲情都显得苍白无力，不堪一击。

按理说，虽然“学历不高”，但从军后非常喜欢读书的赵匡胤应该深知“天家无父子”，从而对自己的弟弟赵光义给予必要的防范。可是，令人“读不懂”的是，“卧榻之侧”蛮横霸道地不容“外人”酣睡的赵匡胤，却任由自己的亲弟弟自由自在地酣睡，其结果，也难怪会姑息养奸。

赵光义很有心计，他很会利用手中的权力积蓄自己的势力。据说，在任开封府尹时，他便千方百计利用职权近乎疯狂地搜罗各种人才。在他的麾下，有精通吏术的宋琪，有能言善辩的程羽，有文武双全的贾琰，可以说是人才济济。而在他任晋王时，据统计，光幕府成员便有60人之多。这些人中，不仅有许多骁勇善战的武将，而且有许多有才干的文人谋士，此外还有许多三教九流的人物，特别是一些巫医术士，如郑州荥泽人程德玄善医术，赵光义将其召为左右亲吏，整天带在身边，对他非常信任；宋州睢阳人王怀隐，原为京城建隆观道士，善医术，也被他召入开封府内侍从左右，视为心腹。

同时，赵光义还竭力拉拢开封府属县官吏，其中包括宋初名相范质之子范旻、孔子后裔孔维，而且，与皇上的心腹太监王继恩等也过从甚密，关系很不一般。

就这样，滚雪球般，赵光义的势力越滚越大，很快便形成了一个庞大的政治集团，以致京城内的一切活动都日渐掌控在他的手中。打个比方说，赵光义就好像一个巨大的政治蜘蛛，在京城内明里暗里不断结网，到最后，可以说，就连赵匡胤也被他这个大权在握又很有手腕的亲兄弟所结的这张无形的“网”套牢了。

由于赵光义登基后曾先后两次让人编修《太祖实录》，对历史几乎逐字逐句地进行了彻底的“清洗”与篡改，比当年李世民篡改“玄武门事变”前后的那一段历史不知要仔细严格多少倍，加上自宋太宗赵光义以后北宋皇帝均是由太宗后裔继承，因而，后代人从宋史中几乎看不到任何事关赵光义阴谋篡位的确凿“证据”。但是，仔细搜寻起来，还是能够在历史的缝隙中找到他对皇位一直虎视眈眈，且暗中磨刀霍霍的一些蛛丝马迹。

据史料记载，后蜀国皇帝孟昶有一宠妃费氏，外号“花蕊夫人”，精通诗词，貌美如花。后蜀灭亡后，赵匡胤趁机将才色俱佳的花蕊夫人收入宫中，且曾一度想立她为皇后，只因宰相赵普以“亡国之物不详”为由加以阻止才让他打消了此念。

虽然深得赵匡胤宠爱，却一直没有生下子女的花蕊夫人对皇子赵德昭也就是赵匡胤的嫡长子非常喜爱，曾在赵匡胤耳边吹枕头风游说赵匡胤立赵德昭为皇太子。由于花蕊夫人无意中介入了立储之争，得罪一直觊觎皇位的晋王赵光义，一次皇家狩猎时，赵光义故意失手，一箭将她射死。可怜才貌双全的花蕊夫人竟落得这样一种下场！

对于赵光义在背后玩的这些小动作，如果说处在赵匡胤这个位置很容易“当局者迷”的话，那么，作为“旁观者”，有一个人看得非常清楚。

显然，这个人便是宰相赵普。

赵普这个人学历不高，对那些读书人，总是自称小吏“寡于学术”，但此人很有见识和头脑，是古代皇帝身边典型的谋臣策士。书读多了很容易发酸发迂，但“半部《论语》治天下”的赵普却没有这个毛病，他虽然不是学富五车，却胸有韬略，满腹奇谋，显然，这样的人固然不适于坐在书斋皓首穷经，但却很适合在官场呼风唤雨。

赵光义虽然是个野心家、阴谋家，但与比他大了整整十七岁的赵普相比还只能算是小巫见大巫。所以，赵光义刚“狐狸尾巴”翘起来，政治敏锐性极强的赵普就立即察觉到了，并且很快猜出赵光义接下来想干什么。

出于对赵匡胤的忠诚，当然也为了自己的前途，有好几次，赵普都悄悄地把搜集到的晋王赵光义私结党羽的情报禀报太祖，并反复提醒皇帝要注意皇弟赵光义的动向，而且，他甚至还委婉地批评皇帝，说皇弟坐拥自大、咄咄逼人，完全是皇上纵容的结果。

可是，令人尤为遗憾的是，赵普的一番好心却被太祖皇帝当成了驴肝肺，在这方面，赵普真的很有些像当年的亚父范增，而赵匡胤则显然类似于项羽。想当年，鸿门宴上，项羽要是采纳了范增的计策。后来，也不会出现项羽兵败垓下，自刎乌江的悲壮场景。同样，如果对宰相赵普的话稍微在意一些，历史上著名的“烛影斧声”的政治悬案，很有可能就不会发生。

然而，不知道为什么，天子聪明一世，糊涂一时，对于这么重大的事件竟然置若罔闻，似乎没有引起任何警惕。所以，在读这一段历史时，真是觉得有些“读不懂也想不通”。

如果说，赵普告发赵光义，在皇帝面前打他的小报告，在赵匡胤以为不过是赵普出于对赵光义的嫉妒，是宰相与晋王之间闹不团结，乃是

"领导班子成员"之间的相互攻讦与内讧，因而一笑了之不以为意的话，那么，对于一封来自基层群众的"举报信"，至少应该引起注意了吧？可是，令人"读不懂也想不通"的是，不知道为什么，太祖皇帝依然还是掉以轻心，不以为然！

事情大致是这样的，据史料记载，一次，有位禁军将领向宋太祖秘密报告说，赵光义在晋王府肆意妄为，罗织党羽，放纵吏仆，结交豪杰，希望皇上引起重视，采取适当的防范措施。

由此可见，对于赵光义私结党羽图谋不轨的阴谋，应该说，当时并非没有大臣察觉，遗憾的是，在这件事上，赵匡胤这人太执迷不悟，置若罔闻，竟缺乏起码的防范之心。结果，不仅不相信那位好心好意的禁军将领的密报，反而下令处死了这位对自己忠心耿耿的禁军将领。如此一来，无异于闭目塞听，把许多想进言劝他防范赵光义的人的嘴都给堵死了，从而极其愚蠢地铺就了自己走向死亡的道路。

当然，从种种情形推测，赵匡胤到后期对弟弟赵光义的阴谋似乎已有所察觉，只可惜，他老兄对此并没有采取任何实质性措施。如洛阳夹马营有个陈学究，聚生徒讲学，宋太祖当年曾经跟他学习过。后来太祖登基为帝，陈学究仍然像从前一样教授生徒。赵光义调任开封府尹后，派人召陈学究。不久，有人告发说开封府的政事，都是陈学究出谋划策的。太祖得知后，非常愤怒，追问是怎么回事。赵光义感到害怕，于是赠给陈学究许多金银，匆匆打发陈学究走人。

从以上几则事例来看，赵光义的觊觎之心可谓由来已久，且一直在磨刀霍霍，阴谋篡位，而且，到了后来，其狐狸尾巴也渐渐露了出来。

可怜薄命作君王

在我国古代，有许多封建帝王的死都是一桩政治悬案，像秦始皇沙丘暴毙、隋文帝突然离世、雍正帝一夜暴崩，还有像宋太祖在"烛影斧声"中猝然死去，都可以说是中国历史上著名的政治悬案。

而之所以会发生那么多的政治悬案，显然，从一个侧面充分说明了皇帝这个职业委实是个高危职业，虽然表面上无限风光，但其背后，却潜藏着非常大的风险。

清人袁枚曾引用《南唐杂咏》中的话评价李煜："作个才人真绝代，可怜薄命作君王。"

李煜是南唐后主，也就是那个曾写下"问君能有几多愁？恰似一江春水向东流"著名词句的末代皇帝。作为君王，李煜无疑是"薄命"的，而他的"薄命"，固然是由于"绝代才人"的他荒淫误国，咎由自取，但从某种意义上说，也是由赵匡胤决定的。

然而，能决定李煜"薄命"的赵匡胤，没想到自己最终也成了"薄命君王"，说起来，不知道这是不是一种历史的宿命？

据《淮南子·原道训》上说："蘧伯玉年五十而知四十九年非。"意思是说，春秋卫国有个伯玉，喜欢不断反省自己，到他五十岁时忽然感悟到自己以前四十九年中的所作所为都是错的，用坊间老百姓的话说就是"白活了"！这话说得虽然有些夸张，但后世却因而用"知非"代称五十岁。

如果按虚岁计算，开宝九年（976 年），出生于后唐天成二年（927 年）的赵匡胤正好五十岁，刚好到了"知非"之年。

不知道赵匡胤在到了"知非"之年后有没有过深刻的反思，并且像伯玉还有像陶渊明那样真的"觉今是而昨非"？反正，就在他一股脑儿将后蜀、南汉及南唐的玉玺都先后收入囊中，正在挥师北上，一心想收复北汉，准备大展宏图大有作为时，这年的十月二十日夜，他的生命的弓弦却突然一下子绷断了！

宋太祖是怎么死的？为什么在几乎没有任何征兆的情况下突然宾天，驾鹤西去？对此，由于正史语焉不详，讳莫如深，如《宋史·太祖本纪》中的有关记载只有简单的两句话："帝崩于万岁殿，年五十。""受命杜太后，传位太宗。"因此他的死一直是一个令人难解的千古之谜，不仅为历史留下了又一桩悬案，同时也为各种野史、笔记、小说和戏曲提供了极好的作料。

关于宋太祖的死，传闻有许多种版本，其中，当以文莹《湘山野录》最为著名。

文莹是钱塘的名僧，大约生活在宋仁宗与宋神宗年间。《湘山野录》主要记载北宋前期的一些见闻杂事，历史上著名的"烛影斧声"的传说就最早脱胎于此书。

相传，就在开宝九年的春天，已上了五十岁的赵匡胤有一天在洛阳问卜于一个喜欢推测人之祸福的混沌道士，问自己“还有几多寿？”道士高深莫测地掐指算了算他的命后说：“只要今年十月二十日夜晴，则可延长寿命十二年，如果不是，应当赶快措办后事。”

这话，无形中给赵匡胤心理上带来了很大的压力。

据说，十月二十日晚上，赵匡胤心情紧张地来到太清阁观望天象。开始，星光灿烂，天气晴好，太祖心中非常高兴。可是，好景不长，忽然间阴雨四合，雪雹骤降。太祖见势不妙，赶忙退回寝宫，召晋王赵光义入寝殿。光义入殿后，太祖屏退宦官、侍女，兄弟两人斟酒对饮。从殿外远远望去，只见烛影摇红，灯影下光义不时离席，似有不可受的情状。饮毕，三更鼓敲过，地上积雪已数寸厚。太祖步出寝阁，用柱斧戳入雪地之中，“嚓嚓”声清晰可闻，并听得凄厉的喊叫：“好做！好做！”说罢，太祖解衣带就寝，鼾声如雷。当晚，光义没有出宫，夜宿禁中。至五更鼓过，太祖猝死。

这便是历史上所谓的“烛影斧声”的大致情节。

赵匡胤驾崩后，很快，二十一日一大清早，赵光义便迫不及待地在灵柩前即位，史称宋太宗。

据此，一些历史学家以为，宋太祖是在“烛影斧声”中突然死去的，而宋太宗当晚又留宿于禁中，次日便在灵柩前即位，实难脱“弑兄夺位”之嫌。如蔡东藩《宋史通俗演义》和李逸侯《宋宫十八朝演义》都沿袭了上述说法，并刻意加以渲染，增添了许多宋太宗“弑兄夺位”的细节。

除了上述“夺位说”外，再就是“情杀说”，即认为太祖之死乃是死于情杀。如《烬余录》在论及“烛影斧声”故事时就说，赵光义对赵匡胤的妃子花蕊夫人垂涎之久，趁赵匡胤病中昏睡不醒时，半夜起身调戏花蕊夫人，没想到却被醒来的赵匡胤发觉，气急之下，赵匡胤便用玉斧砍他，但力不从心，砍到了地上。于是赵光义一不做二不休，杀了赵匡胤，逃回府中。这一记载让人很容易想到当年隋文帝病重之时，其子杨广调戏其爱妃的那一幕，而且情节几乎完全雷同。

显然，“情杀说”虽然暴露了赵光义奸淫好色的丑恶嘴脸，但却在事实上掩盖了他蓄谋已久的篡位野心。

与“夺位说”和“情杀说”两种意见截然不同的第三种意见不妨称之为“无关说”，即认为宋太祖的死与宋太宗无关，持此说的人引用司马光《涑水纪闻》中的记载竭力为宋太宗开脱。

据《涑水纪闻》记载，宋太祖驾崩后，已是四鼓时分，宋皇后命内侍都知王继恩立即召太祖的四子秦王赵德芳入宫，但早已与赵光义暗中勾结的太监王继恩却直接跑到开封府召赵光义速去灵柩前即位。赵光义闻后大惊，犹豫不敢前行，经王继恩一再催促，才于雪中步行进宫。据此，有历史学家认为，太祖死时，太宗并不在寝殿，因而不可能“弑兄”。如毕沅《续资治通鉴》以及李焘《续资治通鉴长编》都力主这一说法。

此外，还有一种意见认为，虽不能肯定宋太宗就是弑兄的凶手，但他却无法开脱抢先夺位的嫌疑。据《涑水纪闻》所载，在赵光义即位的过程中确实存在一系列的反常现象，如宋皇后明明召的是秦王赵德芳，而赵光义却抢先进宫，造成既成事实。宋皇后乍一见到光义，不禁愕然失色，但想到事已至此，回天无力，于是便向这位“小叔子”哭着哀求道：“我们母子性命都托付于官家了。”官家是宋时宗室大臣对皇帝的昵称，向赵光义口称“官家”，说明宋皇后在万般无奈中便只得痛苦而又识相地承认“现实”。

现当代，也有一些学者认为赵匡胤可能死于疾病。如日本有个学者叫荒木敏一，他认为赵匡胤很爱喝酒，可能是得了高血压、脑出血之类的急病，抢救不及，才一命呜呼的。这个观点遭到了一些人的反对，认为宋太祖的确是喜欢饮酒，但事实上他早在建隆二年（961 年）就对近臣说：“沉湎于酒，何以为人？朕或因宴会至醉，经宿未尝不悔也。”说明他对饮酒早已有所节制，所以不太可能死于饮酒过度。

另有学者发现赵宋宗室有遗传性疾病，主要是由躁狂忧郁症引起的暴亡、早亡、精神病，由此推测赵匡胤死于家族遗传的躁狂忧郁症或心脑血管疾病。

宋太祖究竟是怎么死的？十之八九，是死于赵光义的谋杀。

应该说，赵光义篡位之心由来已久，且一直磨刀霍霍，暗藏杀机。他之所以要选在开宝九年二十日晚采取行动，可以说既是他阴谋篡位的必然结果，同时，也是受形势所迫，不得不断然采取的弑君措施。

因为，从史书上看，太祖虽曾一度将赵光义这位亲弟弟视为“亲密战友”，或许在内心中也曾一度将其内定为自己的接班人，因而对他呵护有加，极其信任，但到了后期，由于在是否迁都等一些重大问题上兄弟俩意见相左，再加上不断听到一些诸如晋王行踪诡秘、似有不轨行为等方面的传闻，种种迹象表明，赵匡胤对赵光义已渐渐表现出明显的不满。

据史料记载，开宝九年的春天，吴越国王来开封朝觐。皇上一反常态，未派皇弟，而让从未在重大政治场合抛头露面的皇子赵德昭出城迎接，又让四皇子赵德芳出席接风宴会。这年的三月，皇上率群臣离京去西京洛阳合祭天地，又一反以前自己离京时让赵光义留守京都的惯例，而让赵光义随行陪同。而在此间又发生了皇帝与皇弟在是否迁都洛阳问题上的争执，所有这些“政治信号”，无不表明太祖对皇弟的看法与感情已经起了微妙的变化。

对于皇上的这种变化，一向心机颇深善于权谋的赵光义比任何人更心知肚明，所以，为了防止夜长梦多，眼看就快煮熟的鸭子弄不好飞了，他便干脆来个先下手为强，一手策划与导演了上述那场“烛影斧声”的政治惨剧。

在这场事先经过精心策划的阴谋中，作为资深的阴谋家，赵光义的“弑君行动”方案制订得可谓非常周密，大致可以分为三个步骤：

第一步，先是“谣言惑主”，即先让那些被自己暗中收买的道士装神弄鬼，为太祖占卜，让一向迷信鬼神的太祖对天神的“神示”信以为真，乱了心神。如在“烛影斧声”惨剧发生前，那个来路不明的终南山道士就声称自己是天上的“尊神”，号“黑煞将军”，声称天神已降临宣示：“天上宫阙已完成，玉锁已打开，而晋王有仁心。”可以想见，这终南山道士一定是受了赵光义的暗中指使，已经完全参与到“弑君行动”的集团中来，否则，哪会真的有什么天神和“神示”？

第二步，则是研制毒药，即先让巫医王怀隐和程德玄秘密研制毒药。从种种情形看，这种毒药很快就被研制出来，而且经过“临床”试验证明效果良好。很可能，这种毒药的特性就是暗中掺入酒中无色无味，但喝了能够立即使人致哑，剂量大了会立即致人死亡。

史载，乾德四年（966 年），杨信因病致哑，失去说话能力。开宝

六年（973 年），“初，审琦暴疾，不能语，帝亲临视，及卒，又幸其第，哭之恸。”杨信与王审琦是“杯酒释兵权”后太祖“义社十兄弟”中仍掌握重要兵权的二位铁杆亲信，其中王审琦还是太祖的儿女亲家。俩人都先后突然变哑，而且，王审琦还因此暴疾身亡，有学者认为这两个太祖的铁杆亲信都成了赵光义让巫医秘密研制的毒药的“试验品”，在决定用毒药暗杀太祖之前，先拿这俩人“临床”试验一下，不仅能检验出此药的真实效果，同时，又成功地打击了太祖的势力。

弑君行动之所以要采取用毒药掺酒谋害太祖，而不是采取其他方式，显然是考虑到赵匡胤一直喜欢杯中之物，认为“酒，天之美禄”，几乎每天都不离酒杯，且常常喝醉。

第三步，毒杀太祖，即让宦官王继恩趁太祖与赵光义兄弟俩单独在一起喝酒时，在太祖喝的酒里暗中下毒，把太祖毒死，然后制造太祖深夜酣睡突然驾崩的假象。同时，乘人不备，捷足先登，承继大统。

说来，在用毒酒害人方面，赵光义绝对是“行家里手”，据《默记》及《烬余录》记载，被俘的南唐国主李煜及后蜀国主孟昶在这之后，都是被他老兄用毒酒给毒死的。可是，十月二十日晚上，当赵匡胤与赵光义兄弟俩对饮时，不知道是那毒酒药力不够，还是喝到后来，太祖忽然有所察觉，于是奋力起来进行反抗。由于没想到自己的这个弟弟竟这样歹毒，又气又恨的赵匡胤一边冲坐在对面的赵光义大骂：“好做？好做！”那意思是“你干的好事？你干的好事！”一边抡起随身携带的那把著名的也就类似于古人常带在身上的玉如意一样的柱斧冲过去，恨不得一柱斧将赵光义这个人面兽心的恶魔打死，但毕竟中毒已深，体力不支，没走几步便天旋地转，倒在地上。因为事情败露，情急之中，赵光义迅速扑上去，从赵匡胤手中抢过那把柱斧，疯狂地向太祖的要害处砸去……

事后，赵光义一定感到恐惧，为了掩盖罪证，与赵匡胤长得颇有些相像的他来到外面，“用柱斧戳入雪地之中”，反复用雪将柱斧上的血迹擦净后，回到屋里，想必又伪装了一下作案现场，甚至有可能假扮成太祖“解带就寝，鼾声如雷”，然后，在自己的同谋宦官王继恩的掩护下，趁着夜色，悄然离去！

当然，话说回来，太祖究竟是怎么死的？史无所载，无从考证。由于“烛影斧声”已成千古之谜，所以，以上任何一种推测都有可能，但也全都无法确认。

然而，从宋太宗仓促即位前后的种种异常情形来看，太祖之死，绝对与赵光义急于谋权篡位有关。

“金匮之盟”令人疑

我们说，赵宋皇帝给人的一个总体印象就是小聪明有余而大智慧不足。

但有时候，小聪明也没完全用对地方，其结果不仅于事无补，反而会弄巧成拙，令人生疑。如历史上著名的“金匮之盟”便是这样一个极为典型的例子。

据《宋史·杜太后传》以及《续资治通鉴》等书的记载，建隆二年(961年)，杜太后于临终之际，对侍候在自己身边的宋太祖交代后事，并召宰相赵普入宫记录自己的遗嘱。据说当时杜太后先问太祖何以能得天下，太祖说是祖宗和太后的恩德与福荫，太后却说：“你想错了，若非周世宗传位幼子，使得主少国疑，你怎能取得天下?”太祖点头称是。这时太后又说：“你百岁之后，当传位给弟弟光义。四海之广，亿万之众，国有年长之君乃社稷之福，你当牢记。”

据说，对母亲非常孝顺的赵匡胤当时泣不成声，不假思索地回答道：“谨遵母亲教诲。”

于是，太后便让赵普将遗命写为誓书，藏于金匮之中，并让宦官秘藏于后宫。

这便是历史上著名的“金匮之盟”的故事。

对于这样一种观点，以前很少有人怀疑它的真实性，都认为是“金匮之盟”也即杜太后的临终遗命直接导致后来“兄终弟及”传位事实的发生。

但是，到了清代以后，开始渐渐有人对它产生怀疑。如乾隆年间全国第一流的清官，无疑也是全国第一流的散文家恽敬认为，此盟约乃虚饰之说。近代许多学者也都认为“金匮之盟”可能有诈，是编造历史的结果。其中，以张荫麟对此事的分析最为透彻。

当年，与钱钟书齐名同为20世纪30年代清华文学才子之翘楚、曾被梁启超先生称为“天才”的历史学家张荫麟在其《宋太宗继统考实》一文中一口气问了五个问题，打了五个“?”。在他看来，“金匮之盟”存在五个方面的破绽。

其一，杜太后死时，太祖仅三十五岁，而其子德昭已十一岁，在当时情况下，杜太后怎么能预知太祖死时德昭仍是儿童？事实上，等宋太祖死时，德昭已经二十六岁，完全成年。其二，太祖既遵母命，为何将盟誓藏起来对谁也不说？退一步说，即使太祖对其深藏不露，至少太宗即位后也要立即“广而告之”，以证明自己继统的合法性，何以非要等到5年后，在打算对皇弟廷美动手时才突然将盟誓公布？其中很有可疑之处。其三，赵普是参与盟誓的，以赵普之性格与为人，太祖在世时不敢泄露尚可理解，但太宗即位后为什么不马上“邀功请赏”，以此讨得太宗欢心，而非要待数年之后才予以披露？其四，太宗时修的《太祖实录》中没有“金匮之盟”，到了真宗时修《太宗实录》才将其事加了进去，而且又说太宗当时也在场。史料的记载为何如此自相矛盾？其五，“金匮”盟誓既然全部在极其秘密中进行，知情者最多只有四个人知道，而太祖和杜太后已经作古，只剩下赵普和太宗，所以，两人出于当时宫廷政治斗争需要，结为同盟，随心所欲地解释其事，而其他人谁都不会知道“金匮之盟”的真相。

其实，不只是张荫麟，后代许多历史学家在仔细研读这一段历史时，都普遍感到“读不懂”，在对事情的细枝末节进行了如上的质疑后，历史学家们认为，“金匮之盟”是犹如李斯一般极其贪恋权力的赵普为了重新获得相位竭力投太宗所好而一手伪造的。伪造的时间应该是在太平兴国六年。这时，已经改名为赵炅的赵光义“兄终弟及”，已经当了五年皇帝。

也就是说，“金匮之盟”是在赵光义当了五年皇帝后才公布的。为什么像这样一份如此重要的足以还赵光义继位于清白的“政治遗嘱”竟然拖了五年之久才以正视听，公布于世？

这怎么说都让人疑团莫释，疑云满腹。

疑点之一首先是，杜太后在临终之际有没有立下这一“金匮之盟”或曰“政治遗嘱”？

从史书上看，杜太后原是富家小姐，知书识礼，因父母之命嫁给当时流落他乡素昧平生的赵弘殷，也即赵匡胤、赵光义的父亲。虽然宋史对她记载不多，但从她在赵匡胤篡位前后“发表”的几次“著名讲话”看，此人绝对不是一般的女流之辈，而是很有思想很有见识的巾帼英雄。赵匡胤、赵光义兄弟俩能够有日后的出息绝对与她早期的家庭教育有关。

当年，汉景帝的母亲窦太后因为偏爱自己的小儿子梁王刘武，曾经一直缠着汉景帝，想让汉景帝答应“殷道亲亲”，即同意“兄终弟及”，将来把皇位传给弟弟梁王。但是，对窦太后的这一主张，由于窦婴等一帮大臣据理力争，坚决反对，最后连窦太后自己也觉得不妥，不再固执己见。

杜太后看人、看问题都非常深刻，史书上说她“每与太祖参决政事”，可谓赵匡胤的“特殊政治顾问”。既然是这样的一个高级政治顾问，想必她对当年窦太后干预汉景帝立储的这一段掌故不会不知，那么，以杜太后的睿智和深刻，会不会在自己临终前越俎代庖，对儿子的立储问题完全包办代替，不容商量、违背常理地一锤子定音，自作主张地非要设定一个“兄终弟及”的“传位路线图”，且硬要藏之金匮，让赵匡胤也让自己的后代子孙去坚决贯彻执行？

仔细想想，似乎不太可能。

疑点之二是，即便杜太后临终之前真的要订“金匮之盟”，她又怎么可能在当时现场只让赵匡胤和比赵匡胤还大五岁的赵普在场？以杜太后的老于世故，她当然知道赵普与赵匡胤非同一般的关系，假若她真的想订“金匮之盟”这样一个涉及赵匡胤与赵光义兄弟俩双方切身利益的“政治合同”，按常理说，就绝对不会如此秘密地只让双方当事人中的一方也即赵匡胤一方知道。

而疑点之三则是，就算当时在场的只有杜太后、赵匡胤和赵普三人，那么，杜太后死时，“金匮之盟”可以不公开，在宋太祖突然驾崩，赵光义即位时，赵普为什么还不公开？为什么非要等到太宗已继位五年，一切的一切早已时过境迁才来公布？这不是存心和赵光义过不去吗？

西方有则著名的寓言，说是一个渔夫在打鱼时意外打到一个奇怪的瓶子，那渔夫因好奇打开这个瓶子，没想到竟把一个已囚禁多年的魔鬼从瓶子里释放出来了。那魔鬼被从瓶子里放出来后，非但不感谢渔夫的救命之恩，反而怪罪渔夫解救他太迟了，竟扬言要报复渔夫。

试想，如果真有那么一个“金匮之盟”，在太祖暴毙，一时人言汹汹，“群情危疑”之际，刚即位的太宗急需要它来证明自己的清白无辜，而赵普不管什么原因将其藏匿不报，一直等到五年后才来说明此事，可想而知，太宗皇帝也一定会像那个魔鬼怪罪渔夫那样怪罪赵普，不仅不会感谢赵普，反而会怨怪他，惩罚他。但事实上，兴国六年，当赵普将杜太后、赵匡胤死后仅只有他一人知道的所谓“金匮之盟”公布出来后，太宗非但没有怪罪赵普，反而对他大加奖赏，将原本贬谪在外的赵普又召回京师，复位宰相。

仔细玩味，任谁都会觉得这事怎么说都很不正常。

太祖不立储之谜

宋太祖之死和宋太宗即位，为后世留下了“烛影斧声”之类的千古之谜。虽然对这一谜案学术界至今还众说纷纭，莫衷一是，但对赵匡胤终生未予立储一事却看法一致，几无争议。

在我国古代，立储一直被认为是国家政治生活中的头等大事。由于其无与伦比的重要性，因而，只要稍微有一点政治常识和忧患意识的封建帝王都会对此深图密虑，不敢大意。

可是，令人难以置信的是，不知道为什么，秦始皇嬴政与宋太祖赵匡胤这两个历史上并不昏庸的封建君王在立储问题上可谓昏庸至极，却将关乎“国本”的立储问题竟然束之高阁，置之不顾。

照理说，赵匡胤这人绝非糊涂之人，对立储之事的重要性与必要性应该非常清楚。可是，让人“读不懂也想不通”的是，从他三十三岁那年篡夺皇位，到他五十岁那年离奇死去，当了十七年皇帝的他，竟然像当年也只活了五十岁的秦始皇一样，终其一生都没有立储，甚至在宋史中，竟然找不到他论及有关立储一事的只言片语！

如果说，秦始皇当年不仅不予立储，而且对立储之事一直讳莫如深，很有可能是他过于自闭的性格以及后来被一帮江湖术士蒙骗造成的，那么，一向大大咧咧而且一喝醉了酒便口无遮拦的赵匡胤何以在立储问题上那么能沉得住气，对立储之事不仅从不过问，而且绝口不提？

对此，多少年来，一直众说纷纭，莫衷一是。

一种观点认为，赵匡胤虽然没有白纸黑字对储君作出明确规定，但在事实上他对立储之事早有定夺，皇储人选很明显就是其弟赵光义，而之所以会作出这样一种决定，完全是由于他过于听命于其母杜太后的临终遗言，即在事实上忠实践约履行了上述有关“金匮之盟”的约定。

而另外一种观点则认为，赵匡胤其实是心甘情愿要将皇位传给二弟赵光义。

据《宋史·太祖本纪》记载，太祖每次出征或外出，都让赵光义为“上都留守”，坐镇京城，实际上也就是代行皇帝之责。而对于军国大事，他也都毫不避讳，让赵光义一同参与谋划和决策。不仅在政治上高度信任，而且在生活上也对其非常关心。赵光义有次患病，太祖不仅亲自去探望，还多次亲手为其烧艾草治病，光义觉得疼痛，太祖便先在自己身上试验以观药效，手足情深，颇令人感动。

相传，太祖还曾对身边的近臣说：“光义龙行虎步，出生时有异象，将来必定是太平天子，福德所至，就连我也比不上。”

据此，有人便以为太祖对赵光义极为赏识，早已在心中决定将皇位传给弟弟赵光义。

但是，这样一种观点也明显经不住推敲，不妨想象一下，赵光义患病，太祖去探望绝对有可能，亲手为其烧艾草治病，以赵匡胤的性格与为人，也很有可能。然而，所谓“龙行虎步”“太平天子”之类的话，是否真的出自宋太祖之口颇令人怀疑。可以肯定地说，身为九五之尊，而且正值壮年，即便赵匡胤再糊涂，他也不至于说出这样的傻话！如果真的说出这样的话，那就意味着赵匡胤不仅公开承认了二弟赵光义的皇储地位，而且自贬身价，故意抬高赵光义的地位，甚至有拍弟弟赵光义“马屁”的嫌疑，试想，这样做，对还正值盛年御宇天下的赵匡胤来说，究竟有什么好处？又有什么必要？如果当皇帝还要拍别人马屁，捧别人臭脚，那赵匡胤这皇帝当得也真的是窝囊透顶，脓疱无用！

可从实际情形看，赵匡胤绝对不会窝囊糊涂到这种程度。

所以，唯一的可能就是，在两次名为编修，实为篡改《太祖实录》

等宋初历史时，太宗赵光义为了给自己涂脂抹粉，故意叫人做了手脚，随意编造“历史”，说白了，上述太祖所谓“太平天子”的话语乃至“亲手为其烧艾草治病”之事十有八九是子虚乌有，纯属杜撰，是赵光义在“烛影斧声”后欺世盗名的“政治虚构”或者说是政治谎言。

对于“宋太祖死时没有留下传位于太宗的遗诏”这一观点，其实史学界早已成为“定论”。最早得出这一“定论”的应该说是清代史学名家、著名的《续资治通鉴》的作者毕沅。毕沅认为，因为“未尝明降诏旨”，“非实有遗诏也”。这一观点一经问世，即被视为材料论断上的权威结论而被广泛接受，迄今已影响了史学界达两三百年之久。

太祖究竟为什么不立储？很有可能是这样一种情形：在刚刚篡夺皇位后，由于立足未稳，再加上当时几个皇子年龄还小，立储的各种主客观条件尚未成熟，所以，赵匡胤权衡利弊，决定从长计议，暂不立储。

在今天看来，对二弟赵光义的信任与重用乃是赵匡胤别无选择的“选择”。因为，正如我们所知道的，由于生性多疑，缺乏自信，黄袍加身后总怕别人也会如法炮制，故伎重演，赵匡胤便精心策划了“杯酒释兵权”，通过恩威并施让那些曾经拥立过自己的功臣宿将全都交出了兵权。在当时这样一种情势下，这些从“外人”手中收缴回来的兵权，从表面上看，都回归到皇帝一人手中，但赵匡胤即使再能干，作为赵氏家族公司的“董事长”，他也不可能有那么多的精力事无巨细，所以，只好也只有选择一个“CEO”来替他经营打理“公司”里的一些具体事务。

显然，在这样一个封建家族式的公司里，这样的CEO绝对不能从外人中“选聘”，只能也只有在家族内部而且必须是在直系亲属中产生。

据史料记载，赵匡胤之长子与第三子早夭，在他篡位那年，次子德昭九岁，第四子德芳才一岁，而三弟赵廷美也才十三岁，都还未成年，当然都不是合适人选，因而，时年二十二岁的赵光义理所当然便成了赵氏家族公司CEO的最佳人选，无疑也是唯一人选。有道是：打虎亲兄弟，上阵父子兵。在当时，赵匡胤唯一能依靠的亲兄弟只有赵光义一人，由此也就不难理解赵匡胤何以对赵光义那么信任那么重用了。

想必，在无人可用时，赵匡胤一心想笼络这个能干的弟弟，对他关爱有加，想使他感恩戴德，当自己的帮手，而迟迟不立皇储，其用意也许是姑且使赵光义有个盼头，好让他更好地为自己卖命。也许，在赵匡胤看来，等到皇子长大后再行册立，一切顺理成章，水到渠成，再说，到那时，还有自己在那儿坐镇，估计无论于情于理，弟弟赵光义都不好说什么，也不敢怎么样，可是，令他至死都没有想到的是，在他的身上，竟会发生“烛影斧声”这样突如其来的悲剧，由此导致在立储问题上他的如意算盘完全落空了！

当然，话说回来，至于太祖为什么一直不立储，真实情况究竟是不是这样，由于宋初的历史早已被篡改得面目全非，因而，千百年来，谜底一直无人能够揭晓。

死亡通缉令

如果单纯就能力来说，太宗赵光义绝对不在其兄宋太祖赵匡胤之下。可是，倘若说到人品，赵光义显然不能与赵匡胤相提并论。相比较而言，赵匡胤为人较光明磊落、仁厚宽容，而赵光义为人则显得阴险狡诈、凶残歹毒。

同样是阴谋篡位，赵匡胤对后周皇室还算高抬贵手，慈悲为怀，可是，赵光义却不像赵匡胤那么心慈手软，他不仅干净利落地彻底结束了一向待他不薄的太祖的性命，而且，为了不留后患，随后又斩草除根，接二连三地发布了“死亡通缉令”，残忍地将太祖的两个儿子以及自己的亲弟弟等人一一害死。

所以，从某种意义上说，宋太宗的“烛影斧声”以及后来的逼侄害弟，其实与唐太宗李世民制造的“玄武门之变”一样残忍和暴戾，而且，比较起来，也无疑显得更为阴险。

说来，真的是“无情最是帝王家”。按理说，老皇帝去世，新君一般继续沿用当年年号，直到第二年，才更改启用新的年号。这样做的目的，显然是为了表示对前任皇帝的纪念与尊重。可是，赵光义一即位，就唯恐皇帝大位被谁抢了去似的，迫不及待地把仅剩两个月的“开宝九年”改为“太平兴国元年”，急吼吼地抢先为自己“正名”。

这种打破常规提前更改年号的做法，遭到了史官的公开批评，就连《宋史・太宗本纪》对此也颇有微词，认为太宗这样做实在是太过分了！

然而，最过分的显然还不只这事。据说，太宗极不合情理地即位后，先皇旧臣议论纷纷，人心浮动。为了稳定人心、巩固皇位，一开始，赵光义不得不做出姿态，极力拉拢和安抚皇室内部和宰执大臣。据《宋史·太宗本纪》记载，即位不久，他便“以弟廷美为开封尹兼中书令，封齐王；先帝子德昭为永兴军节度使兼侍中，封武功郡王；德芳为山南西道节度使、兴元尹、同平章事。薛居正加左仆射，沈伦加右仆射，”而与太宗关系颇为密切的参知政事（副宰相）卢多逊、枢密副使楚昭辅都被升为正职。此外，太祖的三个女儿也都被晋封为公主，太祖与廷美子女统称皇子、皇女。

表面看起来赵光义也和他的哥哥赵匡胤一样有情有义，像他即位前向太祖皇后承诺的那样要“共保富贵”，可是很快，在他站稳脚跟后，便撕下了伪善的假面具。

最先被太宗拿来开刀的是太祖的亲信将领。

众所周知，太祖是靠一群把兄弟拥戴登上皇位的，其中最重要的就是“义社十兄弟”。在宋太祖死时，“十兄弟”中的王审琦等已死，石守信已被解除兵权，此时仍掌军权的尚有长期镇守北都大名的李继勋和在京负责全军训练的杨信。从史书上看，赵光义即位后，对太祖的亲信将领心存顾忌，刚一上台，便立即解除了李继勋的职务，一个月之后，李继勋莫名其妙地死去。一年后，听说已哑了几年的杨信突然又能开口说话了，史载“上闻而骇之，遽幸其第”，意思是说，宋太宗听说后感到很惊骇，急忙赶到杨信府邸去“看望慰问”，谁知，不看望还好，这一看望，一慰问，反倒把杨信第二天就给“慰问”死了。

事实上，这些太祖的心腹即使不死，也等于在政治上已被宣判了“死刑”，因为，自古以来，就是一朝君子一朝臣，既然太祖死了，太祖的这些心腹重臣自然也就无形中成了政治上的殉葬品，与太祖的时代一起宣告结束了。

只要稍微有点政治嗅觉的人就能感觉得到，形势正在悄然发生着变化。太祖的亲信将领相继离奇死亡后，朝中能支持太祖子孙的势力几乎完全被削弱了。而如此一来，诚所谓唇亡齿寒，赵光义便可以肆无忌惮地对太祖的子孙即对皇位有威胁的人动手了。

第一个死于非命的是太祖的二儿子赵德昭。

据宋史记载，宋太祖共生有四个儿子，分别是长子赵德秀、次子赵德昭、三子赵德林、四子赵德芳。其中长子赵德秀和三子赵德林都早亡，太祖去世时，实际上只有两个儿子，那便是二儿子德昭和四儿子德芳。

赵光义即位的时候赵德昭已近三十岁，被太宗封为武功郡王。刚开始，叔侄两人关系起码在表面上还算不错，但很快便走到了尽头。

那是太平兴国四年（979 年），一心想像周世宗那样以战功威震群臣，创造超过太祖功业的赵光义征伐辽国。当时辽国的“国主”是辽史上著名的承天皇太后，史称“燕燕太后”，也就是著名评书大师刘兰芳播讲的评书《杨家将》中那位妇孺皆知的“萧太后”。为防肘腋之变，他令赵德昭等所有可能威胁自己皇权统治的大臣全部随军出征，以便始终置于自己的视野之内。

刚开始，宋朝大军直趋辽境，进而包围了南京（今北京市西南）。兵临城下，眼看就要大功告成，然而，令人怎么也没想到的是，由于协调不力，在南京城外的高梁河，宋军被辽军分兵夹击，一战即溃。混乱中宋太宗身中两箭，乘驴车仓皇南逃，不知所终。

战争结束之后，宋军残余部队找不到太宗，有将士以为太宗已被辽军俘虏。由于群龙无首，这时有人主张既然皇帝不知去向，应当速立现在军中的太祖之子赵德昭为帝，并且立即有人开始着手策划兵变。

虽然这事最后无疾而终，但赵光义获悉后颇为恼火，且一直耿耿于怀。回到京师后，尽管朝臣多次建议太宗应当给先前平定北汉立下战功的将士表彰奖励，但太宗因军士在高梁河之战中试图策划兵变，记恨在胸，不予理会。见此情景，宅心仁厚的赵德昭便主动站出来为将士们说情，他劝太宗说，即使与辽作战失败了，对平北汉有功的将士还是应该论功行赏。

对自己的这个侄子，赵光义正有气一直找不到机会撒，现在，他赵德昭自己跑来无异于自找倒霉。一听他要替将士们求情，赵光义顿时就火了，黑着脸冲赵德昭不阴不阳地说：“等你做了皇帝再赏赐也不迟！”

今天，设身处地地去想，太宗这话说得也太狠、太重了！表面上看，他这话是指斥赵德昭多管闲事，而实际上，言外之意则是对自己的这个侄子进行警告和恐吓，叫他不要心存非分之想。

赵德昭开始还不明白叔叔为什么突然发火，后来才幡然醒悟，于是禁不住惶恐万分，低头垂泪，默然而出。

也许是心理压力太大，这些年来本就在叔父的阴影下犹如惊弓之鸟一样战战兢兢活着的赵德昭那天一回到家里，便自刎身亡。死时年仅二十九岁。

据记载，太宗得知此事后又惊又悔，赶过来抱着德昭的尸体，猫哭老鼠似的干号道："我的傻孩子，你干吗要这样呀？干吗这样想不通啊？"假哭了几声，自觉也算戏演得差不多了，然后下令厚葬，追封魏王。

德昭死后，他唯一的亲弟弟赵德芳也很快遭到死亡的追杀，不到两年，也突然去世。赵德芳死时才二十三岁，而且，他的死也形迹可疑，对此，史书自然仍旧是"语焉不详"，有人说他是吃了太多的肥猪肉而胀死的。

一个出身宫廷从小锦衣玉食的皇子，怎么可能像乞丐那样嗜吃肥肉，没有节制，以致最后活活撑死？想想，也真是天下奇闻，咄咄怪事！

就这样，赵匡胤仅存的两个儿子，在他猝死后不到五年的时间里全部死亡，从此，在阴曹地府，将与他永远相依为命。

据史料记载："德昭不得其死，德芳相继夭绝，廷美始不自安。"所谓唇亡齿寒，在赵德昭、赵德芳相继惨死后，赵廷美已经有了不祥的预感，感到太宗罪恶的屠刀很快就要降临到自己的头上！

果然，太平兴国七年（982 年），在赵普的蓄意诬陷下，赵廷美遭到迫害，结果一贬再贬，最后"忧悸成疾"，含冤而死，死时，年仅三十八岁。

到此为止，所有对皇位可能构成威胁的人都从肉体上被彻底消灭，从此再也不用担心自己的龙椅在百年之后被自己的侄子和弟弟抢去了，那天，当听到弟弟赵廷美的噩耗，正端坐在血腥弥漫的龙椅上的赵光义忽然如释重负，情不自禁地长吁了一口气，但很快便显得无限悲痛，不但为其隆重治丧，而且哭得异常伤心，并慷慨地追封廷美为"涪王"。

这无异于是政治上的超度，就这样，又一个冤鬼的灵魂飞天了。

说来，赵光义做人也真的是太不厚道，按说，弟弟赵廷美"忧悸成疾"，命丧黄泉，人死了也就死了，即使从理论上来说，也绝对不会"兄终弟及"，对皇位构成任何威胁了，到这地步，太宗应该对一个死魂灵显得宅心仁厚，慷慨大方，即使以前再有什么怨恨，自此也大可不必耿耿于怀，锱铢必较了。可是，想不到在赵廷美死后，丧事办完，赵光义忽然向外界发布了一条“爆炸性新闻”，竟然把原本“不足为外人道也”的“家丑”给捅了出来，那天，他向臣僚们说：

“赵廷美根本就不是杜太后亲生的儿子，而是乳母陈国夫人耿氏的儿子。想当年杜太后生下我，家父就请了个耿氏做奶妈。没想到这耿氏狐狸精一个，竟缠上了先父，并和我老爸生下了赵廷美……”

为了证明赵廷美为庶出，没有资格继承皇位，竟然把自己的亲弟弟说成是“小娘养的”，赵光义做人也太阴损刻薄了！

好在弟弟赵廷美已经死了，此时说什么他都已经听不见了。

并不高明的“鞋匠”

有西方“孔子”之称的古希腊著名哲学家苏格拉底曾向一帮青年提出这样一个问题，他说：“如果我想修鞋，我要去找谁呢?”对大哲学家提出这样一个连小孩子都知道怎么回答的问题，大家都觉得很搞笑，认为苏格拉底真的是大智若愚，于是就都笑嘻嘻地说：“去找鞋匠啊!”随后，苏格拉底忽然话锋一转，这才说到正题：“谁应该修理国家这只船呢?”

是啊，谁应该来修国家这只船呢？在封建社会，那显然应该是国王，是皇帝。所以，在苏格拉底看来，国王其实也就是个特殊的“鞋匠”。

鞋匠有好有坏，皇帝有贤有劣。那么，赵光义应该算是怎样的一个“鞋匠”？盖棺论定，我们说他修理国家这只“鞋子”的手艺虽然不算太差，但绝对称不上是一个高明的“鞋匠”。

在漫长的封建社会，中国的老百姓都普遍厚道，大凡统治者，只要在位不要太缺德、太过分，做人做事还算正常的话，老百姓就会认为遇到了一个好皇帝。

如果按此标准衡量，那么赵光义可称得上是一个“好皇帝”。

虽然说是“皇二代”，但赵光义与其兄赵匡胤一样，也是从小生长在社会底层，算得上是来自民间的“草根皇帝”，用老百姓的话说，是一个知道甘苦，晓得怎样“穿衣吃饭”也即所谓“会过日子”的、做人做事比较靠谱的人。所以，赵光义登基后，又是鼓励垦荒，发展农业生产，又是扩大科举取士规模，选贤任能，任贤致治，又是设考课院、审官院，加强对官员的考察与监督，算是顺应历史潮流，为宋朝的稳定作出了重要贡献。

但是，若说赵光义有什么缺点，那就是有时喜欢耍小聪明，这是赵宋皇帝的一个共同缺点，也即小聪明有余，而大智慧不足。这里，不妨先举一个小例子权且作为论据。

在宋代蔡绦的《铁围山丛谈》卷一中，记载了宋太宗这么一件事，说是赵光义刚刚上任，也喜欢像太祖那样，有事没事来那么一次微服私访。一天，当他微服私访走到汴京的一条大街上，看到许多人围在一起，便也好奇地走过去观看。一打听，原来是一个乞丐向一个店家伙计乞讨，伙计不愿施舍。那乞丐泼皮无赖，不仅赖着不走，还站在那里破口大骂。即便后来店主人出来向他道歉，那乞丐仍是不依不饶。

也许是觉得这乞丐太张狂了，忽然从围观的人群中冲出一名看客，只见他从刀鞘中拔出一把短刀，也不说话，便手起刀落，将那乞丐砍死，然后扔下凶器，迅即离去。

光天化日之下，竟敢在天子脚下杀人，这还了得？第二天，赵光义就严令开封府限期追捕。开封府在限期内抓住了凶手，并向赵光义禀报，认为是店主人压不住火，就一刀杀了那个恶丐。

赵光义看到开封府的这一断案结果，很不满意，下诏令再查一下，并吩咐到时将二审结果和犯罪凶器一并呈给自己御览。过了几天，开封府尹来了，赵光义一见面就问："审定了吗？"

开封府尹回答："审定了。"

赵光义又问："那作案凶器带来了吗？"

开封府尹回答："带来了。"

等赵光义拿过凶器，忽然出现了令人啼笑皆非的一幕，只见他拿着那把短刀看了看，变戏法似的，猛然将刀插进身边小太监早已准备好的刀鞘内。那刀插进鞘内，居然顺顺当当、严丝合缝。

到这个时候，事实已再清楚不过，说明刀鞘的主人正是杀人凶手。

而这刀鞘的主人却是当今皇上！

案子水落石出后，赵光义不高兴了，当即沉下脸来，训斥开封府尹说："都像你们这么判案，哪能不枉杀无辜？"说完，拂袖而去。

很显然，赵光义这么做，用《铁围山丛谈》作者蔡绦的话说，是想“以帖服中外”，树立自己的威信。不知道赵光义后来有没有想过，他痛斥臣子“如此宁不妄杀人”，其实，他自己先就已经枉杀无辜，草菅人命，视乞丐的生命如儿戏。

亏赵光义想得出来，为了树立自己圣明的形象，竟然逢场作戏，自编自导自演了一出“杀人小品”!

赵光义上台后很想像周世宗郭威以及乃兄赵匡胤一样开疆拓土，完成祖国统一大业，这当然没错。但问题是，他不懂军事，不是一般的不懂，而是相当不懂。但从史书上看，赵光义常常自以为是，自作聪明，到处指手画脚、发号施令。也许，在他觉得，自己当了皇帝，剑锋所指，肯定所向披靡。

但令他万万没想到的是，两次征辽，不仅毫无所获，而且惨败。

说来，历史有时真的很有意思。想当年，宋太宗当政的时候，辽国正好是萧太后当家。所以，从某种意义上说，当初赵光义征伐辽国颇有些“男人欺负女人”的味道。据传说，南唐灭亡后。后主李煜及小周后被宋军押解至开封。因为贪恋小周后的美色，赵光义硬是把小周后给强幸了。不知道，在出征前，一向好色的宋太宗是否对辽国貌美如花的“燕燕皇后”也有什么意念?但是，没想到赵光义便宜没占到，倒结结实实地吃了一箭，还差点成了“燕燕皇后”的俘虏。

顺便说一句，赵光义后来就是死在箭伤复发上。想想真是：太宗妙计征辽国，中箭又折兵，一个大老爷们愣是在一个北国小女子面前没抬起头，真是丢大人了。

这是太平兴国四年（979 年），第一次征辽发生的事；雍熙三年（986 年），决心报一箭之仇的宋太宗第二次征辽，没想到又重蹈覆辙。

从史书上看，两次征辽，宋太宗都举全国之力，而且，宋辽两国当时力量对比，无论经济实力、武器装备，还是军队数量，宋朝都占有明显优势，可是，为什么两次战争宋朝都无一例外招致惨败?

时隔千年之后，今天，仔细检视起来，会发现，其中的原因固然很多，但最主要的还是宋军严重的指挥失误所致。

而这两次征辽的前敌总指挥都是宋太宗。按说，宋太宗心术多端，非常精明，但是，令人“读不懂”也想不通的是，在指挥打仗上他却迂腐不堪，愚不可及！

史载，宋太宗即位后，对武将的防范更是变本加厉，无孔不入，甚至连武将的一举手、一投足都有法令约束。其中，最主要的是实行“将从中御”，从而完全剥夺了武将在战场上独立自主、灵活应变的前敌军事指挥权。说来真的非常搞笑，军队在烽火连天的战场，面对如狼似虎的强敌，这仗怎么打，领兵打仗的武将不能自作主张，而是由宋太宗在皇宫中“御赐阵图”，遥控千里之外、瞬息万变的战场形势。可想而知，甭说赵光义对行军打仗完全就是个门外汉，即便是孙膑、诸葛亮转世，像盖房子画设计图那样在皇宫中闭门造车，“御赐阵图”，指挥打仗，也绝无胜率，必败无疑。

所以，有人说，宋军如此孱弱，畏敌如虎，赵匡胤自然难辞其咎，但更主要的责任，恐怕还应由宋太宗赵光义来承当。这话，细细品味，觉得确实颇有几分道理。

的确，作为一国之主，赵光义的最大失误显然在于军事国防上的应对失策，鼠目寸光。对于太祖一朝猜忌武将、偃武修文的基本国策的片面性与危害性，他不仅认识不到，反而将其进一步扩大化与绝对化。史载，赵光义曾“密谕旨于都部署李继隆曰：‘若将来复入边，朕当自行。’”所谓“朕当自行”，意思是说，如果边境发生战事，皇帝当会自己出征，具体怎么应对，也会亲自决断。这在实际上也就剥夺了边防军队的军事自主权。

正是在这一赵宋“祖宗家法”的统领下，宋朝在军事上一直都是外行领导内行，而即便是这样的“外行”，还要置于更大的“外行”的绝对领导下，不用说，这“更大的外行”便是皇帝。

所以，假如单纯从军事方面说，宋太宗赵光义包括他后面的十几任赵宋皇帝都是一些拙劣的已经不能再拙劣的“鞋匠”，而宋朝这只船一修再修，花了几百年时间却老是修理不好，原因多半也就在这里。

历史被强权篡改

今天，我们在阅读历史时，几乎任何一个王朝都会遇到一些“读不懂”的地方，这无疑是历史所呈现出来的再正常不过的现象。但是，在秦汉包括三国两晋隋以及唐宋元明清等大大小小或长或短的封建王朝中，还从来没有哪一个王朝而且是在一个帝王的身上，会像宋太宗赵光义那样，出现那么多令人“读不懂”的历史悬疑或历史之谜。

这不能不说是中国历史上一个很独特的“宋太宗现象”!

而之所以会出现这样一种现象，其实原因很简单，乃是“历史造假工程”使然。

在史学中，《宋史》是最为声名狼藉的。

关于《宋史》，《四库全书》批评它“其大旨以表章道学为宗，余事不甚措意，故舛谬不能殚数”。

这样的批评无疑是再中肯不过。

熟悉《宋史》的人都知道，在宋代，“历史造假工程”的出现，有两个高峰时期，一个高峰时期是在宋太宗统治年间，而另一个高峰时期则是在宋高宗时代。据史料记载，秦桧和养子秦熺等监修国史，“多所舛误”，“凡所记录，莫非其党奸谀谗佞之词”。

由此可见，所谓的“历史造假工程”，其实就是权力对历史的操控。而被权势强奸后分娩的“历史”，自然就是一个非驴非马的怪胎。

当然，以权势篡改历史并非自宋太宗赵光义始。诚如大家所知道的，想当年，在“玄武门之变”后，李世民让史官“篡改历史”只是对历史作了有限的“篡改”，如“玄武门之变”，他只是竭力为自己“杀兄屠弟”的罪恶行径进行辩解，而对自己“杀兄屠弟”的行径却没有一丝一毫的伪饰与掩盖。

所以，从某种意义上说，李世民这人还算老实，虽然在篡位后以权谋“史”，但在事实上，他对历史的“篡改”并不成功。

从史书上看，赵光义对唐太宗李世民曾作过深入的研究，也许是吸取了李世民篡改历史并不成功的教训，所以，他对历史的篡改几乎可以说是干干净净，彻彻底底。

赵光义显然是个历史意识很强的人，对于历史的意义与作用，他当然认识得很清楚。所以，为了不使自己在历史上为人诟病，他曾先后两次诏令史官编修历史，竭力为他擦拭与掩盖人生的污点，涂上一层厚厚的金粉。

第一次的“历史造假工程”大约是从太平兴国二年（977 年）开

始，当时的主要任务是编修《太祖实录》，以记录太祖一生的史实。担任这次编修实录任务的总主编是翰林学士李昉。李昉是北宋的名相，《太平御览》、《太平广记》、《文苑英华》和《册府元龟》被后世合称为宋代四大书，而其中的前三部就是他所编撰。仅此可见，此人绝对是个学者型的高官。

接到诏令后，李昉似乎根本没去猜度太宗编修《太祖实录》背后的真实用心，用现在的话说就是，光知道埋头拉车，不知道抬头看路，其结果自然是吃力不讨好，到头来虽然整整花了六年多时间，编成了一部五十卷的《太祖实录》，可是，呈给皇帝御览后，太宗却十分不满，认为书中存在大量的错谬之处，譬如，这部实录说"陈桥兵变"发生时，宋太宗竟然不在现场，这就非同小可，不是一般性的问题了，太宗看了，自然很不高兴。

可以说，趁自己在世时，对自己置身其中的这段历史尽快作出结论，一直是太宗赵光义在位期间的一桩心病。也正因此，当很多年以后，年轻时"隆准龙颜，往之即知为大人也"的他终于老了，终于"身带旧疮，每年发作，痛苦殊甚"时，因为预感到自己已经来日不多，大限将临，所以，至道元年（995 年），也就是在他即将去世的前两年，他又诏令翰林学士、时任礼部尚书的宋白以及被宋太宗誉为"江东人士之冠"的翰林学士、太仆少卿张洎重修《太祖实录》，开始实施第二次大规模的"历史造假工程"。

在重修《太祖实录》时发生了许多怪事，据说，濠州知州范杲有一天忽然接到圣旨，要他速去京师，等待天子召见。范杲是北宋首任宰相范质的侄子，人很有才气，但颇热衷于追名逐利，接到圣旨后，他以为太宗是要提拔他，因而喜出望外，日夜兼程赶往汴京。在半路上，正好遇到一位刚离开京师到地方任职的官员，范杲迫不及待地向这位官员打听皇帝这么急着召见他有什么好事，这位官员告诉他，皇帝召见他乃是要让他担任"重修《太祖实录》"工作。

原来是让自己去干这种吃力不讨好的苦差事！范杲听了，顿时大失所望，像霜打的茄子一样一下子蔫了下来。由于气血攻心，他当天就病倒了，抵达京城后，没过半个月就去世了。

还有一个人就是王禹偁，王禹偁是济州巨野（今山东省巨野县）

人，“家本寒素”，他曾当过县令，官职不大，但却“鱼酒甚美，俸禄甚优”，可谓油水多多，非常实惠。所以，在任县令时，有一段时间，他曾非常得意，为此还写过一首名为《南园偶题》的七言绝句，诗云：“天子优贤是有唐，鉴湖恩赐贺知章。他年我若成功后，乞取南园作醉乡。”个中真情，溢于言表。

但王禹偁绝对不是庸常之辈，他有才气，有抱负，而且，更为难能可贵的是，他有骨气。淳化二年（991 年），庐州尼姑道安诬告著名文学家徐铉。当时王禹偁任大理评事，执法为徐铉雪诬，又抗疏论道安诬告之罪，由此触怒太宗，被贬为商州（今陕西商洛市商州区）团练副使。至道元年（995 年），王禹偁再度被起用，自西掖召拜翰林学士，并受命参与“重修《太祖实录》”工作。由于他秉性刚直，遇事直言敢谏，不畏权势，以直躬行道为己任，在修史时秉笔直书，无所避讳，颇有董狐遗风，因而又一次遭到贬谪。

对于这次贬谪，王禹偁很痛心，很气愤，却英雄无悔。他在《黄州谢上表》中说：“盖行高于人则人所忌，名出于众则众所排，自古及今，鲜不如此。”“霜摧风败，芝兰之性终香；日远天高，葵藿之心未死。”又作《三黜赋》以明志：“屈于身兮不屈其道，任百谪而何亏！吾当守正直兮佩仁义，期终身以行之。”观其文而想其人，让人很自然地想到当年行吟泽畔的屈原。

可以想见，当时“重修《太祖实录》”，的确是一桩非常具有倾向性的政治任务，要完成这一工作，说白了就是篡改历史，作为编修者，常常需要昧着良心，颠倒黑白，这对于像王禹偁这样“守正直兮佩仁义”者来说，当然是一件非常痛苦难以忍受也无法接受的事情。所以，不说假话、不修假史的王禹偁被贬谪也就是在所难免理所当然的事了。

王禹偁被贬谪，但历史的“造假工程”仍在进行，在赵光义的直接干预和授意篡改之下，宋初的历史就像是一件旧家具，被一帮御用史官改了又改，然后，又一遍遍地涂上油漆，到最后，一切都已面目全非。

第三章

可怜无力补苍天

在中国古代帝王中，笔者最为同情的应该说是宋朝的神宗皇帝。不知怎的，每当想到宋神宗赵顼，我总会浮想联翩，想到当年由他一手策划一手发动并终其一生都在竭其全力推动但到最后却前功尽弃的那场声势浩大轰轰烈烈的“熙宁变法”，总会感慨万千，且默默地为他洒一掬同情之泪。

“熙宁变法”的总策划

谈到“熙宁变法”，人们常常最先想到的是王安石。历史上也把“熙宁变法”称为“王安石变法”。可见，王安石的知名度有多大。

其实，“熙宁变法”的“首谋”乃是宋神宗本人，用现在的话说，“熙宁变法”的总策划、总导演或者说“总设计师”是宋神宗赵顼。而王安石只不过是神宗赵顼在心中打定主意力图“思除历世之弊，务振非常之功”，也就是像现代人所说的立志要进行一场重大的改革之后所物色与选定或者说是“聘用”的执行导演罢了。

从史书上看，赵顼从小就是一个好学不倦乃至废寝忘食的好孩子，而且，还在年少时就是一个“少年心事当拏云”的热血少年。据《宋史·神宗本纪》记载：“帝隆准龙颜，动止皆有常度。而天性好学，请问至日晏忘食。”赵顼读书非常刻苦，每当读书时总是正襟危坐，心无旁骛，即使是在盛夏酷暑，他也专心致志，励志苦学，天气再热也从不让人打扇。显然，在这样一个皇室富贵人家，他能有如此品行，委实是难能可贵。也许是怕他好学伤身，父亲英宗很是担忧与心疼，为此经常让内侍去制止他，劝他不要过分用功，以免累坏了身体。

当然，赵顼并不是那种只知道一心死读圣贤之书的书呆子，他很注重读书致用，且也很有自己的理想，做太子的时候就喜读《韩非子》，喜欢法家“富国强兵”之术。据说十多岁时，小小年纪的他就曾身披铠甲一副戎装去见祖母曹太后，要求恢复失去疆土的雄心壮志展露无遗。

相传，有一天侍讲王陶给兄弟讲庆历二年（1042 年）的事，说那年契丹派使臣向大宋讨要周世宗收复的瀛、莫二州，当时朝廷欲派遣一位使臣前往契丹交涉，可这此时那么多朝臣竟然无一人敢于出来应命。最后，还是富弼大义凛然，主动站出来表示愿意出使契丹。富弼前后两次出使契丹，最后与契丹达成协议：大宋继续保有瀛、莫二州，每年宋增加给契丹的岁币银十万两、绢十万匹。王陶讲到这里情不自禁地大赞富弼急难好义，关键时刻出使契丹，有着临危不惧的胆识，说富弼为大宋保住了国土，实在是功德无量，可钦可佩。

此时此刻，弟弟赵颢在一旁听了不发一言，而赵顼听了却很不理解。他想：“瀛、莫二州本来就是属于大宋的，将其保住是应该的，为何还要卑躬屈膝地增加岁币讨好契丹?”这样一想，他竟忧愤得蹙眉落泪，由于少年气盛，感情冲动，当即站起来不以为然地发表自己的见解：“富弼此举其实有辱国格，如果我是皇上不但不会嘉奖他，还会治他的罪!”

这话说得虽然多少有些偏激，但也很能反映赵顼在对外政策方面不甘示弱的态度。

说来，赵顼能嗣承皇位，承继大统，绝对是很意外，也很侥幸。因为，熟悉这一段历史的人都知道，他的父亲宋英宗赵曙乃是仁宗皇帝的堂兄之子，正常情况下，怎么说离皇位都差之千里，遥不可及。只是由于仁宗皇帝的三个儿子都不幸先后夭折，从此绝了后代，再无子嗣，皇冠才始料未及地落到他的父亲也即宋英宗赵曙的头上。

作为北宋第一位以宗子身份继承大统的皇帝，应该说，英宗赵曙非常幸运。但不幸的是，他的身体状况却很糟糕。嗣位那年，英宗三十二岁，按说这个年龄正是人生中精力旺盛年富力强的时候，可是，没想到他继位之初即大病一场，后来，勉勉强强当了四年皇帝便龙驭上宾，驾鹤西去。这样，赵顼才在意外与仓促间登上了皇位。

赵顼是在他二十岁那年登上大宋皇位的，是谓神宗。由于读书使人眼界开阔，使人思维敏锐，使人心智早熟，加上这之前又任过忠武军节度使、同中书门下平章事等职，有着一定的实际工作经验，所以，他的心理年龄远比他的生理年龄要成熟得多。或者，换句话说，通过读书与任事，尽管才只有二十岁，但赵顼在登基之前，就已经具备了一位优秀皇帝所应具备的优良品性与综合素质。

神宗即位之初，本朝社会矛盾已经非常尖锐。此时，从宋朝开国到神宗嗣位已有一百零七年，自宋初以来就出现的冗官、冗兵、冗费的“三冗”现象到这时已愈演愈烈，积弱积贫的政治局面已经形成。由于宋朝的官僚机构叠床架屋，而科举、荫补无度，由此造成官吏冗多，又因为国家养兵百万，士兵队伍日益庞大，再加上官员腐败，百弊丛生，使得整个国家财政状况不堪重负，雪上加霜。正如《宋史》所载：“承平既久，户口岁增。兵籍益广，吏员益众。佛老外国，耗蠹中土。县官之费，数倍于昔。百姓亦稍纵侈，而上下始困于财矣！”

有这样一则事例很形象，也很能说明问题。史载，神宗即位没几天，向主管财政的三司使韩绛问起“国用”，韩绛的回答令他大吃一惊：堂堂大宋的国库中几乎什么也没有，有的竟然只是一堆破破烂烂的账本！

面对危局，一些有责任心、有见地的士大夫纷纷上疏直谏，向“祖宗之法”挑战，提出各类变革要求。如翰林学士承旨张方平在神宗刚即位两个月就慨然上疏，对当时财力困极，而天下恬然不图营救的政局表示不胜忧愤，而且指出，宋朝如果仍旧遵常守故，龊龊细文，避猜嫌，顾形迹，恤浮议而废远图，忽人谋而徼天幸，将来一旦出现凶年饥馑及寇戎，就难以挽救。

新皇帝血气方刚，一上任便想雄图大展，革故鼎新，而当时的国政也确实需要振衰除弊，涤瑕荡秽。于是在一帮大臣的鼓噪下，神宗皇帝激昂慷慨，在宫中几次发表“施政谈话”，力倡改革。据《续资治通鉴》记载，熙宁元年，刚刚即位的宋神宗便有感而发，对朝廷宗臣文彦博说：“天下敝事至多，不可不革。”不久，又对文彦博及曾公亮等大臣说：“当今理财最为急务，养兵备边，府库不可不丰，大臣共宜留意节用。”熙宁二年，又对辅臣说：“人君不可怠于政，朕非好劳苦，盖思少壮精神，欲乘时有为以济生灵。”再一次表明了自己渴望“乘时有为”锐意改革的用心、决心与雄心。

就这样，甫一即位，神宗便大造舆论，急不可待地拉开了熙宁变法的序幕。

据《裕陵遗事》记载，还在年少时，神宗赵顼就对太祖赵匡胤甚为崇拜，每感于“祖宗志吞幽蓟、灵武，而数败兵，”便有“愤然将雪数世之耻”、恢复河朔之志。即位后，他仿效当年太祖设“封桩库”的做法，在宫廷大内建造了一批库房，又自作诗一首，以每个字为库房之名号。其诗云：

五季失图，猃狁孔炽。艺祖造邦，意有惩艾。

爰设内府，基以募士。曾孙保之，敢忘厥志。

诗的意思，按照黄仁宇先生在其《中国大历史》一书中的翻译就是："五代十国之间缺乏计谋，以致蛮夷戎狄猖獗。有创造天才的祖先创立朝代，企图挽回这种颓局，所以开设内殿中的府库，作为募兵筹饷的基础。我做曾孙的继承此业，岂敢忘记他的遗志？"

为了警惕自己，矢志不渝，神宗又揭诗二十字以自勉，诗曰："每虔夕惕心，妄意遵遗业。顾予不武资，何以成戎捷？"很有当年勾践卧薪尝胆、祖逖闻鸡起舞的味道。

而此时，王安石还在家乡江宁（今江苏南京）府聚徒讲学，与神宗从未谋面，素昧平生。打一个不太确切的比方，临御之初，神宗虽说胸中已经萌生出变法之意，但就像善于鼓琴的俞伯牙，此时尚未遇到王安石这一钟子期似的千古知音。

熙宁变法的序幕已经开启，但戏中的人物还未登场，甚至，有很长一段时间，戏中的"男主角"还未选定。这时，就连在金陵为母亲服丧的王安石本人也绝对不会猜到，天将降大任于介甫，年轻的神宗皇帝有一天会对他情有独钟，委以重任。

寻找 CEO

神宗求治心切，力倡改革。但身为皇帝，他也只适合幕后指挥，当后台老板。所以，他很想像当年周文王得到姜子牙或是齐桓公得到管夷吾那样能有一个王佐之才替自己变法图强。这正像一家规模超大的公司不仅仅要有一个运筹帷幄策定乾坤的董事长，还必须要有一个能征善战的 CEO 一样。于是，作为赵宋公司的第六任董事长，上任伊始，神宗皇帝便求贤若渴，急切地希望能够寻找到一个德才兼备的 CEO。

最初，神宗赵顼的眼光只是在宫内一帮元老重臣中搜寻。

首先进入宋神宗视野的是老臣富弼。

富弼（1004—1083 年），字彦国，洛阳（今河南洛阳东）人。史载，他少年笃于学，提笔能文，胸有大度。范仲淹见而称奇，誉为王佐之才，并以其文章推荐给当时的宰相晏殊，也就是那位写过千古名句"无可奈何花落去，似曾相识燕归来"的晏殊。晏殊对富弼也称赏不已，就问范仲淹："这位洛阳才子可曾婚配？"范仲淹回答："尚未婚配。"于

是，晏殊便欣然将富弼招为自己的乘龙快婿。

传说，富弼年少时就雍容宽厚，有宰相风度。一次，他走在洛阳的大街上，有人过来悄声说："某某在背后骂你！"富弼说："大概是骂别人吧。"那人又说："人家指名道姓在骂你呢！"富弼想了想说："怕是在骂别人吧，估计是有人跟我同名同姓。"如此一来，到最后，连骂他的人自己都"闻之大惭"，于是主动向富弼道歉。

富弼是仁宗时期著名的外交家，如前所述，他曾临危受命，先后两次出使契丹，结果都不辱使命，不仅拒绝了契丹割地求和的无理要求，也打消了契丹国进犯中原的图谋。据说，富弼第一次出使契丹时，家人来报，说他的女儿死了，他毅然前行；第二次去契丹前，他的妻子生了个男孩，他来不及看一眼，就启程了。到了契丹国，每得家书，他连拆都不拆，随从不解地问："这是家书，为啥不拆？"他回答："拆了，徒乱人意！"

无论做官做人，富弼的品行都有许多可圈可点之处。最有名的例子莫过于"富弼拒赏"这则千古佳话。

据《宋史》记载，和谈成功，富弼归来，重用他的呼声甚高。宋仁宗也确实先后几次要提拔他，但富弼都"死辞不拜"。

又据《宋稗类钞·品行》记载，富弼出任枢密使时，宋英宗赵曙刚登上天子的宝座。赵曙上台后，将其父仁宗皇帝的遗留器物，都拿来赏赐给朝廷重臣。众臣叩头感谢领赏之后，一起告退。赵曙却单独请富弼留下，又在惯例之外，特别赏赐他几件器物。富弼先叩头谢恩，然后坚决推辞不接受这份额外的赏赐。英宗皇帝有些不高兴，很是不解地说："这些东西又不值什么钱，你没有必要推辞呀！"富弼恳切地说："东西虽然很微薄，但关键是额外所赐。大臣接受额外的赏赐而不谢绝，万一将来皇上做出什么例外的事来，凭什么劝谏呢？"最终富弼还是推辞掉了这份赏赐。

富弼为政清廉，好善嫉恶，由此可见一斑。

然而，神宗皇帝在挑选 CEO 时，之所以第一个物色富弼，显然并不是看重他的这些优良品行。他所看重的无疑是富弼曾经具有的参与"庆历新政"的背景与经历，以及其所拥有的"改革家"的头衔与光环。

众所周知，北宋的改革并非自神宗始，即便是一般意义上的小改小革不算，仁宗一朝的“庆历新政”也完全称得上是开了北宋改革的先河。

当然，“庆历新政”的董事长是宋仁宗，CEO是范仲淹，但富弼毕竟是范仲淹旗下的一名得力大将。此时，“先天下之忧而忧，后天下之乐而乐”的范仲淹已经作古，所以，神宗最先所能想到的改革派领军人物自然便是富弼。

熙宁元年（1068年），郑国公富弼入朝觐见。神宗帝显然对这位历仕真、仁、英、神宗四朝且为“庆历新政”中坚人物的先朝老臣敬重有加且寄予厚望。他特意恩准当时虚岁已经六十五岁且有足疾的富弼坐轿到殿门前，不必叩拜，并令其子上前扶掖进殿，坐下说话。

虽然已是“廉颇老矣”，但富弼依然精神矍铄，思路清晰，因为久经政务，老成练达。一番寒暄之后，神宗便开门见山，向他征询治国安邦的方略。神宗原以为这位亲历四朝的老臣见多识广，即使不会为他献上锦囊妙计，开出灵丹妙药，至少也会对症下药，为他也为整个大宋开个举措必当的处方。可是，让他意想不到的是，此时的富弼已经不是宋仁宗庆历年间努力兴致太平、革除旧弊的改革派了，不仅因为庆历新政的失败耗散了改革的锐气，而且由于久居高官，业已变得老于世故，因循故道。

对于神宗与富弼的这次谈话，《宋史·富弼列传》这样记载：“弼知帝果于有为，对曰：‘人主好恶，不可令人窥测；可测，则奸人得以附会。当如天之监人，善恶皆所自取，然后诛赏随之，则功罪无不得其实矣。’”富弼意欲要神宗行黄老之术，无为而治，而当神宗向他询问对边境之事的看法时，他却回答说：“陛下临御未久，当布德行惠，愿二十年口不言兵。”

因为话不投机，正所谓“道不同不相与谋”，年轻的神宗之后便选择“默然”，但同时也深感这位昔日“庆历新政”的改革先锋如今早已因循守旧，锋芒不在，遂在心中打消了重新起用这位老臣作为熙宁变法的扛鼎人物的念头。

对富弼大失所望后，神宗又一度想选司马光为“男主角”，让司马光出来主政，领导改革。也就是说，宋神宗心目中的第二位CEO人选仍然不是王安石，而是司马光。

当时，虚岁已是“知非”之年的司马光正是年富力强的时候，由于学识深厚，为官清正，且又敢于仗义直谏，在朝野内外口碑甚好，颇有名望，就连一代学术泰斗时任参知政事的欧阳修也称赞他品德淳正，学识深远，并在刚刚嗣位的神宗皇帝面前竭力举荐他。而在这之前，司马光曾给神宗进呈过《通志》前七卷，总结历代功过得失，神宗将其改名为《资治通鉴》，并欣然为之作序。之后，司马光又向神宗进呈《御前札子》，谈古论今，讽喻现实，并历数差役法的弊端。

对于这样一个既有极高品德才学又有强烈改革愿望，还在当谏官时就对改革朝政提出不少意见的朝中大臣，神宗当然颇为青睐，寄予厚望。可是，等到单独找司马光进行谈话，对其认真进行“考察”后，神宗这才发现司马光原来“盛名之下，其实难副”，根本就不是自己要物色与遴选的理想人选。

看来，神宗选人用人最擅长的考查方式就是“个别谈话”。事实证明，神宗当时虽然年岁不大，但却能够慧眼识人，用坊间老百姓的话说就是看人的眼力非常“毒”，非常准。

其实，神宗与司马光的那次“个别谈话”非常简单。神宗提问单刀直入，直奔主题，他向饱学之士司马光咨询治国之要。司马光的对答也简明扼要。他回答说：“臣以为修身之三要，一曰仁爱，二曰明智，三曰勇武。治国之三本，一要选贤人，二要赏必信，三要罚必严。臣过去当谏官，就以这六句献给仁宗、英宗，现在献给陛下。臣平生力学所得都在其中。”

神宗琢磨来琢磨去，琢磨了半天实在琢磨不出司马光讲的这一套与改善财政、振兴国力有什么关系，这正像一个患了胃肠病的人跑到医生那儿求治，医生口若悬河，头头是道，讲了半天，却只是要病人平时怎么修身、怎么养性、怎么养成良好的卫生习惯一样，完全是大话无当，文不对题。

事后，神宗对司马光的评价只一个字：“迂”。史载，神宗有一天曾对吕公著说：“司马光为人太直，似乎有点迂阔?”

可想而知，仅仅只通过一场“个别谈话”，寥寥数语，神宗便感觉到司马光身上书生气太浓，有些迂阔，只知道仁义道德、仁者爱民，但却并不知道具体怎样富国强兵、匡济民生。这使神宗禁不住又一次感到了失望。

于是，又一个自己曾经对其寄予厚望的候选人被神宗在心目中悄悄给否决了。

这之后，神宗皇帝又有意想用尚书左仆射、检校司徒兼中书令文彦博和刑部侍郎吕公弼，因而便有意向他们讨教理财备边之计，但两人说来说去，都说不出个匡时济世的道道，提不出令神宗满意的方案。

仔细排查，满朝文武，到最后竟筛选不出一个能够主持改革的CEO，这使神宗大失所望。

天下之大，人才之多，究竟有谁能够足以担当改革的重任呢？就在神宗为此异常苦恼的时候，有一天，他忽然冷不丁想到了一个人。

很显然，这个人就是王安石。

另类王安石

虽说在嗣位之前，与王安石素昧平生，从未谋面，但其实，对王安石这个名字，神宗赵顼并不陌生。王安石虽说这以前几乎一直都在做地方官，但在朝野内外，却是早已闻名遐迩，称得上是政坛明星似的人物。

不妨先对王安石的履历做一番简要的了解。

王安石（1021—1086 年），字介甫，号半山，抚州临川（今江西临川）人，十七岁跟随做官的父亲举家迁到了江宁（今江苏南京）。据说，他从小聪明过人，什么书都是过目后终生不忘，即便是对他基本持否定态度的《宋史》也称赞他“属文动笔如飞，见者皆服其精妙”，“议论高奇，能以辩驳济其说”。庆历二年（1042 年），年仅二十一岁的王安石考中进士，虽然不是头名状元，但第四名的成绩委实已经很不错了。进士及第后，他先后任淮南判官、鄞县知县、舒州通判、常州知州、提点江东刑狱等地方官吏。

说来，王安石这人无论做人还是做官都很“另类”。据说，他给人的最大印象就是从来不修边幅，生活非常邋遢。据清初的李宗孔（一说是潘永因）所撰的《宋稗类钞》卷四记载，嘉祐年间，王安石在京为馆职时，与韩缜友善，由于住宅邻近，二人常相过从，韩缜发现王安石

“不事修饰奉养，衣服垢污，饮食粗恶，一无所择”，对此，宋人朱弁写的《曲洧旧闻》也有详细记载，说是王安石“少喜与吕惠穆、韩献肃兄弟游，为馆职时，玉汝常率与同浴于僧寺，潜备新衣一袭，易其敝衣，俟其浴出，俾其从者举以衣之，而不以告。荆公服之如固有，初不以为异也。”吕惠穆即吕公弼，韩献肃即韩绛，而玉汝则是韩绛之弟韩缜。这段名人轶事的大意是说，有一天，吕公弼、韩绛兄弟等几个朋友和王安石一起到庙里的澡堂洗澡。在王安石洗澡的时候，朋友们偷偷用一件干净的衣袍将他的那件老是穿着不换的脏袍子换走，想看他对此会不会发现。谁知，等王安石洗澡出来的时候，对朋友们这一善意的恶作剧毫无察觉，竟然穿着不是自己的新袍就走出了浴室。

王安石生活中的邋遢与粗心可想而知。

在仕途中，王安石也称得上是一个“怪杰”。

在当时，按照宋朝廷的规定，凡是进士高第者，为官一任即 3 年后，便可以担任清要之馆职，包括昭文馆、史馆和集贤院，从而有机会来到皇帝身边，成为为皇帝撰写诏令的翰林、知制诰等。其身价与意义显然不言而喻。事实上，很多的宋代高官都是由此“终南捷径”快速成为执政甚至宰相的。所以，许多人对此都趋之若鹜，而一般非进士高第者，因可望而不可即，则对此往往异常地羡慕或嫉妒。

可是，王安石虽在二十五岁那年即具备了入馆的资格，而朝廷也多次要调他去京师任职，然而，他却异于常人，一再拒绝朝廷擢升的任命，始终只愿意担任地方上的小官。

对于王安石这一颇不合常理的做法，当时以及后代一些人认为他是沽名钓誉，属于故意作秀以此抬高身价的“政治炒作”。然仔细想想却不大可信，因为，从二十二岁中第为官开始，直到四十六岁当权推行变法为止，这二十五年，无论就生命来说，还是仕途来说，都是一个人最可宝贵的黄金时间，特别是对一个为官者来说，机不可失，时不再来，一旦大好年华流逝，“过了这个村，就再没这个店”，自己的政治前途也就搁浅了、玩完了。对于这样一个连一般人都心知肚明极为浅显的道理，有大智慧大聪明的王安石岂能不知？所以，即使是再“作秀”，他也决然不会傻乎乎地“作秀”到这种程度。可是，他却一次次谢绝朝廷的美意，不去另就高位，而是自甘淡泊，平心静气地几十年如一日在地方上有滋有味地做他的小官。

这怎么说都是一个“另类”!

但“另类”的王安石在将近三十年的地方官任上却政绩斐然，政声卓著。

据《邵氏闻见录》记载，在任明州鄞县（今宁波）知县时，他为百姓“起堤堰，决陂塘，为水陆之利。贷谷与民，立息以偿，俾新陈相易，资学校，严保伍，邑人便之”。后来又历任舒州（今安徽潜山）通判（副长官）、出知常州，从县令一级级干到太守，可无论在什么地方，任什么职位，他都干得有板有眼，有声有色，行政才干之优，堪称能员。

由于王安石在地方上做了不少好事，积累许多经验，再加上他的诗歌文章非常出色，他的声望越来越大，以致“士大夫谓其无意于世，恨不识其面；朝廷每欲畀以美官，惟患其不就也。”简直是声震全国，名动朝野。

对于这样一个“政坛新星”，神宗皇帝自然不会不知，事实上，他在做颍王时，就对王安石“久闻大名”，甚或可以说“仰慕已久”，只是百闻没有一见。

具体情况是这样的：当年，赵顼在做颍王时，颍王府有个记室，名叫韩维。韩维这个人很有学问，也很有思想，经常在颍王赵顼面前发表“政治演说”，阐述有关对治国理政的见解与看法，听得赵顼一愣一愣的，深为韩维的高谈阔论所折服。

可是，要说韩维这个人绝对襟怀坦荡，品质高尚，绝对不像官场中有些人灵魂卑污、人品低劣。每当赵顼对韩维的“演说”赞叹不已时，韩维总是说：“我说的这些观点和见解都不是我自己的，而是从我的朋友王安石那儿贩来的。”从不掠人之美，贪天功为己有。

一来二去，由于韩维老是在自己的耳朵边念叨王安石，时间一长，弄得赵顼也“想见其人”。

但不知道为什么，神宗赵顼嗣位后，在寻找自己理想的“CEO”时，一开始却并没有想到王安石，只是在满朝文武大臣实在无人可选、无人可用时，最终才想到召见王安石“入对”。

然而，令神宗欣慰的是，在对王安石进行“面试”后，他简直有些喜出望外，觉得王安石果然名副其实。

据《宋史·王安石列传》记载，宋神宗召王安石“入对”，君臣两人第一次见面是在熙宁元年（1068 年）四月，这应该说是一次具有重要历史意义的会面，这情形就如同当年秦孝公“接见”商鞅（卫鞅）一样。所不同的是，虽然当年秦孝公也求贤若渴，但“千里马”商鞅却比他更迫切地渴望能得到“伯乐”秦孝公的赏识，所以当时商鞅为了能见到秦孝公简直是处心积虑，甚或可以说是不择手段，最后靠走后门说人情才好不容易让秦孝公决定“接见”他。

而王安石与宋神宗的“会见”却不是这样，一开始，并不是王安石迫不及待想见神宗，而是神宗想要见他。

从史书上看，王安石简直就像个冷面美人，傲得要死，虽然“待字闺中”，但却冷对君王。神宗为了“追求”他，还真煞费了一番苦心。

治平四年（1067 年），刚刚登位的神宗皇帝下诏召王安石入京做官，但时隔多日，王安石仍“不至”。

“王安石怎么到现在还没到朝廷报到?”有一天，宋神宗实在憋不住，就问有关官员。

“他说自己病了，在江宁养病，读书养志。”官员如实汇报说。

“为什么以前仁宗、英宗召用王安石时他总是称病辞官，现在他又来这一套，他真的是生病呢，还是眼界太高，对这些官位看不上眼?”那天，神宗很纳闷，就问曾公亮。

原来，当年仁宗皇帝曾任命王安石为同修起居注。这一官职虽然清闲，却是要职，能经常和皇帝打交道，晋升的机会很大，但王安石多次推辞，就是不肯接受。宋朝廷无可奈何，最后只好派人把委任状直接送到王安石家里，没想到王安石竟然躲进了厕所，坚辞不就。等到了英宗时，史载“安石被召未尝起”，也就是说，他老兄依然不接受朝廷的任命。

为人“方厚庄重，沈深周密”并被神宗赞誉为“两朝顾命，定策亚勋”的当朝宰相曾公亮一向很喜欢王安石的清廉孤高，见神宗有意重用王安石，就对神宗皇帝说：“王安石确是辅相之才，必不欺瞒。屡召不应，应该是他身体不大好，不过也有可能是先帝用人之诚没有充分传达，陛下宜用恳切言辞召用他，他应该会来的。”

神宗实在是太想召见王安石了，经曾公亮这么一鼓动，就又去召王安石，向王安石“示好”，可又怕王安石再次拒绝，自己很没面子，于是，想来想去，就先投石问路，他先任王安石为江宁知府，很快，又改任王安石为翰林学士，意在引诱王安石一步步“上钩”。

也许觉得神宗皇帝这次是真的求贤致治，爱才心切，王安石没再拒绝，尽管一直拖到朝廷“委任状”下达近七个月后他才进京赴任，但毕竟已经给足了神宗面子。

随着王安石进京赴任，可以说，一个属于宋神宗与王安石的时代开始了！

把脉紫宸殿

熙宁元年四月的某一天，一个惠风和畅春光明媚的早晨，紫宸殿里，正在举行一场具有特殊意义的被载入史册的“政治对话”，也可以说是继前几次“面试”之后的又一场选拔 CEO 的特殊“面试”。

对王安石的“面试”，自然是由宋神宗亲自主持，而且是一对一，只有宋神宗与王安石君臣俩人。

显然是为了活跃一下气氛，使这场“对话”或“面试”显得不太过于严肃和沉重，同时，也为了能拉近君臣之间的关系，一见面，宋神宗便主动“示爱”，他对王安石说：“朕早就了解你的才华和为人，你有什么好的意见和设想，尽管告诉朕，不要有任何顾虑！”

在营造出融洽的谈话气氛后，神宗便开始切入正题，问道：“时下财政枯竭，国势衰颓，边境不宁。你看要改变这种局面，当务之急，需要采取哪些有效的对策？”

王安石正襟危坐，不苟言笑，样子看起来根本不像是一个接受面试的学生，而活脱脱像是一个为病人把脉诊断的中医。听了神宗的话，他不假思索，便回答道：“当以择术为先。”用现在的话说就是，应当以选择制定正确的基本国策为先。

神宗问：“那你觉得唐太宗的治术怎么样？”

王安石依旧不动声色地说：“陛下当以尧、舜为榜样，唐太宗有什么值得效法的呢？尧舜之道其实很容易实现，只是后代学者不了解他们，才以为高不可攀。”

神宗谦逊地一笑，说：“你对朕的期望太高了，朕恐怕达不到你所期望的标准。”

虽然话是这么说，但神宗的心里却还是很高兴，便又问道：“从太祖太宗到真宗仁宗，我朝百年没有大的动荡，天下太平，你认为是用的什么治道呢?”

王安石嘴角动了动，似乎欲言又止，略微停顿了下，便请求神宗让他仔细思考两天后再予以答复。

果然，过了两天，神宗收到了王安石经过深思熟虑后写就的《本朝百年无事札子》，在这篇奏疏中，一开头，王安石自然把太祖、太宗、真宗、仁宗以及英宗都挨个儿赞美了一番，但紧接着便话锋一转，来了一个“但是”，直言不讳地指出了“本朝累世因循末俗之弊”，不仅直陈出本朝的病症，而且分析了它的病因，并由此认为“本朝所以享国百年、天下无事之故”，乃是因为恰好碰上这期间外无夷狄强盛猖獗，内又没有尧、汤时代的水旱灾害，也就是因为运气好罢了。最后，王安石极具鼓动性地称颂神宗皇帝“躬上圣之质，承无穷之绪”，说他“大有为之时，正在今日”。

看了王安石的这个札子，宋神宗觉得很高兴。奏疏中，王安石的有些话虽然说得很刻薄，但神宗皇帝并不觉得刺耳，相反，他非常同意王安石对本朝“把脉诊断”后得出的这些结论，所以，很快又单独召见王安石，对他夸奖说：“你说得太好了，这都是朕以前从来没有听说过的!你能详细地对朕说说，有什么好的解决的办法吗?”

显然，对于自己急于要实行的改革，神宗皇帝早已迫不及待，所以，才与王安石说了几句话，他便直奔主题，急于要王安石为治疗“本朝累世因循末俗之弊”开列“处方”。

与神宗皇帝的急不可耐相比，王安石则显得不温不火，不疾不徐，不知道究竟是存心要吊一吊这位年纪轻性子急的皇帝的胃口，还是觉得确实要先对这位涉世未深的皇帝先进行“洗脑”，进行“思想教育”，强化思想启蒙，他对神宗说：“陛下，如何去解决，臣一时半刻也难全讲明白，希望陛下先以讲学为事，讲学既明，则解决的办法也就不言自明了。”

于是，在王安石的建议下，神宗皇帝先带头开展了一场“解放思想运动”，先对自己进行“洗脑”。

在这期间，神宗在朝中钦点了一批饱学之士，每隔几天就安排他们到紫宸殿来给自己举办一次专题讲座。每次讲座，神宗都认真听讲，并积极提问，就一些治理国家的重大问题展开讨论。

在我国封建社会，由于实行科举取士，特别是宋朝，朝廷用人特别“尊重知识，尊重人才”，注重选用有学问的文士为官，所以，不要说朝廷高官，即便是地方官员，随便找一个也十有八九是一个学者型官员，给神宗讲次学绝对是小菜一碟。

听了一批学者型的官员的讲座，神宗皇帝感到受益匪浅，但他更热切期待的，还是希望早一天能够听到王安石举办的“讲座”。如果说，对于如何改革，神宗的心里一直有许多自己也打不开的锁，他非常希望并且越来越相信王安石能为他找到这些钥匙。

那一天，终于轮到王安石举办讲座了，王安石主讲的内容是《礼记》。要说王安石有水平还真是有水平，对于《礼记》，神宗皇帝以前早已听老师讲过，这之前从没觉得有什么特别之处，但没想到经王安石这么一讲却讲出了许多自己以前闻所未闻的新意。这使神宗对王安石益加佩服。

所以，等王安石的课讲完了，神宗皇帝仍意犹未尽，“有欲与卿从容论议者”，于是，等一帮陪同旁听的大臣退出后，他便把王安石单独留下，君臣两人在紫宸殿继续进行“高端对话”。

“论议”的主题自然是由神宗确定。这次，神宗确定的主题是：治国与用人。

神宗首先“破题”，开门见山地说：“治国必先得人。唐太宗得到魏徵，刘备得到诸葛亮，然后才可大有作为。”

对神宗皇帝的论点王安石深以为然，不过，对其所持的论据却不以为然。他回答说：“陛下如真能像尧、舜，则必有皋、夔；真能像殷高宗武丁，则必有傅说。与他们相比，魏徵与诸葛亮根本就不值一提。天下这么大，人民那么多，又怎么可能会找不到帮助陛下治理天下的贤才？关键是陛下选择的方向还不明朗，求贤还不够真诚。纵然有皋、夔、稷、契、傅说那样的贤臣，也必然会被一些别有用心的小人所压制与埋没，在失望中，那些贤才也会卷藏着理想抱憾而去。”

谈到“小人”，神宗也很感慨，他说：“什么朝代会没有小人？即使是尧、舜之时，不也还有四凶？”

王安石接过话说：“只有能辨别四凶而诛之，那就是他们所以能够成为尧舜的原因。如果让四凶猖狂得势，谗言蛊惑，那么皋、夔、稷、契之类贤才又岂肯为了高官厚禄而苟且终身？”

表面上看，君臣两人的对话似乎不着边际，泛泛而谈，但其实，两人都言外有意，弦外有音，双方都在看似漫不经心的谈话中揣摩对方的底牌。对神宗来说，其实意思很明了，就是委婉地向王安石“求爱”，表达了想要王安石能像诸葛亮和魏徵那样，辅佐自己成就一番事业。而王安石则希望知道神宗内心中是否真的想像尧舜和武丁那样锐意改革，矢志不渝，是否真有除去四凶的坚定决心，是否真能做到用人不疑，坚定不移地任用自己推行改革？

显然，在王安石看来，如果神宗皇帝真要任用自己推行改革，那么，就要充分信任自己，给自己充分授权，并对那些阻碍反对改革的“四凶”予以坚决打击，为改革竭尽所能地创造一切必要的条件。打一个不恰当的比喻，既然神宗皇帝要“宠幸”他，那么，就要对他负责，既不能三心二意，更不能“始乱终弃”。

从后来的熙宁变法的事实看，对变法本身，从始至终，神宗皇帝都没有过三心二意，但对王安石，他却选择了“始乱终弃”，尽管这样做完全是被迫无奈，情非得已。此乃后话，姑且不说。

在与神宗的几次谈话中，王安石还提出四条计策，来解决当前困扰皇帝的难题：一是想办法刺激农民耕作的热情；二是让特权人士纳税；三是训练农民打仗；四是培养实干的读书人做官。

在几次被神宗召去商讨国政时，王安石当时的身份都是“翰林学士”，按常规，这样级别的官员是不够资格与皇帝单独谈话的。但神宗不循常例，几次召王安石“越次入对”，也就是破格召王安石单独会面商讨国政，由此可见，神宗对王安石的重视程度。所以，也难怪一些大臣对此非常嫉妒和眼红。

但是，要说王安石还真的就像是一个高明的中医，几次被神宗皇帝单独召见，为疾病缠身的大宋把脉，得出的诊断结论在神宗皇帝看来都深中肯綮。所以，在几次谈话过后，神宗终于在心中认定：王安石真的就是自己要找的那种能够主持改革的优秀 CEO，或者说是能够祛除大宋沉疴的高明大夫。

于是，在经过一番极为慎重的“考察”权衡之后，熙宁二年二月，神宗皇帝毅然决然地任命王安石为参知政事，也就是副宰相，专门负责大宋的变法事宜。

自此，“熙宁变法”经过神宗皇帝的一番精心筹备，从舞台到演员，都渐渐准备就绪，终于轰轰烈烈地上演了。

改革的处方

为了强力推进改革，熙宁元年（1068 年）二月，宋神宗特地新设了一个专门的机构：制置三司条例司，作为变法的指导机构。这个机构当然由神宗赵顼亲自担任，经王安石推荐，神宗又任命一个名叫陈升之的人，一个名叫吕惠卿的人为条例司检详文字。

对于神宗皇帝倡导并授权让他负责推行的这场改革，王安石显然早已成竹在胸。仔细想想，这并不奇怪，因为，早在嘉祐三年（1058 年），在他洋洋洒洒地下笔万言写给宋仁宗赵祯的《言事书》中，就已经提出了“盖因天下之力，以生天下之财，取天下之财，以供天下之费”的设想，就已经孕育了后来熙宁变法的胚胎与雏形。所以，在履任新职后，甫一上任，他便很快拿出了救治大宋弊政的“处方”。

这一改革的“处方”主要分为富国、强兵和改革科举取士制度三大部分。其中，富国部分包括均输法、青苗法、农田水利法、免役法和方田均税法；强兵部分则包括将兵法、裁兵法、保甲法、保马法以及军器监法；而科举取士部分则主要包括太学三舍法和贡举法。

具体说来，改革的主要内容有以下这几个方面：

一是确立预算制度，并严格控制预算。以前，本朝的财政一直由三司（度支司、户部司、盐铁司）掌管，变法后，新成立的制置三司条例司不仅具体负责研究变法的方案、规划财政改革，同时，也作为三司的上级机构，统筹财政，负责对行政管理做合理的改进，对国家每年度的开支进行预算，严厉制止私人挪用或吞没公款，如此一来，据柏杨先生

考证，“结果每年为国家节省开支百分之四十”。

二是严格丈量土地，合理确定地税。鉴于士大夫地主兼并农民耕地时，往往隐没田籍，不缴纳赋税，经由王安石提议，宋神宗颁旨，下令对全国耕地进行清查，结果，共清查出瞒报土地三百六十多万亩。在此基础上，由司农寺制定《方田均税条约》，规定对全国耕地，重新评估，依照肥沃贫瘠，分为五等，肥沃的耕地赋税多，贫瘠的耕地赋税等差减少。

三是颁布均输法，用货币代替实物纳税，以免去运输上的困难。其实这种方法，最早乃是汉武帝时期著名的理财专家桑弘羊首创。据《史记·平准书》记载，当年，为抑制豪商大贾利用贱买贵卖、囤积居奇来操纵物价，牟取暴利，桑弘羊建议武帝实行均输和平准之法。即设置掌管运输的均输官和管理物价的平准官，各地向均输官交纳贡物折价和运费，然后由均输官和平准官在低价地方购买商品运往京师或高价地区销售。官府“尽笼天下之货物，贵则卖之，贱则买之。如此，富商大贾无所牟大利，则反本，而万物不得腾踊”。王安石颁布均输法，意在省劳费、去重敛，减轻人民的负担。

四是实行政府贷款制度。熙宁二年（1069 年）颁行的《青苗法》规定，凡州县各等民户，在每年夏秋两收前，可到当地官府借贷现钱或粮谷，以补助耕作。由于借贷大都发生在“青黄不接”之时，即稻麦刚生出青苗，还没有变黄成熟，农家存粮往往用尽，新粮又未收获，农民往往是用田中的青苗作信用保证的，所以称“青苗法”。

五是颁行《市易法》，设立平抑物价机构“市易务”。首先在都城开封施行，物价低廉时，由政府购入；等到物价上涨，再行售出，以此达到“通有无、权贵贱，以平物价，所以抑兼并也”。“市易务”这个机构还兼营银行，人民用金银绸缎或不动产做抵押，就给予贷款。所以，柏杨先生称赞说：“这是一个经济性的大进步！”

六是颁行“免役法”，废除原来按户等轮流充当州县差役的办法，改由州县官府自行出钱雇人应役。雇员所需经费，由民户按户分摊。原来不用负担差役的女户、寺观，也要缴纳半数的役钱，称为“助役钱”。

七是颁布“保甲法”，规定乡村住户，每五家组一保，五保为一大保，十大保为一都保。凡有两丁以上的农户，选一人来当保丁，保丁平时耕种，闲时要接受军事训练，战时便征召入伍，以节省军费。以住户中最富有者担任保长、大保长、都保长。其职责是维持社会治安，随时纠察有没有违法乱纪的人。

八是加强军队整顿，提高兵员素质。变法开始后，很快出台了“裁兵法”和“将兵法”（又叫置将法），一方面，大力整顿厢军及禁军，规定：①士兵五十岁后必须退役；②测试士兵，禁军不合格者改为厢军，厢军不合格者改为民籍；另一方面，废除北宋初年订立的更戍法。规定国防军不再轮调，而把他们永久分屯到重要地区，委派专任司令官（镇将），平时负责训练，战时带兵出征，使上下互相了解，如臂使指，切实改变宋开国以来最高统治者刻意造成的那种“兵不知将，将不知兵”的局面。

九是更新军队装备，提高军队战斗力。当时，宋军队的腐败，武器不仅数量不够，而且大都锈烂，一万张断了弦的弓，跟没有一张弓一样。王安石广设军器监，负责监督制造武器；同时大量招募工匠，致力改良武器，改善军队的装备。

十是改革科举取士制度及学校学习科目。自唐代以来，科举考试的科目主要有二：一是诗赋；一为帖经，即对《五经》的填空白试法。这种取士方法选拔的往往都是一些“闭门学作诗赋，及其入官，世事皆所不习”的人才，颇有点像今天应试教育培养出来的一些所谓“高分低能”的高才生。王安石认为“欲一道德则修学校，欲修学校则贡举法不可不变”。改革贡举法，废明经、存进士，熙宁三年（1070 年）三月，进士殿试罢诗、赋、论三题而改试时务策。熙宁四年二月，颁新贡举制，废明经，专以进士一科取士。另设“明法科”，考察律令和断案。

毫无疑问，熙宁变法的“处方”主要是由王安石开列的，而且，同样毫无疑问的是，这一“处方”显然经过了神宗皇帝的仔细斟酌、反复修改，并最终经过了神宗皇帝的审定与签发才得以在整个大宋正式颁布实施。

之所以要不厌其烦较为详细地将熙宁变法的主要内容一一列举出来，其目的就在于想使读者对此能有一个比较全面的了解，从而在心中先对神宗与王安石主导与推动的这场变法尽量做一个较为客观的独立自主的评判。

今天，仔细审视发生在九百多年前的这场中国历史上的重大变革，就会发现，不仅熙宁变法非常具有现实必要性与重要性，非常及时，非常必要，而且，由王安石开列、宋神宗审定的改革的“处方”也非常具有现实针对性与实际可操作性，真的是一副对症下药的治国良方。

可是，匪夷所思的是，就是这样的一场由皇帝亲自发动的可谓功在当代利及千秋的改革，竟然会遭遇到那么多人的激烈反对！

反对派的围攻

说来，大宋的许多人和许多事真的是让人读不懂，想不通。不说别的，就说熙宁变法过程中出现的一些人和一些事就是极鲜明极生动的例子。

从史书上看，在熙宁变法之前，对于宋的内在危机，几乎人人皆知，人人都认为必须改革。在当时，有许多政治人物乃至风云人物都可谓言必称改革，以标榜改革为时尚，都在一些公开半公开的场合谈论改革，呼唤改革，可是，不知道为什么？当熙宁变法有一天真的到来，他们中几乎所有的人态度却又来了个一百八十度的大转弯，竟然对改革是那样害怕、仇恨和反对。

想来，这一切真的不知道作何解释，当初，在王安石任地方官，多次拒绝朝廷任命，不愿入京为官时，朝野内外，许多达官显贵都对王安石寄予厚望，将他视为奇才。人们普遍认为，此公不同凡俗的特立独行之中，蕴藏了深不可测的才干与品行。以致有许多所谓的有识之士认为王安石“不起则已，起则太平可立致”，大有“安石不出，奈苍生何”之势，可是，当王安石真的有一天从江宁来到京城，受命于危难之际，推行改革，那些曾经一度非常渴望他能早日“出山”、身肩大任的人，到这时却又掉过头来，反戈一击，由当初的强烈渴望忽然莫名其妙地变成激烈反对，朝野内外，也不知从哪里忽然一下子竟冒出了那么多与他唱对台戏的反对派政敌，对他进行围攻！而王安石也从原先的“众望所归”一下子变成了“过街老鼠”，很快便落到了人人喊打的地步！

第一个向王安石投掷“板砖”的是司马光。

关于司马光，在前文已经说过，作为一位历史上著名人物，道德文章绝对全国一流，与王安石几乎难分伯仲。司马光比王安石大两岁，比王安石早四年考中进士，为进士甲科，金榜题名。那年还仅仅只有十九岁。但这位少年得志的青年才俊，似乎是受了当时“二程”理学的影响，思想极其顽固而迂腐，在政治上明显属于“死不改悔”的保守派。

王安石与司马光曾经是一对好朋友，据南宋徐度《却扫编》卷中记载：嘉祐（1056—1063 年）年间，王安石、吕公著与司马光、韩维等人齐聚东京，“同在从班，特相友善。暇日多会于僧坊，往往谈燕终日，他人罕得而预。时目为‘嘉祐四友’。”又据《陆游集·渭南文集》卷二八《跋居家杂仪》记载，熙宁元年（1068 年）四月，王安石自知江宁府调任翰林学士，进京后找房子居住，非要与司马光“卜邻”，“以其修身齐家，事事可为子弟法也”。由此可见，俩人关系好到了什么程度！

的确，从史料上看，在推行变法之前，王安石与司马光因年龄相仿，志趣相投，经常在一起或诗文唱和，或高谈阔论，可谓莫逆于心，谊切苔岑。

因为很欣赏王安石的才华，在当时，司马光曾多次与吕公著等人一起向皇帝推荐王安石，宣传王安石的政绩，对他寄予厚望，可是，当神宗真的要去重用王安石更举天下弊政时，不知道司马光究竟是出于什么用心，却忽然调转枪口，和一些元老重臣一起，由原先的竭力吁请王安石出山变成强烈反对任用王安石改革，而当“反对无效”，在王安石升任为参知政事的第二天，在还压根不确切知晓熙宁变法的具体内容的前提下，他也不知道为什么，偏要和王安石过不去。竟然祈求到地方上任职，以示对变法工作的坚决反对，以及与“好朋友”王安石的势不两立、坚决不合作的态度。以致后来，只要是王安石所推行的法令，司马光都坚决反对，一概说“不”。而熙宁变法的喉管最终也正是被他给彻底掐断的，此乃后话，姑且不说。

第二个跳出来疯狂反对王安石推行新法的是吕诲。

吕诲是北宋名相吕端的孙子，高中进士，是正儿八经的名门之后，高级知识分子，可是，观其所作所为，可谓是造反派的祖师爷。据史料记载，在英宗期间，他曾与司马光并肩作战，恶毒攻击一代文豪欧阳修为“豺狼”“奸邪”。而在熙宁新法出台还不到一个月，是好是坏还并未立见分晓，还有待实践做进一步检验的情况下，有一天午前在延和殿议事时，他竟突然站起，当着群臣和宋神宗的面，火药味十足地弹劾王安石，历数王安石的十大罪状：

小官则避，重任不辞。不修臣节，傲慢无理。

侍读请坐，要君取名。掠美于己，敛怨于君。

自为主张，挟情坏法。援引亲党，盘踞要津。

卖弄威福，背公结党。排除异己，以固权宠。

拗执邪见，不通物情。追逐财利，动摇天下。

吕诲当时的职务是知谏院的御史中丞，他的这一职务是司马光举荐的。司马光在决意要离开朝廷后，将这位“造反派”盟友推荐担任台谏官，其目的就是要吕诲利用职务之便故意与王安石作对。

据说，在延和殿议事时，吕诲公开树起反对“变法”的旗帜，经过事先预谋和组织，谏官、御史刘挚、刘琦、孙昌龄、张戬等及时跟进，群起弹劾王安石“烦扰朝政”“聚敛民财”“使天下无一物得其所”，并公开批判“均输法”的推行是“吏缘为奸、掊克而深，民受其病”“唯利是嗜，其害不胜言”……闹到最后，当然是众口一词要求“打倒王安石”“让王安石滚下台”，并立即停止“均输法”的推行。

第三个起来反对王安石的应该说是韩琦。

韩琦是三朝元老，辅弼元勋。他曾出将入相，立缔构功。史载他“相三朝，立二帝”，神宗父子能继承大统首先应该归功于他。想当年，韩琦曾是对夏用兵的主战派，“庆历新政”的倡导者，曾经积极投身于革除弊政的运动之中，在大宋的许多重大政治事件中都表现出了不凡的远见与卓识，然而，令人想不通的是，到了晚年，他老人家竟前后判若两人，成了对夏用兵的主和派、熙宁变法的反对者。

据史料记载，熙宁变法开始后，辽曾提议重新划定太行山以西代州（山西代县）一带边界。神宗帝向大臣们征询意见。这时，韩琦已退休在家，按说不在其位，不谋其政，他老人家完全可以不理这事，可是，想必是以前当宰相当惯了，参政议政的意识太强，一听说神宗要大家发表意见，在家实在闲不住的老宰相顿时来了精神，很快便给神宗上书，声称：“我们有七事触怒敌人。”即：高丽早已脱离我大宋，成为辽之藩属；我们却利用商人跟它恢复旧有关系，辽当然认为对它不利；我们用武力夺取吐蕃王国的河湟地区，辽当然认为下一个目标就是它；我们在代州沿边大量种植柳树，目的显然在阻挡辽骑兵奔驰；我们又在国内实行保甲制度，寓兵于农，教人民战斗技术；黄河以北州县积极修筑城郭，掘深护城河渠；我们又建立兵工厂，制造新式武器，更新武装部队的装备；我们又在黄河以北重要的各州设立三十七个将领，加强驻屯的国防军训练。

韩琦认为：以上七项，都是刺激辽的措施，使他们反感。我们只有一个方法才可以使辽相信我们的和平诚意，跟我们继续友好相处。那就是，立即把这些措施全部废除（跟高丽断绝通商，把河汉地区交还吐蕃王国，铲除沿边限制敌人骑兵深入的榆树、柳树。解散保甲，停上人民军事训练。黄河以北州县城郭，随它颓塌，护城河渠也随它淤塞，停止修筑。撤销兵工厂，停止制造新式武器，停止更新装备。撤销黄河以北三十七将领，停止军队训练）。等到上述七项措施全部废除之后，陛下再养民爱力，选贤用能，疏远奸邪，进用忠良，辽自然心服口服。

这就是有名的“韩琦七项奏折”。

与韩琦一样固执己见，疯狂反对变法的元老还有富弼和文彦博。

富弼在前面说过，当年曾是“庆历新政”的主力队员，是主张革新宋廷弊政的激进分子，可是，就因为当年力行改革吃过大亏，到了晚年已是暮气沉沉，保守至极，因为反对王安石变法，“多称疾求退”，在称疾退居洛阳前，振振有词，发表了一番历史上颇有名的所谓君子与小人的“演说”：“君子与小人并处，其势必不胜。君子不胜，则奉身而退。小人不胜，则交结构扇，千歧万辙，必胜而后已；小人复胜，必肆毒于善良，无所不求，求天下不乱，不可得也。”

宋朝的士大夫多半自视甚高，常常把自己视为君子，而把那些自己看不惯的人视为小人。当初，在神宗“召对”王安石时，君臣两人就君子与小人曾展开过一段精彩的讨论，在王安石看来，那些阻挠改革的人无疑便是“四凶”，便是“小人”。可是，相当有意思的是，身为改革的反对派，站在王安石的对立面，终其一生，富弼都以君子自居，而把力行改革的王安石视为“小人”！

与韩琦、富弼比起来，文彦博也是一个朝廷重臣，北宋名相。有关“文彦博数豆”、“文彦博洞中取球”以及“文彦博智避谣言”的传世佳话一点儿不比“司马光砸缸”逊色。史称他“公忠直亮，临事果断，皆有大臣之风，至和以来，共定大计，功成退居，朝野倚重”，被史学家称为“宋朝第一名相”。

然而，文彦博虽说是一位有胸襟、颇开明的政治家，当初也曾竭力推荐王安石到京师任职，可是，他对熙宁变法却认识浅陋，坚决反对。王安石的青苗法、农田水利法、募役法、市易法、方田均税法、置将法、保甲法等一提出，就遭到了他的激烈反对。史载，熙宁五年(1072年)，华州山崩，文彦博乘机攻击市易司不当差官自卖果实，致使华州山崩。而当有一天神宗赵顼告诉这位老臣，人民都欢迎改革时，没想到他非但不为此反躬自省，反而反问神宗帝说：“陛下，你是用士大夫统治国家？还是由小民统治国家?”一句话，反倒问得神宗一时不知如何回答。

在反对派的行列中，还有一个人非常眼熟，仔细一看，原来竟是苏轼。

苏轼如果生在当代，以他在中国文学乃至世界文学史上无与伦比卓越辉煌的成就，也许早就蟾宫折桂了。

苏轼出道很早，据说，当年仁宗皇帝通过科举考试发现他和其弟苏辙才华出众时，曾大喜过望。从史书上看，苏轼对王安石这位前辈诗人学者非常仰慕，而王安石对苏轼这位四川才子也极为赏识。而且，在这之前，在一篇名为《进策》的奏章中，苏轼也曾向皇上进言，要求“为治”，并提出了“为治”的具体措施：“一曰课百官，二曰安万民，三曰厚货财，四曰训兵旅。”仔细对照，应该说，他所提的这四条“为治”措施虽然笼统，但与王安石的变法内容在精神实质上却毫无二致，可是，令人想不到也委实看不懂的是，当王安石受命领衔改革，苏轼竟也充当了反对王安石的急先锋，而且，更让人读不懂的是他的《上神宗皇帝书》!

苏轼在《上神宗皇帝书》中说：“惟商鞅变法，不顾人言，虽能骤至富强，亦以召怨天下。……虽得天下，旋踵而亡，……夫国家之所以存亡者，在道德之浅深，不在乎强与弱；历数之所以长短者，在风俗之厚薄，不在乎富与贫。……道德诚深，风俗诚厚，虽贫且弱，不害于长而存；道德诚浅，风俗诚薄，虽强且富，不救于短而亡……”

在这篇奏章中，苏轼旗帜鲜明地反对改革，可是，按他的说法：一个国家越是富强，它便灭亡得越快；越是贫弱，它便越能存在得长久。这样的观点简直荒谬至极，不值一驳！真想不通身为大文豪、大学者，苏轼竟然会说出这样的歪理邪说。

在熙宁变法中，反对改革以及王安石的人还有很多，诸如像欧阳修、范纯仁、吕公著、苏辙，赵抃、程颢等，这些人在当时几乎是政坛不可小觑的重量级人物。这里，限于篇幅，不再赘述。

被歪曲的改革

当初，在赵顼即位之前，整个宋廷上至王公大臣，下至中小地主，要求改革的呼声一浪高过一浪。可是，当神宗真的任用王安石推行改革时，这些人却又大多变换立场，出尔反尔，竭力反对和阻挠改革。改革竟然会遭遇到如此前所未有的巨大压力，这是神宗所始料未及的。

从史书上看，神宗能力一般般，魄力也不大，做事畏首畏尾，但相比较而言，理智还算健全，改革的意志也非常坚定。

虽然对改革可能或必然会遭遇到的巨大压力无论在心理上还是在行动上都明显准备不足，但面对反对派咄咄逼人的汹汹气势，年轻的神宗皇帝在一开始头脑还算清醒，尽量站到王安石一边，竭力为新法的推行保驾护航。

熙宁二年六月，当御史中丞吕诲公然跳出来向王安石发难，历数他的十大罪状，意欲阻止改革时，神宗不仅当场为王安石辩护，而且事后还罢了吕诲的御史中丞，把他贬到邓州去了。随后，侍御史刘琦和监察御史里行钱顗以及殿中侍御史孙昌龄弹劾王安石，反对新法，神宗也都将他们贬职。

后来，在谏院任职的范纯仁上章弹劾王安石，指责王安石“掊克财利”，尽管范纯仁是范仲淹的儿子，神宗心有不忍，但还是将他贬出京城，出知河中府。御史中丞吕公著、参知政事赵忭、枢密副使吕公弼、御史程颢等因为反对新法也相继被罢黜朝廷。而王安石和他的“铁杆哥们”韩绛则被提拔为同平章事，成了真正的宰相，朝廷中的最高行政长官。

然而，令人感到颇为遗憾也颇为匪夷所思的是，作为改革的总后台，尽管神宗竭力为王安石撑腰，而王安石对改革也可谓殚思竭虑、鞠躬尽瘁，且义无反顾，勇往直前，但改革却始终步履蹒跚，寸步难行，经常会遭遇到坎坷乃至陷阱。

神宗一朝的熙宁变法就正是这样。

有道是“吹开青苔喝凉茶”。今天，在时间已经过去了九百多年之后，倘若对这场曾一度沸沸扬扬但最终却前功尽弃、无疾而终的变法尽量冷静客观地进行案例分析，会惊奇地发现，导致熙宁变法“非正常死亡”的其实并不是它自身染上了什么不治之症，而完全是外力的侵犯与伤害置它于死地的。

的确，当年由神宗一手策划与推动的熙宁变法，无论它的改革初衷还是它的改革时机，都是再合适再正当不过的，纵然新法的某些具体内容或变法的制度设计有一些瑕疵，执行的某些具体程序或环节也难免存在些漏洞，但只要在变法过程中不断加以修改，加以完善，许多困难和问题还是可以克服可以解决的。

然而，因为变法的内容在执行过程中被反对派别有用心地加以歪曲甚或篡改，使改革画虎类犬，面目全非，一场原本好端端的改革，虽然播下的是龙种，可是，到头来，收获到的却是跳蚤！

在这方面，不妨举一些实际的例子予以佐证。

就说“青苗法”吧。

北宋时，民间高利贷非常猖獗。那些放高利贷者，贷给穷人的利息往往是本钱的两倍或三倍，以致造成许多下等户农夫破产。实施“青苗法”的本义，是为了实现国家与农民互惠互利。该法规定，如有需要，农民可在每年夏秋两收前，到当地官府借贷现钱（青苗钱）或粮谷，以补助耕作，收获了再附带一部分利息偿还官府，一来使资金周转困难的农户免受高利贷剥削，二来不致影响了农业生产，三来官府也可以收些利息来增加财政收入。

青苗法是熙宁变法的一项重要内容。对于推行青苗法，王安石一开始很有信心，因为早在他任鄞县父母官时就试行过这一法律，效果很好。后来陕西转运使李参以及京东转运使王广渊不谋而合，先后在自己的辖区开展过“试点”，都取得了不错的效果。为了慎重起见，在正式实施这项法律前，王安石又特意先在河北、京东、淮南三路再进行“试点”，待取得经验后，才正式推向全国。而且，在颁行之前，他还特别加上了“禁抑配”这一条款，即禁止强行摊派贷款。

但就是这样一部法律，在全国各地实施时却出现了截然相反的情况：有的地方严格按照朝廷的规定办事，执行得好，百姓得到实惠，对此法就非常拥护。而在另外一些地方却出现了严重的偏差，究其原因，主要是因为这些地方的官员或为了政绩工程，或为了从中渔利，甚或对新法原本就很抵触，于是便故意捣乱，不按规定办事，在实际执行过程中想方设法多放贷款，多收利息，不惜层层下达指标，强行摊派贷款，特别是将贷款强行摊派给不需要贷款但有偿还能力的富户，而不愿贷给真正需要的贫户，由此引起了富户与贫户的共同反对。百姓对新法自然也就怨声载道。

据史料记载，虽然官方规定的利率半年是百分之二十，但是地方官员们却常常私自提高利息到百分之三十甚至更多。如在陕西，农民向官家借陈米一石，到还的时候是新的好小麦一石八斗七升五合，“所取利近一倍”。有的记载甚至说实际利率有达到原先设定的三倍至五倍的，比高利贷还要高许多。若光是私自提高利率倒也罢了，农民如果嫌利息太高，不去借就是了。但要命的是，地方官不仅擅自提高利率，而且还“抑配”，也就是强行摊派，分任务，下指标，逼迫百姓借钱。为了保证青苗钱的可回收性，新法原本规定“五户以上为一保”，商量好要借多少钱，大家互相担保。而到了执行过程中，竟变成了官府强令富户为各等级贫户提供担保，并向各等级民户摊派青苗钱。收钱时若贫户无力偿还就向富户索取，将贷款的风险转嫁给富户。

如此一来，实施青苗法就成了官府辗转放高利贷，收取利息，盘剥百姓的苛政。而青苗法也自然就由良法蜕变成了一部让“天下汹汹”“民怨沸腾”的“恶法”。

再说免役法。

免役法也称“募役法”“雇役法”。在实施免役法之前，宋实行的是差役法，相当于秦朝陈胜、吴广当年千里迢迢所服的徭役。据史料记载，宋代的差役，种类也实在太多，有保管公物之役，有督收赋税之役，有追捕盗贼之役，有传递命令之役，不胜枚举。大量繁重的差役使百姓东奔西走，苦不堪言，因此，早在宋初就有人深感“害农之弊，无甚差役之法”，要求改革。

熙宁四年（1071 年），由王安石领导，汲取当时江浙数郡实行雇役成功经验的基础上，制定免役法。该法制定后，采取先试行后推开的原则，先在开封府试行，然后推行到全国。其法规定，民户不再服原“衙前”等役，改为按户分等定下同数额，随同夏秋两税缴免役钱，穷苦下户免缴。官府雇人充役，按照执役的轻重给酬。

由此看来，免役法本身是非常不错的，用一句行话说就是非常符合实体公正以及民主平等的原则和精神。然而，因为在北宋前期，一直存在诸如官户、坊郭、寺观、女户等不承担差役的“特殊户籍”或者说特权阶层，而免役法则将许多原来享有免役特权的“特殊户籍”逐渐纳入“助役”者的行列，并依据其财产多寡而确定其相应的义务，使得原本拥有免役特权的大官僚大地主阶级也不得不交钱，由此动了那些特权阶层的“奶酪”，所以，这项法律在实际执行过程中也大打折扣，常被歪曲，屡遭反对派的抵触、责难与批判。最后，与其他新法一样，只能以失败而告终。

是什么导致“熙宁变法”最终以失败而告终？

后人在讨论这一桩历史公案时可谓众说纷纭，莫衷一是。

神宗的悲剧

在说了半天王安石与熙宁变法之后，让我们还是把镜头更多地对准宋神宗赵顼。

在历史的镜头下，我们看到这位虽年纪轻轻但却少年老成的大宋第六代皇帝自登位那天起就显得很是有些忧心忡忡，心力交瘁。

也难怪，大宋这家百年老店此时已经百弊丛生，甫一即位，便有那么多棘手的矛盾等着他去解决，有那么多的迷津等着他去指点，历史过早地甚或可以说是不负责任地把那么多的重担压到了这位才刚刚过了 20 岁的年轻的皇帝身上，这使神宗赵顼感到了肩上担负的沉重的责任与压力。

说来，古往今来，权位对于有些人来说，是一种奢侈的享受、纵欲的温床；而对于那些极具忧患意识和政治责任感的极少数人来说，则是一种道义的自律、精神的负担，甚或可以说是灵魂的煎熬与折磨。

很显然，神宗赵顼便是那种极具忧患意识和政治责任感的极少数人。作为一位继统帝王，按说，在承平年间，只要他乐于守成，安分守己，得过且过，尽情地去享受富贵荣华，他的太平天子一定会当得快快活活，有滋有味。可是，由于性格使然，血管里总是流淌着不安分的血液，不甘平庸的他在嗣位新君后却一心要励精图治，揽辔澄清，变法图强，到头来却又心有余而力不足，这就使他的皇帝当得一点儿也不轻松，一点儿也不快活，而他的人生自然也不可避免地增添了许多痛苦与悲哀。

如果说，王安石是“另类宰相”，那么，很显然，神宗则是“另类皇帝”，因为选择了改革，义无反顾地走上了这条充满荆棘的不归路，其实，君臣两人的命运都很不幸，甚至，比较起来，从某种意义上说，神宗更是一个悲剧。

之所以这样说，乃是因为，尽管由于共同的志向，在熙宁变法中，神宗与王安石站到了一条船上，在改革的茫茫大海上不仅一起苦苦搜寻正确的航向，而且还一起战狂风，斗恶浪，但就双方所扮演的角色来说，王安石扮演的顶多不过是一个大副，究其实不过只是一个高级雇员而已，他所承担的只不过是有限的责任，万不得已时，王安石可以发牢骚，可以撂挑子，可以甩手走人，卷铺盖上岸。可是，身为船长，神宗却没有这么自由，既然船是他的，那么，不管什么时候，他都不能撒手不管，更不能弃船而去，无论是反对派的指责、改革派的抱怨，乃至改革的困惑与风险……所有的一切，他都必须而且也只有一个人独自承担。

说来，人的悲剧有时往往多半还是性格的悲剧。仔细分析起来，在神宗的悲剧元素中，有些固然是由于时代原因造成的，但更多的应该说是其自身性格因素酿成的。

从史书上看，神宗应该说是一个老实人，也许是受基因的影响，与两宋的大多数赵氏皇帝一样，他的性情显得比较憨厚，性格显得比较温和，甚至还颇有些柔弱。显然，倘若只是一般人，赵顼的性格与为人不仅无可厚非，而且非常值得称道，然而，作为一个需要对许多大事杀伐决断的皇帝，年轻的神宗则显然还有欠火候。身为皇帝，他似乎不懂得帝王之术，缺少政治人物通常所应具有的权谋与手腕，在一些关键时刻，既不能表现得“像狮子一样凶猛”，又不能表现得“像狐狸一样狡猾”，这使他自熙宁变法一开始就显得有些左支右绌，力不从心。

众所周知，熙宁变法从一开始就是在王安石与司马光即改革派与反对派的争吵声中拉开序幕的。在这场著名的争论中，两位同样学识渊博的少壮派大臣引经据典，唇枪舌剑。王安石认为，改善财政的当务之急是选拔善于理财的人。用现在的话说就是，一个真正的政治家应该懂得如何推动生产力的发展，要善于通过促进经济发展把天下财富这块蛋糕做大，在改善百姓生活的同时扭转国家财政的困境。而司马光却指斥王安石所筹划的变法是用哄骗的方法剥削老百姓，不过是当年桑弘羊之流蒙骗汉武帝时所采用过的早已老套过时的伎俩罢了。

站在今天的角度看，王安石的观点无疑是对的，非常符合经济学的观点，即在经济建设中，在一定的限度内，国家与人民之间是可以实现利益“双赢”的，双方之间的利益并不是非此即彼的对立关系，而应该说是相辅相成互惠互利的同一关系。司马光的观点却正好相反。

想当年，当商鞅与反对改革的甘龙、杜挚当着秦孝公的面公开“亮剑”，展开辩论时，时年只有二十三岁的秦孝公旗帜鲜明地站到商鞅一方，主张改革，可是，在王安石与司马光两位高手过招时，时年二十一岁的宋神宗的态度却没有这么鲜明，尽管他在内心中偏向王安石，但在公开裁判时，却尽量息事宁人，两不得罪，既说王安石说的是对的，又说司马光讲的也不错，态度显得很是有些暧昧。

作为熙宁变法的总策划、总指挥，甚或说是总导演，神宗改革的意志、决心和诚意显然毋庸置疑，可是，他在一些具体问题上的犹疑不定，以及在处理改革派与反对派之间的关系时所采取的尽量和稀泥的办法却很不足取，非常有害。

有这样一些例子颇能说明问题。

史载，青苗法颁行后，当时知青州（今山东临南以东的北部地区）的大名士欧阳修连续向朝廷上了两道折子，指斥青苗法，要求朝廷收回这个政策，并且拒绝在他管辖的地区实行青苗法。而几乎是在同时，时任河北安抚使的韩琦也上疏强烈反对青苗法。就因为欧阳修与韩琦是三朝元老，神宗父子又是在韩琦一手操纵下登基的，别人的话可以不听，但韩琦的话神宗却非常在乎，所以，在接到韩琦的奏疏后的第二天，他便单独召见王安石，第一句话就说："朕始谓青苗法可以利民，怎料到会糟到这个地步！"

王安石没想到变法才刚刚开始，而且，几乎所有的变法内容都是事先向神宗汇报并经他反复斟酌过的，可一遇到阻力，他就立场动摇，犹疑不定，心里顿时窝火，于是便没好气地说："臣论此事已十数万言，陛下尚不能无疑，天下还有何事可为？"

又据宋人江少虞所著《宋朝事实类苑》记载："熙宁六年十一月，吏有不附新法，介甫欲深罪之，上不可。介甫固争之，曰：'不然，法不行。'上曰：'闻民间亦颇苦新法。'介甫曰：'祁寒暑雨，民犹有怨咨者，岂足顾也！'上曰：'岂若并祁寒暑雨之怨亦无邪！'"

显然，由于在变法问题上，王安石主张执法必严，违法必究，而神宗皇帝却心慈手软，不敢较真，所以，新法推行老是不到位，欠火候，到最后总是一锅夹生饭。

再有一个例子就是，自从新法颁行之后，各地就不断有异常的自然现象出现，如京东、河北突然刮起大风，陕西华山崩裂，一时间人心惶惶。那些别有用心之人乘机造谣惑众，抨击变法，说这些是上天对人间的警告。熙宁六年（1073 年），华北、淮南一带连续十月干旱，灾情十分严重。神宗为此忧心忡忡，竟也开始相信这是上天的某种警告，并对自己继位以来所实行的一系列新法进行反思。正在此时，一个叫郑侠的小官员到开封街头画了幅《流民图》秘密呈送神宗，图中所描绘的民不聊生、饿殍遍野的悲惨景象使神宗大受震动。在这种情况下，神宗偏听偏信，以为一切都是变法的错，于是在第二天，没有征询王安石的意见，他就下令暂罢青苗、免役、方田、保甲等十八项法令。

王安石知道后，异常失望，但又无可奈何，他向神宗慨叹道："天下事像煮汤，下面加一把火，接着又泼一瓢水，哪还有烧开的时候呢？"

应该说，王安石说的是对的，他的话可谓击中了宋神宗的软肋。虽然一心想变法图强，却又优柔寡断，在原则性问题上始终与反对派妥协，这应该说是酿成"熙宁变法"悲剧也是造成他本人悲剧命运的致命伤。

当然，作为大宋的董事长，在变法问题上干预过多，不能做到用人不疑，疑人不用，也是酿成熙宁变法悲剧及宋神宗本人悲剧命运的又一致命伤。

比较起来，在商鞅变法时，秦孝公嬴渠梁（公元前 381—公元前 338 年）却不像宋神宗这样。自从选定商鞅担纲改革，秦孝公便完全隐到幕后，全然由商鞅做主，即使是在处理自己的儿子、十一岁的太子驷窝藏罪徒一事上，他也不出来干预，而是任由商鞅全权处置。这也正是商鞅变法尽管阻力很大但却得以坚决执行的最重要原因。

而反观王安石变法，却受到很大掣肘，不仅反对派处处从中作梗，连神宗本人也时不时地出来干预一下，妥协一下，结果，不仅反对派对神宗极为不满，就连王安石等一些改革派也对他颇有怨言，这就难怪王安石在极度失望后会撂挑子走人，弃他而去！

所以，到了最后，由神宗推行的改革竟然成了他一人独自导演独自演出的独角戏，也正是在这个意义上，可以说，无论是熙宁变法，还是宋神宗本人，都整个儿是一个悲剧。

可怜无力补苍天

熙宁七年（1074 年），对于大宋来说，实在是一个多事之秋。

掐指算来，这一年王安石新政进入第六个年头。这一年，著名历史学家司马光上《应诏言朝政阙失状》，请求废除新法及停止用兵西北。这一年，著名科学家沈括提举司天监，新制浑仪、浮漏成功。这一年，王韶在拓边西北的战场上取得了熙河之战等重大的胜利，被提拔为最高军事机关的枢密副使，但实际上却是明升暗降，不久罢职，出知洪州。这一年，苏东坡结束了在杭州的任职，北上到了密州……而更为重要的历史事件是这一年的四月，王安石罢相，出任江宁府知府。

导致王安石罢相的最直接原因应该说是熙宁七年的大旱。

说来真是时运不济，命途多舛。就在王安石推行新法的那些年，没想到竟然一直灾害不断。据史料记载，熙宁七年是个大旱之年。旱灾从头一年的秋冬即已开始，涉及全国。即便是京畿所在的开封府界并诸路的旱灾也极为严重。据《续资治通鉴》记载：“至是大旱，东北流民，扶携塞道，羸瘠愁苦，身无完衣，并城民买麻糁麦面合米为糜，或茹木实草根，至身被锁械，而负瓦揭木，卖以偿官，累累不绝。”

尽管信奉“三不畏”的王安石认定“天变不足惧”，并竭力开导年轻的神宗，但一直信奉君权神授的神宗与一帮士大夫的思想却没王安石那么“先进”，未免在心里疑神疑鬼，暗忖变法是否触犯了“天怒”，才因此降下旱灾，惩戒于人？

熙宁七年四月，监安上门、光州司法参军郑侠上书，向宋神宗反映说，从去年以来蝗灾大作，秋冬二季干旱不雨，致使麦苗干枯而死，粟、麻等农作物无法播种，民情汹汹，老百姓四处逃亡。郑侠还请人将老百姓卖儿卖女、典当妻子、流离失所、拆毁房屋、砍伐桑柘等情况绘制成《流民图》，上呈宋神宗。宋神宗审阅郑侠奏章后，夜不能寐，叹息再三。其后，郑侠又上书宋神宗，认为天旱不雨，完全是由王安石引起的，并扬言如果停止新法，十日之内上天必下雨。

没想到，当神宗停止新法后的第三天，一直久旱无雨的京城还真的下了一场小雨。这一来，反对派更加拿此说事，要求罢黜王安石。而几乎是在同时，太皇太后和皇太后也跟着反对派一起起哄，要求王安石“下课”。有一天，两宫太后相互搀扶着跑到神宗那里哭诉说：“王安石是要用新法搞得天下大乱！”

好像一切的一切，真的就是王安石惹的祸！

在巨大的压力面前，神宗渐渐顶不住了，他先是下《罪己诏》，对自己的德行进行反省，对主政不力作自我批评，诏曰：“朕涉道日浅，暗于致治，政失厥中，以干阴阳之和。”很快，又批准了王安石的辞职报告，让他“出知江宁府”，安心休息。

王安石第一次出局后，神宗任用号称“传法沙门”的韩绛与“护法善神”的吕惠卿为相。在吕惠卿的竭力说服与鼓动下，本就并不想废除新法的神宗重又恢复新法，改革的航船在短时间的搁浅后，重又扬帆起航。

然而，改革似乎注定在任何时候都不会一帆风顺，就在新法才重又驶入原先的航道破浪前行，反对派的嘘声也相对有些平静的时候，没想到在改革派的阵营里又出现了斗争，在王安石下课后一心想取而代之大权独揽的吕惠卿首先挑起了权力的恶斗，导致改革派阵营的严重分裂。

有宋以来，几乎所有的正史与野史都将吕惠卿视为人所不齿的“小人”，但事实上，平心而论，吕惠卿非常有才能，不说在他担任王安石助手时有许多新法出自他之手，且多半是他的创意，就说在王安石第一次罢相后由他独立创行的“手实法”，即对全国臣民开展财产申报制度，根据财产多少确定所需缴纳役钱，这项制度，即使在今天看来仍是那么先进！然而，因为权力欲太强，为了权力不择手段，一代能臣最后却被历史无情地归口到了奸臣的行列。

想当初，在罢免王安石宰相之位时，神宗的内心其实老大不情愿，只是因为迫不得已才让王安石“出知江宁府”，“安心休息”，所以，当吕惠卿权倾一时引起改革派内讧后，神宗又想到了王安石，在王安石离开京师还不到一年，就又下诏恢复了他的相位。

想当年刚改革时王安石雄心勃勃，志在必得，而如今，重新执掌相权后，由于反对派一直情同水火，势不两立，自己的阵营内又出现了难以愈合的分裂，那些当初由他一手提拔上来的人纷纷背叛他、出卖他，想方设法拆他的台，到这种地步，王安石纵然有三头六臂也已经有心无力，无计可施了。

所以，在自己的长子王雱牵连到这一场权力的恶斗之中并不幸病逝后，无论是在政治上还是在精神上，王安石都被彻底击垮了。于是，万念俱灰欲哭无泪的他一次次地缠着神宗，要求辞职。他对神宗说：“我累了，我真的已经累了！皇上开恩，还是让我休息吧！”

就这样，熙宁九年（1076 年）的冬天，王安石自请罢相归田，再次出知江宁府。在一个寒冷的早晨早早起床，携着爱子的灵柩与多病的妻子一起踏上了返乡的道路，从此，彻底淡出了政治舞台，再也没有来过京城。

说来，历史真的有许多巧合。当年，因神宗的召唤，王安石在去京城的路上，也是大雪弥漫，但那时的他踩着厚厚的积雪，心情却无比温暖，无比舒畅，他以为遇上了明君，以为可以宏图大展，以为历史的春天就要来了。在驿站昏黄的油灯下，他曾泼墨挥毫，写过一首题为《商鞅》的七言绝句。

诗中，王安石踌躇满志，自比商鞅，决心要以商鞅为楷模，与年轻的神宗一道，摆脱“内则不能无以社稷为忧，外则不能无惧于夷狄”的衰危困境，实现国家和民族的富强。

可是，当七八年后，在从京城回南京的路上，尽管仍是大雪纷飞，王安石却感到了从未有过的寒冷！

回到江宁后，他在江宁府东门与钟山之间筑了一座简陋的园林，取名“半山园”。在“半山园”的后面，东晋名臣谢安的故宅“谢公墩”便坐落在那里。有意思的是，谢安字“安石”，“安石不出，如苍生何”正是他的名言。而现在，两位“安石”却比邻而居，共守寂寞。

据说，晚年的王安石喜欢到谢公墩游憩。在谢公墩，他想象谢安当年的事业，触景生情，曾写下两首题为《谢安墩》的绝句。

与其说王安石是在凭吊谢安，还不如说他其实是在悲悯自己：曾经豪情万丈，曾经壮志凌云，曾经纵横捭阖，可是，到头来，英雄无力补苍天，一向心气高傲自视甚高的王安石又怎能不“暮年垂泪”？

王安石走了，一去不复返地走了。走得那么沉痛，走得那么凄凉！

“黯然销魂者，唯别而已矣。”不知道王安石离开京城时，神宗与王安石这一对君臣之间有没有过一场凄凄惨惨的告别？不知道在王安石走后的很长一段时间里，在无人的时刻，神宗有没有过仰天长叹，抑或独自垂泪，黯然神伤？

多少年了，在神宗的心里一直有一个梦想，而且，他也一直把这梦想实现的希望寄托在王安石身上，可是，王安石走了，英雄无力补苍天。如今，知音已去，“补天”的重任只有也只能落到他的肩上！

历史上，还从来没有哪位太平天子、守成皇帝像宋神宗赵顼那样为了改革苦心孤诣，劳形伤神，乃至不惜亲自上阵，就像一首歌中所唱的那样，虽“历尽苦难”却“痴心不改”，把自己一生的心血与欢乐几乎全部倾注到了改革的大业上面。

王安石走后，神宗继续主持新法。在以后的几年间，直到他去世，变法真正成了皇帝“一个人的改革”。

没有王安石的日子，朝廷相对清净了许多，也寂寞了许多。由于变法在事实上已成了神宗“一个人的改革”，反对派已不再像当初那样肆无忌惮，公然反对，但阻挠改革的逆流依然潜滋暗长，波涛汹涌。

接手王安石变法那年，神宗刚好三十岁，正是人生中的而立之年。如果说，在改革一事上，他就像是个未毕业的研究生，几乎每件事都要听从导师王安石的教导，而从此以后，已经而立之年的他已经独担重任，需要而且必须一个人独自面对、权衡与处置一切。

1078年，神宗将他的年号由“熙宁”改为“元丰”，这个年号一直沿用到八年后他英年早逝，龙驭上宾。

在这八年的时光里，神宗一直唯精唯一，力行变法，为了改革真的是“鞠躬尽瘁死而后已”。就像是补天的女娲，在这八年的时光里，神宗一心想练“五色石”补天，但最终仍然逃不脱与王安石一样的悲剧结局：英雄无力补苍天！一直到死，他都未能实现自己的夙愿。

神宗死后，其子赵煦即位，是谓哲宗。“垂帘听政”的高太后任用司马光为相。司马光上台后，做的第一件也可以说是唯一的一件大事便是尽废新法，史称“元祐更化”。

神宗死了，新法废了，北宋失去了最后一次自我革新、自我救赎的机会，从此，主战派的旗帜倒了，谁也不会再去推行改革，谁也不会再去喋喋不休地谈论富国强兵，去扰那些权贵们文恬武嬉的好梦，直到三十年后的“靖康之变”，金人的铁骑踏平了汴京的城垣，将宋徽宗、钦宗父子俘虏北去，也似乎很少有人能够从酣梦中醒来！

史载，当那天隐居在半山园的王安石得知神宗驾崩的噩耗时，顿时眼前一黑，老泪纵横。数日之后，又泪湿衣襟写了《神宗皇帝挽词二首》。在以后的日子里，当不断听到自己的老对手司马光不断废除新法的消息时，王安石更是仰天长叹，心痛欲裂。

据说，在隐居金陵的岁月里，王安石一直到撒手人寰，虽受诽谤而不介意，也不为之辩驳，倒是他的一首读史有感诗流露了他的心迹，诗云：

一时谋议略施行，谁道君王薄贾生？
爵位自高言尽废，古来何啻万公卿。
自古功名亦苦辛，行藏终欲付何人？
当时黮暗犹承误，末俗纷纭更乱真。
糟粕所传非粹美，丹青难写是精神。
区区岂尽高贤意，独守千秋纸上尘。

倘若九泉有知，不知道英年早逝的神宗在得知司马光尽废新法将自己一生的心血毁于一旦后心里会是什么滋味？在读了王安石的这首诗后又会作何感想？

有人说，一部古代史，读到的多半都是一些让人啼笑皆非的闹剧或荒诞剧。对此，笔者不敢苟同。

不说别的，就说宋神宗与王安石的变法，从始至终，其实，就是一部感天动地发人深省的悲剧。只是，这部悲剧，一直到今天，几乎还很少有人读懂。

第四章

历史没有后悔药

读两宋的历史，很难能绕开“联金灭辽”与“联蒙灭金”这样沉重的话题。

古希腊哲学家赫拉克利特曾说过这样一句名言：“人不可能两次踏进同一条河流。”这句如同禅宗偈语似的话当然是从哲学意义上说的，而在历史上，大宋就曾两次执迷不悟地踏进了“同一条河流”，两次重蹈覆辙，陷入几乎同样的“历史漩涡”当中而无力自拔，并最终遭受到了万劫不复的灭顶之灾……

历史的“后遗症”

对于有宋一代，乃至五代十国时的后周来说，燕云十六州都是一个挥之不去的阴影，都是中原历代帝王心头一个永远的痛。

而这一切的始作俑者或者叫罪魁祸首，则是一个名叫石敬瑭的人，一切的一切都可以说是由他造成的。

如果不是为了把这一段历史给交代清楚，笔者真的不愿再去翻检这一段早已尘封的往事，重又去触碰这一曾让多少代人倍感沉痛与耻辱的民族伤疤。

先从燕云十六州说起。

据史料记载，战国时，燕云十六州的绝大部分属赵国云中郡九原县地。杰出的社会改革家赵武灵王，曾一度君临北至阴山西达高阙塞的西北边疆地区。当时，赵国正处在国势衰落时期，就连中山那样的邻界小国也经常来侵扰。为了富国强兵，赵武灵王提出“着胡服”“习骑射”的主张，决心取胡人之长补中原之短，由此演绎了一段“胡服骑射”的历史佳话。在赵武灵王的亲自教习下，国民的生产能力和军事能力有了很大提高。从胡服骑射的第二年起，赵国的国力就逐渐强大起来。后来不但打败了经常侵扰赵国的中山国，而且夺取林胡、楼烦之地，向北方开辟了上千里的疆域，并设置云中、雁门、代郡行政区，管辖范围达到今河套地区。

秦汉时，燕云十六州曾属云中郡，其治所在云中（今内蒙古托克托东北），如《史记·张释之冯唐列传》记载：汉文帝时，魏尚为云中太守，抵御匈奴有功，只因报功时多报了六个首级而获罪削职。后来，文帝采纳了冯唐的劝谏，派冯唐持符节到云中赦免了魏尚。所以，苏轼《江城子·密州出猎》一词中“持节云中，何日遣冯唐”便是借用这一典故，意思是说什么时候朝廷也能像派冯唐赦魏尚那样重用自己呢？再有像叶梦得《水调歌头·九月望日与客习射西园余偶病不能射》一词中有云：“老矣真堪愧，回首望云中”，这里的“云中”和苏轼词中的“云中”一样，都是指云中郡。当年，西汉名将李广就在这里抗击匈奴，因一句“不教胡马度阴山”而闻名千古。

到了北魏，云中郡的治所迁至盛乐（今内蒙古和林格尔西北土城子）。而在唐朝时期，云中郡即云州，治定襄（今山西大同），为“燕云十六州”之一。相传，唐高宗龙朔二年（662 年），回纥联合同罗、仆固，侵犯大唐，双方兵戎相见，决战在天山（今蒙古杭爱山）脚下。

冷兵器时代，两军对垒，各自摆开阵势，只见旌旗开处，从回纥铁勒军中一字儿冲出数十骑。这些将领一个个凶神恶煞般挥刀舞剑，在唐军阵前耀武扬威，这大概也就是古代小说中常见的所谓“斗将”吧。但就在这些回纥将领炫耀武力的时候，忽然从唐军阵营中跃出一员战将，只见他左手弯弓，右手搭箭，弓似霹雳，箭如流星，只听“嗖、嗖、嗖”三声响过，三名刚才还在炫耀武艺的回纥军将，竟然齐刷刷一齐栽倒在阵前，并当场毙命。这一惊可实在非同小可，刚才还在嘶吼的铁勒军好像一下子被人卡住了喉咙，再也发不出声。空气似乎顿时凝结起来。等过了一会儿，回纥那边方才缓过气来，只见数十个悍将纷纷跳下马来，打出白旗，投降唐军。

这便是历史上著名的“将军三箭定天山，战士长歌入汉关”。而这“三箭定天山”的神奇将军便是唐代著名战将后代传奇故事中的薛仁贵。

武则天时代，契丹与唐朝又爆发了大规模的战争。时任右拾遗的唐代著名诗人陈子昂在随武攸宜东征契丹时，路过幽州，那首流传千古的《登幽州台歌》便是他在这时写的，诗云：

前不见古人，后不见来者。
念天地之悠悠，独怆然而涕下。

诗中所说的“幽州”即燕州（今北京），为“燕云十六州”之一。当时，诗人登临当年燕昭王为延揽天下英才而筑的黄金台，即幽州台，极目远眺，触景生情，深感人生短暂，宇宙无限，一时感从中来，怆然泪下。

这里，顺便说一句，“陈子昂的泪水”在当时乃是由于怀才不遇而流的，诗人有感于当年燕昭王“尊重知识、尊重人才”，而春秋战国时代，说来也真是优秀人才最受尊崇最受追捧的黄金时代，像卫鞅、百里奚、苏秦、张仪……这些王佐之才一个个都自命不凡，自视甚高，常常是“此地不留爷，自有留爷处”，在各诸侯国之间到处穿梭“走穴”，而且所到之“国”多半都大受欢迎，“人才抢夺”空前火爆，可是现在，人才冷落，风光不再，“英雄无用武之地”，又怎能不叫人感慨万千，怆然泪下？

在唐朝鼎盛时期，契丹与大唐的战争尽管互有胜负，但在无敌盛唐强大攻势面前，基本上处于弱势与守势的地位。可是，以天宝十四载（755 年）“安史之乱”为分水岭，随着大唐的逐步衰落，此消彼长，得以缓过劲来的契丹变得日益强盛。而到了唐朝末年，随着契丹史上具有划时代的人物耶律阿保机的出现，契丹迎来了它最强盛的时代。

从今天来看，宋朝之所以是我国几个大的封建王朝中国土面积最小的、防卫能力最弱的一个王朝，追根溯源，完全是由大唐的衰败与崩溃造成的，在很大程度上应该说是唐朝留下的“历史的后遗症”使然。

907 年，“安史之乱”后在藩镇割据和阉党擅权以及黄巢起义的内外交困中苟延残喘了近一个半世纪的唐王朝，终于咽下了最后一口气。曾经一度无敌于天下的大唐王朝很快被各自拥兵自重的藩镇四分五裂，瓜分豆剖，在一片血雨腥风中，历史进入了兵连祸结的五代十国时代。

五代十国初期，燕云十六州一带乃是后唐的地盘，归后唐河东节度使石敬瑭管辖。

当时的后唐皇帝李从珂是后唐明宗李嗣源的义子，而石敬瑭则是李嗣源的女婿。俩人曾经不谋而合，将后唐闵帝也即明宗李嗣源之子杀死。但篡夺皇位后的李从珂与不断拥兵自重的石敬瑭从一开始就相互猜忌，互相提防。一方面，末帝李从珂时刻担心石敬瑭谋反；而另一方面，石敬瑭则又害怕李从珂迟早有一天会冲自己下手，因此，俩人的矛盾很快便表面化，尖锐化。

936 年，为了试探末帝对自己的态度，时任河东节度使的石敬瑭假惺惺地上书请求调任到内地军镇。而李从珂早就想调虎离山，于是便顺水推舟，将计就计，真的决定调任石敬瑭为天平节度使。对这样的“调令”，石敬瑭拒不服从，而且还索性翻脸，公开指责末帝是明宗养子，不应承祀，要求其让位。末帝得知后，马上下旨削其官爵，并发动大军围攻晋阳（今山西太原）。

大战在即，石敬瑭害怕自己不是末帝李从珂的对手，于是听从掌书记桑维翰的劝告，决定向契丹求援。他让桑维翰替自己写信给契丹，表示倘若契丹派遣援兵，则自己一定感恩图报，其具体“图报”的条件是：一是愿意向契丹称臣，同时拜辽太宗耶律德光为父亲，从此以父子相称；二是每年贡帛三十万匹；三是事成之后，割让燕云十六州作为酬谢。

这显然是一个极为无耻、极端屈辱堪称史无前例绝无仅有的卖国条约！

要知道，石敬瑭比耶律德光整整要大十一岁，一个人怎么会这样无耻？这样没皮没脸，竟然主动要去做人家的儿子？怎么会莫名其妙而且是一厢情愿地要去主动签订这样一个卖国条约呢？

想当年，石敬瑭也“端的是一条好汉”，晋梁夹河苦战时期，在晋军受到突袭的危急时刻，他曾出生入死，率领十余名骑兵纵横驰奔于敌阵之中，左冲右突，势如破竹，见此情景，就连一向骁勇的李存勖也禁不住由衷地赞叹道：“人们说将门出将，这句话果然不假！”可是，事到如今，这样的一条“好汉”怎么会忽然变成了一个毫无尊严、毫无血性的孬种，一个彻头彻尾的混蛋？真的是让人读不懂也想不通。

据说，石敬瑭完全不顾个人尊严，全然不计后果，厚颜无耻地要认比他小十一岁的耶律德光为父，并主动提出那么多卖国条件，当时，就连其手下一些心腹部将都觉得太过分了，太无耻了，如其最为信任的大将刘知远（后来称帝成为后汉高祖）就劝阻他说：“最多称臣就可以了，倘若当儿子就太过分了。契丹人贪财，多送些金帛就行了，完全不需要送给他们土地，否则，将会使契丹成为中原的心腹大患而追悔莫及。”

从事后看，刘知远这个人非常有头脑，也很有预见力，后来的事也真的被他不幸言中。但在当时，对于刘知远的“忠言”，利令智昏的石敬瑭根本听不进去，为了自己能当上“皇帝”，他竟完全置国家利益于不顾，从而将自己永远钉在了耻辱柱上。

果然，对于石敬瑭主动送上门来的重贿，耶律德光简直喜出望外，到嘴的“肥肉”岂能不吃？所以，在接到石敬瑭的信后，耶律德光立即率领旌旗连绵五十余里的五万契丹骑兵长驱直入三千里，直抵晋阳城北，当日即与后唐军队沿汾河展开激战，最终逼迫李从珂抱着传国玉玺与全家老小一起登上玄武楼自缢而死，后唐就此灭亡。

据历史记载，燕云十六州大致涵盖今北京、天津和河北北部、山西北部的大片土地。全部面积大约在十二万平方公里。其具体是指：幽州（今北京）、顺州（今北京顺义）、儒州（今北京延庆）、檀州（今北京密云）、蓟州（今天津蓟州区）、涿州（今河北涿州）、瀛洲（今河北河间）、莫州（今河北任丘北）、新州（今河北涿鹿）、妫州（今河北怀来）、武州（今河北宣化）、蔚州（今河北蔚县）、应州（今山西应县）、寰州（今山西朔州东）、朔州（今山西朔州）、云州（今山西大同）。从地图上看，燕云十六州实际上囊括了古代中国东北部与北部地区最重要的险关要塞和天然屏障，如著名的万里长城就从这里蜿蜒穿过。

由此看来，割让燕云十六州，并不仅仅只是使中原汉族白白丢失了这片宝贵的土地，而且，更为严重的是，这一地区的丧失，使长期以来中原汉民族一直赖以抵御北方的万里长城及其天然屏障完全失去了作用，致使整个中原地带完全暴露在北方游牧民族的铁蹄之下。

所以，如果从地缘战略与国家防卫的角度来说，大宋从它诞生那天起，就患有严重的先天性残疾，而其大厦无论多么宏伟，它的后门都始终洞开着，无法筑成最坚固的屏障。

从此，中原王朝在与北方游牧民族的军事斗争完全处于一种无险可守的被动局面，这就在客观上为日后契丹、女真以及蒙古的“北患南侵”创造了极为有利的条件。

帝王们的梦想

从今天来看，为了收复燕云十六州，后代中原王朝所付出的代价实在是太惨重了！

在以后的岁月里，可以说，收复燕云十六州几乎成了每一位中原王朝帝王们梦寐以求的“梦想”。

事实上，早在石敬瑭死后，晋出帝也即他的侄子石重贵在即位后没几年，便于后晋开运三年（946 年）打算收复燕、云失地，为此，他任命杜威为元帅，率领后晋大军攻打契丹。但令人悲哀的是，由于主帅杜威的叛变，不仅没有收复燕云失地，反而连后晋的土地也给契丹占领了，结果，晋出帝石重贵被囚而死，而后晋也因此灭亡。

到了后周时代，雄心勃勃的周世宗柴荣曾一心想统一全国，显德元年（954 年）二月，还刚即位不久的他便毅然御驾亲征，与入侵后周的北汉军队在高平（今山西高平）展开了决战，并在危急时刻，身先士卒，“跃马突入敌阵”，由此士气大振，迅速扭转了战局，打败了由契丹军队支持的北汉军队，从而取得了“高平之战”的全胜。

显德六年（959 年）三月，在南方征南唐，取得了平扬州、下寿春、得滁州等一系列大捷后，周世宗又迅速将矛头对准了北方强大的契丹政权，并亲自率军北伐，迅速拉开了收复燕云十六州的序幕。

一开始，战斗进行得非常顺利，仅用了四十六天时间，后周军队便攻克了瀛洲（今河北河间）、莫州（今河北任丘北）、易州（今河北易县），占领了益津关（今河北霸州）、瓦桥关（今河北雄县境）、淤口关（今河北霸州），一时间，关南之地全部平定。

可是，正当周世宗准备继续北上，攻取幽州，一鼓作气想将燕云之地收入囊中时，没想到时年还只有三十九岁的他却忽然得了暴病。如果说，收复燕云十六州的战斗就像一首雄浑的交响乐，大幕开启后，乐队才刚刚上演不久，可是，因为乐队总指挥的突然病倒，不得不突然终止，匆匆闭幕。

不妨想象一下，如果天假以年，能让周世宗哪怕多活十年，乃至五年，说不定，以他的雄心壮志很有可能会成就北伐大业，将燕云十六州重新纳入后周版图，然而，说来真是“出师未捷身先死，长使英雄泪满襟”，就在这年的五月，世宗回到开封，很快便撒手人寰。而收复燕云十六州从此则成了这位有雄才大略却英年早逝的年轻君主永远的“梦想”。

在周世宗御驾亲征契丹的战斗中，自始至终，赵匡胤无疑是一位亲历者与参与者。作为一名曾跟随后周开国之君郭威以及周世宗柴荣东征西杀戎马倥偬的武将、一位平时喜爱看书可谓富有韬略的军事家，赵匡胤显然对燕云十六州在军事上、战略上的重要性有着深刻的认识。所以，在“黄袍加身”后，他一直把契丹视为宋朝最强劲的对手，用他自己的话说就是“今之勍敌，正在契丹”。刚登上皇位，他便任命横海军（治沧州）节度使陈思让为关南兵马都部署，专门负责对辽国的防务。

显然，作为一个政治家，在登上大宝后，赵匡胤自然希望自己能够大显身手，大有作为，在当时中原四分五裂的情况下，很希望能够纵横天下，一统中原。可是，作为一位军事家，尽管和周世宗一样，他也有想从契丹手中收复燕云之地的雄心，但他深知此时的辽国已经羽翼丰满，坐大一方，倘若仓促与之作战，宋朝很难说有多少取胜的把握，胜利的天平很可能并不偏向宋朝一方。所以，在建立宋朝后，他基本上仍沿袭后周的统一方略，即后周著名大臣王朴建议周世宗柴荣所实行的“先南后北，先易后难”的“八字方针”，柿子先挑软的捏，先去消灭江南以及蜀地的弱国，最后才去啃契丹这块“最难啃的骨头”。

说来，赵匡胤绝对是个“有心人”。中国有句古话，叫作“临渊羡鱼，不如退而结网”。为了有朝一日能够到契丹的“河里”捕鱼，重新捕回燕云十六州这条“大鱼”，赵匡胤很早就在很细心地“结网”。据说，他曾专门设立了一个机构叫作封桩库，其职能就是在每年的国家财政收入中，提取一定比例的资金存储起来，作为收复燕云之地的专项基金，且这笔数目不菲的基金由皇帝亲自掌控。赵匡胤这样做的目的有两个：一是等到积蓄足够多的数量后，与辽国交涉，将这一地区赎买回来；假如不行，则拿这笔钱招募训练武士，以武力夺回来。相传，赵匡胤还算了这么一笔明细账：辽兵数次侵扰边境，如果我用二十四绢的价格悬赏收购一名辽兵的脑袋，辽国精兵大约十万人，只要花去两百万匹绢，也就把他们消灭得一干二净了。

今天来看，这当然是一种一厢情愿近乎天真的想法，辽兵的脑袋怎么可能那么轻易就被人割下，并拿来出卖？可是，倘若仅就设立封桩库以及建立征辽专项基金来说，则很有必要，非常重要，不失为一项明智之举。

从某种意义上说，一个人的优点有时候也很容易成为他的缺点。作为皇帝，赵匡胤的为人与性格显得比较稳重，尽管他有一句在历史上显得很霸气的名言：“卧榻之侧，岂容他人鼾睡？”可是，从宋朝成立那天起，契丹就一直酣睡在他的卧榻的北侧，成为北宋安全最大的隐患，可是，在收复燕云十六州一事上，他却一直比较慎重而谨慎。仔细想想，这当然是必要的，也可以说是一种优点。但过于稳重与谨慎，则无疑也是他的一种缺点。

据史料记载，到了975年前后，宋朝已经基本统一了南方与蜀地，所辖人口达到了一千多万人，军队总数将近四十万人。到这时候，太祖才感到万事俱备。可是，在这时候，说什么都已经迟了。就在他跃跃欲试，准备对契丹动武时，有一天夜晚，他的生命的弓弦却在“烛影斧声”中突然崩断，在五十岁那年戛然画上了一个血迹斑斑的句号。

所以，对赵匡胤所实行的“先南后北、先易后难”的统一方略，后代学者一直众说纷纭，褒贬不一。持否定态度的一方认为，假如赵匡胤当初实行的是“先北后南、先难后易”战略，趁国家经济实力最强、部队战斗力最强，而他自己显然也最年富力强的时候，集中优势兵力，先对契丹用兵，而不是等到强弩之末再去攻伐辽国，以他的才略，收复燕云十六州的梦想很有可能在他的手中成为现实。

这当然只是一种假说，其中难免有些想当然的成分，但仔细想想，也不能说没有一点道理。不过，话又说回来，既然赵匡胤死了，所以，即便是再好的假说也已经没有了任何意义。

随着赵匡胤时代的草草结束，赵光义时代的来临，收取被“儿皇帝”石敬瑭割让给辽国的汉人固有领土自然便落到了赵光义的肩上，且很快被摆上了重要议事日程。

应该说，有宋一朝，在征讨辽国、收复燕云十六州方面，宋太宗赵光义做的是最彻底、最坚决的。但令人遗憾的是，由于他相当不懂军事，却又偏要以“外行领导内行”，结果两次对辽大规模作战，都以宋军几乎全军覆没的惨败收场。

第一次征辽是在太平兴国四年（979年）的七月，当时刚刚平灭北汉，在与北汉军队打了很长一段时间的战后，宋军将士普遍感到身心俱疲，需要休整，可是，他不懂军事心理学，作为皇帝，当时正在兴头上，却很想趁宋军大胜之势，连续作战，一鼓作气攻取燕云之地。“诸将皆不愿行，然无敢言者。”就是在这样一种情势下，赵光义执意伐辽，而且御驾亲征，第一次征辽战争打响了。

一开始，为了避其锋芒，辽军故意退让，甚至佯装败逃，但在实现战略包围之后，很快便以逸待劳，转入反攻。高梁河之战，辽军里应外合，夹击宋军，结果，宋军惨败，光是被斩首的就有一万多人，而宋太宗本人也深中流矢，仓皇乘驴车狂逃。以致后来，“（太宗）股上中两箭，岁岁必发”，堂堂大宋皇帝最后竟死于箭伤复发。

第二次征辽是在雍熙三年（986 年）的春天，距离第一次征辽已经过了七年。按说，在遭受过第一次征辽惨败之后，这七年来，宋军尤其是赵光义应该痛定思痛，在家里好好地卧薪尝胆，反躬自省，深入思考第一次征辽失败的原因，从而有的放矢，对症下药，研究制定切合实际的第二次征辽作战方案。可是，令人不解的是，在这 7 年中，赵光义几乎没有做任何的反思与总结，在军事上，几乎没有做任何的改革与准备，其结果，第二次征辽几乎成了第一次征辽的翻版，几乎又稀里糊涂地重蹈了第一次征辽的覆辙，再次上演了第一次征辽的悲剧！

据史料记载，这次征辽，宋太宗仍然御驾亲征，亲临前线指挥作战，但歧沟关之战，宋军“为辽师冲击死者数万人，沙河为之不流，弃戈甲若丘陵”。

如果说第二次征辽几乎是第一次征辽的悲剧重演，毋庸赘述，那么，在这重演的悲剧中，似乎唯一值得一提的就是在这次悲剧中诞生了一个富有传奇色彩的英雄——杨业。后来经过评书、戏剧的渲染，如今，他的名字连同他的妻子佘老太君以及儿孙杨四郎、杨五郎、杨六郎、穆桂英、杨文广等也即满门忠烈的“杨家将”一起早已家喻户晓，成了爱国主义最生动感人的教材。

在今天来看，宋太宗两次大规模征辽，尽管在主观上动机是好的，也充分反映出赵光义在军事上“无知者无畏”的勇气，但在客观上，两次征辽惨败的悲剧却在有宋一代留下了巨大的阴影，对宋朝的民族精神与民族自信产生了巨大的摧残和打击。两次征辽惨败后，宋人心中几乎普遍患上了一种难以治愈的“恐辽症”，结果，原本能够打赢的仗，最后到了关键时刻也会因心理方面的懦弱而莫名其妙地输掉。

在这方面，“澶渊之盟”就是一个最好的例子。本来，宋真宗时，宋朝的国力大增，在澶渊之役中，宋军又明显占了上风，可是，由于宋真宗的心虚胆寒，主和派的竭力阻挠，结果，一场原本就要到手的胜利却白白放弃了不说，到头来反而跟人家签订了具有屈辱性的城下之盟，从此年年岁岁向辽国输币纳帛，开了宋朝以岁币换和平的先例。

如此一来，虽说花钱买和平也确实起到了效果，从此辽与宋“和好年深”，边境安宁，和平的阳光曾一度照耀在宋辽的边境线上近百年，但是，收复燕云十六州的梦想则长时间地被束之高阁。

在赵宋皇帝中，宋神宗无疑是一个最有个性也最受争议的皇帝，在他的钦点与竭力支持下，由王安石奋力推行的变法尽管迄今还莫衷一是，褒贬不一，但无论怎么说，神宗赵顼都应该说是一个志存高远、励精图治的优秀帝王，尽管事实证明这位为了"改革大业"可谓鞠躬尽瘁死而后已、只活了三十八岁即英年早逝的皇帝未免有些志大才疏。

据林宓《裕陵遗事》记载，还在年少时，神宗赵顼就对太祖赵匡胤甚为崇拜，每感于"祖宗志吞幽蓟、灵武，而数败兵，"便有"愤然将雪数世之耻"、恢复河朔之志。即位后，他仿效当年太祖设封桩库的做法，在宫廷大内建造了一大批库房，又自作诗一首，以每个字为库房之名号。其诗云：

五季失图，猃狁孔炽。艺祖造邦，意有惩艾。
爰设内府，基以募士。曾孙保之，敢忘厥志。

诗的意思，按照黄仁宇先生在其《中国大历史》一书中的翻译就是："五代十国之间缺乏计谋，以致蛮夷戎狄猖獗。有创造天才的祖先创立朝代，企图挽回这种颓局，所以开设内殿中的府库，作为募兵筹饷的基础。我做曾孙的继承此业，岂敢忘记他的遗志？"

为了警惕自己，矢志不渝，神宗又揭诗二十字以自勉，诗曰：

每虔夕惕心，妄意遵遗业。
顾予不武资，何以成戎捷。

史载，为了激励武将勇立军功，收复燕云，宋神宗还曾金口玉言，郑重承诺：若有人能收复燕云十六州，朝廷将册封此人为王。可是，尽管这位年轻的皇帝"每虔夕惕心"，很有些当年勾践卧薪尝胆、祖逖闻鸡起舞的味道，然而，终其一生，他也未能"成戎捷""雪数世之耻"。

虽然许多年过去了，那几代帝王恢复河朔的愿望与梦想像磷火一般，依然在漫漫黑夜里幽幽地闪烁着清冷而幽怨的光芒。

被打开的“潘多拉魔盒”

如果说神宗赵顼就像是个辛勤的农民，在皇位上“朝乾夕惕”“孜孜矻矻”，不敢有丝毫懈怠的话，那么，他的儿子宋徽宗赵佶，则完全是一个纨绔子弟，那皇帝当得简直就是甘酒嗜音，纸醉金迷，好不快活。

按说，像宋徽宗这样的昏君原本就胸无大志，只要整天花天酒地就行，平时，即便是朝政他都懒得去理，哪还有闲情去痴心妄想收复燕云之地？

可是，读这段历史，让人读不懂也想不通的是，不知道为什么，极具艺术家气质的宋徽宗有一天却心血来潮，忽发奇想，竟然打起了要灭亡辽国、收复燕云十六州的算盘！

而其结果，诚如我们所知，这位大宋历史上最荒淫无道的昏君却在无意间，稀里糊涂地打开了“潘多拉魔盒”。

事情的来龙去脉大致是这样的：

那是宋政和元年（1111 年）的九月，宋徽宗派端名殿学士郑允中率北宋政府高级代表团出使辽国。表面上，郑允中是这一代表团的团长，但真正的团长却是童贯。

众所周知，历史上，有许多朝代都出现过“宦祸”，由于种种原因，像秦朝、汉朝、唐朝、明朝以及清朝等，都曾不同程度地出现过宦官专权蠹政乃至擅行废立引发政坛地震改朝换代的现象，但在宋朝，如同后宫与外戚干政一样，宦官专权为恶的现象也基本上得到了彻底有效的遏制。

但任何事情都不是绝对的，有宋一代，也曾出现过宦官干政的现象，一次是在太祖、太宗时期，当时太祖最为宠信的宦官名叫王继恩，但就是这位宦官在“斧声烛影”中有太多的嫌疑，很有可能就是与赵光义一起谋害赵匡胤的“同谋共犯”。据说太祖死后，皇后让其召太祖二子赵德芳继位，而他却擅作主张，招来太祖之弟赵光义嗣位。而在后来，当太宗羽化登仙后，在传位问题上，这位大太监又想如法炮制，自作主张，另立新君，幸亏遇到“每临大事不糊涂”的宰相吕端急中生智，断然采取措施，才使他的阴谋没有最终得逞。

王继恩之后，宋代另一位赫赫有名的宦官便是童贯。

说到童贯，想必读过施耐庵《水浒传》的读者朋友对这位被阉割过的王爷都不陌生。

事实上，童贯这人也真的非常能干，平时，无论是帮徽宗赵佶去办一些不宜对外公开的私事，还是领兵打仗，他都能很好地完成任务，而且分寸感拿捏得也恰到好处，这在可谓“蜀中无大将，廖化作先锋”的徽宗一朝真的可以说是出类拔萃，不可多得，而身为宦官，几乎是职业性的，他又很会迎合、取悦徽宗，这就使浪荡公子宋徽宗没有理由不喜欢他。

这次出使辽国，其冠冕堂皇的理由是庆贺辽天祚帝的生辰，而真正的目的则是要了解辽国的政治、经济与军事形势。据说，本来徽宗是打算要让童贯任代表团团长的，但由于有大臣反对，认为派一个太监作为团长代表皇帝出使，实在有辱国格，会让契丹嘲笑宋朝没有人才，徽宗想想也是，这才采取了一个折中的办法，以端名殿学士郑允中为正使。

如果不是节外生枝，发生了一桩很是意外却非同寻常的事情，可以说是牵一发而动全冠，乃至由此直接导致了北宋覆亡，这次的出访几乎无事可记，即便要记，想必历史顶多也就记上诸如“某年某月皇帝派某某出使辽国”这样一句无关痛痒的话，一笔带过而已，但历史就是这样，追根溯源，许多大事情往往都是由一些看似微不足道的小事情引发的。

说来，童贯的这次出访，其实也不过是一次礼节性的拜访。在辽期间，除外交上的繁文缛节必须要“走过场、搞形式”之外，代表团实际上也没（事实上也不可能）发现辽国政治、经济乃至军事上的“重要机密”，但就在代表团眼看就要无功而返时，历史竟然出其不意地发生了极具戏剧性的一幕。

当时，代表团已经结束了在辽的访问，开始返回宋国。当童贯一行很是有些悻悻然地行走在回返宋朝的路上，而且已经走到也就是今天北京西南郊外著名的卢沟桥附近时，一位名叫马植的辽国汉人忽然深夜来访，而且指名要见大名鼎鼎的童贯太尉，说是要献“灭辽之策”。

素昧平生，突然造访，而且是在深夜，这使童贯深感疑惑，但听说此人要向自己面陈“灭辽之策”，本已昏昏欲睡的童贯忽然来了精神，于是赶忙吩咐随从将马植请进来，准备彻夜长谈。

就像当年战国纵横家似的，马植一见到童贯就滔滔雄辩，慷慨陈词：“大宋本是天朝大国，皇上圣明，万民恭顺，马植心中向往已久，只是无缘表述。如今天祚帝荒淫无道，辽已是奄奄一息。这些年来，不仅大宋欲除辽保国，女真人对辽也是恨入骨髓。如此，宋如派遣使臣从登州（今山东蓬莱）、莱州（今山东莱州）渡海去同金人结盟，与之相约，南北夹击共灭辽国，辽指日可图！”

据史料记载，马植，祖籍辽燕（今河北北部），自契丹占据燕云十六州后，马氏便成为辽国的汉人大姓，世代都在辽国为官。当时，马植在辽国为光禄卿。光禄卿是掌管皇室膳食的官，掌祭祀、朝会、宫中一应生活用品采购等事，所以，马植级别虽不高，但却很有实权，也非常实惠。

那么，既然混得还算不错，马植何以要叛辽投宋？或者，换句话说，他叛变辽国的理由是什么？

按照《宋史》的解释，其理由大致是这样的，马植为人奸诈，“行污而内乱，不齿于人”，用现在的话说就是，他做人做得很差劲，人际关系很差，所以才叛辽投宋。

今天来看，如果马植向童贯与宋徽宗献上的只是灭辽复燕的密策倒也罢了，因为，即便是童贯与宋徽宗一时头脑发热，贸然行事，兴兵去大举攻打辽国，其结果，以宋军“纸老虎”的本质，很显然不会把辽国怎么样，但反过来说，早已今非昔比的辽国也自然不能把宋朝怎么样。这就像拳击台上两个摇摇晃晃都已精疲力竭的拳击手，再怎么决斗都不会有什么大事，打到最后，双方很可能会抱在一起，或扭成一团，然后被裁判分开一样，到最后，无疑还是签订一纸和约了事。而如此一来，无论是辽国还是宋国都绝不至于有亡国的危险。

可是，偏偏马植所献的是联金灭辽之计，这就使问题的性质陡然发生了变化。这里，打一个比方，这就像两只羊发生争斗，双方显然谁也奈何不了谁，可是，没想到一只羊却自作聪明，偷偷请来一只狼与自己联手，想借此吃了另一只羊。结果，狼虽然应约而来，吃了另一只羊，但也捎带着把与自己结盟的羊给吃了。

应该说，联金灭辽就大致是这样一种情形。

公平而论，其实，马植的联金灭辽真的不是一个馊主意，如果当时宋朝足够强大，而且对这一计策又运用得好，那么，在联金灭辽后，不仅能成功收回中原历代统治者百年来一直梦寐以求的“燕云十六州”，而且，也完全可以做到与金国“井水不犯河水”，从此楚河汉界，互不侵犯。但问题是，宋朝完全是头“黔之驴”，在“联金灭辽”过程中完全暴露出了自己的软弱与无能，而且以宋徽宗为首的一帮智商极低的统治者又一次次地犯了极为愚蠢的错误，这就使“联金灭辽”灭到最后也把自己给灭了。

所以，倘若硬要追究马植的罪责的话，他也顶多只是看走了眼，他高估了宋朝的清明与强大。而主要的罪责，无可推卸，无疑应由宋徽宗以及童贯承担。

据说，在第一次见到马植，且被他的如簧之舌打动后，喜出望外的童公公当即让马植改名为李良嗣，并将他偷偷带回宋朝，郑重其事地举荐给宋徽宗。

徽宗听马植说可以联金灭辽，几乎不费吹灰之力便可“复中国往昔之疆”，顿时大喜过望，当即表示要采纳马植的计策。而且，由于对马植颇为赏识，徽宗还授其官职为朝议大夫、秘阁待诏，并赐以国姓，将马植由“李良嗣”又改名为“赵良嗣”。

就这样，马植摇身一变，由“李良嗣”又变成了“赵良嗣”，而且成了皇帝的特使。考虑到联金灭辽乃重要军事机密，徽宗决定绕开外廷，由赵良嗣负责联金灭辽、谋图收复燕云十六州的相关事宜，且其所行之事不受宰辅制约，只听他与童贯等极少数几个人秘密指挥。

可是，尽管“联金灭辽特别小组”的行动很诡秘，但很快朝野内外便知道了它的“特殊使命”或曰“庐山面目”，一时间舆论哗然，光是朝中大臣就吵成了一锅粥。

以蔡京、童贯、王黼为首的赞同派认为，“中国与契丹虽为兄弟之邦，然百余年来，彼常开边衅慢我者多矣。且兼弱攻昧，武之善经也，今我不取燕云，女真必强，中原故地将不复我有”，因而主张“夹攻论”。

而以太宰郑居中为首的反对派则认为，澶渊之盟后，两国百年平和，边境宴然……今若毁约背盟，自当仔细计议，何况用兵之道，胜负无常，即使获胜，府库乏于犒赏，编户困于供役，也是蠹国害政之举，如果失败，后果就更不堪设想了。

而宋朝大将种师道则认为："今日之事，有如盗入人家，既不能救，又从而分其宝也，毋乃不可乎？"

正所谓英雄所见略同，据《三朝北盟汇编·卷八》所云，朝散郎宋昭的话说得就更是鞭辟入里，入木三分，他说："灭一弱国，而与强国为邻，恐非中国之福，徒为女真之利耳。北虏（辽国）足为夷狄，然已久沾圣化，颇知礼仪，百余年间，谨守盟誓，不敢妄动者，知信义之不可渝也。今女真刚悍善战，茹毛饮血，殆非人类。北虏以夷狄相攻，尚不能胜。倘与之邻，又将何求以御之乎？"

仅此可见，即便是在昏君徽宗时代，奸臣当道，小人横行，朝中也不乏有远见卓识之士，直言耿介之臣，郑居中、种师道、宋昭便是其中的代表。他们对形势的判断不可谓不深刻，而后来的事实也真的被他们不幸言中。

介于赞同派与反对派之间，中书舍人宇文虚中则独树一帜，认为应该"抗金援辽"，宇文虚中显然是个说故事的高手，他打了一个比方："这件事就好像有一个家财万贯的财主，与穷人为邻。财主想兼并穷人的房子，扩张自己的地盘，就对强盗说：'我们一起消灭穷人，穷人的家财归你，房屋一半归我，一半归你。'然而，当穷人死后，财主开始与强盗为邻，想守着万贯家财过高枕无忧的日子就难了。"宇文虚中的话说得很形象，意思也表达得很明了。而就在此时，两名奉命远赴高丽为高丽国王治病的宋朝御医在回国时也捎来了高丽国王王熙的口信："听说天子将联合女真攻打辽国，恐非良策。契丹若存，尚足以为捍卫边疆。女真虎狼之辈，切不可交往，还是早做防备的好。"

实践证明，古今中外，大凡优秀的政治家，在历史的关键时刻，总是能够高瞻远瞩，审时度势，从而因势利导，趋利避害，做出正确的决策。显而，倘若仅从这件事来说，这位高丽国王便是这样一个优秀的政治家。

史载，在一片反对声中，大宋天子也曾想打消联金灭辽的念头，可是，经不住大太监童贯以及奸相蔡京、王黼的一再纵容与蛊惑，最后还是正经八百地做出了联金灭辽的决定。

就这样，随着“海上之盟”被正式启动，已经存活了一百六十年的北宋事实上已经踏上了死亡之旅，乘上了一艘死亡之船。

而这一切，完全是由于宋徽宗的错误决策造成的，在历史的关键时刻，仿佛赌徒般，这位历史上有名的昏君，怀着一种投机与侥幸的心理，极为轻佻地打开了一个原本不应该打开的“潘多拉魔盒”！

蛇吞大象的神话

从史书上看，宋徽宗这人不仅非常轻佻，而且极为幼稚，这位艺术家皇帝，几乎很少生活在现实中，而是沉浸在自己的梦幻里。

由于已签订了“海上之盟”，早已迫不及待的金朝率先打响了攻灭辽国之战，并于宣和四年（1122 年）在攻占了辽中京后，约宋攻辽燕京。这时，辽天祚帝已逃往夹山，耶律淳在燕京被拥立为帝。

眼看辽已危若累卵，摇摇欲坠，宋徽宗与童贯们自然幸灾乐祸，好不得意，以为此时伐辽简直易如反掌，唾手可得。于是，这年的四月，北宋王朝正式撕毁了宋辽两国相互信守了一百二十多年的澶渊之盟。宋徽宗下诏收复燕云，恢复汉地，以讨伐无道为名对辽宣战，并“命童贯为河北、河东路宣抚使”，率领十五万宋军对辽作战。

临行前，宋徽宗向童太师面授机宜，用御笔写了三条平燕之策作为童贯此番征辽的锦囊妙计：“如燕人望风投降，上也；燕王纳款称藩，中也；燕人不服，按兵巡边，下也。”由此看来，这位昏君对《孙子兵法》倒不陌生。

可是，遗憾的是，宋徽宗不是孙膑，不会神机妙算，而辽国也不像他所想象的那样不堪一击。当趾高气扬的大太监童贯率领十五万宋军去攻打辽时，没想到第一战便招致惨败：刚一交手，宋兵团便几乎全军覆没。在战斗中，辽军从燕京一直追杀到卢沟桥，宋军十五万人马一路死者相枕，尸体布满了几十里长的道路。战斗的结果令当时作战的辽、金、宋都大吃一惊。

首先大吃一惊的当然还是宋朝。因为，在宋徽宗与童贯们看来，此时的辽国已经不行了，即使看到宋朝的威武之师不立即放下武器，望风投降，也肯定会不堪一击，溃不成军。可是，没想到辽国这“下山兔子”逼急了照样咬人，而且咬人依然还咬得那样厉害！

其次大吃一惊的是辽国。对于自己的这位老对手，辽国当然并不陌生。若是在过去，辽国当然不会把“纸老虎”一样的宋军放在眼里，可是，想不到即使是在现在，在自己已经国势危急，军力大损的情况下，宋军依然不是自己的对手！

当然，大吃一惊的还有金国。在这之前，虽说金国对宋朝的虚实也略知一二，但没想到堂堂的大宋军队竟脓包到了这样荒唐可笑的程度。在嗜杀勇武的女真骑兵眼里，这哪像是一支训练有素的军队？简直就是一群白吃干饭的乌合之众。

也正因此，金国一下子把宋朝看扁了，本就一直觊觎宋朝繁华，对其垂涎欲滴的金国从此就更加有了虎狼之心，非分之想。

对于金人的虎狼之心与非分之想，轻佻幼稚的宋徽宗与童贯们事先不会预料得到，但辽朝的统治者却比宋徽宗与童贯们有见识得多，当得知一向和好的北宋竟也出兵攻辽的消息后，对于宋朝的联金灭辽战略，辽国的一帮统治者思来想去，怎么都读不懂也想不通，于是就派出使臣在半道上截住正率军出征的童贯，对其晓以利害说：“女真叛变作乱，贵国作为我们的盟友，也应当对它厌恶。现在如果贪图小利，抛弃了我们两国间百年来的友谊，只会种下无穷的祸根。”

辽国使者的话尽管只说对了一半，所谓宋辽“盟友”说，不过是个漂亮的幌子罢了，但是，其“种下无穷的祸根”的预言则绝非危言耸听。

历史上，一些弱小的国家为防止被具有攻击性的大国吞灭，往往采取联手结盟的方式共同御敌，如战国时苏秦游说南北连接的六国齐、楚、燕、韩、赵、魏联合抗秦，即历史上著名的“合纵”就是最好的例子。而弱弱联合的方式在三国鼎足时期就更显得尤为突出而重要。譬如三国时，有感于曹魏的强大，孙吴与刘蜀两国曾一度联起手来，共同抗击曹魏，历史上著名的赤壁之战便是孙刘联手取得大捷的经典战例。

到了北宋时期，当时宋、辽与西夏也可谓三国鼎足，相互依存，三国之间关系都非常微妙。一开始，宋朝采纳宰相赵普的建议，实行以夷制夷的军事外交策略，取得了非常好的成效。

可是，自宋仁宗以后，由于西夏经常侵扰宋朝，造成宋朝反复对西夏用兵。在这样一种国际形势下，尽管辽与西夏也有很深的矛盾，且不时还直接发生冲突，但鉴于宋朝的相对强大，辽统治者审时度势，从利己的角度，制订了极为明智而正确的应对之策，即在通常情况下，对于宋与西夏之战，完全采取袖手旁观、坐视不管的态度。如在宋仁宗时，宋朝廷决定对西夏用兵，当时主帅、被称为“大范老子”的范雍认为宋朝一直对辽国有恩，主张派使者出使辽国，令辽国出师相助，如果打败西夏，则赠送十万金帛给辽。当宋国的使者到了辽国，将来意和盘托出，西夏国主元昊听说后非常惊恐，生怕宋辽联手对付西夏，因而急得如热锅上的蚂蚁。可是，没想到辽国的态度大大出乎宋、夏双方的意料，对于宋夏之战，辽国不偏不倚，态度中立。

显然，辽国的这一策略非常高明，所谓“鹬蚌相持，渔翁得利”，在宋夏相争时，自己袖手旁观，坐山观虎斗，任其双方相互伤害，互相削弱，自己则坐收渔翁之利。

而在特殊情况下，也即形势明显不利于西夏的情况下，辽国则旗帜鲜明，站到西夏一方，替西夏撑腰做主。如宋徽宗时，权臣蔡京、童贯穷兵黩武，实行开边政策，力主对西夏用兵，战局曾一度对西夏不利。在这种情况下，西夏乾顺两次派人向辽国求援，见此情景，辽国毫不推辞，当即出面斡旋，要求宋朝罢兵，并归还所占西夏的土地。辽国的目的，当然不是为了西夏，而是害怕宋朝一旦灭绝西夏，所谓唇亡而齿寒。到时倘若只剩下宋辽两国对抗，于辽不利，所以毫不含糊，果断出手援救西夏，想以西夏牵制宋朝。

这对辽国来说，无疑是最明智的选择。

平心而论，无论是宋徽宗还是童贯，抑或是蔡京与王黼，如果单纯从他们一心想收复燕云、成就百世之伟业的主观愿望来说，倒也无可厚非、无可指责，但问题是收复燕云必须计算成本，必须要从方方面面考量，通盘考虑收复的时机与条件是否完全成熟。而无论如何，都不应该以国家的安危、民族的存亡作赌注。

然而，政治、军事智商与情商极低、近乎智障的徽宗与童贯们哪里懂得这些？他们只看到前方收复幽燕的巨大诱惑，却丝毫看不到在猎取这诱惑的途中有可能遭遇到的陷阱与猎枪。也正因此，他们在联金灭辽的错误道路上才会鼠目寸光，执迷不悟。

仔细想想，从宋朝来说，灭辽实在不是一个正确的选择，其利弊即便是在当时，如前面所述，就有许多宋辽的有识之士看得非常清楚并直言不讳地指了出来，乃至明清也不断有人在深刻反思与检讨。

的确，在当时，宋辽就像两座火山，在经过了长时间的喷发后，都已渐渐安静平息了下来，或者，换句话说，宋辽两大政治板块经过一段时期的相互冲撞后，如今已处于相对静止的状态，而在这时，一座新的“活火山”却在辽东半岛的白山黑水间突然喷发出来，这座“活火山”便是以完颜阿骨打为开山鼻祖的女真人建立起来的金朝。

所以，倘若以宋徽宗为首的宋朝统治者稍稍有些政治经验或政治常识的话，这种时候无论在哪个方面都绝对不应该助长国力正处于上升期且极具侵略性与扩张性的金国，即便不明里暗里想办法去遏制它、削弱它，至少也应该对其谨慎地观望，严密地监视，小心地防范。

也就是说，在对金政策方面，最明智的选择要么对其与辽的争端袖手旁观，就像当初宋与西夏争斗时辽所采取的态度一样，任辽金相互杀伐，两败俱伤，而宋朝则静观其变，坐收渔利；要么，或明里或暗地支持辽国抗金，把辽国当成一道堤坝或栅栏，尽宋所能地加固它，用以防止金国这一洪水猛兽有可能对宋国造成的危害。如此一来，即使最终辽国阻挡不住金国的进攻，但金国战到最后，纵然取得胜利，灭掉辽国，自己也会元气大伤，所谓“强弩之末势不能穿鲁缟也”，而宋军则以逸待劳，届时，无论在战略上还是战术上，宋朝都会非常主动，游刃有余，无论是战是守，政治与军事的主动权都会完全操控在自己手里。

只可惜，爱贪小便宜的宋徽宗与童贯们鼠目寸光，面对复杂的形势，竟接二连三地下出一步又一步臭棋，并最终导致全盘皆输!

在今天看来，如果宋朝不主动联金灭辽，而是在外交方面故意玩一把深沉，让辽金两国都看不出自己的真实态度，那么，金国攻辽绝对不会那么大胆，那么放肆，而且，缺乏宋朝军事上特别是经济上的强力援助，尚处于奴隶制社会的女真人也根本没有持续作战的本钱与实力，而时断时续的攻辽之战自然也就不会产生什么大的奇效，再者，如果没有宋朝联合攻辽，造成辽国必须在两翼作战，大量军队被宋军牵制，那么，单纯一对一的与金争斗，辽国也未必甘拜下风，即使退一万步说，也绝不至于那么快亡国。

但以宋徽宗为首的宋朝统治者，虽然是主动联金灭辽，但在与金结成的联盟中却一点没占得主动，反倒被金狠狠玩弄羞辱了一把，这就像合伙做生意，虽然赚了很多钱，但结果却完全被金朝独吞了，宋朝什么红利都没分到，到最后，不仅连自己的老本都吐出来了，而且竟然连自己都金国给卖了！

在联金灭辽的过程中，宋朝完全扮演了冤大头的角色，尽管《金史》以及由元人主编的《宋史》竭力贬低宋朝，往宋朝军队脸上抹黑，但从种种实际情形推测，应该说，宋朝在灭辽一事上发挥了巨大的作用。

首先是给金国提供了巨大的经济援助。在征辽时，北宋以三十万匹绢、二十万两金银给金，并纳燕京租税一百万贯，同时还提供给金巨额的“岁贡”，可见，金国攻辽，巨额的军费开支完全是由宋朝“买单”的。

其次，在军事上，宋朝也给了金国巨大的援助。虽然，在灭辽之战中，童贯率领的十五万宋军第一战就打了败仗，伤亡惨重，但为了挽回“面子”，宋军后来还是打了一系列《金史》与元人编写的《宋史》都不愿提及、故意隐瞒的胜仗，按照宣和二年（1120 年）与金达成的攻辽协议，发兵攻取了长城以南的燕京析津府，然后北上古北口。之后，又与金军联合攻取了西京云中府。

应该说，“冤大头”宋朝在与金联袂灭辽过程中，基本上还是按照与金达成的攻辽协议认认真真地尽到了自己的责任，可是，由于以宋徽宗为首的宋朝统治者太过于幼稚，没有认清金国的强盗本质与狼子野心，在与金国的合作中全然没有防人之心，所以，在灭亡辽国后，竟然完全被人家暗算了！

宣和七年（1125 年），辽天祚帝经过数年逃亡，被金兵俘获，辽（契丹）灭亡。按照宣和二年宋金达成的攻辽协议：灭辽后，宋应收回燕京故地，且金朝同意西京诸州原则上归属宋朝，而宋朝则将原来给辽的岁币岁帛转献给金朝。尽管对宋来说，这是一个不平等条约，充分暴露出了宋朝的“弱国外交”，懦弱无能，但自始至终，宋朝都老老实实兑现了承诺。

可是，相比之下，金国与宋的合作从一开始就毫无诚意，到了后来根本就不拿宋朝当一回事。灭亡辽国后，按照协议，宋朝要求收复燕京故地，可是，已降金的辽宰相左企弓对宋恨之入骨，特意向完颜阿骨打献诗说："君王莫听捐燕议，一寸山河一寸金。"唆使金统治者不要将燕云之地归还北宋。取得军事胜利的完颜阿骨打当然也不愿归还，于是便耀武扬威，在谈判中故意漫天要价。经过艰苦的谈判，金朝终于答应将燕京及所属九州中的六州归还宋朝，宋朝也信守承诺，每年向金提供50万两银子的经济援助，并额外赠送一百万贯作为军事援助。谁知，金人欺人太甚，在归还燕京及所属九州中的六州时，先对这些地区大肆洗劫，将富户、财物与人口席卷而去，留给宋朝的只是几座空城和一片"废墟"。

说来，以宋徽宗为首的宋朝统治者真的是非常窝囊，被金朝恣意侮辱与玩弄一番，到头来死乞白赖地收复了几乎毫无实际意义的几座空城和一片废墟，就这样，宋朝统治者也已经心满意足，乃至于欣喜若狂了。

以宋徽宗为首的一帮智商极其低下的宋朝统治者不知是真的为这一虚假的胜利所迷惑，还是好大喜功，自欺欺人，故意为自己脸上贴金，灭辽后，奸相王黼恬不知耻地上表称贺，称收复燕京故地是"不世之功"，而宋徽宗更是得意忘形，又是大赦天下，又是命王安中在延寿寺作复燕云碑，且自欺欺人地还是开庆祝会，又是开表彰会，对王黼、童贯、蔡攸等一帮"功臣"加官晋爵，到最后，就差没有学宋真宗君臣赴泰山举行封禅大典了。

然而，此时此刻，就在徽宗君臣根本不去反思收复燕京等几座空城和一片废墟所付出的巨大代价与所遭受的耻辱，都在为收复燕京的虚假的胜利所迷惑、所陶醉、所欢呼的时候，宣和七年的十月，刚刚即位不久的金太宗吴乞买诬蔑宋朝败盟毁约，悍然发动了对宋朝的战争。

金国无疑是一匹"来自北方的狼"。

宋朝与金国打交道已不是一天两天，而且，在结盟过程中，金人的狰狞面目也不是没有暴露过，按说，宋朝对金国这匹来自"北方的狼"的吃人本性应该非常了解，且理当小心提防才是。可是，在读这一段历史时，让人读不懂也想不通的是，在整个联金灭辽过程中，以宋徽宗为首的宋朝统治者竟都完全处在集体无意识之中，全然没有意识到金国这匹“来自北方的狼”正虎视眈眈且一直磨刀霍霍想对自己动手，更没有“不怕一万，就怕万一”，在军事上进行必要的设防！

这再次证明了徽宗与童贯们在政治与军事上的极端幼稚与低能。

所以，当金军兵分两路，犹如洪水猛兽般突然朝宋朝扑过来时，想不到堂堂的大宋竟真的“宫禁奢侈，中国无备”！由于毫无防备，整个大宋上下顿时惊慌失措，在冷兵器时代，像黄河这样的重要天险竟然被金兵如履平地般不费吹灰之力便突破了防线。

据说，天会四年（1126 年）正月，完颜宗望率军取相州、浚州，宋威武军节度使梁方平贪生怕死，烧毁河桥，“单骑遁归”，大军溃散。把守黄河的步军都指挥使何灌也弃河逃跑，金军得以顺利渡河，攻取滑州，轻而易举地便一路打到了宋朝的都城汴京西北。

想不到那么重要的黄河天险竟无人把守！对此，就连完颜宗望事后也大发感慨说：“宋朝真可以说是无人啊，如果要是在黄河上哪怕仅仅有一二千人把守，我辈岂得渡哉？”

由此可见，到这种时候，北宋的腐败早已病入膏肓了，借用《红楼梦》中王熙凤说的话，其时，外表看起来还很光鲜的大宋其实内囊早已被一帮昏君奸臣给掏空了。

所以，前前后后，林林总总，仅仅用了短短两年时间，金朝这个原本只是在氏族制度废墟上刚刚建立起来的奴隶制国家，竟然奇迹般地攻陷了汴京，俘虏了二帝（徽、钦），灭亡了北宋，一个建立只有十二年的“蕞尔小国”居然将一个有着一百六十七年建国史，据《剑桥中国辽西夏金元史》记载，人口已经超过一亿、光是都城汴京的禁军就号称有八十万之多的泱泱大国给消灭了，创造了一个令人难以置信的蛇吞大象的历史神话！

历史没有后悔药

靖康二年（1127 年）三月二十九日，对于大宋的君臣和子民来说，是一个刻骨铭心的耻辱日。就在这一天，包括宋徽宗、郑皇后及亲王、皇孙、公主、驸马以及妃嫔等在内的宋人俘虏，由汴京起程，沿滑州

（今河南滑县）被押解北上。

在这群特殊的俘虏当中，有一个人似乎看起来特别引人注意，他穿着一件又破又脏的老羊皮袄，腰上胡乱捆着一条破麻绳，坐在最前面的一辆破牛车上颠簸着向前行进。走近前仔细一看，不由人不大吃一惊，原来此人竟是昔日大宋的皇帝——宋徽宗。一个昔日锦衣玉食的大宋皇帝，想不到竟然沦落到如今这样一步田地！

尽管大家都知道徽宗昏君一个，在位时荒淫无道，以致害得他们国破家亡，可是，当徽宗一行来到浚州（今河南浚县）时，尽管金兵拦住百姓，不让近前观看，只准买食物的人靠近，但小贩们得知被囚的是大宋天子，可怜他陷入敌手，沦为囚犯，竟都善心大发，纷纷跑来为他送上炊饼、藕菜之类，而且分文不要。此情此景，怎不让徽宗赵佶感动万分？

后来，在行到邢州（今河北邢台）时，由于连日风雨，途中食物又少，沿途饿殍遍野，食不果腹，徽宗只好踮起脚采树上的桑葚充饥。一次，显然是吃急了，差点没把他给噎死。由于体虚乏力，他咳了许久，禁不住靠在树干上，有气无力地对身边跟从他的侍从曹勋说："我记得小时候当王爷时，有次看到我的乳母曾吃这种野果，就也抓了几颗吃，食之甚美，可乳母不让吃，劈手抢去。今天，是我这辈子第二次吃桑葚，不料落到如此境地！"话没说完，便早已泣不成声。

此时此刻，若是九泉有知，有一个人一定会非常后悔。

这个人便是向太后。

怎能不后悔呢？从某种意义上说，一切的一切都是因为她才引起的，正是因为她在大宋接班人选用方面的失察失误，才导致北宋走到了今天这样一个地步。

那是1100年，也即哲宗元符三年，这年的正月，年仅二十四岁的哲宗皇帝因为好色伤身，龙御宾天。由于哲宗无子，嗣君只能从其兄弟中挑选。到底选谁好呢？一时间，朝中的许多大臣都很关注此事。

向太后是神宗皇帝的正宫，是哲宗皇帝的嫡母，并非亲生母亲。由于体制的原因，要说宋朝的后妃都很贤惠，尽管早在哲宗病重时，军国大权就掌握在向太后的手里，但这位母仪天下的太后却没有任何权力欲，在徽宗赵佶的同父异母哥哥哲宗赵煦突然"中道崩殂"，国家最高权力出现真空的情况下，在哲宗驾崩当天，她便召集一帮宰执大臣商议选立新君。

在皇权时代，对于选谁做皇位接班人一事，历来是一件关乎国本牵动整个国家神经的大事。而对朝中的文武大臣来说，更是直接关系到每一个大臣未来的政治前途乃至生死存亡，所以，在看不准并没有绝对把握的情况下，一般大臣为了明哲保身，通常都模棱两可，不会做任何明确表态。

可是，当向太后流着泪提出这一问题时，不知道为什么，几乎是不假思索，宰相章惇便厉声答道："依据礼律应立母弟简王（即哲宗的同母弟）。"

身为嫡母，而非生母，向太后显然不愿再立哲宗的母弟简王，以便简王继位后进一步助长其生母朱氏的势力，从而有可能威胁自己的地位，于是就故意不答章惇的话，而是环顾了一下众大臣继续说道："神宗诸子，申王最长，但他有目疾，再往下就是端王当立。"

向太后说这话，明显带有私心，她之所以说"端王当立"，乃是因为自从父亲神宗死后，端王赵佶完全把向太后当作了自己的靠山，一年四季每天风雨无阻地到向太后的居所嘘寒问暖，比亲儿子对向太后还要孝顺。也正因此，向太后当然要不顾一切地力挺端王赵佶。

听了向太后的话，众大臣都不置一词，更不敢争辩，但这种时候，宰相章惇却仿佛吃了豹子胆，不管不顾，坚决反对，疾言厉色道："端王轻佻，不可以君临天下！"

这实在是一句令人振聋发聩的警世之言，只可惜，一向以贤淑正直著称的向太后因为自己的私心，对此竟置若罔闻，最后硬是将"行为轻佻"的端王赵佶拉坐上龙椅，变成了徽宗。

悔不该！的确，如果向太后的在天之灵能够知道这以后发生的事情，获悉徽宗赵佶被章惇不幸言中——真的是很"轻佻"，不适合做皇帝，而自己一意孤行，为大宋所选择的乃是一个亡国之君，为自己的后代子孙选择的是灾难与死亡的话，她一定会愧悔交加，痛苦万分！

当然，此时此刻，最后悔的应该说还是徽宗自己。这位一直以"太平为娱"的浪子皇帝，曾经"丰享豫大"，"享天下之奉"，可是现在竟落到这样的地步，痛定思痛，他又怎能不后悔呢？

然而，触景生情，悲不自胜，这位历史上有名的昏君究竟会后悔些什么呢？是后悔自己身为一国之君不该玩物丧志，荒淫无道？还是后悔自己不该“亲小人、远贤臣”，以致奸相当道，蠹政害民？是后悔自己不该轻信马植、童贯们的一面之词，贸然联金灭辽，以致引火烧身，玩火自焚？还是后悔自己不该在金兵第一次侵宋时就撂摊子不干，没有组织积极有效的抵抗……

估计，徽宗赵佶绝对没有这么高的思想政治觉悟。

不过，假如时间可以倒转，历史可以重回到以前，那么，可以肯定的是，无论怎么说，他都不会再去听信马植、童贯们的忽悠，都绝对不会心存侥幸，再去没事找事，稀里糊涂地打开联金灭辽这一“潘多拉魔盒”。

的确，在今天来看，联金灭辽绝对是宋徽宗这位亡国之君一生所下的最臭的一步棋，从始至终不仅下得毫无章法，而且自相矛盾，完全暴露出这位“玩物而丧志，纵饮而败度”的皇帝虽然作为艺术家可谓天赋极高，但在政治与军事方面却近乎低能。

宋徽宗统治下的北宋军力有几斤几两？虽然徽宗缺乏自知之明，但朝中一些有识之士还是比较清楚的，所以，如前所述，当一开始马植、童贯们忽悠宋徽宗去联金灭辽，许多大臣都上书极力劝谏，劝宋徽宗切勿轻启边衅，不要“以百年怠玩之兵，当新锐难败之虏；以久安闲逸之将，而角逐于血肉之林。”可是，徽宗却好大喜功，不自量力，虽然没有“金刚钻”，却偏揽“瓷器活”，硬是派使团到金国商谈夹攻辽国事宜，并最终与金国签订了历史上著名的“海上之盟”。

既然是宋朝主动要与金国签订“海上之盟”的，按常理说，无论是在政治上还是军事上，宋朝都应该思想在先，深思熟虑，积极备战，做好充分细致的准备，制订出进退裕如的应对方案，以争取谈判桌上以及战场上的主导与主动。可是，让人读不懂也想不通的是，宋国首脑尽管急吼吼地要与人家金国联盟，可是当宋金双方真的坐到谈判桌上谈判时，却又提不出具体成熟的方案与措施，所以，从一开始，宋朝一方就陷入了被动，且曾一度十分消极，故意采取“拖延”战术，甚至还曾产生放弃的想法。

更让人读不懂也想不通的是，在联金灭辽问题上，以徽宗为首的首脑不仅政治上没有明确的行动纲领，在军事上几乎未作任何准备，而只是异想天开，妄图能够“借刀杀人”，借助金人之手灭亡辽国，从而坐收渔翁之利，甚至于，颇具艺术想象力的徽宗皇帝还曾向童贯大将军“面授机宜”，想要“不战而屈人之兵”，实现用兵打仗的最高境界。由此可见，徽宗皇帝是多么的天真和幼稚，荒唐与可笑！

所以，靖康之耻也好，北宋灭亡也罢，乃至徽、钦父子被掳“北狩”，遭受奇耻大辱等，从某种意义上说，完全是宋徽宗咎由自取，自食恶果。

这里，不妨想象一下，当年，倘若不是一向温良贤淑但在选立国家接班人一事上私心作祟的向太后硬要固执己见，选立端王，而是察纳雅言，从谏如流，听从宰相章惇的劝告，选立简王，那么，简王继位后，即使再平庸，也无疑会比徽宗赵佶要强许多。如此一来，即便是北宋继续一天天的衰败，也不会像宋徽宗那样把国家搞得一团糟，不会像宋徽宗那样重用的几乎全是蔡京、童贯、王黼这样的奸贼，更不会像宋徽宗那样异想天开，玩火自焚。如此一来，很有可能，历史上著名的联金灭辽事件就不会发生，而后面的一系列连锁反应当然也不可能出现……如果真是这样的话，那么，北宋的历史很有可能会延续，绝对不会在1127年突然终止，极其悲哀而又无限遗憾地匆忙画上了一个永远定格的血色句号！

记得有句西方名言叫作性格即命运，这显然是对生命个体而且是对普通人而言的，其实，对于封建帝王来说，不仅性格即命运，更甚至于是性格即国运，有关这方面的例子不胜枚举，比比皆是。就说宋徽宗吧，论及北宋的灭亡，历代史家及一些学者会提出许多观点，找出许多论据，得出诸如北宋的灭亡是大势所趋，是历史周期率所致，是不以人的意志为转移的社会客观规律等结论，但在很大程度上，应该说，北宋的灭亡完全是由历史的偶然性所致，完全是由宋徽宗赵佶的独特性格所导致、所引发的。

所以，就好像是地理中的经纬线一样，如果说，历史的必然律乃是历史的经线的话，那么，历史的偶然性则是历史中的纬线，双方相辅相成，共同构成了历史相对独特的区间与方位，构成了历史曲折而又生动的脉络与细节。

而且，这里还需要强调的是，历史上的许多重大事件、重大转折，有时，往往并不一定是历史的必然性造成的，而常常是由历史的偶然性所酿成的。许多很细小的且多半看似极为偶然的事件在历史上往往会产生意想不到的政治功效，引发剧烈的聚合反应。

就因为历史极其错误地选择了宋徽宗，就因为宋徽宗极其错误地选择了以蔡京、童贯为首的历史上有名的“六贼”，又极其错误地听信了马植、童贯们的忽悠，极其错误地选择了联金灭辽的战略，才最终导致了靖康之耻以及北宋的灭亡。

可是，历史上，有些错误是可以修正、可以逆转的，而有些错误则是无法修正、无法逆转的。以 1127 年也即靖康元年为分水岭，假如在这以前，对于自己所犯下的一系列政治上、军事上的错误起码在理论上徽宗皇帝还可以浪子回头，还可以改正、可以逆转的话，那么，在靖康之变之后，一切的一切则成了铁定的事实，已经无法更改、无法逆转。所以，“二帝北狩”，北去途中，平日里锦衣玉食，只知写字作画、荒淫度日的宋徽宗的心中应该充满了痛苦与愤恨，但也已经无能为力了，毫无办法，只能长时间地把自己浸泡在无边无际的愧疚与悔恨当中。

彻夜西风撼破扉，萧条孤馆一灯微。
家山回首三千里，目断天南无雁飞。

这是徽宗赵佶在北国被囚禁时所写的一首名为《在北题壁》的七绝，痛苦、悔恨、凄凉和忧惧使他的诗一洗铅华，成为血泪心境的真实写照。

杳杳神京路八千，宗祊隔越几经年。
衰残病渴那能久，茹苦穷荒敢怨天。

这同样是一首名为《汧州作》的七绝，表达的是同样一种无尽的思念，没完没了的痛苦、哀愁与悲伤，当然，更多的还是无休无止的悔恨。是的，想当年荣华富贵，唯我独尊，而现在成了俘虏皇帝，“茹苦穷荒”，饱受凌辱，可是，仔细想想，这一切又能怪得了谁呢？

1135 年 6 月 17 日，徽宗在尝尽了人间的荣华富贵以及屈辱与悲哀之后，于五国城（今黑龙江省依兰）抑郁而终，享年五十四岁。

据野史笔记记载，在五国城苟活了八年的宋徽宗死得非常可怜，没有皇帝的葬礼，就连普通百姓的葬礼也未能享受得到，只是被金人草草地塞进一口破棺材里随便找一个地方埋了。这口破棺材后来被盗墓贼杨琏真伽掘开，据说里面连徽宗的尸首也没有，只有一盏想必是金人胡乱放进去的破灯擎。所以，当杨琏真伽打开梓宫时，不禁大失所望，忍不住感叹道："南朝（宋朝）皇帝根底浅薄，尸骨全无，已化为一架灯擎，把金银珍宝都吞噬了。"一气之下，这位历史上著名的盗墓贼一跺脚竟把这盏破灯擎给踩得粉碎。

假如这一传说真实可信的话，那么，在无意间，金人不仅跟杨琏真伽这位盗墓贼开了个小小的玩笑，把这位盗墓贼狠狠"忽悠"了一下，而且，更主要的是，于此可看出，金人对这位亡国之君当然也包括南朝（宋朝）的极端蔑视与嘲讽，在骨子里，金人显然看不起这位被他们明显带有侮辱性地封为昏德公的南朝（宋朝）昏君，在他们看来，一个只知道屈节称臣、苟延残喘的国家与国君，其民族精神与民族尊严都相当卑微，都无法赢得任何一个敌人哪怕是一点点的尊敬与同情。也正因此，他们对宋徽宗的葬礼才根本不当回事，无论是生前还是死后，都对这位昏德公竭尽侮辱之能事。

而事实上，无论生前还是死后都毫无人格尊严与人生价值的宋徽宗也真的是活该受此奇耻大辱！

宋徽宗死了，死得轻如鸿毛，死得一文不值，死得遗臭万年，不过，话说回来，他的死，对有宋一代是一个巨大的悲剧，具有极其强烈的警示意义。

第五章

『读不懂』的赵构

在我国古代封建帝王中，宋高宗赵构绝对是个性格极其丰富而又极为复杂的历史人物，如果按照中国古代舞台戏曲的脸谱化人物划分，则很难能单纯地将他划到贤君或是昏君的行列。的确，作为一个特殊历史时期的特殊皇帝，用我国当代著名学者刘再复先生提出的“人物性格的二重组合原理”来观照和分析，应该说，他的性格构成因素乃是一个复杂多样的多维多向的立体网络结构，包含着肯定性的性格因素和否定性的性格因素，像这样一个由各种情绪因素构成的特殊的历史人物，其性格明显带有很大的模糊性，以及很难用明确的概念语言表达。

也许正因为这样，所以，尽管时间已经过去了八九百年，今天，我们仍然看不清赵构的真实面目，阅读宋史，我们所看到的，仍然是一个“读不懂的赵构”。

靖康之变

从某种意义上说，赵构能当上皇帝，绝对要“感谢”当时的金太祖完颜阿骨打，还有在这期间因“兄终弟及”继位的金太祖之弟，即金太宗吴乞买（又名完颜晟）。如果不是这两位老兄对宋朝这片繁花似锦的中原大地觊觎已久，在消灭契丹辽国后又挥师南下，灭了北宋，赵构甭说二十岁，就是等到两百岁也断然登不上大宝，成不了九五之尊。

这话，自然还得从1127年的那场噩梦说起。

1127年，岁在丁未。按照中国人传统的生肖纪年的方式，这一年应该属羊，在《宋史》上，它既是北宋靖康二年，又是南宋建炎元年。仔细琢磨一下这两个年号，即便是对这一段历史不那么熟悉的人也一定能够猜测得到这一年，一定发生了可谓空前绝后的劫难。

事情的经过大致是这样的：花花公子宋徽宗原本想通过与位于白山黑水之地的金国建立“海上之盟”，企图在金太祖完颜阿骨打统领的金军攻打辽国时落井下石，趁火打劫宋的老冤家辽国，可是，令他怎么也没想到的是，此举简直就像是打开了希腊神话中的“潘多拉魔盒”，结果不仅是引火烧身，而且竟因此玩火自焚。由于他所做出的这一极为轻率的决定，不但将他自己也将整个大宋推向了万劫不复的深渊。

据史料记载，在灭掉辽国后，作为战胜国，宋朝不仅没能分到与金国事先约定的那杯羹，即收回燕云十六州的“云中八州”①，反而被金国狠狠地羞辱戏弄了一番，而且，更为严重的是，由于在与金国联合攻灭辽国的一系列战斗中，宋朝的军队庸劣不堪，战斗力极低，让金人彻底看穿了大宋“纸老虎”的本质、“黔之驴”的真相，结果让金人得陇望蜀，油然生出了灭亡大宋这一“纸老虎”的勃勃野心。

宣和（宋徽宗的第六个年号和最后一个年号）七年（1125年）十

①云中八州是指武（神池县）、应（应县）、朔（朔州）、蔚（蔚县）、奉（新保安）、归化（呼和浩特市东）、儒（永宁县）、妫（延庆区）等八州。

月，寒风刺骨，冬云低垂，金太宗完颜晟在金国都城上京会宁府（今黑龙江阿城南）主持召开全国誓师动员大会，“诏诸将南伐”。会上，他任命“皇储”谙班勃极烈完颜杲（女真名斜也）为都元帅，坐镇京师；任命宗翰（女真名粘没喝，又名粘罕）为左副元帅，率领西路军自西京大同府（云州）直扑河东（今山西大同、太原一带），目标是南攻太原后与东路军合兵攻打宋都汴梁，同时，又任命宗望（女真名斡离不）为南路都统，率领东路金军飞兵直扑汴梁。

面对金军的大举来犯，宋朝毫无准备。据说，战火燃起后，当时，宋朝举国上下还正在普天同庆，热烈庆祝刚刚取得的灭亡辽国的巨大“胜利”，沉浸在喜悦中的大宋君臣起先怎么也不相信自己的“盟友”金会干这种不仁不义的事情。直到十万火急的战报雪片般不断飞入朝廷，宋徽宗及其手下大臣这才如梦方醒，从极度的狂欢忽然一下子陷入极度的惊慌中。

据《宋史》记载，金太宗天会三年（1125 年）十月，完颜宗望率东路军自平州起兵，宋朝军队“望风而溃”。时年十二月，完颜宗翰率西路军入忻、代，下朔、武，一路竟然如入无人之境，很快兵至太原。

相传，在金军已把战火烧到太原的时候，当时，受宋徽宗赵佶之托刚刚赶到太原，想与金国继续议和索地的宋军主帅、大太监童贯竟还蒙在鼓里，等到发现金军兵临城下要动真格的，顿时吓得屁滚尿流，一撒腿赶忙逃回到京城开封。

在金军的强大攻势面前，宋徽宗表面上装腔作势做出要痛改前非、准备抗金的样子，但这位在琴棋书画方面堪称天才，而在政治军事方面近乎无能的风流皇帝内心中所想的却是如何赶紧逃跑。

要说宋徽宗赵佶这人，在政治上大智慧半点没有，但小聪明多少还是有的，为了把逃跑一事做得尽量冠冕堂皇些，在治国理政方面一向无所用心的他这回还真动了不少脑筋，想了不少点子。

一开始，徽宗把太子赵桓找来，将他任命为开封牧，想在自己逃离京城后让太子替他监国守城，抵挡金兵，以便等金兵退走后，自己再回来做皇帝，继续过逍遥自在的日子。可是，没想到金人欺人太甚，金国的使者气势汹汹地闯进汴梁，一点也不客气地自称是“吊民伐罪”，强烈要求宋朝割地称臣，否则只有刀兵相见，而朝中的主战派李纲、吴敏又强烈要求抗金，并坚决反对他出逃，且要求他退位。

在这种情势下，徽宗的如意算盘自然不能再打，可是，一计不成，他老兄竟然又生一计。为了能保住面子，体面下台，有一天，他当着众大臣的面假装中风，跌倒在地，人事不省。等后来苏醒后，他又假装说不出话，且颤颤抖抖地用左手在纸上写道："朕半身已瘫，如何能处理大事?"以此表示要让位给太子。

就这样，在经过一番自欺欺人可悲可笑的表演后，宣和七年十二月底，徽宗禅位给太子赵桓，自己做了太上皇。赵桓即位，是谓宋钦宗，改明年年号为靖康。

于此可见，在徽宗禅位后不到一年就发生的历史上著名的"靖康之变"，其实是由宋徽宗赵佶一手搭台并拉开序幕的。

退位后，宋徽宗将一个乱摊子甩给了儿子宋钦宗，自己则三十六计——走为上计。没两天，他便以到亳州大清宫（今河南鹿邑）烧香为名，带着亲信蔡攸等人，仓皇逃往南方。而由他一手培养并重用的两位大奸臣童贯、蔡京等人，看他奔逃，也步其后尘，逃之夭夭。

大难来临，看到"太上皇"和一些高官重臣纷纷逃亡，刚刚即位的宋钦宗一度也想放弃京城，远遁出逃，只是由于主战派李纲的劝谏和阻止，才勉强留下。在李纲等人的坚决要求下，宋钦宗下诏亲征，并任命李纲为亲征行营使。李纲临危受命，组织军民全力备战。由于汴京守备森严，久攻不下，完颜宗望只好与宋议和，然后带着大量的战利品撤军北上。

在李刚等一批主战派将领的努力下，宋朝的第一次危机算是就这样有惊无险地化解了。

金军撤退后，宋钦宗派人将已逃奔到长江南岸京口（今江苏镇江）的太上皇宋徽宗接回京城，并立皇子赵谌为太子。一度兵荒马乱的京城汴梁重又恢复了暂时的平静。

按理说，在大难过后，其统治者应该认真进行深刻的反思，深入汲取以前惨痛的教训，在充分认识了金国"狼"的本质后，理当发愤图强，加紧备战，举全国之力构筑起一道防范金军再次入侵的坚固长城。可是，一向耽于声色的宋朝君臣头脑中似乎从来就没有战争这根弦，他们既不知道该如何运筹谋划，也不知道如何去积极备战，巩固国防，也就是说，在历史的转折时期，这些酒囊饭袋既无远虑，也无近忧，昏昏然地，对即将到来的一切竟都茫然无知，致使在金军北返，京师解围这一紧要的历史关口，白白坐失了一个亡羊补牢的绝好时机。

然而，与宋朝君臣形成鲜明对比的是，经过这一次南下攻宋，金人对辽朝降将先前一再所说的宋朝“宫禁奢侈，中国无备”的状况有了更为直观的感受，对宋军这只“纸老虎”也有了更为深刻的认识，所以，对宋朝便更加蔑视，而同时，灭宋的决心自然也就更加坚定。

两宋的历史，有很多地方真的是让人读不懂，而在这一段，更有许多事情让人百思不解，别的暂且不说，就说发生在靖康元年夏天的那次策反事件吧，就实在是让人读不懂，也想不通！

据史料记载，靖康元年七月，金使萧仲恭出访北宋。萧仲恭原是辽朝枢密使，曾一直对辽天祚帝忠心耿耿，金灭辽后被俘，在金人的劝说下改事金朝，成为宗翰手下一名重要的谋臣。萧仲恭北归时，同行的有个名叫赵伦的金朝使者因为害怕被北宋扣留，便想出了一个脱身之计。有一天，他略施小计，诱骗宋朝的官员，故意神秘兮兮地说自己本为汉人，早有归顺大宋之意。另外，现官居金军元帅府右都监的辽朝旧将耶律余睹是自己的好朋友，在被迫投降金国以后，也一直怀有二心，所以，他劝宋朝联络耶律余睹反金。

用现在人的话说，通常，出访敌国的使者显然都是一些政治上靠得住、业务上信得过的人，一般情况下，这些人是不会轻易叛变的。对赵伦这样拙劣的骗子伎俩，照理说，只要不是弱智，一般人都会一眼就能识破，退一步说，即便是一时真假难辨，对这样重大的“政治事件”，也要郑重其事，从缓计议，可是，让人委实“读不懂”也想不通的是，对于赵伦的谎言，宋朝君臣竟然信以为真，而且，更为荒唐可笑的是，在军事上不作任何防备的宋钦宗竟然异想天开，当即给耶律余睹写了一封非常绝密的策反信，为保密起见，还用蜡丸封了，极为慎重地委托给金国使者萧仲恭，请他归国后暗中转交给耶律余睹。

异想天开地想策反金国的大将倒也罢了，还幼稚可笑地把金国派来的使者当成了自己家的人，要人家替自己去送信。

于此可见，宋钦宗与他重用的那几个宰相的政治智商和情商真的是要多低有多低！所以，大宋的命运掌控在这样一帮昏君庸臣的手里，要不惨遭亡国的劫难才真是咄咄怪事。

本来，狼如果要吃小羊，无论小羊怎么辩解河水不是自己弄脏的，狼最终都会找出种种借口把小羊吃了，而现在，成事不足，败事有余的宋朝廷竟然弄出了这么一桩极为愚蠢荒唐的策反事件出来，正好给金国这只来自北方的“狼”吃自己提供了一个极好的口实。

所以，在第一次侵宋后还不到一年，靖康元年（1126 年）的八月，金太宗完颜晟以这次策反事件为借口，又一次下达了对宋用兵的命令。

如果说，第一次侵宋只是一次预演，一次彩排，由于高估了宋朝的实力，事先并没有作灭亡宋朝的打算，只是想捞些好处，见好就收的话，那么这次，把宋朝彻底看扁了的金人则完全做好了灭亡宋朝的准备。

如此一来，腐败无能的宋朝廷便再也没有了上一次的侥幸。

靖康元年的秋天，完颜宗翰、完颜宗望重新集结军队，依然像上次那样，兵分两路朝汴京杀来。由于李纲在这之前已被排挤出朝廷，且一贬再贬，几位力主抗金的老将如种师道、宗泽等或得不到重用，或在极度的失望中愤而要求病退，所以，这次，金军依然“如入无人之境”，除了在太原还蛮像回事地与宋军打了一次真正的仗外，只用了两三个月，便摧枯拉朽似的一路打到了宋朝都城汴梁城下。

相传，当听到京城陷落的消息后，宋钦宗忍不住放声大哭了起来。但事情到了这种地步，无论是哭是笑，都已经无济于事了。

偌大一个国家，想不到真的像《红楼梦》中所说的“忽喇喇似大厦倾，昏惨惨似灯将尽”，倒闭起来竟是这样的容易！

史载，金军把宋徽宗赵佶与宋钦宗赵桓这一对宝贝父子都废为庶人，并拘禁关押到金兵营里。

至此，北宋王朝在遭受了一场堪称历史上前所未有的浩劫之后，被彻底覆灭！

这便是历史上著名的“靖康之变”，也即岳飞那首著名的《满江红》词中所说的“靖康耻”。

不知道是不是一种“宿命”或“报应”，大宋最早是太祖赵匡胤于960 年的春节从后周小皇帝柴宗训手中抢夺的，而现在，时隔一百六十多年之后，北宋的灭亡，不早不迟，时间也好像是选好了似的，竟然也正好是在春节！

谜一样的康王

赵构这个人，好像老是戴着副假面具，让人总不大能看清他的真面目。

有道是：乱世出英雄。赵构虽不能说是乱世之英雄，但他也确实是北宋末日来临期间这一乱世之时势所造就的。

从史书上看，赵宋皇帝大多子嗣不昌，生子很少，有好几个皇帝譬如像宋仁宗、宋哲宗、宋宁宗包括赵构即宋高宗连传位都是个问题，最终无可奈何，不得不实行“嫁接”。但登徒子宋徽宗却是个造人机器，儿子一个接一个地生，据《宋史·宗室传》记载，仅在北宋灭亡之前，“徽宗三十一子”，“三十四女”。后来，入金后，被封为“昏德公”，当了俘虏，尽管受尽侮辱，但据《靖康稗史笺证·宋俘记》称，宋徽宗“入国后，又生六子八女”。

所以，在宋朝十八帝中，宋徽宗绝对能荣获几个“第一”：荒淫第一，生子第一，亡国第一。当然，其书画，不仅在宋朝，即使是在中国历代皇帝中也堪称第一。

在一大堆同父异母的兄弟中，赵构排行第九，他的生母韦妃出身卑贱，姿色平平，不得宋徽宗的宠爱。也许正是因为感觉到自己出身不好，既非嫡出，又非长子，因而，据说赵构早年非常用功，不仅耗费了大量心血苦练骑射，而且，为了能引起酷爱丹青的父皇的垂青，他还投父所好，煞费苦心研习诗画。

相传，才十三四岁，赵构就能拉开一石五斗的强弓，两只胳膊各能举起一百多斤重的东西。这样的武功，在当时，乃是宋朝选拔禁卫军军官的最高标准。不仅武功上乘，而且，他的书法也相当精湛，尤其擅长行书。据明代陶宗仪《书史会要》称：“高宗善真、行、草书，天纵其能，无不造妙。”其书法曾一度影响和左右了南宋初年的书坛。此外，他的诗词也写得清丽脱俗，如《全宋词》载有赵构的十五首《渔父词》，很有陶渊明田园山水诗的味道。所以，年轻的赵构绝对称得上是文武双全。

不知是因为觉得赵构颇为类己，还是由于赵构这个人从小就很有心眼，善于揣摩朕意，讨好父皇，史载，宋徽宗对这个庶出的儿子也比较喜欢，在赵构十五岁那年，便将他晋封为康王。据说，这曾使其他几位比赵构出生高贵但却未能得到晋封的皇子嫉妒万分。

不过，赵构最终能当上皇帝，似乎与此并没有任何关系。因为，诚如我们所知道的，如果不是因为宋徽宗自己引狼入室，造成金国大举入侵，彻底打乱了北宋正常的国家接班人秩序，时年还只有四十四岁的他绝对不会那么早就退位，如此一来，按正常程序，皇帝这位子，甭说没有赵构的份，就是只比宋徽宗小十八岁的宋钦宗赵桓，能不能坐上皇位也很难说。

可是，说来真是世事如棋，很难预料，就因为1127年的那场噩梦，竟然使原本不可能的一切变成了可能。从某种意义上说，“国家不幸赵构幸”，一场给国家和民族造成了巨大灾害的大劫难，想不到竟然给赵构开辟了一条通往皇帝宝座的金光大道。

如果把“靖康之变”拍成一部电影的话，显然，电影的男主角无疑就是赵构。而且，倘若史书所载真的就是事实，那么，在这部电影中，男主角赵构一开始出场真的很闪亮，很抢眼，其所作所为就像是个英雄，其形象高大正面，其言行可圈可点，与他以后的表现简直判若两人。

诚如大家所知道的，赵构首先是以自愿前往金营充当人质的亲王的身份登场亮相的。虽然是第一次出场，但他一露面就非常引人注目，就赢得了观众的满堂掌声。

史载，靖康元年的正月，金兵第一次包围东京，就在李纲领导军民奋勇抗击金兵攻城并且多次取得了胜利的情况下，软弱无能的宋钦宗竟派人偷偷出城，到金营议和。见到宋使后，完颜宗望不仅狮子大开口，向宋索要大量的金银财物和土地，而且还要宋必须派亲王以及宰相做人质。对于这些丧权辱国的无理要求，宋钦宗和当时的宰相李邦彦、张邦昌竟然表示全部接受。

果然，在竭力搜刮开封城内的金银贡献于金军，承认割让北方太原等三镇给金国后，懦弱昏庸的宋钦宗竟然又郑重其事地召开了一次皇族会议，把他的几十个弟弟叫来，说现在金国叫大宋必须派一名亲王去当人质，你们都是朕的兄弟，谁愿意去？

在当时，平日养尊处优的亲王们无疑都不愿羊入虎口，到金营去当人质。所以，听了钦宗的话，大家都噤若寒蝉，连大气都不敢喘。可就在这时候，有一位亲王自愿站了出来，主动请求去做人质。

很显然，这位亲王便是时年还只有十九岁的康王赵构。

但赵构这时候却表现得非常理智，深明大义，他对哥哥宋钦宗表白道："敌人一定要亲王做人质，臣为宗社计，岂能辞避？"

赵构一说话就上升到政治高度，立意非常之高，这让在场的人听了无不感动万分。

第二天，在动身前往金营时，宋钦宗带着文武百官为赵构送行。分手时，赵构对宋钦宗说："朝廷若有用兵之机，勿以一亲王为念。"用现在的话说就是：假如朝廷有机会出兵，千万不要管我，该打就打，死了我也认了。跟他一起出使的宰相张邦昌一听这话，当场就吓哭了。赵构很是有些看不起张邦昌，轻蔑地说："相公你这是何意啊？我刚十九岁，年纪轻轻的都不怕，你那么大岁数，头发胡子都白了，还怕个啥？莫非你的命比我的命还金贵？"后来，据《续资治通鉴》记载，他又对劝慰他的大臣正色说："国家有急，死亦何避！"

国家危难时刻，赵构的话说得义薄云天，慷慨激昂，真的有一种"我不入地狱谁入地狱"或者说是"牺牲我一个，幸福全国人"的英勇、豪迈与悲壮。

有道是：沧海横流，方显出英雄本色。在靖康之变前期，综观赵构的所作所为，用现在年轻人的话说，真的是"酷毙了""帅呆了"！在国家和民族到了最危急的时刻，身为亲王，关键时刻能够挺身而出，而且泰然自若，赵构在这期间的表现真的是可圈可点，让人觉得他真的就是那种大义凛然视死如归的英雄！

也正是在这样一种历史大背景下，以前一直默默无闻的赵构就这样忽然一下子声名鹊起，成了"靖康"之变过程中一颗突然发出耀眼夺目光彩的政治明星。

尽管，赵构一开始只是以人质的面目出人意料地登上北宋这一行将坍塌的政治舞台的，然而，谁也没有想到，原本气数已尽的大宋竟会因他这一闪亮登场又苟延残喘了一百五十多年！

如果历史的记载确系事实的话，那么，赵构在充当人质期间的表现也堪称优异。

相传，当赵构与张邦昌两个人质来到金营，为了给宋使一个下马威，金国的武士一个个凶神恶煞般在大帐门口排成两列，刀出鞘，箭上弦，横眉怒目，杀气腾腾。一见这阵势，本就哆哆嗦嗦跟在后面的宰相张邦昌更是浑身筛糠似的，两腿发软走不动路，而赵构则从容自若，昂首挺胸地往前走。

在做人质的近半个月时间里，据《宋史·高宗本纪》记载："帝意气间暇。"每天看书、习武，一副怡然自得的样子，让人觉得他压根就不是来做人质，而是到金营来做客或度假的。有天，完颜宗望（斡离不）看到赵构在读《孙子兵法》，很不以为然，说宋朝的兵将学什么兵法都没有用，最后都逃不脱一个败字。许是为了炫耀，这时，完颜宗望又将自己肩上的弓取下来，故意在赵构面前作秀，说自己的这张宝弓即便在武将如云的大金国，除了自己也没有人能够拉开。

听了这话，赵构微微笑了笑，好像很惊奇地说："是吗？"然后便说自己也想试试这张宝弓。

完颜宗望当然不会拒绝赵构的这一请求，在他看来，赵构是绝对拉不开这张宝弓的，所以，当即便很爽快地将弓递到赵构手上。然而，出乎他意料的是，想不到赵构接过弓后，只是略略运了运气，然后神色自若地搭上箭，很轻易地就将弓给拉满了。

倘若用小说家的笔法来描写完颜宗望的心理就是，当时，赵构的这一表现让生性多疑的完颜宗望非常吃惊，他想："都说中原宋朝一贯重文轻武，君臣上下整日读书作画，手无缚鸡之力。这小子怎么这么神力过人，看起来不像是个王爷啊？不会是宋朝皇帝派了一个假亲王来糊弄我吧？"

据南宋无名氏所著《大宋宣和遗事》记载，这样一想，完颜宗望便存心对赵构继续进行考察。于是，他假意邀请赵构巡视军营，并客气地请赵构与金"太子同习射"，比试射箭。赵构不知是计，欣然应允，在比试时三箭射出，竟然箭箭射中靶心，惹得在场的金军将士一片啧啧叫好声。"金太子自以其射不能及，心疑其为将家子弟，"便对完颜宗望说："康王恐非亲王。若是皇子，生长深宫，怎能骑射之精熟如许？留之无益于事，莫若遣之，换取肃王来质。"

正好，在这期间又发生了一起宋军步骑万人夜袭金营的事件。完颜宗望大为恼火，当即派人将康王赵构和张邦昌这两个人质押来，指着他俩的鼻子大骂宋朝背信弃义，违反和约。当时，张邦昌吓得手足无措，面如死灰，而康王赵构却神色自若，一声不吭。如此一来，完颜宗望益发觉得这个亲王是个冒牌货，理由是宋朝的皇家子弟都是软骨头，绝对不会这么胆大，于是很气愤地把这“假货”亲王“退货”，遣返回宋，咄咄逼人地要宋朝重换一真的亲王来继续充当人质。

就这样，仅仅当了半个多月的人质，赵构就异常侥幸地被放回到了开封，从此得脱虎口之厄。

以上所述，尽管有史料佐证，但是，赵构在金营充当人质前后所表现出来的那种“大无畏的英雄气概”还是值得怀疑的。

莫非，前往金营充当人质真的是赵构“主动请缨”，自觉自愿？

莫非，在到金营充当人质前，赵构真的说了那些大义凛然、气壮山河的豪言壮语？

莫非，在野蛮凶残的金人面前，赵构真的是那么泰然自若，牛气十足？与完颜宗望真的比试过射箭，而且箭箭射中靶心？

莫非……

如果以上这些都是事实的话，那么，当赵构不久后登上皇位，怎么会从先前的胆大如虎突然一下子变得那么胆小如鼠，那么懦弱窝囊，以致厚颜无耻、卑躬屈膝地向金人乞降，其奴颜婢膝的程度比其父其兄还要有过之而无不及？固然，在特定情境下，人的性格是会发生一定变化的，但一个人的性格怎么会变化那么大？而且变得那么快？

这怎么说都有些违反常理，不合逻辑。

所以，假如说赵构这个人物只是某个作家在某部文学作品中所刻画的人物的话，那么，这个人物的性格发展变化则明显不符合逻辑，这种性格的首尾不一、前后矛盾也使整个人物显得很不真实，用文学的行话说就是人物的性格前后矛盾，缺乏内在的有机统一，立不起来！

话说回来，既然这样一个人物，这样一个人物的表现，即便是在文学作品中都显得很不真实，有悖常理，令人难以置信的话，那么，作为一个历史人物，赵构性格言行的前后反差之大，就更是让人不可思议。

仔细想想，很有可能，赵构出使金营前后的那一段历史，那些民族英雄式的豪言壮举是一种造假行为，是《宋史》作者乃至赵构本人蓄意美化，很有可能是伪造杜撰的，是一种彻头彻尾的、旨在为赵构涂脂抹粉歌功颂德的历史假档案。

这种“为尊者讳”的假档案、假历史在二十五史中并不鲜见，而尤以宋史为最。

当然，赵构出使金营前后的豪言壮举其真实性固然值得怀疑，但怀疑也仅限于怀疑，因为没有确凿的史料可以“证伪”，所以，姑且只能存疑。

也正因此，赵构在“靖康”之变期间的政治表现令人很难能够读懂，这期间，他整个人就像是被一个巨大的谜团笼罩着，让人很难能看清他的真面目。

真是谜一样的康王。

“泥马渡江”的皇帝

从史书上看，赵构这人虽然能力不怎么样，人品也不怎么样，但却像他的老祖宗赵匡胤、赵光义一样非常有心计，在政治上非常善于乔装打扮自己。如果说，历史上康王出使金营为人质的故事是对赵构的蓄意美化的话，那么，下面这则“泥马渡康王”的传说则无疑是对赵构的蓄意神化。

关于“泥马渡康王”的传说，一直说法不一，搜索正史和野史，会发现有几个不同的版本。

第一个版本说的是，由于赵构在金营为人质时表现得智勇双全，以致使金将完颜宗望一度怀疑他是宋朝派来的某位将门之子，而非真的亲王，因而便将他遣送回宋朝，而让宋朝重新派一位真亲王来替换。如此一来，赵构便侥幸离开金营，逃脱虎口。

据《大宋宣和遗事》所述，赵构刚刚离开金营，完颜宗望便打听到赵构原来真是徽宗第九子，并非冒名顶替。因为觉得赵构在金营各方面表现都很“优异”，可谓文武兼备，且胆略过人，今日放虎归山，他日必成后患，这使完颜宗望后悔不迭，于是赶忙遣精骑火速追赶赵构。

却说赵构离开金营后，许是害怕金人会变卦，一路马不停蹄，昼夜兼程。待赶了一夜一日路程后，这天傍晚时分，忽然来到一条大河旁边，见天色已晚，前面又有大河阻隔，寻不到渡船，赵构想想，便走到河边一座有些破败的崔府君庙里，决定在这里暂歇一宿。

由于一路辛苦劳碌，赵构进庙后“不觉困倦，依阶砌假寐”，才“假寐”了一会儿，就听到庙内有人大声呼唤说：“康王速起上马，追兵很快就要到了!”

赵构大吃一惊，睁开眼睛，发觉马不见了，慌忙说：“没有马，可怎么办?”

这时就听那人说：“马已经备好了，请大王快马加鞭，赶快跑吧!”

在匆忙中赵构骑上那人为他备好的马，疾速加鞭，飞马奔逃，来到河边，回首见追兵已近，哪还顾得许多，只管纵马扬鞭，催马过河。在河堤上，望着滔滔河水，那马狂嘶一声，奋然跃入激流之中，然后撒开四蹄，竟然如履平地一般在河面上飞奔起来。可是，等过了河，由此甩开追兵，化险为夷后，那马却突然“僵立不进”，赵构觉得奇怪，便下马看看究竟，仔细一看，发现这马原来竟是“崔府君泥马也”。

第二个版本则说“泥马渡康王”是在南宋初年，当时赵构已经即位，朝廷已迁到扬州。金人得知赵构重建赵氏政权，马上开始了新一轮的南侵，目的是趁赵构立足未稳，将其一举消灭。一天，由于事先没有得到情报，当听到金军前锋即将攻到扬州城下时，赵构吓得连夜仓皇南逃。在逃到长江岸边时，由于后有金兵追赶，前有天堑阻隔，无可奈何，赵构只好跑到江边的一座神祠内暂时藏匿。谁知，刚走进祠内，就发现祠中一匹泥塑的马在月光下忽然动了起来，赵构大喜过望，立即乘骑此马渡过长江，马不停蹄，一口气逃到了杭州。

第三个版本说是赵构即位后，在金兵追击下不断南逃。据说，有一次，赵构在黄河北岸被金兵追逼，危难时刻，忠臣之子李马（一说黎马）舍生忘死地背着他逃至河边，又驾船过河，才使他化险为夷，幸免于难。事后，赵构为了标榜自己是真命天子，有天佑神助，便捏造出了上述所谓“泥马渡康王”的故事。由于担心李马会揭穿真相，他便恩将仇报，将李马药哑，不久又将其杀害!

上述三个版本的“泥马渡康王”的传说，究竟哪一个版本更接近于真实？仔细想想，前两个版本神话色彩太浓，显然出自人为的凭空杜撰。那么，杜撰这些政治谎话的原作者是谁？是当时故意溜须迎合上意的南宋史官，还是一向善于伪装的赵构自己？但观“崔府君显圣”“泥马渡康王”这些传说皆出现于赵构即位后的建炎、绍兴年间，可见纵非高宗亲自策划与杜撰，亦是深得其暗中首肯的。这些传说的不胫而走，广泛流传，足以证明高宗深谙舆论的作用，即充分地利用神道来为其执政的合法地位披上一件君权神授的神秘外衣！如清朝乾隆年间纪昀在其总编的《四库全书总目提要·史部》中论及这两则传说的目的及作用时，就曾一针见血地指出：“世传宋高宗泥马渡江……盖建炎之初，游离溃散，姑为此神道设教，以耸动人心。实出权谋，初非实事。”

那么，既然前两个版本神话的色彩太浓，“初非实事”，则第三个版本反倒显得有些合乎情理，很有可能就是“实事”。当然，究竟是否历史的真相？因为年代久远，缺乏史料，无从考证，只能说是笼罩在赵构头上的又一个历史谜团。

高宗“泥马渡江”，宋元以来争传乐道，文人笔记颇多记载，是故版本较多，传说各异，令人真假难辨。但不管怎么说，这些传说都共同传达折射出这样一个信息，即赵构在当初真的有过一段虎口脱险死里逃生的凄惨岁月与悲痛经历。

说来，赵构这人真的是运气特别好。“靖康”之变，金人对待赵宋皇室完全是采取“一锅端”的策略，不仅将徽宗、钦宗全部掳去，押往北方，而且还先后分七批将皇后、太子、亲王及其他皇子皇孙、公主、驸马、妃嫔以及宗室、宫人、内侍、倡优、工匠包括赵构的一妻二妾等男女一万四千多人组建成一个庞大的俘虏团队一起押解北上，其结果，偌大的赵宋皇室，仅只有元祐皇后孟氏以及赵构两人成了幸免者。

从史书上看，元祐皇后孟氏乃是被宋哲宗废黜的皇后，在宫廷的玉牒中没有位号，也就相当于现在的花名册上没有她的姓名，且当时她因居其私邸不在皇宫才得以幸免，而赵构则是因为在这之前被钦宗任命为河北兵马大元帅不在京师，才成了赵氏皇子皇孙中唯一漏网之人。

表面看来，赵构的漏网纯属侥幸，但其实，乃是他的精明使然，或者说是因为他从一开始就奉行“逃跑主义”，对金人实行不抵抗政策的结果。

据史料记载，靖康元年十一月，金军第二次围攻开封前夕，许是还在为上次放走康王后悔，完颜宗望便扬言说：“须康王亲到，议乃可成。”

于是，一心想割地求和的宋钦宗便又任命康王赵构出使河北，与完颜宗望商谈交割河北三镇事宜。赵构奉诏离开京师北上，走到相州（今河南安阳市），知相州汪伯颜劝赵构不要去金兵那里，但陪同赵构一同前去与金人谈判的使臣王云不同意，赵构只得继续前行。当赵构来到磁州（今河北磁县），获悉金兵早已渡过黄河，已经直逼东京，这时，“和谈”已经没有任何意义了，所以，赵构便听从知州宗泽的劝告不再北上，而是慌忙退回相州，重又来到知相州汪伯颜的“地盘”。这也是汪伯颜日后得势，在新建立的南宋小朝廷很是呼风唤雨了一阵子的原因。

金兵包围东京以后，宋钦宗任命赵构为河北兵马大元帅，让他火速率兵救援东京。在接到钦宗的诏书后，赵构非但没有率兵立即去救东京，反而率主力部队移师东平府（今山东东平），只是让宗泽带少量部队进驻澶渊（今河南濮阳），让刘浩率偏师南下，扬言要解开封之围，自己却与汪伯颜等率主力悄悄前往北京大名府（今河北大名）。临行之前，并故意让人“走漏风声”，诡称自己南下汤阴，以此以假乱真，迷惑世人，以致“中外莫知帝处”。

如果说，当初到金营去做人质时的赵构一腔热血，自告奋勇，初生牛犊的他就像是一只小老虎似的话，那么，这时的他却令人不可思议地变成了一只狡兔乃至狐狸。也难怪金人后来在一封写给伪齐皇帝的册文中讥刺赵构说：“衔命出和，已作潜身之计；提兵入卫，反为护己之资。忍视父兄，甘为俘虏。”

所以，一点也不夸张地说，赵构乃是眼睁睁地看着都城汴京沦陷，眼睁睁地看着自己的父亲徽宗和大哥钦宗还有自己的妻妾落入金人之手，眼睁睁地看着北宋遭受灭顶之灾而按兵不动，见死不救。北宋的覆灭，对他来说，虽然说是真正意义上的家破人亡，但是，他所采取的却完全是一种袖手旁观、隔岸观火的态度。

做人竟然做到这种份上，可见赵构真的不是“凡人”，而后人在阅读这一段历史时，也真的是百思而不得其解，于宋史中所看到的，相信多半都是一个“读不懂的赵构”！

靖康二年（1127 年）五月，赵构在应天府即位，完成了由大元帅到皇帝的转变，改元建炎，史称南宋。

就这样，在风雨飘摇中，南宋的历史开始了。

不难想象，一个毫无血性的小男人当上皇帝会是怎样的一种结果？

所以，南宋小朝廷从一开始就先天不足，“国如其君”。

千里大逃亡

在中国古代皇帝中，唐太宗李世民以善于纳谏而著称，明成祖朱棣以阴险狡诈而出名。可是，要说宋高宗赵构以什么见长，乍一想他似乎没有什么比较突出，如果硬要说他有什么相对见长给人印象较为深刻的话，应该说，第一就是他杀了岳飞，第二则是他很善于逃跑。

说到逃跑，中国古代皇帝中不乏其例，像唐玄宗、唐代宗、唐德宗，还有清朝的咸丰皇帝等，都可以称得上是逃跑皇帝，但这些逃跑皇帝和宋高宗赵构的逃跑水平比起来则明显不在一个重量级上，因为赵构是以逃跑取胜，通过逃跑才坐稳江山的，所以，一点也不夸张地说，在中国古代的逃跑皇帝中，赵构绝对称得上是逃跑冠军。

如前所述，当京师告急，宋钦宗诏令他率兵火速去救援时，赵构竟然抗旨不遵，非但不去救援，反而把自己手下的主力部队拉到离京师更远的东平府，这其实就是赵构千里大逃亡的开始。到了东平后，仅仅过了一个月，因为惧怕金人，他又跑到了济州（今山东济宁市）。后来，又先后辗转来到了单州（今山东单县）、虞城县（今河南商丘的虞城县），然后在应天府登坛受命，即位称帝。

如果说，在称帝前赵构的逃跑还只是拉开了他的千里大逃亡的序幕或者说只是一次彩排的话，那么，在当上皇帝后，当金军再次大举南侵之时，他的千里大逃亡的戏剧才真正算是正式开场，并很快达到了高潮。

建炎元年（1127 年）九月，当金兵进犯河阳（今河南省孟州市）、汜水（今河南省荥阳市），有南侵之意时，畏金如虎的宋高宗立即下诏，表示自己将“择日巡幸淮甸”，并命淮浙一带增修城堡，招抚民兵，以备皇驾。

尽管，在这期间，一代贤相、主战派李纲察觉到赵构有南逃之意而竭力反对，劝谏赵构道：“自古中兴之主，起于西北者则足以据中原而有东南，起于东南者则不能复中原而有西北。中原一失，东南不能必无其事，虽欲退保一地而不可得也。”反复向赵构解释据守中原的重要战略意义，然而，赵构还是执意南逃，并于这年的十月一日登舟赴扬州，永远告别了中原大地。从此，南宋的天子们便再也无一人涉足过中原。

对于赵构将朝廷迁到扬州，放弃中原，无情地将两河之地坚守国土、引颈南望的忠义之臣和黎民百姓弃之不顾，后人多有针砭，且为之感慨不已。有学者认为若赵构不走，留在中原腹地坚持抗金，未必不能扭转大宋的覆败之局。最起码，也能与金人划河而治，保住黄河以南的土地。

但历史就是历史，即便是再好的假设也于时无补。

把行在迁到远离战地的扬州，又将黄潜善和汪伯颜两个侍君有术的奸佞之臣升迁为左相和右相，如此一来，赵构便以为万事大吉，便心满意足地说：“有黄潜善和汪伯颜当宰相，朕何患国事不济?”于是成天在扬州的行宫里寻欢作乐。可是，风流快活了前后仅一年多，金军闻讯后即派精锐骑兵前来奔袭扬州。

建炎三年（1129 年）二月初二，这天夜里，据说当时宋高宗正在行宫里颠鸾倒凤，突然听到金军已到扬州附近，顿时吓得魂不附体，心胆俱裂。

却说赵构突然听到内侍邝询急报，获悉金军奔袭扬州后，慌忙披甲乘骑出逃，随从的只有御营都统制王渊、内侍省押班康履等五六骑，连他的宝贝宰相黄潜善和汪伯颜都来不及通知，便一路狂奔，连夜逃出了扬州，于初三黎明时分逃至瓜州，然后乘小船渡江，于当天日暮时分抵镇江（今江苏）。

从某种意义上说，南宋的历史应该是从这一天，也即宋高宗抵达镇江，来到江南的第一天才正式开始的。

据说，宋高宗出逃，黄潜善、汪伯颜这两位投降派宰相当夜还蒙在鼓里，直到第二天早晨两人共进早餐，听得吏员大呼“驾已行矣”，这才如梦初醒，于是也赶紧步高宗后尘，携家出逃。众多的宫人、官员、百姓乃至军士因为知道情况不妙，也都四散出逃。于是，整个扬州城忽然成了一锅沸粥，由于城门窄小，人多船少，大家相互拥挤，自相践踏，因踩踏、落水死伤者不可胜数。

逃到镇江后，由于御营都统制王渊认为镇江太靠前线，不如退到杭州安全，于是，惊魂未定的赵构又逃到了所谓有重江之阻的杭州。

然而，赵构的逃跑生涯到此并没有结束。

就在这年的七月，金国决定彻底消灭南宋朝廷，于是再次大举南侵。这回，金太宗发誓要“穷其所往而追之”，也就是说，上天入地也要把赵构这厮捉住。

赵构这人不傻，他当然不会坐以待毙，傻乎乎地等着束手就擒。刚听到金军南下的消息，屁股还没坐热的他又是“三十六计——走为上计”，慌忙从杭州逃亡越州（今浙江绍兴），然后又逃到明州（今浙江宁波）、定海（今浙江镇海）以及台州和温州。

史载，高宗在明州乘船从海上逃跑，在明州至温州的海上竟然漂泊了数月之久。因为前有恶浪，后有追兵，加上逃跑时船上的淡水和食物储备又不充足，所以，赵构与一干随从在船上简直是受尽了折磨。据说，有一天，赵构在船上实在是饿得不行了，便命令停船靠岸，且亲自到一座寺庙去乞讨食物。僧人见皇帝驾临，大吃一惊，由于来不及准备，只好以五个又冷又硬的炊饼进献。实在是饿极了，这种时刻，赵构也不挑剔，拿到炊饼就啃，一口气竟连啃了三个半。老和尚看他吃得还不尽兴，就又到庙后的菜园地里摘了点青菜，用水洗了洗，撒了点盐和姜末端了上来，赵构又风卷残云般吃了下去。

仅此可见，南宋开国皇帝赵构这皇帝当得也着实狼狈，着实可怜和窝囊，在逃跑的日子里，用坊间老百姓的话说，他简直就像是一只“下山兔子”，被金军追得四处乱窜。这期间他哪里还像个皇帝？简直连乞丐也不如，就是个彻头彻尾的四处躲藏的逃犯！

按说，甭说是九五之尊的皇帝，就是一般人沦落到他这种地步，纵然不万念俱灰，起码也会沁入肝脾，血泪盈襟。可是，令人读不懂也想不通的是，赵构在如丧家之犬一样千里大逃亡的途中，竟然还是风流依旧，玩乐不止。据《三朝北盟会编》记载，建炎四年正月初三，赵构的御船队逃亡抵达台州的章安镇，元宵节晚上，赵构在这里举办了一次很有创意的元宵节灯会：

上在章安镇，忽有二舟为风所飘，直犯禁卫船。问之，乃贩柑子客也。上闻，尽令买之，分散禁卫军兵，令食穰，取其皮为碗。是日元夕，放灯之辰也，乃命贮油於柑皮中，点灯，随潮退，放入海中。时风息浪静，水波不动，有数万点火珠，荧荧出没沧溟间。章安镇居人绵登金鳌峰看之。

应该说，这真是一次史无前例的特殊的元宵节灯会，于此可见，宋高宗赵构也像他的父亲宋徽宗那样颇有些艺术的天分，只是，国破家亡，遭此大难，自己又落到这步田地，真真是读不懂也想不通他在这种时刻竟然会有如此的雅兴和闲情。

其实，在此期间，赵构一面忙着像兔子一般四处逃跑，一面忙着写国书，死乞白赖地向金人求和的无耻而又荒谬的行径则更是让人读不懂也想不通！

史载，在扬州溃败几个月后，赵构写了封国书转致金元帅完颜宗翰。

在这封国书中，赵构主动去掉了自己皇帝的尊号，改用康王的名义，其语气充满了乞求和哀怜。他首先承认“大国之征小邦”，而这个“小邦”绝非对手，然后说自己登基称帝没有得到金人的批准，确实是个错误。如今自己“守则无人，奔则无地”，“天网恢恢，将安之焉”，所以，愿意放弃地位，对金称臣，“惟冀阁下之见哀而赦已”，希望金人能够“存人血脉，全人肝胆”，得饶人处且饶人，不要“竭山而畋、竭泽而渔”。

这样的国书真是让人读不懂也想不通，想不到堂堂一国皇帝，全然不顾国格和人格，竟然懦弱无耻、毫无尊严到这种地步！

俗话说：虎死不倒威。但赵构显然不是虎，也许连狗熊也称不上，只能算是一条只会向金人摇尾乞怜的狗。

然而，就是这样一个人，却成了南宋的“开国皇帝”，实在是历史的莫大悲剧。

对胜利的恐惧

说来，赵构真的是一个孱头，他不仅把自己的脸给丢尽了，也把整个赵氏家族以及整个南宋的脸给丢尽了。

想当年，越国在与吴国交战中被打败，其国王勾践不得不屈膝投降，臣事吴王夫差。有很长一段时间，勾践就像奴隶一样整天给夫差喂马、拉车。相传，有一次，夫差生病了，勾践毛遂自荐，说自己能治夫差的病，可是夫差不让勾践接近他，为了讨好夫差，勾践竟然去尝夫差的大便来为夫差诊治。

但是，勾践虽然表面上委曲求全，然而自战败以后，时刻不忘会稽之耻，日日忍辱负重，等待时机。经常反躬自问："汝忘会稽之耻邪?"后来，回到越国后，他内心中仍时刻不忘报仇雪恨。因为害怕被眼前的安逸消磨了志气，他便在吃饭的地方挂上一个苦胆，每逢吃饭的时候，就先尝一尝苦胆，提醒自己说："你忘了会稽的耻辱吗?"在睡觉时，他又把席子撤去，用柴草当作褥子。

成语"卧薪尝胆"这则典故就是这么来的。

也正因为勾践矢志不忘雪耻报仇，一直卧薪尝胆，砥砺自己，经过"十年生聚又十年教训"，最后终于打败吴国，成为春秋时期的最后一个霸主。

虽然同为帝王之子，都曾有过国恨家仇，而且都曾有过委曲求全的经历，用老百姓的话说就是"行到弯腰树，不得不低头"，但勾践"低头"只是忍辱负重，而赵构却是苟且偷生，所以，两相比较，真的是不啻天渊，一龙一猪。

如果说，在生死存亡的危急时刻，这只是"存人血脉"的权宜之计的话，那么，南宋的军事实力渐渐由弱势变得强势之后，宋高宗赵构不去"恢复故土""洗雪国耻"，却依然卑躬屈膝，一味乞和，跪受诏书，对金称臣，则实在是让人读不懂，也想不通。

诚如大家所知道的那样，南宋政权在诞生的时候，在金人咄咄逼人的高压态势下，曾经一度危若累卵，相当柔弱和窘迫，就像是漂泊在海面上的一只小船，在狂风恶浪中随时都有触礁沉船的可能。可是，随着形势的悄然变化，宋、金两国运势的此消彼长，宋、金之间的军事实力对比与整体态势渐渐发生了有利于宋的变化或逆转。

的确，从史书上看，1129—1130 年，金军渡江作战，既是其军事胜利的巅峰，也是其走向物极必反、由盛而衰的开端。

建炎三年，完颜宗弼也就是著名评书表演艺术家刘兰芳播讲的《岳飞传》中那位妇孺皆知的金兀术率军南下，“搜山检海”捉赵构未果，在北归的途中，遭到了南宋名将韩世忠、岳飞的顽强阻击。岳飞先在广德（今安徽广德）攻击金军后卫，六战六捷。又在金军进攻常州时，率部驰援，四战四胜。建炎四年，岳飞在牛头山设伏，大破完颜宗弼，收复建康（今江苏南京）。不久，韩世忠与其夫人梁红玉指挥的历史上著名的黄天荡之战，使完颜宗弼亲率的十万金军被困黄天荡（今江苏南京东北江边）四十八天才得脱身，损失惨重。以致完颜宗弼在回到金上京后仍然心有余悸，每逢遇到亲朋故旧，必会相持痛哭，诉说过江的艰难危险，无限感慨地说：“南人使船，犹如我们北人使马，怎么了得!”

就在完颜宗弼奉命追击宋高宗的过程中，驻军山东潍州（今山东潍坊）的完颜昌也向淮东发起了新的攻势，并连连得手。但就在他先后攻克楚州（今江苏淮安），占领通州（今江苏南通）和泰州（今江苏泰州），虚骄恃气，目空四海，且对完颜宗弼没能捉获宋高宗嗤之以鼻时，他自己的好日子也到头了。绍兴元年（1131 年），当他进攻缩头湖（今江苏兴化东）张荣的梁山泊水军时，张荣率义军乘数十舟迎战，当他发现金军仅有数艘大船在前，其后均为小舟时，先命部下避其锋锐，不与其交锋，待湖水方退时，佯败弃舟上岸，引诱金军舟船驶至临岸水浅处，尽陷泥淖。利用金军不善水战的弱点，乘其混乱，回兵反击，俘杀金将完颜忒及完颜昌之婿、万户蒲察鹘拔鲁等五千余人。完颜昌收拾残众两千余人狼狈逃回楚州，次年七月，被迫退到淮水以北。

在江淮流域，金军不同程度地接连遭到南宋军民的沉痛打击，节节败退，在川陕战场上，金军也渐渐占不到便宜。退到淮水以北后，金军开始全力攻打四川，没想到却又遭到南宋“吴家军”的顽强阻击，一代名将吴玠在著名的和尚原（今陕西宝鸡南端）之战以及仙人关（今甘肃省徽县东南）之战中大获全胜，使金军蒙受自灭辽破宋以来的两次惨败。

在接下来的一系列战役中，宋军也都胜多败少，显出优势，如岳飞麾兵收复襄汉六郡，两年后又再次北伐，以及金军在绍兴四年冬进犯淮南的失败，无不标志着金军已今非昔比，军事实力已远远不如当年。

如果说，黄天荡之战和缩头湖战役，金军乃是因为不习水战而败，和尚原之战与仙人关之战乃是山地战，金军也可以说是“以失地利而败”，可是，到了绍兴十年（1140 年），刘锜军进行的顺昌之战，则开创了在平原地区大败金军的新纪录。而随后岳家军进行的北伐，则完全是在最适合女真骑兵发挥威力的初夏以及平原地区，但是，岳家军所到之处却所向披靡，在郾城之战中，岳家军大破金军的“铁浮图”和“拐子马”，杀得金军尸横遍野。在随后进行的颍昌大战中，岳家军又大败完颜宗弼率领的三十万骑兵，并乘胜追击，一直打到距离东京开封四十多里的朱仙镇，迫使金军不得不狼狈北窜，撤出开封城。

也许是被岳家军打怕了，那期间，金军士气低落，情绪悲观，纷纷说：“撼山易，憾岳家军难!”连一向自视甚高的完颜宗弼也禁不住长叹说，他自从起兵以来，从未有过现在这种惨败的局面!

显而易见，经过长期的战争考验，在战争中学习战争，南宋已经涌现出一大批英勇善战的军事将领，其代表性人物有韩世忠、吴玠、刘光世、岳飞、张俊、刘锜等，其中，岳飞、韩世忠、刘光世、张俊被称为“中兴四将”。这些大将一个个都骁勇善战，令敌胆寒，而由这些将领带出来的军队也一改宋朝军队不堪一击的“老皇历”，作战能力已经得到了很大的提升。

应该说，在当时，只要是稍稍有些见识的人都能看得出，这是宋朝抗金战争形势最为有利的时候。也正是基于对形势的正确判断，所以，岳飞在北伐时，才信心百倍地对部下说：“直捣黄龙府，与诸君痛饮尔!”

在这样一种对南宋利好的形势下，当时，有许多因为战乱流落江南的“北方迁客”都渴望“王师”早日北定中原，恢复故土，按说，无论于国、于家、于己，宋高宗赵构心头的这种恢复故土、“还我河山”的“思乡北归情结”比任何人都要更强烈、更热切，可是，不知道为什么，就在抗金形势一片大好的时候，宋高宗赵构却急切地要与金人求和，竟然白白放弃了南宋多少将士用鲜血换来的眼看就要到手的胜利成果。

史载，就在岳飞北伐大获全胜，宋朝原都城开封收复在即的关键时刻，宋高宗赵构竟然不顾大局，连下十二道金牌，催促岳飞立即班师。而在这之前，为了阻止岳飞收复中原，赵构已先后下令韩世忠、刘锜和杨沂中以及张俊的部队立即回撤，使岳飞的军队陷于孤军无援的境地，无奈，也只能立即回撤。

在形势和君命的双重压迫下，岳飞违心地拒绝了两河百姓要他继续北伐的恳求，下令撤军。退兵之日，岳飞悲愤交加，仰天长叹道：“十年之功，毁于一旦！所得诸郡，一朝全休！社稷江山，难以中兴！乾坤世界，无以再复！”

据说，听说岳飞下令撤军，当地百姓纷纷跑去拦住岳飞的马，哭诉道：“我们顶香盆、运粮草、送干粮，接济王师，这些金人都知道，将军这一走，丢下我们不管，这往后，我们还能活吗？”

岳飞摇摇头，含着泪半天没说话，等心情略微有些平静之后，才从怀中掏出宋高宗的诏书给大家看，然后叹口气说：“我不得擅留！”

知道内情后，在场的老百姓无不失声痛哭，而岳飞也禁不住潸然泪下。

赵构为什么要放弃眼看就要到手的胜利成果？在南宋军队已经明显处于强势的情况下为什么不挥戈北上，乘势反攻，夺回被金人侵占的故土，向金人讨还血债？

有人说，主要是因为赵构害怕收复中原，迎回被金人掳去的徽、钦二帝后，自己的皇位可能不保，所以对就在眼前的胜利心存恐惧。这一观点，主要以明朝文徵明（1470－1559年）为代表。

虽然，文氏的观点为后世许多人所接受，但仔细想想，却并不能令人完全信服。

试想，如果高宗真能迎回二圣，把徽、钦二帝从金人的囹圄里“解放”出来，恐怕徽、钦这两位脓包皇帝对高宗感激还来不及，哪还好意思再做皇帝？就算宫廷政治斗争历来残酷，从来不讲亲情和良心，徽、钦二帝像明英宗那样妄想“复辟”，一个收复故土、迎回二圣的皇帝在当时百官和百姓特别是军队中的威望势必会如日中天，其政治地位又岂能是徽、钦这两位脓包皇帝所能撼动？

想当年，唐玄宗李隆基在安史之乱中，因为出逃四川，皇位被其子唐肃宗李亨篡夺，既然木已成舟，到最后也只好承认现实。连精明能干的唐玄宗李隆基都无可奈何的事，徽、钦这两位脓包皇帝还能咋地？

所以，倘若迎回二帝，除非高宗自己硬要退位，否则，无论是政治影响力还是政治实力与资源以及功绩都远远不如他的徽、钦二帝绝对不会对他的皇位构成任何一丝一毫的威胁！而且，如果真有那么一天，高宗成了中兴之主，即使他硬要退位，到时候，那些曾经与他患难与共的文臣武将也不会答应，南宋无论长江以南还是长江以北的“全国人民”也会一千个不答应、一万个不答应!

那么，既然这样，高宗还害怕什么呢?

有人说，高宗这样做，乃是以前被金人打怕了，是由于心理上的怯懦恐惧使然。这一观点，以南宋的朱熹为代表。

朱熹比赵构晚生二十三年，应该说与赵构是同时代人，在《朱子语类》卷一百二十七“先生脚疼”条以及卷一百三十一“问赵忠简张魏公当国”条中，朱熹认为：“当时讲和本意，上不为宗社，下不为生灵，中不为息兵待时，只是怯惧，为苟岁月计!”“靖康以后，自家只管怕他(指金人)，与之和，所以他愈肆欺侮。”

难道真的如朱熹所说，赵构放弃眼看就要到手的胜利成果，不敢胜利，害怕胜利，真的只是因为对金人在心理上极端怯懦和恐惧?

对此，赵构从来没说，历史也从来没有做过正面解答。

所以，这一段历史，真的是让人读不懂也搞不清。

而更让人读不懂也搞不清的是，国难当头，在国家正需要良将的时候，赵构竟然自毁长城，亲手杀死了立下过汗马功劳的军事将领岳飞!

这无异于一个人在连续遭到强盗的抢劫时，却不思反抗，反而自断其臂，赵构的所作所为实在是匪夷所思。

擅杀岳飞之谜

赵构留给后人的历史之谜实在是太多了。

且不说其他，就说他擅杀岳飞，直到今天，仍然是一个令人费解的历史之谜。

据《宋史·岳飞传》记载，岳飞（1103—1142 年）出生于北宋相州汤阴（今河南汤阴县）一户农民家庭。许多史书上说岳飞家是佃农，但从他的父亲岳和“能节食以济饥者。有耕侵其地，割而与之”这一情况看，他家的经济状况还很不错，不会是靠给别人耕地卖苦力养家糊口的佃农。

相传，岳飞出生时，有一只大禽“飞鸣室上”，所以，岳飞的字

“鹏举”就是这么得来的。有道是：自古英雄多磨难。就在岳飞出生还未满月时，他家因黄河决堤发生水灾，洪水到来时，正在坐月子的母亲姚氏紧紧地抱着他坐到一口大瓮中，最后被洪水冲到岸上侥幸活了下来。

岳飞年少时很有志气和抱负，平时虽沉默寡言，但却非常喜爱学习，尤其喜欢研读《左氏春秋》和孙武兵法。同时，小小年纪练就了一身好武功，还未到弱冠之年，就能“挽弓三百斤，弩八石”，射箭能左右开弓。另外，从他所写的《登池州翠微亭诗》《小重山》以及那首著名的《满江红》等诗词看，可以说，岳飞的诗文俱佳，文学功底也很深厚。这也从另一个侧面说明岳飞从小就受过良好的教育，能够培养出这样的人，显然绝对不可能是一个佃农家庭在经济上有能力承受的。

由于生在一个特殊的年代，岳飞十九岁就投军抗辽，据说，为了激励儿子保国安民，母亲姚氏曾在岳飞的背上刺了“精忠报国”四个大字。

关于岳飞的具体生平事迹等情况，将在专门的篇章中论述，这里只简要谈一谈岳飞被杀之谜。

从史书上看，宋南渡后的“中兴四将”中，刘光世出身将门，其父官拜节度使，可以算是官宦子弟；张俊和韩世忠虽都是行伍出身，但靖康年间就追随赵构，在平定“苗刘兵变”中又都立有大功，对赵构算是有救命之恩，感情自然非同一般；只有岳飞，算是资历最浅的一位。而且，就像当年狄青一样，岳飞最先也是从普通士兵开始做起的，一个武将，又没有任何可以依靠的政治背景，但在短短几年间，他的战功和威名就已超越其他诸将，在宋朝这样一个崇文抑武的朝代，最后竟然能升为太尉及枢密副使，可想而知，岳飞该是多么的优秀和杰出！

所以，历史学家王曾瑜先生称赞岳飞是南宋出类拔萃的名将，在中国古代军事史上占有相当的地位。而郑岩先生在其《宋朝十讲——一个值得反思的王朝》一书中认为岳飞的出生乃是“历史上帝的安排”。

然而，降生在南宋这样一个最特殊的历史时代，可以说，既是岳飞的幸运，也是他的不幸。

所谓幸运，乃是因为沧海横流，方显出英雄本色。如果不是生活在南宋这样一个懦弱而又战乱频仍的朝代，而是生活在天下承平年间，岳飞很可能就会英雄无用武之地，像一匹千里马老死于马厩之中。显然，时势造英雄，也正是由于像南宋这样的乱世，才给岳飞提供了充分展示自己杰出军事才能和拳拳报国之心的政治与军事舞台，才成就了他的不世之功，千古英名。

但是，话说回来，岳飞又是不幸的，他的不幸就在于他不该降生于偃武修文、对武将一直猜忌防范乃至无端陷害的宋朝，即使不得已而生在宋朝，也千不该万不该生活在宋高宗赵构的时代。

《宋史·韩世忠传》结尾有一段议论，虽然是针对韩世忠有感而发的，但是，对岳飞显然也一样适用。这里，抄录如下：

> 古人有言："天下安，注意相；天下危，注意将。"宋靖康、建炎之际，天下安危之机也，勇略忠义如韩世忠而为将，是天以资宋之兴复也，方兀术渡江，惟世忠与之对阵，以闲暇示之。及刘豫废，中原人心动摇，世忠请乘时进兵，此机何可失也？高宗惟奸桧之言是听，使世宗不得尽展其才，和议成而宋事去矣。……昔汉文帝思颇、枚于前代，未有世宗而不善用，惜哉！

的确，治平思良相，治乱思良将，乃是普通常识。靖康、建炎年间，宋朝的国势真的可谓命悬一线，岌岌可危，在这种时刻，能够出现像韩世忠、岳飞这样的良将，真的"是天以资宋之兴复也"，也就是说，是老天爷一时动了恻隐之心，存心要帮助南宋，普度赵构及南宋百姓，才让韩世忠、岳飞这样的良将降生在这个多灾多难的特殊时代的，可是，不知道赵构是怎么想的，竟然对这两位良将一弃一杀？

史载，韩世忠"暮年退居行都，口不言兵，部曲旧将，不与相见"，因为太过寒心，晚年已经完全不问世事，形同出家，而岳飞则被赵构与秦桧以"其事体莫须有"之罪名残酷地杀害了。

据说，岳飞初被监押时，悲愤交加，万念俱灰，穷凶极恶的狱卒对他恶语相向，喝令他倚墙而立，"岳飞叉手立正"，曾经在战场上叱咤风云出生入死的大将此时只有"悚然听命"。在他临死前，狱方得令，遣大力军士入囚室，谎称请岳飞沐浴，将其拥入密室之中，"拉肋"即用拳脚及钝器猛击他的肋部，活活将岳飞折磨而死（也有赐毒酒害死岳飞之说）。

当年，岳飞曾写过一首名为《题骤马冈》的诗，忠贞之心，千载可鉴：

立马林冈豁战眸，阵云开处一溪流。
机舂水沚犹传晋，黍秀宫廷孰悯周？
南服只今歼小丑，北辕何日返神州？
誓将七尺酬明圣，怒指天涯泪不收。

可是，谁能想到，就是这样一个“誓将七尺酬明圣”、为宋高宗这个“明圣”、也为南宋社稷浴血奋战立下赫赫战功的英雄竟然受此侮辱，落得如此下场，不能不令后人扼腕！

一代名将，不是战死于为国捐躯的疆场，而是死于自己效忠的皇帝手下，而且是以“莫须有”之罪名，实际上也就等同于无罪被杀，这实在是古今罕见之大悲剧！

在论及这一桩千古冤案时，后代的史学家在为岳飞鸣冤叫屈的同时，也对宋高宗赵构的这一行径颇为不解，如元朝史臣在《宋史·岳飞传》结尾处论说道：“高宗忍自弃其中原，故忍杀飞。呜呼冤哉！呜呼冤哉！”明朝的文徵明则作了一首《满江红》，对赵构“慨当初，依飞何重，后来何酷”的这种过河拆桥、恩将仇报以及“岂不念，疆折蹙？岂不念，徽钦辱”的卑劣行径大为不解，大加鞭挞。

说来，高宗赵构就像王曾瑜先生所说的那样，“他忍于向杀父之仇敌屈膝称臣，忍于偷安半壁残山剩水，”可是，对于“精忠报国”令金人胆寒的岳飞，他却偏偏不能忍，不能容，非欲置之死地而后快！

史载，岳飞之死使中原百姓悲痛万分，“天下闻者，无不垂泪”，而当时出使金国被扣留在金的宋使臣洪皓写回的密信上说，金人听说岳飞被杀，“酌酒相贺”。

为什么要“自坏汝万里长城”，做出这种令亲者痛仇者快的事情？赵构的所作所为真的是“反常规”，让人实在读不懂也想不通！

屈己求和为哪般

赵构的最大特点就是小聪明、小心眼，在为人处事方面看似精明实则糊涂。

说来，赵构这个人真的是小聪明有余，如果不是有那么一点小聪明，在当年那样一种艰难恶劣的情势下，可以说，他也绝对撑不起南宋半壁江山，使原本已经走到历史悬崖尽头的北宋经由他的手，出人意料地完成了一个惊天大逆转，从此又在半死不活中苟延残喘了一百五十多年。

但是，大量历史事实表明，作为一国之最高统治者，光有小聪明而无大智慧是不行的，如历史上的晋武帝司马炎、隋炀帝杨广，当然还有宋高宗赵构，都是这方面的典型代表。

从史书上看，宋高宗赵构皇帝当得实在不怎么样，如果两个字来概括他做皇帝的秘诀的话，第一个字显然是“逃”，第二个字则毫无疑问为“和”。

关于“逃”，前面已经说过，赵构的“逃”在历史上是出了名的，可谓中国古代皇帝中的逃跑冠军。

要说赵构逃跑真的有水平。他不仅惯逃，而且善逃，逃跑时，又是陆地，又是海上，只可惜当时科学技术还不发达，人类还未发明飞机，否则，他在逃跑时也许会乘上御用专机。

后代有学者不无调侃地说，赵构的皇帝是“逃”出来的，如果不靠逃跑，皇帝的龙椅恐怕他很难能坐得到，即使坐到了，想必也会坐不长。仔细想想，也确实很有些道理。

与“逃”一样，“和”可以说是宋高宗赵构的又一看家本领。有宋一代，虽然说在外交政策方面都是以“和”为基调，自宋真宗以来，都是“纳岁币买平安”，用现在的话说就是“用金钱换和平”，但宋高宗却把“和”演绎到了无以复加的程度。

熟悉这一段历史的人都知道，南宋朝廷建立之初，北宋的亡国之耻强烈地激发了中原军民的抗金热潮，当时，在龙椅上还没坐稳的赵构曾在即位的大赦中提出“同徯两宫之复，终图万世之安”，意思是要战胜金人，迎还徽、钦二帝。但这只不过是他为了顺应潮流，迎合民心，随便在嘴上说说的政治口号罢了，根本就是口是心非，当不得真。

应该说，从一开始，赵构就基本确立了他的投降主义的外交路线与外交策略，如他当初在千里大逃亡时写给完颜宗翰的书信则完全可以说是典型的投降宣言，而在以后写给金人的国书中，赵构一直称自己“臣构”，活脱脱一副奴才嘴脸。

事实上，屈己求和的行动早在建炎元年就已经开始。如建炎元年七月，刚刚称帝的赵构便遣宣义郎傅雱出使金营，同年年底，又派王伦、朱弁通使于金。建炎二年六月，高宗又任宇文虚中为祈请使，“称臣奉表于金”，后来，又先后委派洪皓、张邵等使金求和。

可以说，求和是赵构当上皇帝后投入精力最多，也是招来反对之声最大的一件事，其中有的反对意见极为尖锐，但赵构始终坚持以屈己求和为中心，数十年不动摇，用张金良先生在其《大宋的人，大宋的事》一书中说：“其决心之坚定、意志之顽强、脸皮之厚实，到了令人叹为观止的程度。”

不过，在一开始，虽说赵构一心求和，在他的身后，也不乏一批投降派为他摇旗呐喊，但是真正能够为他鼎力相助的人似乎没有，直到建炎四年（1130 年），秦桧从金国“逃归”，他才算是找到了一个能够真正欣赏他懂他的求和妙曲的知音。所以，《宋史》说：“先是，朝廷虽数遣使于金，但且守且和，而专意与敌解仇息兵则自桧始。”

的确，自从秦桧由金国“逃归”，宋高宗的屈己求和由独唱变成了男声二重唱，尽管台下不断有反对者的嘘声，但赵构已经咬定求和不放松，已经铁下心来，执意要将求和进行到底。

但是，求和毕竟是需要实力的，一般来说，如果没有战场上的相持不下，旗鼓相当，则绝对不会有谈判桌上的相逢一笑，握手言欢。也正因此，尽管在建炎年间，赵构可以说是低三下四要同金人求和，但在军事上占有绝对优势的金人根本看不起他，无论赵构怎样“臣构、臣构”地自贬身价，金人仍是一千个不答应，一万个不答应，弄得赵构也没辙。

尽管赵构自己不争气，但在国家危难时奋起反抗的南宋军队由于在战争中学习战争，经过千锤百炼却渐渐争气起来，随着“韩家军”“吴家军”特别是“岳家军”的崛起，南宋的军力得到了很大的提升，绍兴四年（1134 年），宋金战场的形势也随之悄然发生了变化，就连完颜宗弼手下的爱将韩常也忍不住说：“过去是我们的军队强大，但现在是南宋的军队强大，只不过他们还没有认识到而已。”

对于形势的变化，难道南宋君臣特别是宋高宗果真“还没有认识到”吗？不，实际情况绝对不是这样。

据史料记载，顺昌大捷后，金兀术败往陈州（今河南淮阳），不久，出使进过的宋使洪皓派人捎来密信，告诉高宗：“金人震恐丧魄，燕（地）之重宝珍器悉徙而北，意欲捐（弃）燕（地）而南弃之。”说明金军在形势不利时已经做好了大撤退的准备。

还有朱仙镇一战，岳飞以少胜多，以“背嵬骑兵”五百人大破金兵十万人，“（金）兀术遁还汴京”。善于把握战局的岳飞及时把这一情况报告给高宗：“金人锐气沮丧，尽弃辎重，疾走渡河。（两河）豪杰向风，（宋军）士卒用命，时不再来，机难轻失。”

以赵构的精明，他当然不会对洪皓和岳飞所提供的重要情报茫然无知，对宋金军事力量强弱变化察觉不到，可是，让人实在搞不懂的是，在这样大好的形势下，他不仅一次次将到手的胜利果实白白丢失（顺昌之战不仅没有下令刘锜乘胜追击，反而诏令宋军退守镇江府；朱仙镇大捷“一日奉十二金字牌”严令岳飞班师），而且，此时竟然还一味奴颜婢膝，低三下四地屈己求和！

绍兴八年（1138 年），由于南宋军队在战场上取得了一系列胜利，在宋高宗的一再乞求下，金熙宗同意与南宋讲和，签订了第一次和议，史称“绍兴第一次议和”（金天眷元年，金史称“天眷议和”）。

在签订和议时，金国方面摆足了架子，根本不把南宋君臣放在眼里。当时，宋朝提出的和议条件是：送还宋徽宗赵佶的棺木；送还赵构生母韦氏；原属伪齐的黄河以南、淮水以北的地区归还南宋。而金国的条件则是，南宋必须向金主称臣纳贡，赵构必须自动取消帝号及宋国号，只作为金的一个藩属。

消息传开，朝野内外群情激奋，文武百官纷纷上疏表示反对，可是，宋高宗与秦桧却沆瀣一气，完全接受，同意讲和。

如果说，在实力弱下的时候，为了求生存，不顾尊严、死乞白赖地求和还可以理解为是缓兵之计的话，那么，到了自己兵强马壮，甚至有望收复中原一雪前耻的时候，仍然撤兵求和，而且为求和还要对人家低三下四，屈节称臣，这就委实让人难以理解了。

金人以“诏谕江南”为名派使臣且要赵构向金使行跪拜礼接受“和议”，朝中的文武大臣如岳飞、李纲等几乎都认为是奇耻大辱，不可接受，可赵构却美滋滋的，像得了什么大便宜，以为和议之事已成，从此可以安享太平，于是欢天喜地的，又是大赦天下，又是给文武百官加官晋爵地大肆庆祝。

可是，金国一点儿不给“臣构”面子，说翻脸就翻脸，这边“天眷和议”墨汁未干，那边，完颜宗弼又撕毁了才生效不到一年的和议。

打一个不恰当的比方，金国就好像是老大，而把赵构像是金国想打就打想骂就骂的马仔，尽管“臣构”已经够听话够可怜的了，可金国动辄对他拳打脚踢，极尽侮辱之能事。

绍兴十年（1140 年）五月，完颜宗弼率兵又对南宋大打出手，可是，令他没想到的是，赵构虽然好欺负，但这时的南宋军民已经不那么好欺负了，当金兵入侵时，岳飞、刘锜、韩世忠、王德、王胜等宋朝大将奋起还击，使金军在顺昌、郾城等许多地方都遭到重创。

按说，到这种时候，赵构怎么着也该出一口恶气，好好报复一下这些年来一直骑在他头上拉屎拉尿的金国，最起码，也该和金人平起平坐，像京剧《智取威虎山》中装聋作哑十八年的小常宝那样“字字血，声声泪”地控诉一下金国这“土匪”的罪状，可是，要说赵构真的是令人“哀其不幸，怒其不争”，好像他天生就是一副贱骨头，用老百姓的话说就是“狗屎糊不上墙”，眼看宋军全面反攻，胜利在望，他却让自己的军队全面撤退，而且，又奴颜婢膝地和金人签订了“绍兴第二次和议”，金人称之为“皇统和议”。

“绍兴第二次和议”比起第一次和议更加丧权辱国，依据该和议，南宋把黄河以南、淮水以北的大片国土拱手割让给金人。而且，想不到第一次和约中南宋君臣觉得难以接受的所谓“岁贡”“正朔”“册命”等，这次赵构竟然全盘接受，不仅完全承认了自己是金国的藩属国主地位，而且还丧尽国格地写了篇“誓文”，又是诅咒又是发誓地向金熙宗保证：“臣今既进誓表，伏望上国蚤降誓诏，庶使弊邑永有凭焉。”“有渝此盟，明神是殛，坠命亡氏，踣其国家。”

如果不是信史记载，真的不敢相信这样发誓诅咒的话竟然出自一国之皇帝之口！

仅此可见，赵构之窝囊真的是令人难以言喻，无话可说。

试问，赵构如此卑微窝囊地“屈己求和”究竟是为了什么？

有人说，是怕战争打下去，武将做大，拥兵自重，但在签订“皇统和议”时，岳飞已经被捕入狱，其他大将像韩世忠、刘光世等将领的兵权已经被剥夺，那么，赵构又有什么可怕的？

有人说，是怕金人被逼急了把已废的宋钦宗抬出来称帝，可是，即使宋钦宗再出来当傀儡皇帝，也邪不压正，大宋的子民也不会买他的账，如此一来，赵构反而更能凝聚人心，团结抗金，又有什么好担惊害怕的？

说来，真的是一个让人读不懂的赵构，即使是今天，人们依然猜不出他的葫芦里究竟卖的是什么药。

不过，话说回来，不管赵构的葫芦里卖的是什么药，然而，有一条可以肯定，那就是宋高宗在精神上存在明显的意志弱化与心理退缩倾向。可以说，自当上皇帝后，在与金人的一次次较量中，宋高宗在心理上和意志上从未展现出过人的胆识与魄力。

两个人的假面舞会

读南宋历史，最让人读不懂的应该是宋高宗赵构与奸相秦桧之间的特殊关系。

屈指算来，在中国历史上，还从来没有哪一对君相之间的关系像赵构与秦桧之间的关系那样复杂而又微妙。这一对南宋初年的庸君奸相从始至终，双方都好像是在演戏，又好像各自都戴着假面，在举办一场只有他们两个人参加的假面舞会。

想来真的是“物以类聚，人以群分”。在许多方面，赵构与秦桧都颇有些相像，不说别的，就说为人吧，两人都心术不正，心计多端，在性格方面都非常奸诈，平时都把自己的内心包裹得很严，让人很难能窥见他俩的真实心扉。

与赵构一样，秦桧也曾经有过一段颇为“金光闪闪、光彩照人”的历史。据说在靖康元年金兵攻打汴京时，他曾经慷慨激昂，上书言事，积极主张抗战，表现出了强烈的爱国热情。后来，在金人二度来犯掳掠二帝后，金人决意立异姓为帝，大堂之上，众臣皆噤若寒蝉，此时，又是身为御史台之长的秦桧义无反顾，挺身而出，与金人唇枪舌剑，表现出了大无畏的革命英雄气概。

然而，秦桧之所以能够讨得宋高宗的赏识，并不是因为他有着这一段金光闪闪的革命历史，而是因为他的投降主义的路线和策略与赵构简直不谋而合，深得赵构的欢心，两人之间可以说完全是臭味相投。

赵构与秦桧之间的第一次合作显然是从秦桧逃归南宋开始的。

说来真是“此一时彼一时也”，如果说靖康元年的秦桧是一个高唱坚决抗金战歌的抗战分子的话，那么，到了建炎四年的冬天，当他被掳掠到金国做了四年高级奴隶后逃归南宋，却完全变成了一个彻头彻尾的投降派，前后简直判若两人。

秦桧是怎么逃回来的？他自称是杀掉金人看守，“夺舟而归”。可是，“自燕至楚两千八百里，逾河越海”，且秦桧又是一个高级战犯，一个手无缚鸡之力的书生，如何能够从龙潭虎穴一样的金国举家安然逃归？故此，朝中许多大臣都觉得秦桧的逃归之说漏洞百出，疑点颇多。

按理说，对于秦桧陷入敌手后的四五年的经历应该严格进行“政审”，等把他在金国期间的政治表现查清楚了再说，可是，就因为赵构在召见秦桧时，秦桧将事先草拟好的《与挞懒求和书》作为见面礼呈送给赵构御览，没想到赵构看后龙心大悦，仅仅只是第一次见面，就匆忙地做出了政治结论，称赞秦桧是“佳士”，说秦桧“朴忠过人，朕得之喜而不寐”，所以，有皇帝的这句话，秦桧的政审关竟然很轻易地过去了。

喜得“佳士”后，赵构先封了秦桧一个“试吏部尚书”的头衔，“试”了四个月后，又封他为参知政事，实际上也就是副宰相。

这就是赵构与秦桧之间的第一次合作。

这一次合作时间极为短暂，从绍兴元年（1131 年）的八月二十三日到绍兴二年的八月二十七日，仅有一年零五天，而且，合作得很不愉快，很不成功。

之所以会出现这样的结局，乃是由于秦桧的“牛”吹破了，让高宗觉得受了欺骗，颇为失望。

具体情况大致是这样的：据说，当了参知政事后，秦桧并不满足，很想把自己副宰相前面的“副”字去掉，弄个正职干干，正好有段时间，宰相职位空缺，于是，他便玩弄伎俩，炒作自己，到处向人吹嘘说："我有两条计策，可以耸动天下。"

有人听了很是好奇，就问他是什么锦囊妙计？

秦桧故弄玄虚，故意卖个关子，吊人家胃口说："如今朝廷无相，说了也无法施行。"

这话传到天子耳里，赵构也很好奇，很想知道秦桧究竟有什么"耸动天下"的妙计，于是便任命秦桧为宰相。

仅仅只是略施小计，随便炒作了一下，秦桧入相的阴谋便轻易得逞了。

虽然，吹牛不缴税，但却是要兑现的。秦桧曾说他有"可以耸动天下"的两条计策，可是，究竟是什么计策，他又一直说不出来，而且，当了宰相后有很长时间并没有什么惊人之举，求和的事又进展得很不顺利，这使赵构渐渐对他不满。正好，有一天有位大臣又故意把秦桧一直故弄玄虚秘不示人的所谓耸动天下的两条奇策给捅了出来，原来不过是"南人归南，北人归北"。这算是什么破计策啊？赵构感到自己受了愚弄，顿时就火了，说："我也是北方人，那我应归到哪里去？"于是下诏罢免秦桧，严词斥责秦桧两策之诡，同时张榜布告，宣布对秦桧永不复用！

如果事情到此为止，说明赵构还是比较处事果断，起码在对待秦桧这件事上可以说处置得当，大快人心。倘若赵构真的对秦桧永不复用，那秦桧的政治生命到此也就彻底玩完了，而南宋的历史很有可能也会因此改写。

可是，不知道为什么，赵构竟拿自己的话当戏言，仅仅只过了几年，竟然又起用秦桧，而且还委任他担任枢密使这样的要职。

最直接的原因当然是赵构一心想议和，但即便是议和，又何必非要重新起用秦桧？

当时，朝野内外，许多人都在议论，认为秦桧是金人的奸细，如与秦桧同时代的曾经做过南宋宰相的朱胜非，在他的《秀水闲居录》中这样说道："盖桧自京城随虏北去，为彼大酋挞辣郎君任用。虏骑渡江，与俱来，回至楚州，遣舟送归。……桧之初归，自言杀虏人之监己者，夺舟来归。然全家同舟，婢仆亦如故，人皆知其非逃归也。"甚至有人在大街上公然贴出榜文，广而告之，言之凿凿地揭露"秦相公（秦桧）

是细作（奸细）!”

显然，以赵构的精明，不可能不知道秦桧是怎么回来的，以及秦桧和挞懒（即完颜昌）的关系，那么，既然知道，又何必把一个金人的奸细（起码是疑似奸细）安置在自己身边，而且，又何以让这样一个奸细担任重要的职务，将军政大权悉归于秦桧一人之手?

由此可见，赵构就像是一个古怪的棋手，所下之棋，实在令人难以看懂。

赵构与秦桧的第二次政治合作始于绍兴六年，这次的合作时间较长，直到绍兴二十五年，前后竟然长达二十年之久!

熟悉宋史的人都知道，宋代立国之初，鉴于五代十国政权的不断更替，采取了一系列旨在加强中央集权尤其是皇权的举措。其中对宰相的权力结构进行了较大的改革，其结果是宋代执掌相权的组织结构变成了二府三司宰相制。实际上也就是集体宰相制，或者称之为左右相双重宰相制。而且，宋朝的宰相一般都是你方唱罢我登场，像走马灯似的，往往频繁地调换，可是，秦桧当宰相竟然当了近二十年，而且大部分时间是独相，也就是只有他一人任宰相，不说别的，单说这件事本身就相当不正常。

君相之间，何以会合作那么长时间?

如果按照常理推论，一定是赵构与秦桧之间关系非常亲密，合作非常愉快。

但在事实上，这一对庸君奸相之间关系既不亲密，合作也不愉快。

说来，赵构与秦桧这一对庸君奸相之间的关系在历史上真的是一个特例。俩人之间既狼狈为奸，沆瀣一气，又相互忌惮，相互设防。

从史书上看，赵构对待秦桧的感情与态度表里不一，非常矛盾。

一方面，在言行上，他对秦桧可谓高度信任，非常关心，甚至不惜拍秦桧的“马屁”，如赵构就曾说过“国之司命是秦桧”这样的话，有一次秦桧家建了个阁楼，赵构特地题了个“一德格天”的匾给送了过去，对秦桧赞誉有加。在精神激励的同时，又不断给秦桧加官晋爵，以致最后竟到了无爵可晋、无官可加的程度。正是在赵构始终如一的“恩宠”下，秦桧最后的势力如日中天，无人企及，用清人王夫之在其《宋论·论秦桧之奸》一文中的话说就是：秦桧“周回四顾，知天下之无能如己何，高宗亦惴惴然不知所以驭己。”

所以，一点儿也不夸张地说，秦桧这一“政治怪物”完全是由宋高宗养虎为患，所豢养出来的，是赵构不加节制的优渥恩宠所浇灌培育出来的一株“恶之花”。

而在另一方面，在内心深处，赵构对秦桧却十分忌惮，小心提防。据说，因为害怕被秦桧谋害，赵构一直提心吊胆，几乎每日每夜都生活在一种巨大的恐惧中，以致到绍兴二十五年十月二十二日，秦桧病死后，他才如释重负，长吁了一口气说：

“朕今日始免靴中置刀矣!”

身为皇帝，怎么那样畏惧秦桧，为了防止秦桧暗害自己，竟然长年累月的“靴中置刀”，准备在遇到紧急情况时拔出刀来，与秦桧拼个你死我活。如果不是正史白纸黑字的记载，高宗的所作所为，实在令人难以置信。

常年“靴中置刀”，防范秦桧，说明高宗对秦桧压根就不信任，既然这样，又为何不罢黜秦桧，反而长时间地重用秦桧，不断给秦桧加官晋爵？

有一种说法认为，就像擅杀岳飞一样，高宗之所以重用秦桧乃是屈服于金人的威压，是一种不得已而为之的被迫行为，无奈选择。因为，在与金人进行和议谈判时，金人开出的价码就是先杀岳飞而后和议可成，再就是在任何时候都不能罢免宰相秦桧。

仔细玩味，觉得这种说法颇有几分道理。

因为，从建炎三年，在被金兵追捕时，很有可能赵构的心理也被吓出了毛病，患上了一种精神恐惧症，从此畏金如虎，谈金色变，对金人的肆意侵犯和欺凌忍气吞声，逆来顺受，对金人的颐指气使唯唯诺诺，唯命是从，甭说在公开场合不敢说“不”，即使是在私下里也什么都不敢说。

也正因此，因为害怕秦桧身后的后台老板，所以，赵构才对秦桧心存忌惮，才会处心积虑，不仅对外设法讨金人的欢心，对内也虚情假意，竭力去笼络讨好“挟虏势以要君”的秦桧。

身为一国之皇帝，竟然活得那么孬熊，那么窝囊，那么没有人格，没有骨气，赵构其人其事，真的是匪夷所思。

说来，赵构真的是让人“读不懂”，说话行事似乎总是喜欢反常规，出乎人们的意料，绍兴三十二年（1162年），六月初九，赵构突然下诏内禅，将皇帝之位禅让给了太祖的七世孙赵玮，即位后改名为赵昚，也就是宋孝宗。

历史上，像后周小皇帝柴宗训、唐玄宗李隆基以及本朝宋徽宗赵佶之内禅，皆是出于迫不得已而为之，可是，赵构当时正处于南宋的形势已渐渐出现利好的时代，而他本人也才只有五十六岁，正是年富力强大有行为的时候，想不到，他却急流勇退，心甘情愿地坐到了太上皇的位上，从此，归于淡泊，颐养天年。

想来，在经历了那么多的惊涛骇浪、巉崖暗礁之后，赵构惊魂甫定，身心俱疲，也真的需要寻一处风平浪静的港湾，好好地疗养休息一下了。

一个断了脊梁的王朝

一般来说，一个王朝在其开国初期总是生龙活虎，朝气蓬勃，满含胜利者的喜悦与自豪的，可是，南宋王朝却是个例外。几乎从一开始，与其开国皇帝一样，如漏网之鱼，侥幸从金人的罗网中逃脱出来，张皇失措的只管没命地逃窜，即使后来好不容易摆脱了金人的追击，气喘吁吁地放慢了脚步，并最终在长江之南苟活了下来，但从始至终都病殃殃的打不起精神，而且老是窝窝囊囊地受人家的欺负，忍气吞声地看人家的眼色，毫无血性、毫无尊严地向人家称臣，其奴颜婢膝把南宋的脸都给丢尽了。

所以，在中国历史上，尽管有宋一朝前后共三百一十九年，除去刘汉王朝，它的国祚是最长的，但是，若论国格与尊严，与秦、汉、隋、唐、元、明这些大的封建王朝相比，它却是活得最窝囊最没有骨气的一个王朝，特别是南宋一朝，即便是与鸦片战争之后腐败无能的清王朝相比，也显然是有过之而无不及。

有道是：“宁鸣而死，不默而生。”国家与人一样，也有气节，也有尊严。可是，南宋王朝竟然忍辱偷生到这般地步，也实在是古今罕见，令人叹息。

诚如大家所知道的，南宋是在特殊的情境下分娩的一个特殊的王朝，从一开始，这个小生命就似乎营养不良，而且还带有先天性残疾，这并不奇怪，也很容易理解，甚至，人们对赵构在异常险恶的环境下逃亡与历险、挣扎与奋斗还给予了深深的怜悯与同情。毕竟北宋灭亡不是赵构之罪，而且，当中原沦陷，国破家亡之际，他能够死里逃生，不仅侥幸保存了赵氏王室的最后一支血脉，还使宋室王朝得以在夹缝中继续存活下来，客观公道地说，这本身就是一件非比寻常、功不可没的事情。

可是，读南宋的历史，让人读不懂也想不通的是，绵延苟活了一百五十二年的南宋王朝，竟然从始至终都是一个懦弱的王朝，一个没有血性的王朝，一个没有记性的王朝！

就像基因一样，南宋皇帝的懦弱几乎代代相承，从高宗到怀帝，共有九任皇帝，这些皇帝，除了孝宗与宁宗，还有几个少不更事的幼帝，在面对外敌时几乎全都妥协求和，即便是孝宗与宁宗，虽都曾有过短暂的坚韧，但也无果而终。

当然，懦弱的也不仅仅只是赵宋皇帝，许多大臣也都患上了严重的精神恐惧症，先是恐辽，接着恐金，到后来又是恐蒙，好像老是“恐”个不停，“恐”个没完，也正因此，两宋的上空总是笼罩着恐怖的阴霾，而在这样一种政治大气候下，也就不难理解为什么每当外敌入侵，朝廷内求和的声浪总是占据了上风，而屈辱求和也就始终成了宋懦弱外交的“主旋律”。

所以，就这样的一个懦弱王朝，就这样的一些懦弱皇帝、懦弱朝臣，也就注定了南宋王朝是一个断了脊梁的王朝，是一个没有血性的王朝，寡廉鲜耻深入骨髓，畏敌如虎浸透血液。而一部南宋史，便毫无疑问，是一部丧权辱国的历史，一部忝颜偷生的历史。

有这样一个例子似乎可以佐证，说是在乾道三年（1167 年）十一月，当一心想收回失地的孝宗皇帝在早朝时又一次对辅弼大臣们谈起恢复故疆的事情时，同知枢密院事刘珙当即表示反对。刘珙的意见确乎代表着当时许多朝臣的观点。

刘珙道：“复仇雪耻，诚乃当今之要务，但臣以为，若非积十年之功，内修政事，恐怕未可轻动。”

如果说，刘珙希望皇上要取法古代的贤王周宣王“侧身修行以格天心，任贤使能以修政事”，这种“攘外必先安内”的观点虽然保守但还相对比较理性，平心而论，也还符合当时的实际的话，那么，在此四个月前，朝廷修治前线重镇扬州的城隍，谏议大夫陈良祐深表反对，其观点说出来让人觉得不只是“怯懦”两字可以概括的，而且是非常之迂腐、非常之荒唐可笑！

陈良祐出于一片爱国之心，向孝宗进谏，认为备战绝不能招致敌人之疑，而修扬州城可谓完全徒劳无益。而他的这一观点在当时却又代表了相当一部分朝臣的意见。

孝宗对此很是不解，他反问陈良祐：“备战如何无益？”

陈良祐振振有词：“万一敌人突破时我不能守，则岂非为敌人所筑？今遣二三万人过江治城备战，敌人一旦探知，便有挑衅借口。”

在陈良祐们看来，与其备战让敌人抓住把柄，找到借口，还不如不备战，与其修筑防御工事将来万一被敌人夺取，无异于为敌人所筑，则还不如不修筑，这种冬烘先生炮制的近乎束手就擒、坐以待毙的观点真的是让人读不懂也想不通，也由此窥斑全豹。

而且，这还是在孝宗一朝政治相对清明时期，若是在其他朝，情况无疑就更糟。如宁宗时期的“开禧北伐”，最后竟乌七八糟，弄成那样一种可悲结局，就很能说明这方面的问题。

有关开禧北伐众所周知，一心想建功立业以光宗耀祖的权臣韩侂胄煞费苦心选择了北伐，可是，韩侂胄的缺点是他虽然精于政治博弈或曰官场恶斗但却不了解北宋的“国情”，对北宋军队的“先天性缺陷”以及长期以来的军队“乱象”缺乏必要的了解，因而在既不“知己”也很少“知彼”的情况下草率发动的北伐注定了要成为一场轰轰烈烈的“闹剧”，而结果也自然是以又一次失败而告终。

韩侂胄当时权倾朝野，可谓一手遮天，而且，因为有拥立之功，宁宗赵扩对他也非常不错，极为倚重。再说，受赵氏皇族基因的影响，与他的老爸宋光宗赵惇一样，宋宁宗赵扩也有精神病，所以史书上说他“帝不慧”，因而平时他也很少管事，宫中的大事小事一般都由韩侂胄说了算，按说，在这种情形下，“开禧北伐”即使是失败了，要追究责任，谁也不敢追究到韩侂胄头上。

但是，由于韩侂胄武将出身，头脑简单，在位时犯了三大错误，即与文官势力对立、反对并阻止杨妃立后以及错误地发动了“开禧北伐”，因而在客观上促成了文官势力与杨后集团的联手，这就使他的宦海生涯波诡云谲，暗流涌动，充满了很大的威胁。果然，在他“北伐”失败后，当金朝虚张声势，故意漫天要价，提出“和议”的一项内容是索要韩侂胄的脑袋，而反对派们也早就想要韩侂胄颈上人头，于是，双方不谋而合，都想拿韩侂胄的人头说事，如此一来，韩侂胄的头当然很难保住。果不其然，到最后，韩侂胄“北伐”几乎什么也没“伐”到，反倒把自己的脑袋给“伐”了！

说来，政敌们必欲置之死地而后快，通过暗杀行动，将韩侂胄颈上人头砍了也就算了，但让人想不通的是，以史弥远为首的大宋新权贵在暗杀韩侂胄后竟将老韩的人头割下派特使专程送到燕京，向金交差。

但两宋的事有时就是这么荒唐。想当年，“太有才了”的岳飞在战场上经常不给金人面子，打得人家落花流水，最后金人不高兴了，必欲置岳飞于死地而后快，于是派使者捎信给高宗与秦桧，说是岳飞不死，和议免谈。对外敌只知屈膝称臣的高宗与秦桧对内却颐指气使很有手腕，最后，硬是让岳飞屈死于风波亭，了却了金人的一桩心愿。

而时隔六十多年之后，历史又出现了几乎相同的一幕，悲剧竟然又一次重演！当韩侂胄因为“开禧北伐”得罪了金人，金人又传话要韩侂胄的人头时，南宋又一次唯金人的命令是从，不折不扣地将韩侂胄的人头送给金国，并在金国悬挂于通衢大道供百姓围观。

其实，在金国示众的不只是韩侂胄的首级，与其一起被示众的显然还有南宋的尊严。一个国家或民族遇到大的灾难并不可怕，可怕的是没有血性与尊严。一个断了脊梁的王朝是怎么也挺不起胸膛自立于世界之林的。

韩侂胄被暗杀后，奸相史弥远与另一宰相钱象祖合谋写了一封卑恭下辞的“乞表”给金章宗，信中说：“本朝与大国通好以来，譬如一家叔侄，本自协和，不幸奴婢交斗其间，遂成嫌间。一旦犹子幡然悔悟，斥逐奴隶，引咎谢过，则前日之嫌便可销释，奚必较锱铢毫末，反伤骨肉之恩乎？”完全是一副没皮没脸摇尾乞怜的丑态。

经过奸相史弥远的哀求，宋金签署了“嘉定和议”，最终，史弥远等人完全答应了金国蛮横无理的“条件”，其主要内容为：一是依靖康故事，世为伯侄之国；二是增岁币为银三十万两，绢三十万匹；三是疆界与绍兴时同。此外，南宋另给金军犒军银（赔款）三百万两，并割下韩侂胄等人的首级函送金国。

“嘉定和议”是两宋历史上又一屈辱的条约，相比“隆兴和议”，南宋吃了大亏。但只要花钱能买到苟安，大宋的统治者们也就心满意足，在所不惜。

由韩侂胄一手策划与发动的“开禧北伐”就像在大宋的上空刮起了一阵台风，台风过后，南宋出现了暂时的“平静”，以奸相史弥远为首的投降派们把几乎全部的精力都用在了内部的政治博弈与巩固自己的政治基础上。

但是，“树欲静而风不止”，尽管南宋的统治者们偏安一隅，虽然“伤疤未好”，但似乎早已忘了疼痛，对于恢复中原故地的事并未真正放在心上，只是想及时行乐，过“太平日子”，然而，无论他们多么不想痛苦与烦恼，可痛苦与烦恼却总是不时地会缠上他们。

“嘉定和议”后，南宋总算花巨额代价买来了屈辱的和平，但还不到二十年，南宋的上空便又开始电闪雷鸣，乌云密布。

原来，就在开禧二年（1206 年）二月，蒙古乞颜部头人铁木真兼并了蒙古草原诸部族以后召开各部联盟议事大会，宣布正式称帝，号曰“成吉思汗”（成吉思是蒙古语“强大”“坚强”的意思）。关于“成吉思”一词的解释，《蒙古源流》一书记载有这样一则传奇，说是在铁木真宣布称帝的前三天，每天清晨都有一只五色鸟落在他屋前的方石上，清脆嘹亮地一遍遍鸣叫着：成吉思，成吉思。于是，称帝后的铁木真便以这只神奇鸟的叫声“成吉思”作为自己的帝号。

说来，成吉思汗就像是一台战争机器，他的极具传奇色彩的一生就好像是为战争而生。在他称帝后，那些长期经过作战训练的蒙古马便驮着舞枪持刀的蒙古大汉在呼伦贝尔与鄂尔多斯大草原上刮起了一股令整个世界为之感到震撼与悚然的“赤色旋风”，或名曰“蒙古旋风”，同时也注定了 13 世纪从一开始就充满了血雨腥风。

蒙古国建立后，为了夺取更多的土地和财富，成吉思汗便开始了轰轰烈烈的西征和南伐。有关成吉思汗的西征，在世界历史上都是非常出名的，且不去说它。而他的南伐则主要是指对南方的西夏、金和南宋的侵略。

在南伐时，成吉思汗所采取的战略是先易后难，各个击破。在进攻金国与南宋之前，他先小试牛刀，先拿最为弱小的西夏开刀。

诚如大家所知道的，西夏是党项族建立的政权，先后与北宋、辽、南宋以及金鼎足而立，虽说其国力远不如宋辽两国，甚至也不如后来崛起的金国，但它却很善于在夹缝中生存，也正因为此，才能够割据西北长达两个世纪之久。

然而，蒙古国建立后，在成吉思汗先后六次亲率大军的全力攻击下，西夏最终未能阻挡住蒙古的铁骑，于1227年被蒙古所灭。

据史料记载，西夏灭亡的这一年是农历丁亥年。在成吉思汗攻打西夏的时候，曾派人送了两块金牌到南宋四川制置司，明确要求南宋臣服于蒙古。为了炫耀武力，他还派了一支骑兵进入宋境，先攻下阶州（今甘肃武都），随即进围西和州（今甘肃西和）。当时的四川制置使名叫郑损，当敌骑来犯时，他不思抵抗，而是继承南宋传统，奉行逃跑主义，竟然将四川外围的要塞轻易放弃，使武休（今陕西凤县东南）、七方（今甘肃徽县与陕西略阳之间）和仙人（今陕西略阳北）三关几乎兵不血刃便落入敌军之手。幸好，当时蒙古军队只是试探性进攻，目的只是大肆掠夺财物，没有趁机攻城略地，加上不久成吉思汗病死，这支蒙古军队才撤出宋境。

这便是历史上著名的“丁亥之变”。

“丁亥之变”可以说是蒙古军队侵略南宋的前奏曲。于此可以看出，蒙古对中原繁华的觊觎，也充分暴露出蒙古军队的侵略本性。

可是，在后来蒙金之战中，南宋朝廷对此不仅没有引起高度警觉，反而还在后来与蒙古军队联合起来，即历史上所谓的“联蒙灭金”，竟然再一次犯了与北宋几乎如出一辙的悲剧性的重大错误！

悲剧竟然又重演

说来，南宋也真的是祸不单行，倒霉透顶，先是长时间地被金朝肆意凌辱，老是走不出亡国的阴影，就这样忍气吞声地苟延残喘了一个多世纪，没承想到后来，竟又雪上加霜，遭遇了历史上最强的“上帝之鞭”。

众所周知，蒙古各部族最初备受金人压迫，而成吉思汗在未称帝之前，不过是金人肆意呼来喝去的一个小马仔，受尽欺侮，与金国有着不共戴天之仇，所以，称帝后的成吉思汗急于灭金，他曾对天祈祷说：“长生之苍天啊！金朝皇帝辱杀了我的祖先俺巴孩等人，假如您允许我复仇，就助我一臂之力，并让已经死去的人和各位神仙来帮助我！”也正因为此，当有一天，在他感到自己已经羽毛丰满、已然成为蒙古大草原上一只威猛无比的雄鹰时，他便过河拆桥，毫不犹豫地走上了武装反叛金国的道路。

开禧三年，就在宋金两国忙着签订“和议”之时，称帝仅一年的“成吉思汗”统帅蒙古诸部生力军，耀马挥刀杀向金国。1127年夏天，蒙古军队一路攻城掠寨，连下抚州（今张北）、宣德（今宣化）、居庸关。到1213年，蒙古大军在围困金朝中都城的同时，又腾出手来分出三路军，“攻取河北、河东、山东诸郡邑”，杀得女真人胆战心战，风声鹤唳。

在蒙古骑兵势如破竹般的扫荡下，惊恐万状的金宣宗一面向昔日的“附庸”成吉思汗乞和，一面下诏迁都，决定将都城从中都燕京迁往汴京。

无论从哪个方面来说，金朝将都城从中都燕京（今北京）迁往汴梁（今开封）都是一个极其愚蠢的决定。因为迁都南来，一方面，无异于把广袤的关外土地拱手资敌，既丧失了立国的基础，又大大地动摇了人心，有百弊而无一利；另一方面，燕京固然濒临前线，但此地依山近海，地势险要，易守难攻，是谓兵家必争的战略要塞。而汴梁自古就是有名的“四战之地”，即所谓四周一马平川，无险可守，极易遭受攻击。当年，宋太祖赵匡胤正是看到此地在军事上的弊端曾动议将都城迁往洛阳，结果被其弟赵光义“安天下者，在德不在险”这样一句历史上有名的大而无当的话给否定了。而后来，北宋之所以轻易地就遭受了“靖康之耻”，东京保卫战打得那么难看，那么窝囊，很大一部分原因就是吃了“定都不当”的亏，由于汴梁四处受敌，无险可守，金人很轻易地便将它攻陷了。

按理说，前车之辙，后车之鉴。对于北宋将汴京定为都城的弊端，金国应该最能看得清楚，可是，让人想不通的是，当金人遭受蒙古人的侵略时，惊慌失措的金廷鬼魂附体般地也把都城迁到了汴梁，这就无异于步入了北宋灭亡的后尘，重蹈了北宋灭亡的覆辙。

就这样，“四战之地”汴梁再次成为金朝的都城，这片当初曾经埋葬了北宋167年基业的死亡之地，也很快再次成为金朝的死亡之地，这说不清究竟是历史的宿命，还是悲剧的重演。同样的舞台，相似的情节，只是斗转星移，换了一批不同的演员。

应该说，对于我国塞外草原上刮起的一股强烈的蒙古旋风，南宋很早就注意到了。早在绍兴十二年（1142年），因出使金国被扣留羁押的著名文学家、《容斋随笔》的作者洪皓就在他的书信中提到了金国“彼方困于蒙兀（蒙古）”，而在嘉定四年（1211年）蒙金战争初起时，户部员外郎余嵘出使金朝亲见金军溃败，归来后即准确地预见道：“今鞑靼坚锐，即女真崛起之初。而金人沮丧销耎，有旧辽灭亡之势。”

在一开始，一向逆来顺受过于懦弱的南宋只想置身事外，作壁上观，并不想把自己也卷进去，所以，南宋宁宗嘉定七年（1214年），当成吉思汗派使者由淮水渡入南宋，送来文书及绢画、地图等物，希望与南宋联手灭金时，由于对蒙古尚处于基本不了解的状态，只知道蒙古与金国激战正酣，为了不惹起事端，保持中立，因而，宋廷没有接受蒙古试探性的外交文书，并把几个蒙古使者驱逐出境。而且，为了避免金人找借口生事，宋廷当时还特意下诏告诫边将，以后有类似蒙古使者到来，应一概“驱逐去之”。

在今天来看，这种“事不关己，高高挂起”的做法固然不能说是一种上策，但在形势很不明朗且错综复杂的情况下，坐观女真、蒙古二虎相争，任其自相残杀，显然也不失为是一步好棋。

可是，令人感到殊为遗憾的是，后来，南宋再也没能置身事外，由于种种原因，陆续做出了一些错误决策，在对蒙关系上发生了政策性偏差，由此渐渐陷入战争的泥潭而无力自拔。

问题首先是出在“岁币”上。

由于经常听到出使金朝回来的使臣报告他们在金朝刺探到的情报，所以，临安政府对金朝被蒙古铁骑打得鼻青脸肿、抱头鼠窜的情形掌握得一清二楚。在这种情况下，一些大臣便主张把握时机，应该趁金国被蒙古人打得找不着北的时候，正好落井下石，不再给金国岁币。

如力主不给岁币的起居舍人真德秀就说：“女真人被蒙古人打得连都城都搬迁了，还能指望他们什么？现在，金国只指望凭黄河据守，但连北方雄峻的三关都阻挡不住蒙古大军，区区一条黄河就能成为不可逾越的天险吗?”因此，他主张南宋应当“亟图自立之策，不可乘敌之未亡，姑为自安之计。”用现在的话说就是要自力更生，奋发图强，依靠自己的力量来拱卫南宋的安全。

可对立的一派却认为不仅要继续给岁币，而且还要多给，以此援助金国抗蒙，让金国阻挡住蒙古人的铁骑，成为南宋阻隔蒙古祸水南流的“防火墙”。如淮西转运使乔行简在给宰相的上书中就持这样的看法，在他看来：蒙古之势可忧，在这种情况下，金国就不再是仇敌而成为屏障了，因此“宜姑与币，使得拒蒙古”。

当此之际，南宋究竟何去何从？朝廷上下议论不决。而在这种时刻，无论是决策者还是普通百姓，最需要的就是冷静和理智，最需要的就是慎思明辨，趋利避害，千万不能为激情与冲动所左右。可是，这样在嘴上说说倒也容易，但要真正做起来却极为不易。

而就在上层围绕“岁币”问题一直争议不决，首鼠两端，面对错综复杂的局势，犹疑不决的时候，又一个非常棘手的问题不期而至。

那是宋宝庆二年（1226 年），成吉思汗在六盘山养病，由于深感自己的病情日益严重，将不久于人世，遂留下遗言，希望继任者能够向宋借道，进军唐、邓，直抵汴京灭金。

窝阔台即位后，于 1230 年 7 月亲率大军伐金，由于久攻金大梁不下，他便想到父亲遗言，决定联宋灭金，于是派使者王檝到南宋的襄阳（今湖北襄樊），要求南宋出兵夹攻金国。

究竟该不该“联蒙灭金”？对这一问题，南宋朝廷自然又是意见不一，分成两派。当时，以淮东安抚使赵范为首的少数派反对和蒙古联合，可是，绝大多数朝臣鼠目寸光，毫无见识，这些人只是因为看到蒙古势大，金国灭亡在即，于是便都认为就此联蒙灭金，以雪百年之前的靖康之耻。

此时，南宋皇帝是来自民间由奸相史弥远一手伪造“嫁接”起来的宋理宗赵昀，此人虽说比徽宗皇帝要好不少，但也不过是个庸碌之辈，而且，当时他又正忙着提倡扶植程朱理学，根本看不到强邻的威胁和亡国的危机。而执掌朝政的奸相史弥远又把全副精力用在党同伐异和恣意专权上，对潜在的危机视而不见。也正因为此，在蒙古方面提出要与宋联手灭金时，他们对“联蒙灭金”几乎未作任何可行性研究与评估，更没有从当年北宋联金灭辽导致引狼入室的前车之鉴中认真吸取教训，对刚刚发生不久的“丁亥之变”更未引起任何的重视，很轻率地便与蒙古达成联合灭金的协议。

就这样，南宋几乎像梦游般，又一次稀里糊涂地走上了当年北宋引狼入室自取灭亡的道路。在历史的重要关口，再一次误入歧途，做出了极其错误的选择。

说来，当一个国家、一个民族处在重要的历史“十字路口”，在这种时候，最需要有一个睿智明哲的政治家或领袖人物能够站到前台，为群众解疑释惑，指点迷津，引领民众从“山重水复疑无路”的困境中一路披荆斩棘，化险为夷，走向“柳暗花明”。可是，令人感到遗憾、感到悲哀的是，在一个迫切需要英雄、呼唤英雄的时代，南宋却没有能够涌现出一个英雄、一个“领袖”站出来登高望远，振臂一呼。

一个断了脊梁的王朝，关键时刻，竟然也没有了头脑和灵魂!

如果是在太平年间，一个既断了脊梁又没有头脑和灵魂的王朝也许还可以侥幸存活下去，可是，在一个特殊的历史时期，在一个强敌入侵的战争年代，则显然不会有这样的幸运。

绍定五年（1232 年）年底，一心想趁火打劫落井下石的南宋与蒙古人签订了军事同盟，协议核心内容主要为：灭金以后淮河以南的土地归宋所有，南宋与蒙古仍以淮河为界；南宋则为蒙古供应粮秣，提供各方面的经济和军事援助。

盟约签订后，南宋名将孟珙、江海即刻率军自襄阳北上，攻占了金的唐、邓二州。在这次北上时，宋军还“运米三十万石”。“运米三十万石”——这在当时委实意义重大，因为它足够十万大军吃十个月，这对长途作战的蒙古军无疑是雪中送炭。

由于得到了宋军强有力的支持，一度处于胶着状态的蒙金战局很快得到了改观。战争的天平开始朝有利于蒙古军的方向倾斜。

端平元年（1234 年）正月，宋蒙古两国军队合攻中原腹地蔡州，这也是金军的最后据点。金哀宗感到穷途末路，绝望至极。金臣完颜阿虎带献计，建议重新结好南宋，向南宋乞粮求和，以此既可以缓解金军的压力，也可以离间宋蒙之间的关系。于是，金哀宗给南宋朝廷写信，在信中竭力强调宋金之间唇齿相依，唇亡齿寒，希望宋能与金联合，共同对付凶恶的敌人。但南宋朝廷眼看金国灭亡在即，不假思索地拒绝了金的乞和求粮。

如同一个溺水者，在最后即将完全沉入水底之前，金国拼命把手伸出水面，向南宋发出了既强烈又可怜的求救信号，但由于仇恨太深，南宋选择了见死不救。

就这样，在彻底的绝望中，金室最后两位皇帝一个无奈自尽，一个死于敌军之手，而完颜皇家宗室则被攻入城中的蒙古军全部杀死，金国就此灭亡。

当年，在联金灭辽收复燕云后，轻佻的宋徽宗君臣像服了兴奋剂似的也曾欢天喜地，极其隆重而热烈地大肆庆祝过一阵子，一时间，举国欢庆的北宋到处都沉浸在节日的气氛里。而现在，金国灭亡，世仇已报，当南宋名将孟珙从蔡州将部分烧焦的金哀宗尺骨带回临安，宋理宗诏令以此来祭皇家祖庙，告慰徽钦二帝的在天之灵，表示百年前的“靖康之耻”终于得雪，“联蒙灭金”后的南宋君臣更是情不自禁，喜极而泣。

是啊，“靖康耻，犹未雪”，一百多年来，这曾使多少南宋志士生前耿耿于怀，临终死不瞑目。如大诗人陆游在其一首名为《示儿》的诗中就曾写道：“王师北定中原日，家祭无忘告乃翁”，如今，这样的日子终于来临了，又怎能不让人激动满怀？兴奋异常？

可是，如同当年徽宗“联金灭辽”后的情景一样，就在南宋君臣欢天喜地、大张旗鼓地庆祝空前绝后（这些乃是中国人惯用的词语）的胜利，还没有从极度的兴奋与欢乐中醒来时，战争的阴云很快就布满了南宋的上空。

原来，就像当年“联金灭辽”后自恃强大的金国不践前约，不念旧情，对北宋以德报怨大打出手一样，蒙古人似乎也有意重复金人昨天的故事，在宋蒙联合灭金后，也根本不去履行当初的协议，不去归还河南地区，而只是极其敷衍了事地把陈（今河南淮阳）、蔡东南之地分给了南宋。

这与当年北宋“联金灭辽”后被金玩弄的情景简直如出一辙！

眼看又要像当年北宋“联金灭辽”一样，空欢喜一场，南宋当然心犹不甘，于是在极度的兴奋与狂热中，刚刚亲政的宋理宗赵昀便决定乘蒙古主力北归、中原兵力空虚之际，出兵收复河南等地。

提出这一“西守潼关、北依黄河”即所谓“据关守河”建议的是当时负责淮东防线的宋将赵范、赵葵兄弟，但以参知政事乔行简、京湖制置使史嵩之、枢密院副都承吴渊和淮西总领吴潜为首的许多大臣却群起而攻之，反对“据关守河”这一策略，正所谓“天下不归杨即归墨”，当时南宋的廷臣对北伐一事要么赞同，要么反对，而反对一方显然属于多数派。但中国的事情往往就是这样，表面上是“少数服从多数”，而实际上却常常是“多数服从少数”，结果，此次北伐由于宋理宗和宰相郑清之的支持，很快便付诸实践。

端平元年六月，宋军正式向中原挺进，准备收复丢失百年的故土，以知庐州（今安徽合肥）全子才为关陕制置使，率淮西军万余人首先从庐州出发，赵葵率淮东军五万余人跟进，史称“端平入洛”。

此次出师，南宋先是收复开封府、应天府（今河南商丘）、河南府（今河南洛阳），表面上马到成功，战果辉煌，但实际上，如同当年北宋军队在联金灭辽后所得到的燕京与蓟、景、檀、顺四州早已被金军洗劫一空一样，如今，在灭亡金国后，宋军“端平入洛”所得到的这些城池也早已被蒙古军抢劫杀戮一空，所呈现的只是一片“万户萧疏鬼唱歌”的废墟景象。

如果事情仅仅到此为止也就罢了，南宋顶多明里暗里吃了许多亏而已，细想想，这在两宋外交史上也再正常不过，吃亏上当原本就是家常便饭，并没什么可大惊小怪的。甚至南宋领导人还会来点“阿Q精神胜利法”，不以为耻，反以为荣，对得到几座废墟般的空城表现出异乎寻常的兴奋与喜悦，好大喜功、自欺欺人地大肆宣扬与庆祝一番。但问题的严重性在于，“端平入洛”不仅授人以柄，让蒙古抓住南宋“肇始祸端”的把柄，得以大举兴师问罪，而且，最主要的是正好中了蒙古人的毒计，落入蒙古人早已布置好的战争陷阱。

原来，在蒙古灭金国后，狡猾的蒙古军队料到南宋君臣一定有着很深的“汴京情结”，就像当年北宋君臣有着很深的“燕云情结”一样，对收复汴京、洛阳等地一定十分在乎，于是乎故意北撤，将开封、洛阳等几座早已洗掠一空且夷为废墟的空城“弃之不管”，以此作为诱饵，暗中垂钓、等待宋军上钩，借此将擅于在丘陵山地以及河湖水上作战的宋军调虎离山，引到一马平川适合蒙古骑兵作战的华北平原来，“聚而歼之”。果然，一心想收复百年故土、重回开封故都的南宋首脑不知是计，在没有做好充分的战争准备的情况下，极为轻率地做出了“端平入洛”的决定。而等宋军主力都进入中原，“猎物”完全上钩后，蓄谋已久的蒙古军立即决开黄河大堤，来个“水淹宋军”，完全阻断了宋军与后方的联系，然后大批以逸待劳的蒙古骑兵快速插入平坦的华北平原，将宋军全歼于此！

对于“端平入洛”，后人一直众说纷纭，褒贬不一。但在今天来看，“端平入洛”的最大危害并不在于由此引发了蒙宋对抗，而在于直接点燃了蒙宋战争的导火索。其实，从某种意义上说，南宋“入洛”并没有错，错的只是事先没有计划周详，谋定后动，在完全没有准备的情况下“端平入洛”，在军事上明显犯了急躁冒进的机会主义错误。所以，勉强出兵，不仅没能抚定中原，“据关守河”，结果反而导致全线崩溃，两淮精兵几乎血本无归，损失惨重。

实事求是地说，较之于弱不禁风、不堪一击的北宋，南宋无论是统治者还是军队都明显要顽强有力得多，但由于从“联蒙灭金”到“端平入洛”，以及在此前后所犯下的一系列战略与战术上的错误，加上又不幸而遇上历史上最强的蒙古政权，所以，在与蒙古以及后来的元军打了长达四十年的战争之后，终于坠入万劫不复的深渊。

按史书上的说法，南宋是在1279年“厓山之役”失败、怀宗投海自尽才灭亡的，但在实际上，起码在形式上，南宋的灭亡应该是在德祐二年（1276年），因为就在这一年的正月初八，谢太皇太后派人把传国玉玺和降表送到早已兵临城下的蒙古军主帅伯颜的手中，宣布无条件投降。

对此，南宋宫廷琴师汪元量写了一首名为《醉歌》的七绝予以讽刺，诗云：

乱点连声杀六更，荧荧庭燎待天明。

侍臣已写归降表，臣妾佥名谢道清。

而到了这一年的二月初五，宋恭帝率百官“诣祥曦殿望元阙上表”，正式举行了投降仪式。

史载，南宋投降后，伯颜回师大都时满载而归。犹如当年的“靖康之耻”一样，元军将南宋的珍版图书、祭器、礼器、财宝等席卷一空，作为战利品带往大都。南宋小王朝积累的许多家都一股脑儿拱手孝敬给了元朝！

除了物品，还有一大堆俘虏，其中有乐工、工匠以及各级官僚，南宋的皇室人员也不例外。宋恭帝、太后全氏等都被押解北上，只有谢太皇太后因病留在了临安，但后来也被强行押送到大都。

从表面上看，南宋“联蒙灭金”与北宋“联金灭辽”无论是时代背景还是主观态度都有着很大的不同。诚如大家所知道的，当初北宋“联金灭辽”，纯属没事找事，主动找金国缔结“海上之盟”，结果与虎谋皮，无异于自投罗网，自取灭亡。而南宋的“联蒙灭金”，在某种意义上，应该说南宋从头到尾都处于一种相对被动的状态，完全是一种“不得已而为之”的“被联盟”，这正如清代王夫之在其传世著作《宋论·论南宋联蒙灭金策略之失》一文中所说：“会女真以灭契丹，非女真之为之也。女真无藉援于宋之情，亦无遽思吞宋之志。”“会蒙古以灭女真，则宋未有往迎之心，而王檝自来，其势殊矣。”

但在实际上，无论南宋“联蒙灭金”还是北宋“联金灭辽”，两者在本质上并没有什么大的不同。无论是主动还是“被主动”，其实都并不重要，关键是最后都做出了错误的抉择，造成了严重的后果。

从严格意义上说，北宋的灭亡其实还并不是真正意义上的“灭亡”，还侥幸剩下半条命得以在南方苟延残喘了一个半世纪的话，那么，当南宋重蹈覆辙，亡国的悲剧再一次上演，曾经侥幸躲过了初一的大宋王朝再也没能躲得过十五。

据元末明初著名史学家、文学家陶宗仪所著的《辍耕录》记载，南宋末年，元军占领临安，太后谢道清、宋恭帝和后宫妃嫔等被掳北上，其中，被掳的后妃中有一位名叫王清惠的女子，原为宋度宗的昭仪，不但美貌出众，而且满腹诗书，才华出众。在被掳途经北宋都城汴梁夷山驿站时，因感慨山河破碎，国破家亡，情不自禁在驿站的墙壁上写下了一首泪湿衣裳的《满江红》：

太液芙蓉，浑不似、旧时颜色。
曾记得，春风雨露，玉楼金阙。
名播兰馨妃后里，晕潮莲脸君王侧。
忽一声鼙鼓揭天来，繁华歇。

龙虎散，风云灭。
千古恨，凭谁说？
对山河百二，泪盈襟血。
驿馆夜惊尘土梦，宫车晓辗关山月。
问姮娥、于我肯从容，同圆缺。

想当年，后蜀灭亡后，花蕊夫人也曾在被掳途中百感交集，悲痛欲绝地在驿站小憩时，将半阕《采桑子》题在了驿站的墙壁上。而现在，时隔三百多年之后，又一位宫廷妃嫔、文学才女演绎了几乎完全相同的细节，上演了一出同样的悲剧。

第六章 两宋奸相何其多

在我国封建社会，辅助皇帝处理国家大政的最高长官，一般通称为宰相。宰相是“百官之长”，故在春秋战国时期又称“百揆”，在商鞅变法后的秦国也称“丞相”。总之，不管是叫宰相还是丞相，或者叫百揆抑或其他什么，其职责都是“掌丞天子，助理万机”。

人有贤愚之分，官有忠奸之别。即便是一人之下万人之上的宰相，也良莠不齐，鱼龙混杂。如每当说到贤相，人们很自然地想到管仲，想到萧何，想到房玄龄，想到张居正……而当说到奸相，则很容易让人想到李林甫，想到秦桧，想到严嵩……

可以说，奸相历朝都有，就像每个朝代都有昏君一样，这实在是再正常不过的历史现象，原本不足为奇。可是，在读《宋史》时，发现有宋一代，竟然出现了那么多的奸相，像王钦若、蔡京、蔡攸、王黼、李邦彦、汪伯彦、黄潜善、秦桧、史弥远、贾似道、留梦炎……

所以，从某种意义上说，两宋的历史实在是一段颇为奇特的历史，一个以文立国、理学盛行的朝代，怎么会出现那么多的奸相？这委实让人读不懂也想不通。

管窥宋朝的宰相

诚如大家所知道的，有宋一代，较以前的朝代，宋太祖赵匡胤在国家政治体制方面做了许多脱胎换骨的改革，最重要的是在军事方面，彻底褫夺了武将的兵权，同时，对于相权也处心积虑，进行了剥茧抽丝般的改革。

概要说来，赵匡胤对于相权的改革，其目的是弱化宰相之权，以此巩固自己的皇权。为此，他将宋朝的相权组织结构变成了二府三司宰相制。二府是指中书省和枢密院。唐以来，设立三司使一职，让其总管四方贡赋和国家财政，号称计相。但是，三司使从关系上来讲还是隶属于宰相管辖的。可是，到了宋初，三司脱离了宰相的控制，自成独立的体系，直接对皇帝负责，由此，宰相不再干预财政。同时，宋代还设立考课院（后改为审官院），主管官员的诠选。显然，经此改革，仅在制度上来说，宋代的宰相已经既无财权，又无人权，更无军权，用钱穆先生的话说："宋代军事、财政、用人三权都有掣肘，都分割了，这显见是相权之低落。"

其结果，不仅是把宰相的权力改小了，而且，黄袍下藏着许多自私与怯懦的赵匡胤也悄然而然地把宰相的尊严给改"小"了。

早在春秋战国时期，各诸侯国为了招贤纳士，选贤用能，一批贤相名宰应运而生。燕国筑黄金台招贤，秦孝公三颁求贤令，其目的是求取国之栋梁，王佐之才。那时候，宰相的地位极为荣耀。即便是到了秦汉时期，皇帝任命宰相时还要正儿八经地举行仪式，施以大礼，因此才有"拜相"一说。在朝廷上，宰相有时甚至与皇帝一起接受百官的叩拜。平时君臣会见，商讨国是，大家"平起平坐"，席地而谈。如西汉时就有汉宣帝夜访贾谊——"可怜半夜虚前席"的说法，君臣施过礼后，汉宣帝与贾谊一起坐到席上，促膝而谈。

而在三国时期，像诸葛亮这样的贤相，不仅需要刘备三顾茅庐，而且需要刘备父子始终视为股肱，待为上宾，可谓恩荣备至。

到了隋唐，宰相的身份虽没有以前那么尊贵了，但也还算凑合，宰相和皇帝可以面对面地坐在一起，品着香茗，议论朝政，用《周礼·冬宫·考工记》里的话说就是："坐而论道，谓之王公。"宰相好歹还能与皇帝在一起"坐而论道"。

可是，到了宋朝，自从赵匡胤略施小计，将宰相坐着的凳子给撤了以后，宰相们不要说与皇帝平起平坐，即使是"坐而论道"的待遇也给剥夺了。

其中有一个很小的细节，说来也真的是很有意思，于此可以看出平时为人看似极为豪爽、性格大大咧咧的赵匡胤其实内心非常小气，"小心眼"一个。

相传，建隆三年（962 年），宋太祖决定更改下一年的年号。至于年号叫什么，他让宰相赵普先去考虑，不过，他对赵普说："年号须择前代所未有者。"结果，经赵普提议，赵匡胤拍板，将下一年的年号改为"乾德"。但直到三年后的某一天，太祖赵匡胤"恍然大悟"，将年号改为"乾德"是让天下人笑掉大牙的历史性错误。

宋太祖乾德三年（965 年）的春天，合州汉初县有人在盖房伐树时意外地发现，在一棵大树树干内竟有"大连宋"这样的文字，在当时的人看来，这无疑是国之祥瑞，利好兆头。而此后不久，大将王全斌率军又平定了蜀中之乱。

平定伪蜀国（即五代十国时的前蜀国）后，有些伪蜀国宫人被招进了宋皇宫，宋太祖发现有好几个伪蜀国宫女用的铜镜背面都刻有"乾德四年铸"几个字，当时正是宋太祖乾德三年，还没到乾德四年，这铜镜怎么可能会是乾德四年铸呢？赵匡胤很疑惑。

说来，那天显然也是闲着没事，早朝过后，赵匡胤与一帮大臣闲聊起来。闲谈中，也不知是谁说自从皇上将年号改为现在的"乾德"便吉庆有余，喜事不断。一听这话，一向性格大大咧咧的赵匡胤也笑逐颜开，表示自己对"乾德"这个年号非常满意，说"乾德"是一个自古未有的好年号。

在一旁的宰相赵普听了未免有些心花怒放，但他表面却显得非常谦虚，他说皇上英明圣武，国之万幸，特别是自从改用"乾德"年号后，天下归心，万民称颂，好事连连，祥瑞迭出，真乃我大宋之福。

别人的“马屁”话皇帝爱听，宰相赵普的“马屁”话赵匡胤更爱听。当时赵匡胤乐得眼睛都眯成了一条缝，恨不得立马拿出宫中最好的御酒来招待“众爱卿”，君臣在一起好好乐和乐和，庆祝庆祝。

可是，没想到，就在这时，有一个人偏要“煞风景”，结果把大家都搞得很不快活。

这个人便是卢多逊。

卢多逊是五代后周显德初的进士，北宋开宝元年冬，命为翰林学士，是正宗的科班出身的大知识分子。当时，寇准还刚刚出生，才会走路，而像欧阳修、晏殊、苏洵等后来都很牛的大学士也还没出世。所以，就学问而言，在宋朝开国之初，卢多逊绝对是举国数一数二的饱学之士。

如果说，当年仆射周青臣等一帮博士在宫廷宴会上称颂“陛下威德”，未免有些露骨地当面拍秦始皇的“马屁”时，博士淳于越大煞风景，竟不分场合不看对象地公然出来唱反调，让人觉得他显然是愤青一个，那么，同样在皇帝赵匡胤面前煞风景、唱反调的卢多逊却绝对不是愤青。尽管他也是一个大知识分子，但却没有书生气。

不错，卢多逊是一个精明人，史载，这位博涉经史、聪明强记、文辞敏捷的大学士，“性狡黠，有谋略”，在政治上非常有城府。据说，宋太祖好读书，每当赵匡胤到御书馆去借阅图书。事后，卢多逊都要暗中向管理图书的吏令打听皇帝借的书目，然后废寝忘食地“通夕”阅览。所以，等到太祖问及书中之事时，他总能对答如流，让赵匡胤十分佩服。因为此，太祖对这位大学士非常青睐，任命他为知制诰，让他成天待在自己身边，负责起草皇帝的诏书以及处理一些军国重要密件。

显然，卢多逊是皇帝身边的红人，而宰相赵普也是太祖身边的红人，但这两个红人却搞不到一块儿。《宋史·赵普传》说赵普“寡学术”，读书少，像卢多逊这样科班出身的“翰林学士”内心肯定瞧不起他。但话说回来，像赵普这样“自学成才”精明世故的政客也未必就会把卢多逊这样自以为是的“学院派”放在眼里。所以，两人见了面，虽不像《红楼梦》所说的那样，“一个个像乌眼鸡似的”，但彼此心里都感觉怪怪的，不那么舒服。

摆明是存心要出赵普的洋相，这天，当群臣以“乾德”为题拍皇帝的“马屁”时，卢多逊先是不动声色，一言不发，可随后，当赵普也上杆子拍赵匡胤的“马屁”，赵匡胤也颇为受用时，卢多逊不高兴了，他忽然从鼻孔里发出一声冷笑，不咸不淡地说了一句：“可惜，乾德是伪蜀国用过的年号!”说完，再不吭声。

但他这一句话，却不啻是平地一声惊雷，顿时把在场的人都给镇住了。皇帝大吃一惊，立马想到不久前看到的伪蜀国宫人用的铜镜上刻的“乾德四年铸”那几个字，于是赶快命人去查。经查实，这“乾德”还真是前蜀国用过的年号，而且还是亡国的年号！

要知道，在封建社会，皇帝的年号不仅在当时要晓谕四海，而且还要传之后世，所以，等弄清真相后，赵匡胤龙颜大怒。想到赵普这厮身为宰相，却不读书不看报，平时只会在官场中投机钻营，还大言不惭，口口声声标榜自己是“半部《论语》治天下”，如今倒好，不是“半部《论语》治天下”，而是“半部《论语》笑天下”，连一个年号都起不好，结果让自己在天下臣民乃至全世界出了这么大一个洋相，贻笑后世……如此一想，赵匡胤终于忍不住了，黑着脸在那儿坐了半天，还是气不过，于是一挥手，把赵普叫到身边。还没等赵普反应过来，他便拿起御案上的那支御笔，蘸饱了墨汁，近乎有些歇斯底里地在赵普的脸上乱画起来，一边画一边骂：“你不学无术，怎么比得上卢多逊?!”

身为宰相，竟然在众目睽睽之下遭此大辱，当时，赵普的心一定在滴血，但是，说来也真是“宰相肚里能撑船”，他只是木木地站在那里，很是僵硬地笑着。他偷眼看了一下站在几个大臣后面的卢多逊，发现卢多逊正在暗笑。

但卢多逊笑早了。官场斗争，绝不在一朝一夕、一城一池之得失，有道是“出水才看两腿泥”，谁笑到最后，谁才是胜者。而且，虽然在学问上卢多逊比赵普高出几头，绝对算是大知识分子，但在官场斗争中，卢多逊远远不是赵普的对手。

所以，在后来两人的龙虎斗中，尽管卢多逊也曾一度取代赵普为相，把赵普整得够呛，但最终生姜还是老的辣，“老江湖”赵普还是笑到了最后。

今天，当我们回过头来看这一段历史，无论赵普还是卢多逊，虽然为人都不光明磊落，生平颇有一些污点，因而都称不上贤相，但平心而论，也还都不能说是奸相。

宋朝的奸相，严格说来，最早似乎应从宋徽宗时的蔡京开始。所谓国之将亡，必有妖孽。到这时候，真正的奸相才正式粉墨登场。

“变色龙”蔡京

虽然，由元人编撰的《宋史》也把宋真宗时的宰相王钦若以及宋神宗时的宰相蔡确打入奸相另册，但这些所谓的奸相，与蔡京比起来，真可谓“小巫见大巫”，根本就不在一个重量级上。所以，从某种意义上说，有宋一代，第一个粉墨登场的奸相乃是蔡京。

关于蔡京，后世有许多反映他的戏剧，舞台上的蔡京都是白鼻子奸臣，人见人恨。

蔡京有一句名言：“既要做好官，又要做好人，两者岂可得兼?”在他看来，做好官与做好人是相互对立、不可兼得的。

也正因此，他便不假思索地选择了“做好官”而不去“做好人”，为了“做好官”，真正是不择手段，无恶不作。

与历史上许多窃国弄权的奸臣一样，奸相蔡京为官之所以能够飞黄腾达，其秘诀也不过就是“攀附、跟风、媚上”这六字而已。

先说攀附。

据史书记载，蔡京熙宁三年（1070 年）登进士第，那年，他 23 岁。

虽说从小就熟读圣贤之书，但蔡京在礼义廉耻方面却很成问题，小小年纪，刚入仕途，他便动机不纯，一心想借名人炒作自己。由于与欧阳修、范仲淹同时代的一代名臣蔡襄在当时名气很大，曾经在宋仁宗时期任过宰相，又是大书法家，所以，蔡京逢人便吹嘘说自己与这位无论在政界还是文化界都口碑极佳的大名人是同族亲戚，借此攀附名门，沽名钓誉，抬高自己。

除了攀附名人，借名人炒作，蔡京还暗中走“弟媳路线”，攀附名相。熙宁年间，宋神宗重用王安石为相，强力推行变法。而在当时，蔡京之弟蔡卞已娶了王安石之女为妻，成了王安石的乘龙快婿。所以，见缝就钻的蔡京便走弟弟、弟媳路线，想着法子接近且讨好弟弟的老丈人王安石，与名相攀亲戚，且竭力支持王安石推行新法以博得这位铁腕宰相的欢心，由此得到了王安石的重用。

再说跟风。

古往今来，大凡君子往往忠义诚信，在处理一些重大问题时因为过于讲求道义、良心以及原则，常常显得拘执和顶真，有时往往义无反顾，一条路走到黑；而小人则不然，他们从来不背负道义与良心的包袱，更是置原则于度外，所以，这些人多半总是见利忘义，见风使舵，如“墙头草，顺风倒”。

显然，蔡京便是这样的人，是那种典型的官场“变色龙”。

从史书上看，蔡京真的是官场中的“变脸大师”，他的那张脸，简直就是北宋末年的“政治风向标”。

如前所述，蔡京刚步入仕途时，正是以王安石为首的变法派与以司马光为代表的保守派激烈斗争之时，由于有神宗皇帝支持，当时变法派如日中天，非常得势。所以，很会投机、很会站队的蔡京便设法站到变法派的阵营里来，竭力讨好王安石，成了拥护新法的积极分子，由是“朝廷荣之”。

可是，等王安石失势，特别是宋神宗英年早逝后，由于继位的哲宗年幼，由太皇太后高氏“垂帘听政”，高氏反对变法，重用保守派人物司马光为门下侍郎，主持国政，废除新法，这种时候，蔡京又摇身一变，成了反对新法的“急先锋”。

史载，司马光上台后，尽废新法，史称“元祐更化”。据说，当性格倔强的司马光下令要全国各地在五天之内将免役法改为差役法时，由于王安石所推行的免役法被实践证明是一项良法，所以，许多地方官员内心都不愿废除，因而都借口时间太短，难以完成。

若按一般情理来说，因为弟弟是改革派领袖王安石的女婿，自己又是借助这层关系以及坚决支持改革才得以进京为官的，这种时候，无论是从道义上说还是从感情上说，蔡京都不应该突然“变脸”，反戈一击。但是，时为龙图阁待制、知开封府的蔡京却表现得异常积极，竟第一个站出来表态亮相，由变法派变成了保守派，把司马光的命令执行得毫厘不爽，经过连夜催赶，在五天之内圆满完成了废除免役法这一任务！

可以说，蔡京的这一异常举动出乎当时所有人的意料，就连司马光也颇为惊奇，对蔡京称赞说："如果人人执行法令都像你这样，那天下还有什么不能实行的?"

说来，北宋这期间的历史好像是存了心要拿蔡京这样的"跳梁小丑"开玩笑，仿佛故意要把他的无耻人格暴露无遗似的，到了元祐八年的九月，"垂帘听政"八年的太皇太后高氏死了，哲宗亲政，并于次年改元绍圣，以示继承宋神宗的改革事业。

很快，当初被贬的变法派人物纷纷得以"平反昭雪"，重新起用，而改革派章惇则被任命为尚书左仆射兼门下侍郎，即左相，且为独相，主持改革。这时候，一看政治风向变了，"变脸大师"蔡京又把自己的保守派面孔急忙变回到改革派面孔，而且到处诉说自己是受保守派迫害的新派人物。不久，章惇想废除差役法，恢复王安石的免役法，但又担心遇到政治阻力，于是便想设置专门机构对此进行专题研究。正在犹豫之际，蔡京主动找到章惇献计说："像熙宁年间那样直接施行就可以了，根本没必要再去讨论。"

就这样，"变色龙"蔡京博得了改革派章惇的信任，又成了恢复免役法的积极分子。

蔡京就是这样无耻，其所作所为，真的是人所不齿。

再来说说媚上。

蔡京这人媚上的功夫可真是了不得，一般来说，只要他想拍谁的马屁，还从来没有拍不上、拍不好的。

如果说他当初是由于走弟媳路线才巴结上王安石，而王安石当时因为强力推行改革得不到朝中一批元老重臣的支持，不得不降格以求，任用一批动机不纯的年轻人参与改革，所以才对蔡京之流予以眷顾和重用的话，那么，像司马光这样性格执拗的道德君子，蔡京能把他搞定，能和他处好关系，就足以说明蔡京绝对很有手腕，很会忽悠。

司马光死后，蔡京又立即改换门庭，投靠章惇，并通过陷害政敌，谋杀异己，得到了章惇乃至哲宗的信任，因而在绍圣三年（1096 年）被提拔为翰林大学士承旨，官阶为三品，掌皇帝制诰、诏令的撰述，成为朝廷中的显赫人物。

这期间，文及甫狱起，蔡京受命追治同文馆狱。他先拘捕了内侍张士良，逼他说出陈衍的罪状，并串通刘挚、梁焘弹劾陈衍，以大逆不道之名诛杀了陈行，然后为杀人灭口，又贬死了刘挚、梁焘。

不过，倘若到此为止，蔡京的奸相生涯还没开始，他的媚上功夫也还未能得到最充分的展示。

的确，蔡京真正时来运转还是在宋徽宗时期。

花花公子宋徽宗与官场“变色龙”蔡京，一个昏君，一个奸相，最后之所以能够惺惺相惜，臭味相投，说来，也真的是由于俩人有着许多共同的语言、共同的爱好所致。

像历史上许多奸臣一样，蔡京这人虽说人品极差，却相当有才，特别是在书法方面很有造诣。

据说，当年做端王时，酷爱书画艺术的宋徽宗赵佶曾花重金从两个小吏手中购得两把蔡京题字落款的团扇，可想而知，宋徽宗对蔡京书法的欣赏！

在今天，想必一般人都能认识得到：艺术与政治是绝对不能搅和在一起的，就像私情不能过多地掺和在法律中一样，否则，非坏事不可。可在当时，艺术天赋极佳而政治智商极低的宋徽宗却自始至终对此都执迷不悟。

实际上，从史书上看，蔡京尽管两面三刀，惯于“变脸”，但他的“变脸”特技不仅不高明，而且非常拙劣，即便是一般人都很容易就能识破。如他从变法派第一次“变脸”成为保守派时，尽管骗取了司马光的信任，但言官们一眼就看穿了他的丑恶嘴脸，当司马光准备提升蔡京时，朝廷的台谏官们不答应了，大家一致联名反对，指出蔡京“扶邪坏法”，不可重用。于是，蔡京不升反降，被贬到扬州等地为知州。

而在他第二次“变脸”，又厚颜无耻地从保守派变成变法派时，对蔡京的这种几乎毫无政治操守与道德品格的小人嘴脸，应该说，朝野内外几乎是无人不知，无人不晓了。

考虑到蔡京实在是人品太差，名声太臭，所以，宋徽宗刚继位时，不得不做出一种政治姿态，将蔡京贬出京师，出知太原。蔡京觊觎朝廷重权，不肯离京，恳请皇太后为其讲情，留他继续编修国史。朝臣们恨极了这个官场小人，过了几个月，谏官陈瓘指责他贿赂近侍，徽宗再将其派知江宁。这对蔡京的打击很大，但他仍赖在京城，结果，御史陈次升、龚夫、陈师锡又合参了他一本，历数他的恶行。徽宗一怒之下罢了他的职，将他贬到杭州，降为提举洞霄宫（宋代为安置老病无能之臣及高级冗员而设，坐食俸禄而不管事）。

按说蔡京的政治前途算是彻底玩完了，绝对不可能有东山再起的可能。

可是，宋朝的历史有时真的是很奇怪，让人读不懂也想不通，想当初，一步步将蔡京贬到杭州的是宋徽宗赵佶，而仅仅不到两年，又突然让蔡京坐火箭似的窜到宰相位上的也是宋徽宗赵佶，堂堂一国之皇帝，怎么会对任用宰相这样重要的事情如此不慎重呢？

说来，赵宋的许多皇帝真的非常另类，他们的想法与做法似乎和一般人总是不一样，如同宋太宗御赐阵图、千里之外竟然遥控指挥宋军作战，宋高宗在国家危难时刻擅杀岳飞一样，宋徽宗即位后何以对蔡京先抑后扬，任用一个品德恶劣、声名狼藉且已被群众公认的小人为宰相？这些历史，实在是让人读不懂也想不通！

有人认为之所以会出现这种奇特的“蔡京现象”，乃是因为当时朝廷政治斗争、权力博弈的结果；也有人认为出现这种现象的原因乃是由于酷爱书画艺术的宋徽宗爱屋及乌，因为欣赏蔡京的书法进而对蔡京也极为赏识。

后来的事情是大家都知道的，蔡京得势后党同伐异，他一方面与童贯、杨戬、蓝从熙、谭稹、梁师成等奸贼相互勾结；另一方面，则疯狂打击迫害自己的政敌。元祐年间，他曾卖身投靠过司马光，而司马光当时也的确对他表示欣赏，只是因为当时有大臣反对才没重用他，但就为这件事，蔡京对司马光一直恨之入骨，上台后立即将司马光、文彦博等一百二十八人列为“奸党”，并让徽宗用他独步古今的瘦金体将“奸党”的名单一一书写刻石到一座石碑上，然后立于端礼门布告示众，这便是历史上著名的“元祐党籍碑”。

说来，也真是“没有金刚钻别揽瓷器活”，仔细想想，“奸相”也不是一般人都能胜任的，为了让“大顽主”宋徽宗玩得开心，玩得放心，奸相蔡京也真是煞费苦心，竭尽所能，不仅和童贯等一批奸臣贼子陪皇帝画画写字、斗鸡嫖娼，还帮昏君宋徽宗搜罗天下奇石堆假山建园林，而且，他还创造性地提出了一套“丰、亨、豫、大”的理论。据说，这“丰、亨、豫、大”的理论取自《易经》卦名，意思是国家富裕、国运亨通，君臣可以快乐地享受，如此，才无愧于这个盛世。

有了蔡京的“丰、亨、豫、大”，也即“玩乐有理”这一理论的指引，本就放荡不羁、耽于玩乐的宋徽宗从此就更加心安理得，及时行乐起来。

但是，还是那句古话说得好：天作孽，犹可恕；人作孽，不可活。玩到最后，大顽主宋徽宗不仅把自己的皇位玩丢了，也把北宋玩完了。到头来，一个昏君，一个奸相，都不得善终。最后，徽宗被金人俘虏后受尽凌辱，客死异乡；而奸相蔡京在流放途中，相传，被沿途百姓一路痛骂，都不卖给他食物，连他自己也说：“我丧失人心，竟到了这种地步。”在行至潭州（今湖南长沙）时，竟被活活饿死！

这里，顺便说一句，蔡京的儿子蔡攸，父子曾同为宰相，其结局还不如他的父亲。当金兵第一次逼近汴京时，大顽主徽宗急忙把帝位传给儿子钦宗，然后带着奸相蔡攸一起逃往南方。东京第一次解围后，钦宗迎回徽宗，将蔡攸贬去永州。这时，蔡京道死潭州，有大臣上疏称蔡攸之罪不减乃父，燕山之役祸及宗社，骄奢淫逸世所罕见，应当将蔡攸流放海南岛。但钦宗最后将他贬至万安军，不久又派人把他杀了。

真是天理昭昭，报应不爽，一对奸相父子，最后总算罪有应得，遭到了报应。

王黼与李邦彦

有人说，宋徽宗这个人适合做诗人、当画家，而从他禅位时煞有介事表演的“中风”小品来看，似乎也适合当演员，但就是不适合当皇帝。

不说别的，就说他当皇帝时任用的那些宰相吧，就很是让人读不懂也想不通，堂堂大宋宰相，怎么一个个都好像是刻意挑拣出来的，竟然清一色都是奸相。

如前所述，蔡京是由徽宗一手培养出来的著名奸相，而几乎是在同时，徽宗又亲手培养出了像蔡京之子蔡攸以及王黼与李邦彦这样也绝对算是重量级的奸相。

也许是受中国传统文化的影响，在人们的印象中，大凡奸臣贼子通常都长得贼眉鼠眼、尖嘴猴腮，可是，奸相王黼却可谓一表人才，史书上说他长得“美风姿，极便辟，面如傅粉”，是个典型的美男子。

相传，汉代的某些皇帝曾与男性保持亲密关系，如汉哀帝就有“断袖之癖”，因为有次偶然发现一个名叫董贤的小小郎官长得特别漂亮，汉哀帝“悦其仪貌”，便对他一见钟情，从此与他终日相伴，形影不离。董贤在汉哀帝宠遇下，“出则参乘，入御左右，旬日间尝赐累巨万，贵倾朝廷”。汉哀帝对董贤关怀、体贴备至，甚至曾想将皇位禅让给董贤。两人经常在一起同吃同眠，亲密异常。有一次午间，他俩同床共寝，董贤睡梦中头枕到汉哀帝的衣袖上，当哀帝睡醒后想要起床，为了不惊醒熟睡的董贤，便索性用佩剑割断了自己的衣袖。

典故“断袖之癖”就是这么来的。

而在清朝，乾隆皇帝似乎也有此爱好，和珅原本只是一个地位卑贱的銮仪卫，与董贤一样，也是由于一次偶然的机遇，靠漂亮脸蛋被乾隆看中，在短暂的时间内被迅速升迁到军机大臣、大学士、一等公的高位。

宋徽宗对美男子王黼也很娇宠、情有独钟。正是有宋徽宗在背后撑腰，与他有着亲密关系的奸相王黼才会有恃无恐，作恶多端。

王黼是宋开封祥符（今河南开封）人，原名王甫，因与东汉一个宦官同名，所以徽宗赐名为“黼”。甭看此君长得细皮嫩肉，属于典型的奶油小生，但他的内心却很肮脏，是彻头彻尾的忘恩负义、恩将仇报的无耻小人。

据史书记载，王黼曾在崇宁年间考取进士，调任相州司理参军，参与编修《九域图志》。当时，负责编修《九域图志》的是大臣何执中的长子何志，由于王黼为人机智狡黠，善于谄媚，因而很快得到了何志的赏识。由于非常欣赏王黼俊逸洒脱的风度、机智得体的谈吐，很是“爱才”的何志就把他推荐给在朝为官的父亲何执中。而几次接触，何执中也被长得清逸俊秀且能说会道、善于揣摩领导意图的王黼所蒙蔽，竟也对他非常赏识，并竭力向上举荐。于是，王黼被提拔为校书郎，后又迁为符宝郎、左司谏。

要说这王黼还真会“审时度势”，在他刚成为京官时，由于台谏官争相弹劾，奸相蔡京一度致仕。接替蔡京为相的是一个名叫张商英的人。从史书看，张商英这人才干不怎么样，但为官清廉，为人正直。他当了宰相后，老是给徽宗进谏，但遗憾的是，宋徽宗不是唐太宗，张商英自然也成不了魏徵。在蔡京“丰、亨、豫、大”理论的指引下，宋徽宗当时已经彻底堕落，哪里能听得张商英的“忠言”？所以，听了几次，徽宗就特别烦张商英，觉得还是蔡京当宰相顺着、宠着自己好。要说这王黼还真是人精，他就像是徽宗肚子里的蛔虫，徽宗心里怎么想，还没说他就已经猜到了。

那一天，当他看到张商英已逐渐失去徽宗的信任，徽宗派使者赐玉环给罢相在杭州的蔡京时，猜想皇帝已有复用蔡京之意。于是，便连忙上书徽宗，颂扬蔡京，说他“为相八年，道全德备，功勋书于青史，大名使鼎彝增光”，同时，又弹劾张商英“蛊惑百姓，诽谤新政，动摇国是，应该重贬”。所以，不久后复相回京的蔡京非常感激王黼的大力相助，提拔他为左谏议大夫、给事中、御史中丞，一下子从副司级升成了正部级。

就像赌徒似的，王黼这一宝算是押对了。

蔡京复相后，与他搭班子的另一位宰执大臣就是何执中。要说何执中这人有多奸恶倒也不是，但他这人事不关己，高高挂起，凡事喜欢委曲求全，明哲保身。虽然同为宰相，但张商英当宰相，他附和张商英，蔡京当宰相，他又处处迎合蔡京，自己从不争权，更不惹事。

所以，看到蔡京复相后，何执中简直就是摆设，不知是内心看不起他，还是想竭力讨好蔡京。有一天，王黼便暗中又向徽宗皇帝上书，告曾对自己有恩的何执中的“黑状”，而且一口气竟然列举了何执中的“二十恶事”。

按常理说，不管他王黼怎样出息，怎样发达，都不该忘记何执中父子，而应该“滴水之恩，涌泉相报”，如果要真是这样的话，那么，王黼也就不是王黼，后来也就不成其为奸相了。

这事何执中当然一直蒙在鼓里，但蔡京却全知。也许是连蔡京这样的人都觉得王黼有些过分，或者是觉得老何这人与自己搭班子还算不错，因而，有一天蔡京与何执中在一起聊天，蔡京故意问何执中说：“何大人，你觉得王黼这小青年怎么样？”

何执中这人为官一直是“只栽花，不栽刺”，再说王黼又是自己引荐的，所以不假思索便“犹称王黼不已”，意思是一个劲地称赞王黼。蔡京听了发笑，随即拿出王黼的“举报信”给老何看，老何不看则已，一看，顿时气得差点晕了过去，一向不发火的他竟破口大骂说：“畜生安敢尔!”

但事情到了这种地步，何执中即便想报复王黼也有心无力，因为，王黼已经抱上了皇帝身边的红人大太监梁师成的粗腿。古代官场，官员之所以喜欢结交宦官，乃是因为宦官是皇帝近侍，经常在皇帝身边能够说得上话。如明朝张居正在未当首辅时，就是因为暗中结交宦官冯保才得以在小皇帝万历面前一举扳倒首辅高拱的。

王黼这人很会看人，也很会巴结人，他之所以要“父事梁师成，称梁师成为‘恩府先生’”，乃是因为这位大太监深得皇帝宠幸，“凡御书号令皆出其手”，被时人称为“隐相”，也即幕后宰相，当时，就连蔡京父子在这位梁公公面前也不敢放肆，而是竭力巴结谄媚之能事。

要说这梁师成还真“有些来头”，他自称是苏轼的私生子。尽管史书对此一直模棱两可，但估计十有八九此言非虚，因为宋徽宗时蔡京大兴“文字狱”，天下禁毁苏东坡诗文，如果不真的是苏轼的亲生子，这种时候梁师成也真的没必要和蔡京唱对台戏，非要去和“右派分子”苏轼胡乱联系，硬要说自己是人家的私生子，而且还气咻咻地跑到宋徽宗那里替苏轼鸣冤：“先臣何罪?”意思是说，（苏轼）他有什么罪过啊?也正是由于仰赖这位梁公公的保护，“（苏）轼之文乃稍出”。此乃题外话，不说也罢。

也正是由于暗中巴结上了“官场牛人”梁公公，重和元年（1118年）正月，刚过四十岁的王黼，由梁师成荐为少宰（次相），由于资历浅，原先的阶官只是通议大夫（正四品），连升八阶而为特进（从一品），这是宋代此前任命宰相时从来没有过的。次年六月，由于太师总治三省事蔡京致仕，十一月初，王黼又升任首相（太宰）。

如果说，在这之前，王黼虽然进到宫中，但与皇帝还隔着几重门，还很难能直接见到皇帝的话，那么现在，因为有梁公公的推荐，在他与皇帝之间隔着的那几重门被迅速地打开了，由此，这一对昏君奸相开始走到一起，上演了一出出令人不堪入目的宫廷丑戏。

为了讨好徽宗赵佶，奸相王黼真是不择手段。

当时，宋徽宗喜欢古玩，“拍马屁”的大臣们便纷纷购得各种青铜器皿等宝物“行贿皇帝”，为了便于“日理万机”的徽宗鉴赏和收藏，进士出身的王黼便主动帮助徽宗收集整理，描摹古器的形状、金文和图案，考证各种古代珍贵文物的出处、年代和典故，并将其编撰成了数十卷的《宣和博古图》。此举深得徽宗嘉许，竟称他为“博雅君子”。

如果说，这种“马屁”拍得还算是非常高雅，而且，对考古学以及文物保护也还算是有益无害的话，那么，下述“马屁”拍得则委实令人啼笑皆非。

那天，仿佛海市蜃楼般，宫内忽然出现了一条繁华的街道。街道两边，酒家食铺，金银店铺，应有尽有。街上车水马龙，人头攒动。

正是在这样的背景下，戏剧中的主要人物出场了：只见从街的一头走来了一老一少两个衣衫褴褛、蓬头垢面的乞丐。年老的是个驼子，手弹弦琴。年少的是个跛子，执云板唱京城中流行的慢曲，内容无非是男欢女爱，富贵荣华。在走到一家歌馆时，老的要进去，少的劝阻说乞丐无钱。老者不禁动怒，扯去所贴胡须，甩掉破衣，卸下背上的包袱。原来这位鼓琴行乞的竟是当今光彩万丈的皇帝，而唱慢曲的则是堂堂的大宋宰相、翰林学士王黼。

一看皇帝与宰相“亮相”，在街上扮演各色人物的太监与宫女便都卸掉戏装，来个“集体亮相”，然后齐刷刷一起跪下叩头，欢呼“吾皇万岁，万万岁”。

熟悉历史的人都知道，这一幕场景其实并非王黼的独创，而是对东汉灵帝故事的抄袭与翻版。想当年，一代昏君汉灵帝就是这样“列肆后宫”，在后宫中装作商贾，与一帮宫女、太监在一起嬉戏厮混，把个朝廷搞得乌烟瘴气。所以，被称为“天下第一宰相”的明代张居正在其《帝鉴图说》中感叹说：“东汉之亡，岂献帝之罪哉！”

所以，这里套用张居正的话说：“北宋之亡，岂钦宗之罪哉！”很显然，在很大程度上，应该说，都是他们的老子造的孽。

也许是嫌这戏演得还不过瘾，不久，在王黼的唆使下，花花公子赵佶干脆来真格的，索性微服出宫。一时间，像偷嘴的猫儿似的经常与天下名妓李师师“追欢执手，兰房恣意”，好不风流快活。

相传，每次微服出宫，徽宗与王黼这一对昏君奸相都偷偷摸摸，翻越宫墙出去。徽宗翻墙的时候，王黼就在底下当垫背的。有一次徽宗翻墙过来了，可能脚没踩着他，徽宗就喊："司马光，你把背耸上来。"而王黼则对徽宗喊："陛下，您把脚伸下来。"

同历朝历代的奸邪小人一样，王黼"一意媚上"的目的显然是"窃权罔利"。在刚当上宰相时，为了笼络民心，他假装顺从民意，一改蔡京所为，革除弊政，故意作秀，以致"四方翕然称（之为）贤相"。但在哄得徽宗开心、坐稳相位后，其狐狸尾巴便很快露了出来，他"乘高为邪，多蓄子女玉帛自奉，僭拟禁省"，奸邪面目，一时毕露。

据史料记载，他和梁师成迎合宋徽宗追求奇珍异宝的嗜欲，"奏置应奉司"，向民众搜刮勒索财物。而各地采办的奇花异木、珍奇珠宝运至京师后，到皇帝手中的不过十分之一，其余的都被他收归自己囊中。同时，他还"公然受赂卖官"，进献多者，得高官；进献少者，得小官，"三千索，直秘阁，五千贯，擢通判"。王黼通过卖官鬻爵，捞取了巨额贿赂，一时间王家富比龙廷。

不仅贪财，王黼还十分好色。他姬妾成群犹嫌不够，还要四处猎寻美色。他见微猷阁待制邓之纲的妾容颜娇媚，姿色超群，便起了不良之心，于是设计诱夺，然后又捏造了一个罪名，把邓之纲发配岭南。

更为可恨的是，他非常想通过"身任伐燕之责"建立功勋，问鼎太师之职。为此，他竭力唆使宋徽宗以及手握兵权的大太监童贯"联金灭辽"，"遂复治兵"，这无异于玩火自焚，由此直接点燃了北宋灭亡的导火索。

眼看金人在所谓的联合中得寸进尺、步步紧逼，而大宋朝的国土却一天天沦丧，想不到这位奸相为了掩盖真相，欺骗徽宗，竟然用搜括来的"免夫钱"六千二百万缗，买了五六座空城向朝廷"报捷"，而昏庸的徽宗皇帝在得到这一"捷报"时，竟然信以为真，欢欣鼓舞！

然而，多行不义必自毙。钦宗即位后，群臣纷纷上奏，揭露王黼等人贪赃败国的罪行。钦宗迫于众议，将王黼贬为崇信军节度副使，并抄没其家产，随后在派官兵押送王黼至雍丘南辅固村（今河南杞县）时，将其斩杀。

一代奸相自此结束了其罪恶可耻的一生。

说来，北宋到了徽宗时期真的是气数已尽。可徽宗久秉国政，而其任用的宰相，从蔡京到王黼，再到李邦彦……竟然一个比一个奸，真可谓“麻布袋，草布袋，一代不如一代”。

说到李邦彦，想必知道他的人不多。但在北宋亡国宰相中，他也是个响当当的人物。

李邦彦是大观二年（1108 年）进士，与王黼一样，他也“外表俊爽，美风姿”，是个标准的美男子。仅此可见，徽宗后期选用的宰相明显具有这两大特征：一是会逢迎，善谄媚；二是貌俊秀，美风姿。选宰相竟然要选长得漂亮的，说明徽宗皇帝可能有“断袖之癖”。

据说，李邦彦的父亲是怀州（今河南沁阳）著名的银匠，虽然商人一个，社会地位不高，但却特别有钱。由于在这样的家庭长大，所以，李邦彦从小就养成了纨绔子弟的习性，用《宋史》中的话说，“生长闾阎，习猥鄙事，应对便捷，善讴谑，能蹴鞠”，不仅样样在行，而且也像个马戏团的小丑或跑江湖卖艺的，既善于逗笑取乐，又很会表演蹴鞠等杂耍。

但身为富家子弟，李邦彦的“混”是讲究身份的，是有明确目的的。由于从小好文，他平时喜欢与有学问的寒士特别是进士交游。他觉得有学问的寒士也许暂时琴剑飘零，但这些人多半绝非池中之物，所以，因为手头阔绰，他平时总喜欢接济资助读书人。因而，每当有河东举人进京赶考，中途肯定要在李邦彦那里盘桓逗留几天。而这时，李邦彦总是盛情款待，而且在告别时也总是不忘给这些举人送上一些银两资助，“由是（李）邦彦声誉奕奕”。

所以，正是由于李邦彦“讲义气，够哥们”，有早年曾在难中得到过他雪中送炭的举人得第升官后，对他涌泉相报，竟将他这个出身卑贱的银匠之子破格补为太学生。

李邦彦爱玩，且很有歪才，不仅“善讴谑，能蹴鞠”，还会用“街市俚语为词曲”，对于自己的这些恶习，李邦彦不仅不避讳，还公然自称为“李浪子”。

对于这样一个人，倘若严格进行官员考察，甭说根本不能当宰相，即便是当个“七品芝麻官”显然也不合适。可是，就因为宋徽宗喜欢他，再加上宦官乃至一些大臣因受过他的许多金银恩惠，平时在一起吃喝玩乐都是由“仗义疏财”的“李浪子”买单报销，所以大家争相替

“李浪子”美言，说他的好话，就因此，在宋徽宗因不满王黼暗中交接大宦官梁师成，让王黼“致仕”后，李邦彦便得以升为太宰，也即宰相。

李邦彦有一则“三尽”名言，说是要“赏尽天下花，踢尽天下球，做尽天下官”。仅此可以想见其人是怎样一副德行。

从史书上看，对于李邦彦的这样一副德行，宋徽宗显然也完全知晓，所以，在任用李邦彦为相后，他给李邦彦起了一个绰号，叫作“浪子宰相”。

宋徽宗是怎么想的？既然知道李邦彦这副德行，那干吗要明知故“用”，“以不肖易不肖”，老是让奸相去接奸相的班？纯用小人，国家焉有不亡之理？

与奸相蔡京、王黼比起来，李邦彦虽然不那么阴坏、贪财，但此人“拍马屁”的手段似乎更为卑鄙龌龊。说是有一次，宫内秘戏取乐，身为宰相的李邦彦夹杂在倡优侏儒之中表演节目。突然，李邦彦将身上的衣服全部都脱光，露出了涂满斑驳花纹的胴体，并嗲声嗲气地说一些荤话，他的这一举动立刻引起了满场大哗，就连宋徽宗也实在看不过去，举起一根木棍满场追着李邦彦打。李邦彦在宋徽宗的追打中逃到廊下，攀到梁柱上不肯下来，用娇嗲的声音求饶。李邦彦的这一表演惹得宋徽宗笑得前仰后合，随即命宦官传其圣旨：“可以下来了。”他这才一边娇滴滴地说“黄莺偷眼觑，不敢下枝来”，一边光着屁股慢慢地从梁上下来。

据史料记载，在金军第一次围攻汴梁时，身为宰相的李邦彦、张邦昌一味实行投降策略，指望以割地赔款加自虐宋军换取“和平”。对姚平仲军劫完颜宗望营寨被全歼一事，有人指是李邦彦、李棁为逼主战派李纲、种师道议和而有意无意把情报事前故意透露给奸细邓圭所致。劫寨失败以后，李邦彦等趁机发难，称夜袭失利致赵构被扣，咎在李纲，要钦宗罢免李纲以谢金人，使和谈重开。钦宗唯恐堵塞了议和之门，便下诏免去李纲尚书右丞兼亲征行营使之职，又免去老将种师道的兵权。金兵复至开封城下，李邦彦又使宋钦宗下令不得得罪金兵，宋军一霹雳炮手迫不得已向金军发炮后竟被枭首处死。

也正是在这样一种历史的大背景下，爆发了北宋历史上的第二次著名的“伏阙上书”：当得知“方主和议，忌李纲主战”的奸相李邦彦唆使钦宗罢免了李纲和统率陕西援兵的老将、同知枢密院事种师道。著名的学生领袖陈东决意再次发动太学生伏阙上书，他对同学们说：“国将不国，安能埋头于经史？为保京师，只有集群策之力，伏阙请愿，痛切陈词，奏请皇上罢免李邦彦，复李纲、种师道职。”

据说，当陈东领着一帮太学生伏阙上书，跪在宣德门外请愿时，京城内外，各式人等奔走相告，成群结队赶来宣德门声援太学生，很快便集聚达数万人之多。

这天，恰好李邦彦议事完毕出宫。猛然见到这位卖国的奸相，再传在场的群众都怒不可遏，而陈东更是一跃而起，拦住其去路，手指口斥，历数其罪。太学生及一些百姓也纷纷谩骂，有的还挽袖抡拳，欲殴打国贼。李邦彦吓得魂飞魄散，以袍袖护头，向宫中逃去，慌乱中乌纱帽滚落，连靴子也掉了一只。

但此时，在昏君徽宗及一帮奸相佞臣长时间的作践与糟蹋下，北宋到这时早已病入膏肓，奄奄一息。所以，时隔不到一年，当金兵再次入侵，几乎不费吹灰之力，便将这外强中干的北宋给彻底摧垮。

“靖康之变”后，腐败无能的徽宗父子几乎一夜间从至高无上的天子，变成了被金人肆意凌辱的阶下囚，而蔡京、王黼以及李邦彦等奸相，在此前后，也都或贬或杀，无一善终。

昏君奸相的下场可谓罪有应得，只是苦了百姓，害了国家。如同历史上许多封建末代王朝一样，虽然“社稷江山都为昏君奸臣所误”，但最后无一例外，竟全都由无辜的百姓买单。

漏网奸相史弥远

古往今来，人们对奸臣都无比憎恨，为了将这些奸臣都钉在历史的耻辱柱上，《宋史》特作《奸臣传》，将这些奸臣的罪行一一记录在案，可谓昭告天下，以儆效尤。

可是，仔细审读《宋史·奸臣传》，从头到尾，却没有看到“史弥远”这个名字。

史弥远，这个擅立皇帝、曾经权倾一时的南宋权相，没想到在《宋史》中竟侥幸成了一个漏网奸臣！

对于史弥远，清朝著名历史学家赵翼在其《二十二史札记》卷二十六之《秦桧史弥远之揽权》一文中曾作了非常精辟而又深刻的论述，赵翼认为："蔡京、章惇之奸恶，犹第谐臣媚子伎俩，长君逢君，窃弄威福，人主能用之，亦尚能罢之。若秦桧、史弥远之柄国，则诛赏予夺，悉其所主持，人主反束手于上，不能稍有可否，几如曹操之于汉献帝矣！姑不必一一实指其事，但观宋史各列传可见也。""统观古今以来权臣当国，未有如二人之专者。然桧十八九年，威福由己，名入奸臣传，至今唾骂未已；弥远相宁宗十七年，相理宗又九年，其握权既久于桧，桧仅杀岳飞，窜赵鼎等；弥远则擅废宁宗所建皇子，而别立嗣君，其无君之罪，更甚于桧。乃及身既少诟詈，死后又不列奸邪，则以桧仇视正人，剪除异己，为众怨所丛；而弥远则肆毒于善类者较轻，遂无訾之者。然则弥远之黠，岂不更胜于桧哉！"

作为清朝一个颇具影响力的诗人、历史学家，同时也是优秀的政治家，赵翼的话应该很有见地，深中肯綮。

据史料记载，史弥远（1164—1233 年），字同叔，从淳熙六年十六岁补承事郎开始进入官场，到绍定六年七十岁在左丞相位上去世，长达五十四年，而且，更为重要的是，在宁宗、理宗二朝为相二十六年，而且封官加爵不衰，这不仅在南宋历史上是绝无仅有的，即使是在整个古代封建官场可能也是极为罕见的。

史弥远出生于官宦之家，他的父亲史浩在孝宗手下曾经先后两度担任宰相，如果再往前查他的家谱，则他的父亲史浩的叔叔也就是史弥远的叔爷爷史才当年在朝中由于一心巴结投靠秦桧，曾被秦桧推荐出任副相。

由此可见，史弥远绝对称得上是官宦子弟，可是，史弥远当官虽然一开始为"荫补"，是托了祖上的福，沾了父亲的光，但他的发迹则绝对是靠自己，完全是靠他在官场一手打拼或者说是在关键时刻带有极大风险性的"政治赌博"才赢得的。

史弥远是靠搞政变起家的。他通过政变，不仅夺了韩侂胄的权，而且，也"革"了当时权倾朝野的宰相韩侂胄的命，从此执掌朝政，擅立君王，位极人臣达二十五年之久。

在今天看来，由韩侂胄一手主导的“开禧北伐”固然有着准备不足、用人不当以及对金国的军事实力明显低估，对战争的形势形成错判等原因，用现在的话说就是错误地估计了形势，乃是一种不明智的行为，而且，就韩侂胄本身而言，他选择北伐的动机也显然有着强烈的建功立业、以此光宗耀祖、光大门楣等自私的成分。但平心而论，身为名将韩琦的后人、武人出身的韩侂胄策划并发动这场史无前例的对金战争其实并没有什么大的罪错，甚至可以说是一种爱国主义的表现，退一万步说，即便是要追究“开禧北伐”失败的罪责，韩侂胄固然难辞其咎，但再怎么说，他也罪不该死。

可是，一向对外敌卑躬屈膝俯首称臣而对自己的国民则极端专制、残酷无情的南宋到后来不但“宣判”了韩侂胄的死刑，而且，竟然世所罕见地把他的头割下来送到金国以向金国谢罪！

读两宋特别是南宋的历史，有许多地方让人读不懂也想不通，如这里所说的“枭首授敌”，即割韩侂胄的头送给金国就是其中一例。

当初，韩侂胄在位时，为了营造伐金的政治态势，嘉泰四年（1204 年）曾竭力为含冤而死的岳飞平反，并追封他为鄂王。开禧二年（1206 年），又“追论秦桧主和误国之罪，削夺王爵，改谥谬丑”。这本来是一件大快人心的事，可是，史弥远趁韩侂胄上朝，中途将他绑架并秘密杀害后，原为礼部侍郎的他由此登位宰相，但只几个月，竟然无视民意，恢复了秦桧的王爵和赠谥。

这还不算，面对金人在谈判桌上提出的极端无理的要求——赔款三百万两白银，增岁币为银帛三十万，并割下韩侂胄等人的头颅函送金国，新任宰相史弥远倒很爽快，满口应承，不仅慷国家之慨，对金人索要的白银岁币照单全付，而且竟真的割下早已毙命的韩侂胄的头颅专门派使者送往金国，“引咎谢过”，并因此签订了宋金“嘉定和议”，从此，宋朝皇帝与金朝皇帝的称谓由以前的侄叔改变为侄伯。

与秦桧时代的宋高宗赵构相比，宋宁宗赵扩在性格上显然更为软弱。虽然这位在“绍熙内禅”中几乎被逼嗣位的大宋天子在内心其实并不昏庸和糊涂，对一些治国理政乃至立身处世的道理，都有透辟的见解，但由于其不善帝王之术，在政治上严重缺乏应有的魄力与权谋，因而在他主政时期总是大权旁落，在极度强势的相权面前，皇权总是屈居其右。这也正是史弥远之所以能够成为奸相的最主要原因。

史弥远为相后，立即对所谓的“韩党”进行了一次大清洗，陈自强、邓友龙、郭倪、张岩、程松等都贬窜到远恶州军，除名抄家的也大有人在。但清洗却走向了极端，凡是赞同过北伐恢复的都被视为韩党。叶适被夺职奉祠达十三年之久，陆游也以“党韩改节”的罪名被撸去了职名。

在“伐异”的同时，当然是“党同”。史弥远很有政治手腕，在权力角逐中，一方面，他始终紧抱杨皇后的大腿不放，在暗杀韩侂胄时他已经与杨皇后站到了一条船上。宫廷内外，更是有他与杨皇后的绯闻，两人的关系非同寻常；而在另一方面，他始终独攥官吏任命大权，培植个人势力。宋代朝官以上的任命例由宰执注拟，经皇帝同意才能正式除授。但是，史弥远通常只把任命结果告诉给宁宗，从来不取旨奏禀。宋代京官和选人的除授权在吏部，号称吏部四选；唯有特殊勋劳者才由政事堂直接注拟差遣，而不经过吏部，号称堂除。史弥远以堂除名义把吏部选的美差都揽了过来，这样，他就以官职差遣为诱饵，呼朋引类，结党营私。据说，有一次相府开筵，并举办了一场“文艺晚会”，在演出一杂剧时，一艺人扮士人念开场白：“满朝朱紫贵，尽是读书人”，另一角色这时却打断道：“非也，尽是四明人”，讽刺史弥远援引同乡，网罗党羽。

的确，史弥远在朝中培植亲信，排除异己，最为有名的就是“三凶”和“四木”。所谓的“三凶”是指当时的李知孝、梁成大、莫泽；而“四木”则指当时的薛极、胡榘、聂子述与赵汝述。这七个人依附史弥远，专擅朝政，权倾内外，为之排斥异己，不遗余力。

宋代宰执制度的最大特点就是汲取唐代集体宰相制度的优点——分割相权，虽有宰相兼枢密使的情况，但都是应付战争局面的特例。史称开禧以后“宰臣兼使，遂为永制”，是钱象祖以右相兼枢密使，但这或出于诛韩形势的特殊需要。其后钱、史并相，俱兼枢使。不久钱象祖罢相。可以说，从史弥远开始，宰相兼使才成定制，这对南宋后期皇权一蹶不振、权臣递相专政的局面有直接的恶劣影响。这充分说明，在人治社会，制度这种东西的虚幻与虚设，对专权强势人物来说，它简直就是纸糊的门扉、草扎的篱笆，毫无防控与约束力可言。

所以，嘉定政治，究其实不过是奸相史弥远一人专政。从嘉定六七年起，他便经常“决事于房闼，操权于床笫”，在独相局面下，所有人才进退、政事裁决，实际上都是他一人说了算，宁宗皇帝不过是一个“橡皮图章”，以至朝野“皆言相不言君”。而宁宗也习惯了在奸相的鼻息下无所作为而“垂拱仰成”。

小人当道，必然世风日下。许多趋炎附势之徒蝇营狗苟，满布朝廷，但也有耿介之士，高风峻节，不与浊世同流。目睹史弥远对外苟安乞和，对内擅权专政，当年曾上书请斩韩侂胄，诛韩以后登第为武学进士，担任殿前司同正将的武学生华岳，再一次愤然上书宁宗，要求严惩奸相。

获悉华岳要除掉自己，史弥远立即将其逮捕，判以斩罪。宋代实行死刑复奏制，宁宗对华岳印象尚可，不忍治其死罪，关照将其发配海南，意在免其一死。史弥远非常奸诈，狡黠地说：“如此，则与减一等。”宁宗误以为减一等就是流配，表示同意，而实际上斩罪减一等是杖杀。史弥远上下其手，活活杖死了这位“倜傥似陈亮”的英才。

而更能反映史弥远奸相嘴脸的，应该说是他一手策划并导演了关乎国本的皇储废立大戏，完全把个人意志凌驾于国家利益之上。

原来，宁宗与高宗一样，独子早夭后便再也没有嫡子嗣位，不得已便下诏在宗室中选择合适的人作为太子。嘉定十四年（1221 年）的六月，早已入嗣沂王之后的皇侄赵贵和因呼声最高被选中，立为皇太子，并更名为“竑”。可是，由于史弥远在这之前也暗中派人在民间物色了一位据说是太祖十世孙的，名叫赵与莒的孩子准备立为太子。据说新太子赵竑对史弥远的态度近乎刻骨仇恨，在背地里开口闭口称史弥远为“新恩”。相传，有一次，这位明显缺乏政治城府的少年太子在自己的宠嬖，实际上是史弥远收买的美女密探面前指着地图上南部边疆的新州、恩州咬牙切齿地说：“等我当了皇帝，一定将他流放到那儿。”所以，当得到美女密探的这一“情报”后，史弥远便益发坚定了谋废太子的决心，加紧了废立太子的步伐。

嘉定十七年（1224 年）闰八月的一天，夜漏未尽，宁宗驾崩。是日，因为预感到宁宗大限已到，史弥远便密召心腹入宫，矫诏数道，立赵贵诚为皇子，“赐”名赵昀，同时，又矫诏封赵竑为郡王，出判宁国府。史书上讲，就连一向与史弥远沆瀣一气的杨皇后起初也不同意他的废立之谋，最后被她“娘家人”软磨硬泡才勉强同意。所以，在众官员早朝的时候宣布宁宗皇帝崩讯和赵昀即位的“诏令”，太子赵竑一时愣住，以为是朝官念错了名字，连跪拜新皇的礼仪都忘记了。史弥远的老帮凶夏震当时是御林军大头目，硬是按着赵竑的头让他向新君行礼。自此，史弥远瞒天过海偷梁换柱的废立大戏演出取得了圆满成功。

新帝赵昀的庙号为“理宗”。很显然，这位理宗上台后纯粹只是个傀儡，权力完全操纵在史弥远一人手中。究其原因，一方面乃是由于这位新天子完全是靠奸相史弥远谋立才脱胎换骨，入继大宝；而另一方面，这位理宗最后在赵氏宗庙里占据一个牌位本身就是一件相当滑稽的事情，因为相传他与赵氏宗族很可能毫无血缘关系，他究竟是否是太祖十世孙一直备受争议，令人存疑。

史弥远专政二十五年，对内以巩固权势、对外以苟且偷安为其执政的根本宗旨。而当时，整个国际形势已发生了非常大的变化，在我国西北广袤的大草原上，“一代天骄”成吉思汗已经成为蒙古草原的共主，正式建立起蒙古国。

成吉思汗在消灭了西夏和西辽后，于嘉定四年（1211 年），举全国之力发起了一场旨在一举消灭金国的战争。所谓唇亡齿寒，祸将及身，这对于汉民族的封建王朝来说，绝对不是一件可以不以为意、坐视不管的小事。

可是，奸相当国，揽权擅政长达二十七年之久的史弥远始终不在国家大政方针上做任何决策与筹划，在经济上，南渡以来的现实本就是土地日蹙，赋役繁重，加上官僚腐败，百姓不能承受之重。“嘉定和议”后，他却不思图谋划策，改善民生，而是更加盘剥百姓。为相后，他大量印造新会子，不再以金、银、铜钱兑换，而只以新会子兑换旧会子，并且把旧会子折价一半。致使会子充斥，币值跌落，物价飞涨，民不聊生，致使国民经济濒于崩溃的边缘。在军事上，他不思备战，提高军力，对于蒙古国崛起以及南侵这样一种情势下南宋的军事与国防几乎未采取任何有效的应对与防范性措施，对于朝廷上下所有攻守战和的争论置若罔闻，在事实上采取一种骑墙居中、避而不谈的态度。

就因为史弥远“外示涵洪而阴掩其迹，内用牢笼而微见其机”，为奸作恶的手段几乎不露痕迹，非常巧妙，再加上他善于培植私党，且擅以爵禄笼络天下之士，既向主和派示爱，又向主战派施恩，可谓刀切豆腐两面光，致使他死后没有像蔡京、秦桧那样被打入《奸臣传》，成了一个名副其实的漏网奸相！

一个人，在二十多年的官场生涯中，能把权术玩得得心应手、顺风顺水，足见史弥远是多么有心机，多么有手腕！即便是李林甫与秦桧九泉有知，也会甘拜下风，自叹弗如。

但是，尽管史弥远比秦桧更狡黠阴鸷，但再狡猾的狐狸有时也会让人看出它的狐狸尾巴。据说，当时的士人普遍认为史弥远与秦桧同属“小人”，讨论谥号的礼官包括理宗很可能也持同样的观点。端平二年(1235 年)，史弥远死后仅一年多，著名文人刘克庄在给宋理宗的札书中，公然将史弥远与秦桧相提并论，指出“柄臣浊乱天下久矣”。可见，是非自有公论，史弥远与秦桧同属“小人”，是当时士大夫们的共识。

说来，颇具讽刺意味的是，史弥远死后，谥号“忠献”，竟与秦桧谥号完全相同，想来，这绝对不是偶然的巧合，其中的意义颇耐人寻味。

的确，史弥远谥号“忠献”，表面上看是褒奖，但其中的贬义是不言而喻的。

“蟋蟀宰相”贾似道

就像当年唐玄宗时期的杨国忠能当上宰相，完全是靠裙带关系，纯粹是好色误国的李隆基爱屋及乌的结果一样，贾似道能官居宰相，也完全是靠裙带关系，是昏庸好色的宋理宗爱屋及乌的结果。

据史料记载，贾似道的父亲贾涉也曾是一方大员。虽说是官宦子弟，但贾似道在家里过得并不幸福。究其原因，乃是因为他的母亲胡氏原本只是一介平民的老婆，有次贾涉偶尔路过她家，看见胡氏颇有些姿色便花钱买为小妾。但贾涉的大老婆很是看不起这位漂亮的小狐狸精，在她怀孕挺着大肚子期间硬是把她赶出了家门。胡氏在贾涉的朋友家生下了贾似道，后来贾涉去世后又嫁给了一位石匠。

因此，既是庶出又从小丧父的贾似道很小便如脱缰野马般地浪迹街头，年少时又厮混于歌馆等场所。成人后，虽然凭借荫补当上了一名管理仓库的小官，但他依然故我，整天还是游手好闲，不务正业。

假如事情到此为止，贾似道无论怎么混，也顶多是个“官仓小老鼠”。可是，要说贾似道还真是有运气，就像杨国忠那样，想不到有一天他的同父异母的姐姐竟被选入宫中，成了理宗的新宠，而贾似道也摇身一变，变成了国舅爷，从此青云直上。

史载，嘉熙二年（1238年），贾似道去京城临安参加科举考试。按说，就他这水平，科场不交白卷就算不错了，正常情况下想要金榜题名简直是痴心妄想。可是，就因为是国舅爷，趋炎附势的主考官竟对他另眼相看。考试时，不仅为他捧茶递水，大献殷勤，而且，在阅卷时也为他大作手脚，就这样，一个原本不学无术的街头小混混，竟然荣登进士第。

自此，“华丽转身”的他被提拔为太常丞、军器监，成了令很多人羡慕的京官。

有道是：江山易改，本性难移。虽然成了进士、京官，但贾似道的地痞无赖习性依然未改，而且，由于自以为是皇亲国戚，则更加放荡不羁，恃宠不检。到了花花世界的临安，贾似道简直如鱼得水，大开了眼界，他白天浪迹于烟花柳巷，晚上则燕游于西湖之上，可谓玩不尽的胜景美女、享不尽的富贵荣华。据说，贾似道的淫荡糜烂生活就连宋理宗也看不过去。有天晚上，理宗夜里登高远望时，发现西湖中灯火璀璨，便对左右说：“这一定是贾似道。”第二天一打听，果如所料。于是，理宗便派当时的临安“市长”去规劝自己的这位舅老爷，叫国舅爷以后要稍微注意点。

由此可见，对于这位小舅子的性格与为人，宋理宗赵昀显然并非一无所知，甚或可以说是一本全知，但令人读不懂也想不通的是，在明知贾似道不过是一个市井无赖、街头混混的情况下，理宗皇帝不仅并不计较，反而对他的仕途一路大开绿灯，最后竟然让他做了宰相。

所以，正所谓：国之将亡，必有妖孽。一个市井无赖能当上宰相，而且牛气冲天，表明南宋真的已经日薄西山，气数已尽。

贾似道做了右丞相兼枢密使后，很快就将恪守正直的左相吴潜排挤出朝，最后吴潜竟不明不白地死在了循州（今广东龙川）贬所。

今天来看，吴潜被贬显然是一个政治信号，既预示着贾似道从此完全把持了朝政，也标志着忠直敢言之士在朝廷中已无立足之地。

但从某种意义上说，贾似道“独相”，对他来说是既幸也不幸。说幸，是因为就他这种地痞无赖之徒竟然也能高居宰相之位。说不幸，是因为当时统治真的已经岌岌可危，朝不保夕，贾似道可以说是运气不好，“相”不逢时！

的确，倘若是在承平年间，他这宰相当得完全可以舒舒服服，逍遥自在，无论怎样荒淫放纵，都绝对不会有亡国之忧。可是，不幸的是，在他独相的时候，南宋正遭遇到蒙古铁骑的大肆入侵。理宗晚年，南宋已脆弱不堪，整个国家的形势是“犹如用坏胶烂纸糊起来的纸坛子，只要用力一戳，便会碎成万片。”这时候，甭说是他贾似道，即便是姜子牙、诸葛亮再生，也已无力回天。

由于历经战乱，当时整个南宋可谓民生凋敝，国贫民穷，如虽只当了一百多天宰相但却被称为“南宋第一宰相”的杜范就曾在一份奏章中对当时的国情民生作了令人触目惊心的描述，指出：淳祐年间，“人无粒食。楮券猥轻，物价腾踊。行都之内，气象萧条，左浙近辅，殍死盈道。流民充斥，未闻安辑之政，剽掠成风，已开弄兵之萌，是内忧既迫矣”。可见，当时的局势已烂到了怎样的程度。

要说贾似道还真是贾似道，尽管时势已呈现出亡国之症，然而，如此形势下，他竟能“任凭风浪起，稳坐钓鱼船”，犹在歌舞逍遥不舍昼夜。

据《宋史·贾似道传》记载，咸淳六年（1270年），襄阳被围，南宋形势十分危急，但贾似道却一门心思在葛岭上大兴土木，修筑楼阁亭榭，成天优哉游哉地过着极端荒淫奢侈的生活。他在住处建“养乐圃”和“半闲堂”，将自己的塑像供于其中。前方将士浴血奋战，捐躯沙场时，他却逍遥自在地徜徉在西湖的美景中、沉醉于葛岭的温柔乡里。他迎娶宫女叶氏和张淑芳，甚至美貌的尼姑为妾，日夜寻欢作乐。他酷爱斗蟋蟀，并曾著有一本《蟋蟀经》，津津乐道地描述自己养蟋蟀、斗蟋蟀的经验和乐趣，故此，时人称其为“蟋蟀宰相”。据说，有次，他与众妾席地而坐，痴迷于蟋蟀罐里的厮杀恶斗，有熟客来，见此情景，想必实在是按捺不住，便微笑着话中有话地说：“此军国重事邪！”

在政治上，贾似道很会玩权弄术。甫一当上宰相，他便借口“整顿朝纲”，在朝野内外党同伐异，任用爪牙销铄正人。故而，那些对其奴颜媚骨、阿谀奉承或掏腰包送银子的人被其提拔重用，而朝中那些坚持原则的人则只好找各种借口辞官。一时间，辞官简直成了宫廷时尚。

不仅在宫中“整顿朝纲”，而且对文官实施清洗政策；在军队中他也踹上一脚，在武将中实施所谓的“打算法”，用现在的话说就是对各部队的军费开支进行审计核查。从理论上讲，这应该说是一件好事，因为历朝历代，军队中的腐败都是最严重的腐败，不可等闲视之。而当时南宋武将吃空额、喝兵血、造假账、虚报开支等贪墨行为已到了肆无忌惮的地步，“打算法”若是真要严格实施，落到实处，对整肃军纪、控制军费、稳定军心无疑会起到相当大的作用。

可是，没想到，在这件事上，贾似道依然歪嘴和尚念歪经，好端端的“打算法”被他当成了假公济私、排斥异己的“政治暗器”，经他这么一“打算”，凡是与他关系不睦、不那么听话的将领，像赵葵、高达、李曾伯、杜庶等人都被指控有贪污行为，撤职的撤职，入狱的入狱。

所以，“打算法”完全是“挂羊头卖狗肉”的混账行径，是贾似道以此为幌子对异己分子的一次政治迫害，如在追查赵葵时，左查右查不出问题，最后只好以“正月十五花费公款放花灯”的罪名定罪，可见贾似道实施“打算法”的居心何在。

显然，经过这么一“整顿朝纲”和通过“打算法”进行的整顿，贾似道成了绝对权威，不听话的人卷铺盖走了，宫中、军中剩下的便多半是些无德无能、仰其鼻息的奸佞宵小之徒。朝廷由这帮见利忘义的人把持，不仅贪赃枉法、徇私舞弊之风甚嚣尘上，尤为猖獗。更为可悲可叹的是，面对强敌压境，外寇入侵，偌大的朝廷，竟无一人可用。

历史上，大凡奸相，对内，媚上欺下的本事都很了得，但对外，却什么本事都没有了。

很显然，贾似道便是这样的一个奸相。

假如不是当时强大的蒙古军队在消灭了金国后，决意要横渡长江，灭亡南宋，贾似道的日子显然要好过得多，但历史毕竟绕不开血雨腥风的多事之秋，忽必烈大肆南侵，彻底戳穿了贾似道的谎言，让这位奸相现了原形。

诚如大家所知道的，贾似道之所以能够飞黄腾达，最主要的是他“朝中有人”，毫无疑问是靠了他同父异母的姐姐贾贵妃在理宗耳边吹“枕头风”才得以青云直上的，但贾贵妃专宠后宫始自绍定四年（1231年）七月，至淳祐七年（1247年）二月病故，后来，贾似道能一口气做到宰相，则归功于他升官有术，很有手腕。

在政治上，贾似道最拿手的本事就是瞒和骗。

开庆元年（1259年）九月，忽必烈围攻鄂州（今湖北武昌），并准备进攻南宋都城临安。情急之下，理宗慌忙命令诸路出兵御敌，并派贾似道以右丞相兼枢密使的身份增援鄂州。

原本是风流浪子的贾似道毫无军事才能，在移兵黄州的途中，远远看见一支队伍，以为是蒙古军袭来，顿时吓得屁滚尿流，哀叹自己：“这番死了！这番死了！”等军士报知前面的敌人不是蒙古军，而一小股南宋的叛军，贾似道这才故作镇静，指挥这支占绝对优势的军队赶跑了叛军。

当时，鄂州城的守卫战打得很激烈，城中军民死伤达一万多人，对忽必烈是一个沉重的打击。如果坚守，蒙古军也难以轻易向南推进。然而，贾似道等人却吓破了胆，当忽必烈扬言要向临安进军，惊恐之下，贾似道赶忙秘密派遣手下人向蒙古军求和，并主动提出许多求和的条件。结果，都被不愿议和的忽必烈拒绝了。

就在这时，传来了蒙古大汗蒙哥在进攻四川合州钓鱼城时中箭受伤，病发而死的消息，因为要急于赶回燕都争夺汗位，所以，当贾似道再次派人去求和时，忽必烈便虚与委蛇，假意答应，然后虚晃一枪，带兵撤回北方。

贾似道也不傻，他见忽必烈主力北撤，无心恋战，便想赚点小便宜，于是赶忙派大军拦杀了殿后的一百多名蒙古兵，制造出蒙古兵仓皇败逃，宋军“诸路大捷”的假象，然后立即向朝廷“报喜”：“诸路大捷，鄂围始解，江汉肃清，宗社危而复安，实万世无疆之休！”

接到贾似道的“捷报”，昏庸的理宗皇帝也不问虚实，便“龙颜大悦”，亲写诏书褒奖贾似道说：“贾似道为吾股肱之臣，隐然殄敌，奋不顾身，吾民赖之而更生，王室有同于再造。”当贾似道“凯旋”归来时，理宗又令满朝文武到京郊迎接，又是欢迎会，又是庆功会，好不热闹，而且还特意改年号为“景定”。

没想到皇帝那么好骗，假戏那么好唱，见此情景，贾似道便决心好好捞上一票，于是，他指使幕僚廖莹中和属吏翁应龙充当吹鼓手，特意为他赶写“报告文学”《福华编》，采写他的英雄事迹，鼓吹他的“援鄂之功”，而理宗皇帝也真把他当成了南宋军民的救世主，匡扶赵宋皇室的大功臣，很快便将他晋升为少师，加封卫国公。

说来，理宗皇帝还算幸运，“因嗜欲既多”，于景定五年（1264 年）十月驾崩，侥幸没有成为亡国之君，更没有像宋徽宗、宋钦宗那样成为亡国之奴，只是苦了他的妻子谢太后，“臣妾佥名谢道清”，最后在元军的逼迫下亲下手诏，“谕天下州郡降附”，成了南宋历史上著名的“亡国皇后”。

理宗生子早夭，无人为继，在其龙御宾天后，由贾似道一手操控，将理宗的侄子时年 25 岁的赵禥扶上大宝，是谓宋度宗。

度宗是个傻小子，无论智商还是情商都不是太高，贾似道更不把这傻小子放在眼里。为了显示自己的重要性，咸淳元年（1265 年），赵禥刚即位，贾似道便狠狠地“忽悠”度宗，他一边打报告辞去相位，返回绍兴私邸“隐居”；一边却让自己的亲信吕文德从湖北抗蒙前线假传塘报，说是忽必烈亲率大兵急攻下沱，看样子势不可当，有直取南宋都城临安之势。吓得度宗慌不迭地立刻召集众臣，商量出兵抗击蒙古军之事。

可是，由于长期的“官场逆淘汰”，即所谓的“劣币淘汰良币”，劣胜优汰，特别是经过贾似道“整顿朝纲”和“打算法”这么一清洗，朝廷中大凡稍微有点本事有点见识的文武大臣都被“整顿”“打算”完了，剩下的都是一些只会趋炎附势、唯唯诺诺的奴才和庸才，哪里还有谁能提出一言半语的御兵之策，又有谁会有胆量挺身而出，敢于为国家慷慨赴任，征战沙场？

由于“满朝文武无一人可用”，度宗只好多次亲自写信请贾似道回京议事，最后，连谢太后也写了手谕，派人恭恭敬敬地送给贾似道。如此一来，贾似道的面子算是赚足了，他这才端着架子假装很是无可奈何地重新出山，“为国视事”。

由于觉得度宗软弱可欺，又离不开他，这以后，贾似道便经常玩

“乞退”的游戏，咸淳三年刚过完春节，他便又上书“忽悠”度宗，“乞归养”，度宗不知道这是贾似道故意在将他的军，一听贾似道要辞职，便信以为真，于是一天四五次派侍从“传旨固留”，后来，竟然派中使一天内到贾府，又是赐钱又是赐物，而且，在夜间还派一大帮内侍到贾府四周值夜，生怕贾似道在夜间拍拍屁股走人。

仅此可见，度宗也实在没出息，而贾似道也实在是欺君太甚。

就这样，贾似道算是彻彻底底地吃定了“度宗”，不仅变得越来越目中无人，也越来越目中无“君”。有一次，百官在朝堂议事，不知是何原因，贾似道忽然当着度宗的面怒斥百官说：“要不是我的提拔，你们这些人，哪里会有今天的位置!”言下之意就是，决定百官命运的是他贾似道而不是皇帝，这就太张狂了。

听了贾似道的话，满朝文武大臣吓得大气都不敢喘，只有一个名叫李伯玉的大臣，实在忍不住，顶了一句嘴道：“当初我参加殿试获得第二名，就算没有你的提拔，我也一样能做到现在这个职位。”结果没几天贾似道便随便找个碴儿将李伯玉贬出了京城。

封建官场，多的就是势利眼。一看贾似道这架势，连皇帝、皇太后都对他既宠又哄，奈何不得，“满朝谀佞者”便也争相趋奉，争先恐后去拍马屁，并称贾似道为“周公”，竟将贾似道抬高到了当年西周时“一饭三吐哺”的周公旦那样突出崇高的位置。

在这样的“个人崇拜”下，贾似道几乎把自己当成了太上皇，如果说，在以前，“阃才有余，相才不足”的他虽说有时也说说谎话、吹吹牛皮，但多少也还干些实事，有时也还统帅军队和敌人真刀真枪地打上几仗的话，可是，被度宗封为“太师”“魏国公”且一口一个“师臣”的贾似道渐渐就再也什么具体事也不干了，平时上朝由“六日一朝”发展到“十日一朝”，而且“入朝不拜”。每退朝，宋度宗一定要起立避席，“目送之出殿庭，始座”，真把贾似道当太上皇了。

贾似道成天在西湖之上、葛岭府邸渔色猎艳，寻花问柳。可是，多事之秋，朝中又有那么多的军国大事等着他“一人说了算”，所以，朝中官员只好将文书抱到葛岭贾似道的家中等着他签批阅示。尽管这样，贾似道也懒得批阅公文，只是交馆客廖莹中、堂客翁应龙去处理。所以，当时有人写诗嘲讽道：

山上楼台湖上船，平章醉后懒朝天。

羽书莫报樊城急，新得蛾眉正少年。

而一首在大江南北四处传唱的儿歌更是拿贾似道“说事”，讥讽他道：“朝中无宰相，湖上有平章。”

当时，南宋的上空早已是黑云压城，军事要津襄阳被元军围攻已达两年，形势危急，但贾似道却隐匿不报，也不派兵增援。

有次，宋度宗特意召见他，唉声叹气，一筹莫展地问：“襄阳已经被围 3 年，怎么办呢?”

贾似道一惊，回答说：“北兵已退，陛下何以得知此事?”

度宗实话实说道：“有一女嫔讲给我听的。”

贾似道大为生气，第二天便“诘其人，诬以他事，赐死”。

这样，度宗身边连一个说真话的人也没有了。

咸淳十年（1274 年）十月，在元世祖忽必烈的带领之下，以风卷残云之势，攻下樊城，继续进逼，很快又打过长江，兵不血刃地占领了六朝古都军事重镇建康，控制了江东地区。

这时，度宗已死，赵㬎即位，年仅 4 岁，由太皇太后谢氏听政。由于群臣纷纷要求贾似道出征，被逼无奈，贾似道只好硬着头皮，率领诸路精兵十三万出战，可是，在安徽芜湖一带，刚与元兵遭遇，便不战而溃，结果被元军杀得尸横遍野，血流漂杵。经此一战，南宋水陆主力几乎丧失殆尽。

贾似道兵败芜湖，丧师辱国。一时间群臣纷纷上书，揭露贾似道的真实面目，要求诛之以谢天下。在强大的压力之后，谢太后被迫将他免职，但这不能平息愤怒，大臣、太学生、平民都坚决要求处死贾似道，谢太后无奈，只得将其流放循州（今广东一带）。

贾似道虽然被流放，派头依然不小，与蔡京当年出京颇有相似之处。当时负责押送他的官员名叫郑虎臣，是被他害死的太学生郑东的儿子。郑虎臣痛恨贾似道祸国殃民，又害死自己的父亲，所以才主动揽上了这个谁都不愿意接的差使。一路上，郑虎臣不断羞辱贾似道，将他所坐的轿子的轿顶拆掉，让其暴晒在太阳下，同时，又强令贾似道沿途布施，硬是将他平日搜刮来的民脂民膏给散了个一干二净，侍妾与仆佣也被郑虎臣逐个赶走。

在到达福建漳州木棉庵后，郑虎臣让贾似道自尽以谢天下，但贾似道赖着不死，说："太皇太后许我不死，有诏即死。"因报仇心切，最后，郑虎臣竟将出恭的贾似道在厕所中杀死。

一代奸相从此结束了罪恶肮脏的一生。

贾似道死了，但他并不是南宋的最后一位奸相。贾似道死后，又出了主动叛逃降元的奸相留梦炎。

有宋一代，以文治国，可为什么却出了那么多的奸相？

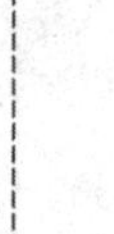

第七章

武将的宿命与悲剧

有宋一朝，崇文抑武，武将一直不被优渥、信任和尊崇，但是，在有关宋朝的历史与小说戏曲中，出现了许多诸如杨家将、岳家军以及梁山泊好汉等家喻户晓的英雄人物。

可是，生而为宋朝的武将也很不幸，甚至于非常凄惨。无论是历史中的杨家将、岳家军，还是小说戏曲中的水浒英雄好汉，其整体命运说来都很悲惨。诚如大家所知道的，杨家将虽有血战金沙滩、十二寡妇征西等战绩，可谓满门忠烈，但结局却很不幸；而岳飞更是含冤而死，永不瞑目；至于说到八十万禁军教头王进，因为父亲王升得罪过高俅，被迫出走；另外一名八十万禁军枪棒教头林冲，则因为妻子有几分姿色，被高衙内调戏，结果也被弄得妻离子散，落草为寇。

所以，从某种意义上说，宋朝是一个让武将们既爱且恨的朝代。说爱，乃是因为这个特殊的朝代为杰出的武将们提供了能够大显身手乃至彪炳千秋的“战争舞台”，而恨，则是因为这个朝代由于自身的病态与缺陷，让许多英雄或死于非命，或赍志以殁。

在两宋，对于武将们来说，真的是“成也宋朝，毁也宋朝”，武将的命运与国家的命运紧紧联系在一起，共同组成了一幅可谓“宋代武将悲剧群体”的巨幅画卷，这在我国其他任何一个封建王朝都很少见。

角色转换与武将的自卑

历朝历代，开国之初大多是武盛文衰，往往形成积弊，遗患无穷。而在宋初，经由太祖赵匡胤对于“宰相须用读书人”“读书以通治道”的认识与重视，人们的世界观与价值观发生了重大的变化，一个崇尚读书与读书人的“新时代”来临了，而武将们的风流很快被“雨打风吹去”，昔日那种耀武扬威为所欲为的时代悄然结束了。如果说五代十国时期，社会的主角是手握重兵的武将的话，那么，到了宋初，由于国家大政方针的调整，整个国家与社会的主角由一群饱读诗书的文臣们担当，而原来那些骄横跋扈、视文臣为无用，甚至一言不合就肆意“砍杀”宰相的武将们风光不再，从原先的主角猝然变成了配角。

太祖赵匡胤出于“息天下之兵，为国家长久计”的现实考量，对“欲令武臣尽读书”以及“宰相须用读书人”的突出与强调，整个国家很快便形成了一种“兴文教”“重文治”的社会风尚。

据说，在宋朝，每当新科状元登科后，便会披金挂彩地骑着高头大马在整个汴京城里招摇过市，好不威风。届时，都城陷入狂欢之中。人们争相先睹为快，瞻仰新科状元的风采，一些官宦富贵人家更时兴“榜下捉婿”，可见这些新科状元有多荣耀风光。

由于读书和读书人如此受人尊崇与追捧，所以，一些在颇感有些失落和自卑的武将也开始“东施效颦”，学着文臣的样子煞有介事地读起书来。

原本目不识丁的大将军党进便是其中的一位。

据史料记载，赵匡胤手下有个大将叫党进，年轻时为五代后晋杜重威的侍从，此人目不识丁，言语举动有时非常搞笑。

当时，朝廷的规矩，文官上朝，执笏，笏记所奏之事；武官上朝，可执梃杖，杖记所掌卒伍之数。党进有一次上朝，太祖问他现掌管多少兵马，党进记不清，手中的梃杖上虽然清清楚楚地写着，但他不认得，所以他就把手中的梃杖一扬，伸到赵匡胤面前说：“你看，兵马数都在这上面写着呐。”

最出洋相的还是那次党进奉命戍边，按规定，他行前应向皇帝辞行。这是一个很隆重也很荣耀的仪式，仪式上出征的将领需要向皇帝“致辞”，宣誓效忠。赵匡胤体谅到党进是个粗人，就传谕将这一仪式给免了。但党进生性好强，觉得这是一个给自己长脸的机会，就执意要亲自向皇帝“致辞”告别。为此，他让手下人事先将致辞写在挺杖上，自己也背得滚瓜烂熟。

仪式开始后，党进跪拜如仪，然后，煞有介事地抱着梃杖跪在那儿，准备致辞。谁知，由于过分紧张，再加上现场一分神，他把明明已经背得滚瓜烂熟的致辞竟然全都忘光了，跪在赵匡胤面前很长时间一言不发。最后，他突然抬起头来，看着赵匡胤大声说：“臣闻上古民风淳朴，请陛下多多保重。”殿堂原本肃立一旁鸦雀无声的文臣武将们无不笑得前仰后合，“几至失容”。

事后，人们问他：“为什么要说出这么两句话?”他回答说：“我看那帮文臣喜欢在皇帝面前掉书袋，我也掉几句给他们看看，让皇帝知道我也读书来着。”

党进当时任彰信军节度兼侍卫步军都指挥使，可想而知，宋朝建立后，赵匡胤对武将的改造可以说是深入骨髓。

从此，无论在政治上还是精神上，失势的武将们都几乎不再有任何优越感，他们在权高位重文采风流的文臣们面前出丑露乖，内心渐渐变得自卑起来。

显然，随着武将们在政治上与精神上的逐步萎弱，有宋一代武将的悲剧与宿命也就铁定了。

一代名将，郁闷而死

众所周知，在狄青之前，北宋还有以忠义闻名千古的名将杨业。

杨业原是北汉名将，无论是与宋交战，还是抗击辽军，他皆所向披靡。北汉降宋以后杨业自然也归顺宋朝。由于有着三十多年的战斗经历，杨业积累了丰富的戍边经验，他归顺宋朝后，立刻得到了宋太宗的赏识。太宗皇帝先是让杨业到山西边境防御契丹，杨业在雁门关驻守八年之久，慑于他的威名，契丹军始终不敢越雷池一步。

有道是："木秀于林，风必摧之。"由于战功显赫，又受到太宗的垂青，所以一些同僚对他很不友好，经常在皇帝面前无中生有地诋毁他，好在宋太宗还算是个明白人，对这些诬告并不相信，还经常把一些匿名信交给杨业，以示对他的信任。

然而，尽管有皇帝的呵护，杨业最终还是没能逃脱被奸臣陷害的厄运，金沙滩一战，杨业被迫孤军深入，与辽兵展开殊死搏斗，最后受伤被俘，绝食而死。

尽管，史学界对潘美究竟是否暗害杨业一直存有争议，但"杨家将"中另一著名人物杨延昭即所谓的"杨六郎"则千真万确经常遭人陷害。

史载，杨延昭驰骋于沙场之上，奇计百出，克敌于无形。按理说，武将英勇，这本来应该是国之幸事，令人称道。然而，令人读不懂也想不通的是，对于骁勇善战、精忠报国的杨六郎，朝中却总是有人嫉妒他，时时进谗言陷害他。对此，就连真宗皇帝也想不通，他曾对宰相感慨地说："嗣及延昭，并出疏外，以忠勇自效，朝中嫉妒者众，朕力为保庇以至于此。"

杨延昭一生战功赫赫，其能耐与名声堪比李广。李广当年被匈奴人称为"飞将军"，匈奴人只要听到李广戍边，必不敢来犯。而杨延昭在世时，辽人也不敢轻举妄动。迷信的辽人以为天上的北斗七星中，第六颗是专克辽国的，而杨延昭对辽国一直具有很大的威慑力，所以辽人便认为他是第六颗星宿下凡，故而称他为杨六郎，其实，杨六郎乃是杨业、杨老令公的长子。

对于碧血丹心满门忠烈的杨家将，翦伯赞先生有诗赞曰：

杨家传说遍河东，妇孺皆能说令公。
莫道封侯无李广，人民巨眼识英雄。

如果说，生前虽遭冤屈，但毕竟浴血沙场，死于敌手，杨业之死还算死有所值、死得其所的话，那么，两宋最具传奇色彩的"真武神"狄青则显然没有这样的幸运，一代名将不是死于沙场，而是死于自己的阵营里，怎么说都很窝囊！

狄青是山西人，老家在今天的汾阳，与岳飞一样，也是出身贫寒。他自幼习武，善骑射，十六岁时，因哥哥打架犯事，他替兄顶罪，被罚充军，由山西来到京城汴京，成为一名宫廷卫兵，由此开始了他的军旅生涯。

在宋朝，武将地位低下，士兵身份就更加低贱，而狄青，因为入伍前有“不良记录”，所以，一进军营，脸上便被刺上字，古称“黥面”，由于脸上有特殊记号，这使他显得更低人一等，即便是在士兵中也是处于最底层。

有宋一代，特别是在北宋年间，由于以文治武，军队中大凡稍微重要一点的职位都是由那些通过科举考试的文官担任，是谓“儒将”。也正因此，一名普通士兵要想成长为一名武将完全可以说是“此路不通”，没有可能。然而，狄青却在这看似“此路不通”的情况下，创造了一个无异于“从奴隶到将军”的北宋神话！

今天来看，狄青之所以能够从一名小兵最后做到了枢密使这样一个当时军中最高职位，创造了有宋一代个人成长与奋斗史上的最大奇迹，主要取决于三个因素。

首先，狄青精通武艺，很有才干。入伍后，狄青先当养马兵，后来调到保卫都城的拱圣营。由于他善骑射、武艺好，几年之后，终于升为下级武官，北宋宝元元年（1038 年），党项族赵元昊在西北称帝建立西夏，朝廷派中央禁军前往征讨，狄青以下级武官的身份随军前往，这场战争前后打了四年，最后以宋朝失败讲和而告终。然而，当时不为人们注意的狄青却在战争中显露锋芒。他有勇有谋，立了大功，成为当时独一无二的常胜将军，从此一举成名。

其次，狄青很有志向，善于学习。人常说，有志不在年高。事实上，有志也不在位贱。虽然在北宋，有“好男不当兵”一说，士兵身份卑贱，但身为士兵，狄青却并不自卑，很有抱负。

说是有一次，狄青和几名士兵一起去看科举考试发榜，刚好中了进士的人意气风发地骑着高头大马从旁边经过，所谓“春风得意马蹄疾”，在场的人都啧啧称赞新科状元的风采。有个与狄青同行的士兵看了不禁感叹道：“看来人与人就是不一样，看人家考上状元，与咱们士兵简直不能比，原来富贵与潦倒的悬殊竟是如此之大！”话语中充满了自卑。

可狄青却不以为然，他笑着摇摇头说：“话不能这样说，还要看各人的才能。”言语中流露出了不甘平庸、志存高远的强烈愿望。

由于作战英勇，很有才干，后来狄青得到了时任西北边关主帅的范仲淹的赏识。据说，有一次，范仲淹还特别将一部《左氏春秋》赠送给狄青，并告诫他说：“为将不知古今，匹夫之勇耳。”在范仲淹的激励下，狄青从此发愤读书，几年下来，但凡秦汉以来将帅的兵法，他无不通晓，从而具备了成为一个高级将领必备的素质。

但如果说，狄青之所以能够“从奴隶到将军”，仅仅是由于他很有才干且善于学习的结果，无疑是腐儒之见。因为，在封建官场，一个人要想平步青云，光凭自己的学识和才干显然不行，在通常情况下，还需要具备另外两个非常重要的条件，即第一，要有贵人相助；第二，有时还要靠运气。

而在这两方面，非常幸运的是，狄青都完全具备了。

说来，真的是时势造英雄，如果不是元昊称帝，北宋与西夏战争的爆发，为英勇善战的狄青提供了一方在当时最为引人注目的舞台，让狄青英雄有了用武之地，那么，狄青纵然再是一匹百年难寻的“千里马”，恐怕一辈子也只会默默无闻地老死于卒伍之间。然而，就因为宋与西夏的战争，让狄青时来运转，命运一下子有了很大的改变。

宋夏开战后，宋军频频失利，宋朝廷不得不派出大批军队增援西北边境，狄青应招戍边，被调派到延州。由于他每次作战总是戴上铜面具，出生入死，冲锋陷阵，即使是受伤后仍顽强杀敌，而且几乎每次总能取得胜利。所以，一来二去，狄青很快被传为神话般的人物，一时名声大噪，闻名遐迩，时人称其为“狄万”，意思是能敌万人的猛将。

当然，有了好的“时势”还不够，还需要有好的“运势”，而“运势”，对狄青来说，便是有幸得到了“贵人相助”。

从史书上看，狄青所遇到的“贵人”都是重量级的“大人物”，这些“贵人”中，有多次出将入相的北宋著名宰相韩琦和范仲淹，甚至还有皇帝宋仁宗，即便官最小的也是陕西路经略判官尹洙。一次，尹洙与狄青谈论兵法，狄青头头是道，所言极是，给尹洙留下了非常深刻的印象，觉得他是一名难得的帅才。于是，康定元年（1040 年）十一月，非常爱才的尹洙郑重其事地向当时的西北边关主帅韩琦与范仲淹推荐狄青，称赞狄青“此良将才也”。而韩琦与范仲淹在见到狄青对他经过一番考察后也觉得他是一个不可多得的优秀人才，因而对他格外器重。

也正是有了这么多“重量级的贵人”相助，加上狄青知名度越来越高，所以，时来运转的狄青很快像绩优股一样一路行情看涨，他先是被任命为泾州（今甘肃泾川）都监，开始独立带兵作战，成为一名有勇有谋的虎将。不久又历任泰州刺史、惠州团练使、马军副部指挥使等职，皇祐四年（1052 年）六月，又被提拔为枢密副使。

这时，狄青才四十三岁。一个四十三岁的武将，而且完全是从一个普通士兵提拔起来的，即使是在今天，也很少见。

因而，如果要论官职大小，岳飞显然不如狄青。岳飞当得最大的官是枢密副使，而且还是在宋高宗与秦桧故意对韩世忠、岳飞等武将明升暗降的情况下才被任命的，而狄青就任的最高官职则是枢密使，这是武将中的最高官职，这在整个两宋历史上也是极为罕见的。

仅此可见，在两宋这片极不易于武将生长的“盐碱地”上，狄青可以说是一株极为罕见的“军中奇葩”！一个脸上刺过字曾经有着不良记录的士兵，在儒将林立的北宋一朝，这不能不说是一个奇迹！

但万事万物都有它的两面性，所谓有阳必有阴，有利必有弊，也即老子的“福兮祸所伏”，虽说狄青这株两宋的“军中奇葩”在成长过程中没少得到阳光雨露的滋润，但也免不了雨雪风霜的袭击。

读两宋的历史，有时真的是读不懂也想不通，就说狄青吧，说实在的，他之所以能够从一名行伍小卒成长为军中高官，固然与他本人的努力分不开，但在很大程度上，也与军中一些高级“儒将”的提携与栽培有很大关系，如上所述，韩琦与范仲淹就曾是提携与栽培狄青的“贵人”。可是，不知道为什么，这些当初提携与栽培过狄青的“贵人”，到后来，除了尹洙和范仲淹，似乎都不遗余力、不失时机地打击他乃至诬陷他、迫害他。

如与范仲淹一直交好的“儒将”余靖当初对狄青非常赏识，经常人前背后地夸奖狄青作战勇猛，可是，当宋朝廷真的重用狄青时，他却又上奏反对说：“泾原有可忧之势，岂狄青匹夫可以当之？”表达了对“武将狄青”的极度轻蔑与鄙视。

应该说，在这些“贵人”中，最让人搞不懂的就是韩琦。一方面，他很欣赏狄青的才干，经常让狄青独当一面带兵打仗，且不时地提携狄青，可是，在另一方面，他又经常在语言和行动上表现出对武将出身的狄青的极端轻蔑与鄙视，甚至于在大庭广众之下公然羞辱狄青。

有一次，狄青的旧部焦用押兵路过定州，很重旧情的狄青请他喝酒。没想到焦用所押的卒徒状告焦用一路上管理混乱，克扣士兵供给。当时，韩琦正在军中实行严打政策，看到状纸立即擒拿焦用，准备诛杀以肃军纪。

狄青为了拯救焦用，决定去求韩琦。他原以为，平时韩琦待自己不薄，自己求情，想必韩元帅一定会卖自己一个面子。可是，让狄青没有想到的是，数次求见韩琦，韩琦都一直不愿见他。无奈之下，狄青有一天干脆就在韩琦公署的门外傻等，最后终于等到韩琦出来，他便上前求情说："焦用有军功，好儿。"那意思是说：焦用立过许多战功，是个好男儿，还请主帅将功折罪，不要杀他。

可是，韩琦听了狄青的话，想都没想，便拉下脸来，鄙夷不屑地说："东华门外以状元唱出者乃好儿，此岂得为好儿耶?"不仅不给狄青一点面子，还反而好像要故意羞辱他，没两天，竟当着狄青的面，硬是将原本罪不该死的焦用给杀了。

对这件事，狄青一直很郁闷，也很羞愤，乃至几年后，当他以军功荣升枢密使后，还时常郁郁不平地叹息着说："韩枢密功业官职与我一般，我少一进士及第耳。"

在狄青任枢密使时，许多屈居其下的"儒将"都看他不爽，与他作对，不仅纷纷上书攻击他，甚至还无中生有，诬陷他有不臣之心。这时候，对自己曾经的"下属"，一向在朝中深孚众望的韩琦不仅不站出来予以保护，还明里暗里竟也加入"反狄同盟"之中，要皇帝应防止武将尾大不掉之事的发生，这无异于向皇帝发出了再明显不过的"倒狄信号"。

在由文官组成的"反狄同盟"中，有一个人也很让人"读不懂也想不通"，这个人便是大名鼎鼎的欧阳修。

欧阳修是朝中高官，又是国之大儒，是当时天下读书人公认的"文学领袖"。在其为官期间，所举荐贤能不计其数。为人乐道者如曾巩、苏洵、苏轼、苏辙、王安石，乃至包拯，皆拔于"布衣屏处，未为人知”之时。可是，不知道为什么，对于狄青，他却竭尽诬陷、迫害之能事。

清人昭梿在其《啸亭杂录》中不禁感叹：“有宋一代，武臣寥寥，惟狄武襄立功广南，稍有生色，仁宗置诸（任命他负责）枢府，甚为驾驭得宜。乃欧阳公露章（给皇帝上奏折同时予以公开发表者）劾之，至恐其有他心（担心狄青有篡位野心），岂人臣为国爱惜人才之道？狄公终以忧愤而卒。其后贼桧（秦桧）得以诬陷武穆（岳飞）者，亦袭（是学了）欧阳故智也。”

其实，狄青与欧阳修原本无冤无仇，当年，在狄青还是一颗“军中新星”时，欧阳修还曾屡屡称颂狄青战功，誉之为良将，很有一种伯乐风范。可是，当狄青一旦荣升为军中最高长官，成了他的直属领导，这位朝中名臣、文坛泰斗却忽然来了个一百八十度的大转弯，似乎故意要与狄青过不去，竟然不惜发表公开信，一而再再而三地强烈要求宋仁宗罢免狄青。至于为什么要罢免狄青，他又列举不出任何言之有据的罪证，到最后，竟然强词夺理地将一场天灾大水归罪于狄青，说：“水者阳也，兵者阴也，武将也阴也。”

天要下雨，水要成灾，这与狄青何干？可一代名儒欧阳修硬要说这一切“都是狄青惹的祸”，武将一个，笨嘴拙舌，狄青就是全身长满了嘴也辩不清！

想不到，一向自视为道德君子、“文章太守”的欧阳修竟然信口雌黄到这样一种程度，这不能不说是他人生中的一大污点。

所以，从某种意义上说，所谓的“水灾狄祸说”完全可以说是欧阳修强加给名将狄青的“莫须有”之罪名，也难怪《啸亭杂录》作者认为：“其后贼桧得以诬陷武穆者，亦袭欧阳故智也。”那意思是说，原来，“莫须有”罪名的发明专利权并不在秦桧手里，而最早乃是由欧阳修首创。这话当然说得有点刻薄，对千古流芳的欧阳老先生似乎有些大不敬，但在某种程度上也确乎揭橥事实。

在“倒狄联盟”中，还有一些“大腕”级的人物，比如宰相庞籍以及文彦博。

当初，侬智高起兵叛乱，宋朝进行镇压，但老吃败仗，战局对宋朝一度十分不利。在此危难时刻，身为宰相的庞籍竭力推荐狄青挂帅出征，可见，宰相庞籍也还知人善任。可是，当狄青果然不负众望，率军南征，且很快平定了侬智高的叛乱，仁宗论功行赏，将狄青任命为枢密使时，他却一反常态，迅即加入“倒狄同盟”中来，与文彦博、韩琦、王举正、贾黯等一批实力派文官，在反对狄青的活动中空前团结，摆出一副不罢狄青就罢我的阵势。

应该说，在整个“倒狄”运动中，仁宗皇帝还是表现得相当厚道且理性。

皇祐四年（1052 年）六月，宋仁宗拜狄青为枢密副使。这一任命还没下达，朝中便立即掀起了轩然大波。一时间，谏官、御史们纷纷上书，深表反对。御史中丞王举正认为狄青行伍出身，地位低贱，骤然担任执政大臣职务，是宋朝开国以来绝无仅有的，“本朝所无，恐四方轻朝廷”，甚至还以辞官相要挟；左司谏贾黯也认为狄青任枢密副使有“五不可”；而侍御史韩贽上书认为朝廷的任命很不妥当。但宋仁宗因为仰慕狄青的风范，硬是坚持己见，把狄青提拔上来。

而在狄青打败侬智高凯旋后不到一个月，宋仁宗就当众表示要让狄青来接管枢密院，命令还没有来得及下，群臣就群起而攻之，要求宋仁宗停止对狄青的加官行为。这时候，又是他力排众议，打破常规，史无前例地让出身武将的狄青担任了宋的最高军事长官，总揽全国军事要务。

所以，从总体上说，仁宗皇帝还算是比较英明的，但再英明的皇帝也架不住那么多能言善辩的文臣老在他耳边诬陷诽谤，挑拨离间。

一次，狄青家夜间焚烧纸钱祭奠祖先，事先偶然忘记通知负责消防的厢吏，结果厢吏连夜报告开封府。虽然府吏迅速赶到时，“火”已灭了许久，但第二天，城中便盛传狄枢密家夜有怪光冲天。嘉祐元年（1056 年）五月，京城洪水滔天，狄青一家迁到相国寺去居住。一天，狄青无意坐到相国寺大殿之上歇息，没想到第二天京城内外便一片哗然，说是狄青很像真龙天子下凡。甚至还有谣言说狄青家的狗头正长角，而当这些“谣言”被添油加醋别有用心地不断传到皇帝耳中时，仁宗皇帝渐渐地也疑神疑鬼起来。到最后，终于将狄青出判陈州（今河南淮阳）。

回想起来，狄青在成长过程中，可谓受尽了窝囊气，在一次参加一个宴会时，他曾被一个名叫白牡丹的歌女当众取笑嘲讽，就因为脸上有字，被那歌女轻蔑地呼为“斑儿”。后来，在他担任枢密副使以后，那些下属文臣也背地里叫他“赤佬”，“赤佬”是当时的人对士兵轻蔑的称呼，而狄青也由此得了个“赤枢”的外号。

如果说，对于这些人格的侮辱，做人做事一向谦虚低调的狄青尽管心中不爽但还不以为意的话，那么，对于满城风传的那些“政治谣言”以及朝廷对他的怀疑，他却悲愤难当，极为恐惧。被贬到陈州后，朝廷对他仍不放心，每过一段时间就派几个“特派员”前往陈州，名曰“抚问”，实为监视。这时的狄青已被谣言折腾得惶惶不可终日，所以，每次使者到来，他都要“惊疑终日”，唯恐大祸临头，就这样，在极度的惊恐与郁闷中，不到半年，便暴死陈州。时年只有 48 岁。

曾经驰骋沙场、叱咤风云为宋王朝立下汗马功劳的一代名将，没有在兵刃飞矢之中倒下，却死在了众多文臣的排斥、打击和迫害之中，这不能不说是历史的悲剧，宋王朝的悲哀。

狄青死了，但赵宋皇帝猜忌武将，作为既得利益者的宋文官集团联手排挤、迫害武将的悲剧并没有结束，而只是刚刚开始。

所以，在两宋武将悲剧英雄谱中，按出场顺序，“杨家将”理所当然排在第一位，而狄青还只能排在第二位，以后，随着时间的推移，还会有更多充满悲情令人感慨唏嘘的武将登场。

种师道“病退”

由于早在建国之初，宋太祖赵匡胤就力倡“武将要读书”，所以，“武将”中的大老粗很快就几乎绝迹，而武将中的有文化乃至“高学历”者便渐渐多了起来。

种师道没有中过进士，当然不能说是“高学历者”，他虽生在武将世家，其祖父种世衡是北宋名将，但种师道年少时曾从大儒张载学习，显然受过良好的教育，说他是一位“儒将”，应该不会有太大的争议。

大约在宋神宗元丰四年（1081 年），种师道以荫补而入仕（宋法，荫补入仕授实职最早是在二十岁时），一开始，他在其伯父种谔手下从军效力。种谔在元丰四年五路进攻西夏的战役中，攻克了西夏的米脂城，种师道在此战役中立功，升为右殿直。之后他改任文阶官，首任熙州（今甘肃临洮）推官。

绍圣元年（1094 年），哲宗亲政，一改元祐年间对西夏妥协的政策，转向强硬。由于种师道是将门之后，又被起用为泾原（今宁夏泾源）都钤辖、统领怀德军，驻军北宋和西夏交界的边防线上。从此种师道由地方行政长官转为率兵的将领，开始了他的第二次军旅生涯。元符元年（1098 年）十一月，种师道随从泾原路经略使章楶手下将领郭成与折可适，在没烟峡与西夏激战，大获全胜。郭、折二将乘胜深入，以万骑异道并进，俘虏了西夏六路统军嵬名阿埋手下三千部众，并牛羊十多万。章楶派种师道入京献俘于宣德门，入贺紫宸殿，亲自向哲宗皇帝奏功。此次胜利，不仅是宋军少见的攻击型胜利，而且还夺取了大片战略要冲，战后，宋在此修筑设置了临羌、天都等寨以及西安州，种师道也因筑城有功而得到嘉奖。

身为儒将，种师道显然不是那种有勇无谋只知道一味逞凶斗狠的赳赳武夫，征战多年，他深谙用兵攻守进退之道，所以，哲宗宾天，新即位的徽宗对开疆拓土十分热衷，禁不住大宦官童贯的一再鼓动，很想对西夏用兵，但种师道却深表反对，他对徽宗说："先为不可胜，来则应之。妄动生事，非计也。"徽宗当即把种师道的意见转告童贯，可童贯不仅不听，还想从内地挑选弓箭手充实新拓边塞。对此，宋徽宗拿不定主意，便再次征询种师道的意见。

尽管，太师童贯是徽宗身边的红人，可种师道还是实话实说，直言不讳："我担心内地调兵尚未成功，边防可忧之事已经发生。"

应该说，那时，刚即位的徽宗赵佶还不像后来那么腐朽、昏庸，还算比较能听得进不同意见，因为觉得种师道的话很有道理，于是便赐给他紫衣、金带，还当众特别夸奖师道说："卿，吾所亲擢也。"并亲自任命种师道为提举秦凤弓箭手、时五路并置官。童贯知道后心里很不高兴，种师道听说后便不敢接此重任。宋徽宗又改任他为崇福宫提举，接着又改任西安（今宁夏海原）知州。

政和八年四月（1118 年），种师道奉诏节制诸路兵士重新修筑在政和六年十一月曾被西夏军攻破毁坏的靖夏城。当宋军正在筑城时，西夏大军突然杀到，并迅速占据了有利地形，伺机而动。大敌当前，种师道不慌不忙，指挥若定，严阵以待，做出一副正面与之决战的架势，但暗中却派遣偏将曲克、赵朴等径出横岭，派人大喊汉兵来了。就在夏军惊慌疑虑时，种师道已经派杨可世带军悄然绕到西夏军的背后，而令姚平仲率精骑正面出击。两面夹击下，夏军大溃。这一仗，宋军不仅大获全胜，共斩首五千级，缴获骆驼、牛、马万计，夏军主将阿山兆精仅以身免。这一战确保了城寨很快得以修筑成功。

由于种师道在西边颇有治绩，徽宗对他很是赏识，所以他的官阶升迁也很顺利，先是被提拔为左武大夫、康州防御使，再升为龙神卫四厢都指挥使、洺州防御使、泾原路经略安抚使兼知渭州，很快成为泾原路的最高军政长官。

说来，如果从人物分析的角度对童贯这个人进行分析，实在是令人读不懂也想不通，这个太监，颇为好斗，这边和人家西夏人的打斗还没结束，那边，因其出访辽国时听信一个名叫马植的辽籍汉人蛊惑，便又异想天开，急欲与金缔结“海上之盟”，图谋伐辽。

当时，种师道在童贯手下任都统制，拜保静军节度使，当童贯派他统领诸将去攻打辽国时，种师道对此很不以为然。于是，他便劝阻童贯说：“打个比方，我们的邻居家有一伙强盗正在抢劫财物，我们不去救助，反而乘人之危，也加入强盗队伍，插手抢劫，实非正义之师所为。”此时的徽宗与童贯早已打定了“联金灭辽”的主意，对于种师道的劝谏当然置若罔闻。

宋宣和四年（1122 年）三月，在准备并不充分的情况下，宋徽宗仓促命童贯以太师领枢密院事充陕西、河东、河北路宣抚使，蔡攸为副使、种师道为统制官，率十五万大军攻辽燕京。

当时，北宋朝廷以为辽国已经灭亡在即，肯定会不堪一击，可是，没想到宋军与辽军刚一遭遇，便遭到重创，结果反倒是在数量上占绝对优势的宋军不堪一击，伤亡惨重。

不久，辽派使者王介儒入宋谋求议和，共同对付女真。王介儒见到童贯，便情辞恳切地向童贯游说道：“女真之叛本朝，亦南朝之所甚恶也。今射一时之利，弃百年之好，结豺狼之邻，基他日之祸，谓为得计可乎？使不获已而罢岁币，故所愿也；或使归其侵疆，亦云从也。唯是救灾恤邻，古今通义，望谅察焉。”

种师道原本就反对联金灭辽，现在，一听辽使说得也很在理，于是就主张应该答应辽国的请求，就此罢兵。

“联金灭辽”可以说是在军事上一向自以为是的童贯的一个“天才构想”，是在他付出了艰苦的努力后好不容易才得以实施的，可想而知，童贯对它有多看中！

所以，不仅对辽使的游说他根本不去考虑，在未向朝廷通报的情况下，自作主张地将辽使赶出军营，而且，对种师道的劝告，他也全然不听，不仅不听，还私奏种师道通敌。奸相王黼不辨真假，勃然大怒，立即将种师道削职。

由于在与宋联手灭辽过程中，逐渐摸清了宋朝外强中干的底，灭亡辽国后，如中山狼一样的金国又立即把宋定为下一个攻掠的目标。宣和七年（1125 年）十月，金太宗正式下诏攻宋，并兵分两路大举进攻。

金兵蓄谋已久，且来势汹汹，而以徽宗、童贯为首的宋统治者一开始又毫无警惕，宣和七年冬天，金兵以迅雷不及掩耳之势，很快便将战线推到了北宋京城开封附近。大敌当前，宋徽宗不思抗战，反而在关键时刻金蝉脱壳，把皇位“禅让”给了皇太子赵桓，自己则三十六计——逃为上计。而在枯木衰草、寒风冰霜的肃杀气氛中继位的宋钦宗则惊慌失措，只一心巴望着各路勤王军队的到来。

其实，在金军南下侵宋时，种师道已经致仕回乡，在家乡钟南山豹林谷颐养天年，但国危思良将，宋廷决定让种师道再次出山，虽然此时已年老多病，但受命于危难之际，种师道还是立即出山，义无反顾地加入到了勤王的行列中来。

靖康元年（1126 年）正月初，种师道率泾原、秦凤军到达洛阳，此时，金军完颜宗望部已经兵临东京城下，于是有人向种师道建言道：“金贼气势正盛，而我军兵力不足，主动进攻是难以取胜的，不如暂时屯兵汜水，等四方勤王之师汇齐，再图全胜。”可种师道对此并不同意，他说：“如果我们区区几千兵马徘徊不进的话，就会自己暴露兵力不足而无力争锋，这是自取失败之道。敌军孤军深入，他们所害怕的就是我方援军的来到。假如我们大张旗鼓地径直前去，他们哪会知道我们的虚实！我们即使有一骑到达汴梁城，京师的士气就会大振，还用怕什么金虏吗？”于是他果断派遣二十精骑先行，一路沿途揭榜，大造声势，宣称“种少保领兵百万而来”，此正所谓兵不厌诈，在敌人未探明虚实的情况下，成功地打了一场心理战。

果然，金兵见西路大军由种师道率领，气势汹汹，如同潮水一般涌来，便稍稍北撤，不敢轻举妄动。

种师道原打算待各路勤王部队到齐后再共商对策，以克敌制胜。可是，没想到熙河（在今甘肃境内）领兵姚平仲到京后却咋咋呼呼，提出反对意见，认为“和，不必战；战，应从速”。种师道用兵老练持重，他以为“不和即战，不战即和”是偏激的急躁冒进。然而，不谙军事的钦宗却明确支持姚平仲的主张。尽管种师道一再讲明原因利害，认为待种师中领兵抵京，集中优势兵力出战不迟。可是钦宗此时早已急不可耐，决计立即袭击金人兵营。

无奈，种师道只好遵旨行事。可是，当姚平仲夜袭金营时，没想到金兵早有防备，结果宋军大败。宋军大败之后，种师道以为索性“一不做，二不休”，干脆将计就计，还可以收拾残局，于是便上奏钦宗和宰相李邦彦说：“今日虽败，明晚再袭，出其不意，金兵定然难防。”

今天来看，如果宋廷当时以种师道的计策行事，孤军深入且人地生疏的金兵即使打不垮也会被宋军拖垮。可是，关键时刻，钦宗当断不断，只是默默不语，而素有“浪子宰相”之称的李邦彦贪生怕死，坚决反对，并主张立即向金人割地投降，还怂恿钦宗下令把主战派李纲、种师道撤职查办，以此向金人谢罪。

其实，在当时，北宋王朝，文有李纲，武有种师道，如果君臣齐心，上下团结，是完全可以抗拒金兵的。而且，事实上，尽管当时金兵完颜宗望的部队犹如一把锋利的尖刀直接插入宋朝京城，但毕竟在兵法上犯了孤军深入的大忌，何况，他的部队总人数满打满算也不过六万人，随着各路勤王宋军先后抵达汴京，加上汴京城内原有禁军，宋军此时人数已达到二十万人，在数量上占了绝对优势，所以，在当时，只要宋军稍微做一些战略与战术上的部署，对金军实行分割与“反包围”，再用宋军所拥有的霹雳炮、震天雷等当时最先进的武器对已“送到嘴边”的金军实施“斩首行动”和“精确打击”，那么，东京第一次保卫战就很有可能成为金国大将完颜宗望的“滑铁卢”！

对于这样一种战争形势，作为一名将帅，种师道显然了然于胸，所以，他曾及时向朝廷建议说：“我众敌寡，我军可以扼守要道，分兵劫营，断其粮道，大可获胜。”

然而，当时以钦宗与李邦彦为首的宋廷君昏臣奸，腐败无能，只一心想着与金国媾和，对种师道的建议根本不当回事。此时，反倒是完颜宗望很是识相，他一看战场形势明显对金军不利，于是干脆来个借坡下驴，故意卖宋钦宗一个“面子”，假装很委屈很不情愿地带着宋朝送的一大堆礼物和礼单准备撤退。

应该说，完颜宗望的小算盘打得贼精，但当时也并不只有他一个聪明人，至少种师道就算是一个。

一看完颜宗望想来就来，想走就走，把堂堂大宋当成猴耍，且白白捞了那么多好处后拍拍屁股想溜，老将种师道心想没那么便宜，于是便上书宋钦宗说：“金人不懂兵法，孤军深入是在送死，岂能让他白白回家!”为此，他建议宋军在黄河渡口设伏，等金兵半渡而击，此时，金兵必然首尾不能相顾，正好杀他个落花流水，也好让完颜宗望知道，宋朝并不是他所想象的那么好欺负的。

恰好，完颜宗望退军之时，种师道之弟种师中率领的西军精锐秦凤军三万人开到东京开封，在京城太学生和群众一再请愿示威下已被朝廷复职的种师道便命他率部尾随金军之后，俟其半渡而击之，完全消灭其尚在南岸的一半，将金国最精锐的东路军打残以消后患。而主战派李纲也建议用澶渊故事“护送”金军出境，密告诸将有机会就纵兵追击。对这些建议，宋钦宗先已决定采纳，可是，最终又是朝廷中的投降派占了上风，宰相李邦彦给宋军的命令是沿途护送，不得攻击，“有擅出兵者并依军法”。

就这样，宋朝又一次白白浪费了重创金兵的绝好机会。

说来，种师道的拳拳爱国之心真的是感人至深，虽然他的许多建议事后被证明的确是良策妙计，但始终不被采纳。可是，他依然痴心不改，报国依旧，用鲁迅先生的诗句说，真的是“寄意寒星荃不察，我以我血荐轩辕”，其爱国之心、报国热情很是令人感动。

既然不能在金军撤退时重创金军，那么，种师道便又向朝廷献计，提出一个可谓亡羊补牢的方案，建议集合大军驻屯黄河两岸，防止金军再次渡河，预为下次“防秋”之计。

按理说，亡羊补牢是再正常不过的事情。因为有过第一次黄河防线轻易失守的惨痛教训，即便种师道不去提醒，宋朝廷在军事上也应该进行全面的检视与反省，对包括黄河防线在内的各军事要塞予以加固与充实。

可是，令人读不懂也想不通的是，对于种师道的建言，朝廷中的投降派大臣又一致起来反对，认为万一金军不来这笔巨大的军事费用就会在黄河上打了“水漂”，因而断然拒绝采用种师道之言。而且，钦宗不但不听种师道的意见，反而再次收回他的帅印。御史中丞许翰奏请钦宗不可撤掉种师道的军权，昏庸透顶的钦宗则以为“师道年迈，将以何用”为由撤了种师道的军权。

读史至此，真的是让人啼笑皆非，无话可说！

到此为止，应该说，作为一名武将，种师道的意义和价值已经完全“被失去”了，他几乎把自己一生的所有聪明才智都贡献给了大宋，可是，对于这位老将所献的无论是“攻金之矛”还是“卫国之盾”，宋钦宗以及宋廷内的投降派都无一例外当成了“废铜烂铁”，一律弃之不用，这表面看起来固然是武将种师道个人的不幸与悲剧，但其实，从深层次来看，应该说是整个大宋的悲剧，一个武将不被尊重不被重用的“武将无用论”的时代，也注定会成为一个灾难深重的悲剧时代。

所以，从某种意义上说，宋朝不是亡于外敌入侵，而是亡于良将不被重用，良策不被采纳。

的确，两宋不是没有涌现过优秀的武将，也不是没有足以让这些优秀武将大显身手的战争舞台，而是这些武将全都被一种有形无形的政治绳索给捆住了手脚，其结果，武将们的整体命运也就可想而知。

靖康元年八月，金国第二次攻宋。

其实，在金人第二次攻宋时，尽管其来势汹汹，但是，处于被动的宋军还是很快便集结了一支阵容可谓豪华的军队，而队长便是种师道，主力队员有种师道的弟弟种师中西北悍将姚古。

在宋军已完成集结的时候，种师道的弟弟种师中就提出趁完颜宗翰还滞留在泽州（今山西晋城）一带时，以姚古正面推进吸引金兵的注意，自己则率精兵西出太行，出其不意地侧击金兵。

这应该说是一条非常好的计策，如能实行，对金军肯定能构成相当大的威胁，乃至一举而彻底击垮金军。但令人读不懂也想不通的是，关键时刻，在宋廷内，那些丝毫不懂军事的昏君庸臣总是喜欢瞎指挥，朝廷内上至钦宗皇帝，下至宰执大臣对种师中的妙计都“疑不用”，对此，种师中像他的哥哥种师道那样，想必在无可奈何中也只好仰天叹息。

既然不采用种师中的计策，那么，宋军就只有采取与金军面对面正面交锋的战术。这正是以骑兵为主有强大野战能力和冲击力的金军最喜欢的一种战法。而这，也正是宋军所采用的一种最为愚蠢的战法，所以，失败也就是再正常不过的事了。

结果，由于宋朝廷的遥控与瞎指挥，宋军先胜后败，一代名将种师中战死杀熊岭，与当年一代名将杨业一样，在充满血雨腥风的战场上虽英勇悲壮但却极为悲哀地倒下了。

弟弟种师中的死，给了种师道极其沉重的打击，但这位老将依然苦撑着，坚持战斗在抗金卫国的最前线。太原被金兵攻陷后，钦宗又命种师道巡视边防。种师道估计金兵将大举进攻东京，急忙上疏请钦宗赴长安避风。

所谓“赴长安避风”，在今天来看，应该说是从当时实际出发所作出的最明智的选择，也是一种以退为进的最佳战略。想当年，在安史之乱爆发时，唐玄宗便避敌兵锋，避风四川。所以，如果这一计策真能付诸实施的话，那么，很有可能，假以时日，“赴长安避风”的北宋朝廷就不会惨遭“靖康之耻”，而北宋也绝对不会轻易地惨遭灭顶之灾。

可是，令人感到极为遗憾的是，对于种师道“赴长安避风”的建议，不仅投降派反对，就连那些见识浅陋的主战派也公然指斥他胆小怕事，拒绝采纳他的这一“救世良策”。

在极度的痛苦与失望中，年逾古稀的老将军终于支撑不住了，在郁郁中先是精神垮了下来，很快，身体也出现了严重疾患。

于是，在几乎万念俱灰的心境下，种师道开始一次次请求“病退”，对于北宋这副烂摊子，他既无力也无心再去帮助收拾了。

“归去来兮!”当年，陶渊明因为厌倦了黑暗的官场，不禁长叹一声，毅然辞官归隐。

“归去来兮!”时隔多少年之后，一代名将种师道万念俱灰，在悲伤失望中，也发出了这样深沉的呼唤。

经过一再请求，最终，钦宗赵桓同意了种师道的请求，准予“病退”。

但“病退”后的老将军并未能像当年陶渊明先生那样采菊东篱，彻底排遣掉心中积郁多年的郁闷，从前线归来不久便与世长辞，享年七十六岁。

一代名将撒手人寰，从此结束了他充满悲剧的一生。

身为武将，种师道生前为宋廷时用时弃，他的许多合理化建议都不被朝廷采纳，可是，在他死后，仅仅两个月，即靖康元年（1126年）闰十一月丙辰日开封城破之时，宋钦宗似乎一下子“清醒”了过来，这时才恍然想起种师道临终前劝其“赴长安避风”的忠告，顿时后悔莫迭，悲叹道：“朕不用种师道言，以至于此!”

但历史没有后悔药，这种时候，无论说什么都已经无济于事了。

王彦“转业”

说到王彦，一般人也许并不熟悉，但如果说他乃是南宋历史上赫赫有名的曾令金兵闻风丧胆的“八字军”的首领，甚至一度还曾当过名将岳飞的领导，那么，想必许多人都会对他很感兴趣。

王彦生于北宋末年，是上党（今山西长治）人。他从小就性格豪放，爱读兵书，隶弓马子弟所。所以，从其履历看，王彦应该说是一个典型的科班出身的“职业军人”。

年轻时的王彦曾经跟随泾原路经略使种师道两次参加对西夏作战，并且立有战功。靖康元年，金兵围攻宋都汴京，闻听此讯，已经人到中年的他慷慨激昂，毅然离家赴京，走上抗金第一线。

当时，以书信招募河北兵民抗金的张所为河北招抚使，急需将才，在一次经过东京与王彦、岳飞交谈时，有着一双识才慧眼的他发现王彦与岳飞都是难得的将才，一时喜不自禁，于是便当即任命王彦为都统制，并破格提拔岳飞为统制。

所谓都统制也就是管统制们的统制，都统制下面有副都统制，再下面有统制和统领。在那期间，王彦为都统制，而岳飞只是他手下的统制，因而，说王彦曾是岳飞的“领导”绝对不是瞎说。

但就是这样两个南宋出类拔萃的名将，在一起共事时关系并不好，甚至，俩人还曾“针尖对麦芒”起过争执，乃至反目。

事情的大致经过是这样的，建炎元年（1127 年）九月，张所勉强拼凑了七千装备不良的军队，任命王彦为都统制，率军前去收复卫州（今河南新乡一带）等地。出兵之时，岳飞和张翼、白安民等十一位将领都隶属王彦，一起进发。

王彦率军过河后，兵临新乡，鉴于金兵势盛，时年三十七岁的王彦为稳妥起见，决定慎重进兵，但比他小了十三岁的岳飞却年轻气盛，笑其胆小。于是，在未征得主帅王彦同意的情况下，独率部下向金兵发动了攻击。无奈，王彦只得挥兵力战，遂攻下新乡。战斗结束后，王彦斥责岳飞不服从指挥，而岳飞则嗔怪王彦畏敌如虎，因此，两人互不相让，闹得很僵。

当时，由于王彦率领的这支七千人军队“屡破大敌，威声振河朔”，被金人误认为是宋军主力，即派数万金兵前来，将新乡城团团围住。一时间，新乡城中的几千宋军既和外面相隔绝，又缺乏装备和粮饷，形势非常危急。而就在这种时刻，因为与自己的直属领导王彦意见不合，闹得很不愉快，一气之下，个性极强的岳飞再次违抗命令，私自率部下自成一军“单干”去了。

新乡血战，部队伤亡惨重，突围出来后，王彦收集溃散的将士，结果仅剩下了七百多人。于是，王彦便带着这支残余部队且战且退到共城（今河南辉县）西山，在那里建立了抗金根据地。在那里，他一面据险设寨，顽强死守，一面派遣心腹联络“两河豪杰”，共同抗金。当时，金人悬重赏捕杀王彦，王彦为预防发生意外，夜里经常换地方睡觉。部下为他抗金的一片赤心所感动，都在面上刺上“赤心报国，誓杀金贼”八个字，决心随王彦抗金到底。这就是南宋初年著名的曾令金军一度闻风丧胆的“八字军”！

由于王彦英勇善战，威名远扬，不久，两河忠义民兵首领傅选、孟德、焦文通等都来归附，队伍渐渐扩大到十几万人。

再说岳飞自从擅自脱离王彦的队伍独自闯荡后，并没有闯出气候，在一次与金兵的遭遇战中，他虽然激励士卒死战，终于击退金兵，但自己在战斗中受伤十余处。在以后的日子里，他率领这支人数不多的小部队在太行山区坚持苦战，处境一直十分艰难，以致到了冬天，天寒粮尽，只能将自己骑乘的战马宰杀后勉强充饥。

所以，当听到“八字军”发展壮大的消息以后，岳飞对自己当初擅自脱离王彦领导之事深感后悔。于是，他单人匹马，前往王彦寨门，磕头谢罪，要求重归“八字军”。

按宋朝的军纪，私自脱离军队是有杀头之罪的。因而，当岳飞只身前来，王彦的一些属下便建议将岳飞处死。但王彦却没有这样做。究其原因，乃是由于他虽然在心中仍怀恨岳飞的倔强和对自己的冒犯，怀恨岳飞在危难时刻离开了他，甚至可以说是当了逃兵，但到底“英雄惜英雄”，王彦却也很爱惜岳飞的才能。所以，面对岳飞的“负荆请罪”，他既没表现得宽容大度，尽释前嫌，也没表现得那么小肚鸡肠，睚眦必报，而只是冷冷地对岳飞说：

“汝罪当诛，然汝去吾已久，乃能束身自归，胆气足尚也。方国步艰危，人才难得，岂复雠仇报怨时邪！吾今舍汝。”

结果，王彦既没有接纳岳飞，也没有借一点粮食给他，只是不冷不热地请岳飞喝了一顿酒，然后放依律当斩的岳飞一条生路。

也许是岳飞在人们心目中的形象太伟大，出于“为贤者讳”之目的，后世在对王彦与岳飞的这一桩历史公案进行评判时，一般多自觉不自觉地偏袒岳飞，认为岳飞“好汉做事好汉当”，能知错就改，光明磊落，豁达大度，而王彦做人做事却不够大气和大度。

但倘若设身处地替王彦想想，身为武将，血性汉子，他能做到这样已经很不错了。试想，生性耿介的岳飞曾那样肆无忌惮地讥笑他、侮辱他这个“直接领导”，在形势危急的时刻，违抗军令，擅自弃他而去，于公于私，一向任性的岳飞都曾做得“太过分了”！而在这样一种情境下，面对岳飞的“负荆请罪”，王彦虽未能表现的相逢一笑，冰释前嫌，但却能够深明大义，对岳飞既往不咎，也算是对岳飞仁至义尽了。如果再要苛求他不能像当年的蔺相如那样，显然有违常理，不近人情，对王彦有失公允。

读北宋末年、南宋初期的历史会发现，在这样一个特殊的历史天空，闪烁着许多夺目耀眼的“军事新星”，像张所、宗泽、王彦、刘琦、吴玠，包括“中兴四将”，真可谓将星闪耀，战将如云，如果能充分发挥这些名将的作用，要打败金军可以说不是太难的事情。然而，令人读不懂也想不通的是，在“乱世思良将”即国家最需要名将的特殊时期，这些在战场上迅速升起的名将之星竟然大多不被重用，以致很快成了昙花一现的流星，还只是耀眼闪亮了一瞬间，便令人伤心失望地陨落了。

在两宋的天空中，王彦便是这样一颗“流星”。

从史书上看，他绝对是南宋不可多得的一位优秀武将，之所以这样说，是因为，首先，他非常善战；其二，他很善于治军。

王彦几乎是靠白手起家的。他最初渡河北上抗金，手下不过只有七千人，而且，这七千人的队伍很快便死的死，跑的跑，最后只剩下不到十分之一。但就是这样，在逆境中奋起，王彦硬是从低谷中很快走了出来，将队伍迅速发展壮大到了十万多人。

当初，在新乡之战前，岳飞曾当众指责王彦“胆怯”，但从后来发生的事情来看，王彦不像岳飞指责的那样是一个贪生怕死之徒。如他在据守西山英勇抗金时，金军统帅曾打算派一将领攻打王彦山寨，谁知，这名被委任为前锋的将领听令后，竟吓得扑通跪地，哇哇痛哭道：“王都统的营垒坚如铁石，实在打不下来呀……”如此情景，在金营中实属罕见，仅此可见，王彦在当时可谓威震敌胆。

后来，金人又派骑兵想截断王彦粮道，没想到王彦对此早有防范，让“八字军”将士埋伏在那里。所以，当金军的骑兵前来偷袭时，无异于自投罗网，结果被“八字军”杀得人仰马翻，四散奔逃。

由于被王彦领导的“八字军”打怕了，后来宗泽招王彦赴东京会商抗金大计，史载，王彦带“八字军”精锐万人大摇大摆地向开封进发，途中，“金人以重兵蹑其后而不敢击”，眼睁睁地看着“八字军”最后一人渡过黄河，始终不敢近前一步！

王彦善打硬仗、恶仗。绍兴元年（1131 年），由抗战派首领、枢密使张浚一意孤行指挥的历史上著名的“富平会战”失败后，陕西大部沦陷。叛将桑仲原为王彦部下，时聚兵三十万，在攻占襄阳后，乘势西向，陈兵金州白土关下。王彦遣统制门立为先锋出战，门立战斗失利，不幸被俘。敌人将他刀剐致死，十分残酷。一时将士失色，再加军粮无法供应，军心开始动摇，有人甚至准备投敌。

沧海横流，方显出英雄本色。此时，王彦义气凛然，果断决策：

“枢密使张公正在积极组织反攻，倘若桑仲突破金州防线，则必致陕军腹背受敌，再无复战希望。敢言避敌峰者斩!”随即，他将老母托付友人，亲率将士直趋长沙设伏防守。当时王彦只有两千士兵，贼兵见官军兵少，蜂拥而至。王彦慷慨激昂地鼓励大家：“大丈夫应该忠义死节，决不能苟且偷生。”然后亲执战旗冲锋。

由于王彦身先士卒，“八字军”将士无不以一当十，殊死搏斗，由是贼兵大败，叛将桑仲也为其部下所杀。

后来，王彦与叛将李忠、伪齐将郭振、周贵等的战斗，均大获全胜。人们对王彦的军事才能非常钦佩，“原头雹散千钧弩，汉上风驰八字军”的赞辞，一时传颂荆楚。

王彦打仗有勇有谋，高宗五年九月，京西南路副总管李忠反叛，突攻金州诸关隘。王彦措手不及，关隘尽失，退屯城郊。此时，王彦将计就计，一方面，他派人在城郊焚烧粮草积聚等，佯装败逃；另一方面，却密令将士潜伏于大道两边。敌果上当，轻兵冒进，王彦挥军奋战，大败叛军，追袭至秦岭，遂复诸州县。

王彦治军别有良方。他爱兵如子，每次出征，都与官兵同甘共苦，住草房，吃大锅饭，从不搞特殊化。士兵在战斗中负伤，他会脱下自己的衣服给伤员御寒，亲自为他们敷药包扎。他纪律严明，赏罚公正，凡违反军纪，决不姑息。打了胜仗，则不分亲疏，论功行赏。因此他的士兵人人英勇，个个无畏，打起仗来，敢于赴汤蹈火，出生入死。

王彦治军最突出的长处，是善于挑选士兵。据说，他不以士兵的形体魁伟与否为标准，而是专门挑选轻捷、机敏、四肢有力量的人，他不仅重视队伍的人数，尤其强调素质。战斗结束，从俘虏中补充兵员，绝不滥竽充数，而是宁缺毋滥，十中选一。也正因此，“八字军”可以说是当时南宋军队的“王牌部队”，或可谓是“特种部队”，战斗力特别强。这支“铁军”先在太行山区，打得金兵闻风丧胆；后在汉水流域，又留下“汉上风驰八字军”的美誉。直到他死后，“赤心报国，誓杀金贼”的“八字军”将士，还在刘锜领导的顺昌大捷中大显身手，骁勇异常，大败金军。

古往今来，大凡业务型的官员往往都不善于权谋。长于领兵打仗的王彦显然不大懂得“政治”，在应宗泽之邀赴东京共商抗金大计期间，他和老将宗泽完全可以说是“英雄所见略同”，都主张北上抗金，打过黄河，收复失地，所以，宗泽即使是在临终时也一遍遍地呼喊着：“过河！过河！过河!”其情其景，真的是非常感人，令人落泪。

但“过河”别说金人不答应，就是当时南宋小朝廷内部的投降派也很不高兴。据史书记载，当时，宗泽上书高宗，表示自己已经集结百万雄师，准备分路并进，收复失地，泣求高宗还京，以图中兴大业，宰相“黄潜善等忌泽成功，从中阻之。”

如果说，对德高望重的老将军宗泽，黄潜善等还心存忌惮，只是暗中阻挠的话，那么，对于王彦，他们则显然不太客气，由于王彦坚持收复西京，宰相黄伯彦、黄潜善便不安排他见高宗，只升其为武翼郎、阁门宣赞舍人，差充御营平寇统领，归平寇前将军范琼节制。而这个范琼曾在金人陷东京时，有过帮助金人胁迫徽、钦二帝北迁、拥立伪楚张邦昌为帝的汉奸行为，因此王彦耻与为伍，称病辞职。

因为主张北伐抗金，王彦显然把宫中以宰相黄伯彦、黄潜善为首的投降派们给得罪了，因而遭到了被冷落、被排挤的不公正待遇。而在后来，他又不小心把当时著名的主战派领导张浚也给得罪了。

那是建炎四年（1130 年），张浚认为中兴应当自关陕开始，考虑金人也许会先入陕取蜀，则东南不可保，所以请行为川、陕宣抚处置使。一到陕西，志大才疏的张浚在既不知己也不知彼的情况下，便贸然发起富平大战。战前，王彦与另一位南宋初年名将曲端极力劝阻，说陕西诸路人马，互不相知，难免配合不到位，一旦失利，必致陕西尽失，不如屯兵坚守，以挫敌锋。但张浚自以为是，固执己见，甚至还与曲端互以人头为赌注。

果然，富平之战不出王彦与曲端所料，招致惨败。但打了败仗的张浚却没有兑现诺言，自我了断。最终，人头落地的却是一向自负的名将曲端!

所以，有人说，曲端是两宋历史上第一个被冤杀的武将，在曲端被冤杀之后，又过了十一年，一代名将岳飞才因“莫须有”罪名被害死于杭州风波亭。

王彦不是曲端，没有被杀。事实上，由于自己的意见不被采纳，还被讥笑为胆小怕事，一气之下，他要求调离，到地方上任知金州去了。

虽然没有像曲端那样含冤被杀，但王彦的命运也好不到哪里。尽管在后来他可谓战功卓著，表现得一派大将风度，但却始终得不到朝廷的重用。由于“八字军”当年是因为对王彦表忠心，才在脸上刺字的，所以，朝廷老是担心他会凭借剽悍的八字军将士专横跋扈，不听调度，因而始终对他心存疑忌，明里暗里总是提防着他。

绍兴七年（1137年），王彦被逼离开军队。当时，高宗赵构因一心想与金人议和，正欲想削夺那些力主抗战的武将们的兵权，而朝中的那些投降派们也嫌一直主张北上抗金又不大乖巧的王彦碍事，于是，便解除了他的军职，让他“转业”到了地方，出知邵州（今湖南邵阳）。

堂堂大宋名将，在国家危难时刻，不是被调往前线抗战杀敌，而是“被转业”去任地方官，不仅后人在读这一段历史时“读不懂也想不通”，就是王彦自己当时也想不通。于是，满脑子想不通的他便去面见高宗。

要说高宗赵构这人，大本事没有，但玩权弄术却很在行，对于王彦的请求，他当然不会直接拒绝，而是打着官腔，假仁假义地说：“以卿能牧民，故付卿便郡，行即召矣。”倒好像让王彦“转业”是知人善任，用其所长，完全是出于对他的关心。

王彦一生的夙愿就是驰骋疆场，抗金杀敌，然而壮志未酬，竟被莫名其妙地剥夺了兵权！

这以后，王彦一直闷闷不乐，郁郁寡欢，经常借酒浇愁，黯然神伤，就这样，“转业”还不到两年，这位当年让金兵闻风丧胆的抗金名将便在忧愤中凄然离开了人世。死时，年仅四十九岁。

“清凉居士”韩世忠

所谓居士，就是在家信佛的人。韩世忠晚年自号“清凉居士”，一代名将竟然成了“半个和尚”，不难想象，他的晚年是怎样的落寞与悲凉！

韩世忠是延安人，典型的陕北大汉，据《宋史》说，他年轻时因“家贫无产业，嗜酒尚气，不可绳检”。韩世忠家境贫寒，性格刚烈，不受约束。

原本地痞泼皮出身的韩世忠到了部队，“端的是一条好汉”，在与西夏人的征战中，骁勇善战，无人可敌。后来，在与金兵交战时，“跃马薄敌，回旋如飞”，在战斗中逐渐成长为一名英勇善战的武将。

这里，顺便说一句，施耐庵的《水浒传》中，想必大家对其中的“方腊起义”都会印象深刻。但最终，方腊兵败被俘，抓获他的人就是韩世忠。据说，方腊大败后，躲入睦州清溪山洞幽深林莽间，正是韩世忠一身虎胆，独自潜入山谷，单打独斗，格杀了方腊的几十个贴身侍卫，生擒方腊而出。可以想见，韩世忠是怎样的本事了得，用当年样板戏中的一句唱词说，真的是“浑身是胆雄赳赳”！

的确，在韩世忠身上，可以说有关羽之勇，韩信之谋，有关他的故事，非常具有传奇色彩。这里，不妨再举两例。

一例姑且名之曰“韩世忠单骑闯敌穴”，很有些关云长单刀赴会、杨子荣智取威虎山的味道。

那是在宋钦宗年间，李复鼓众叛乱，“淄、青之附者合数万人”。时为武节大夫的韩世忠奉命带兵去平息山东淄、青乱兵。当时，他所带的“剿匪”部队“兵不满千”，而且分成了四队，为了能使将士们破釜沉舟，决不后退，他让人“布铁蒺藜自塞归路”，并下死命令说：“进则胜，退则死，走者命后队剿杀。”如此一来，军中将士没有一个人敢临阵脱逃，一个个都不要命地奋力死战，结果大败叛军，斩杀了李复。

但此战并没有一网打尽，仍有一万多“贼寇”向南溃逃。于是，韩世忠乘胜追击，一直追到宿迁（今江苏宿迁）。由于追得太急，此时，他已是单枪匹马。但韩世忠并不害怕，白天一个人不便行动，但那天晚上他却出敌不意，“单骑夜造敌营”，乘敌寇正在“拥子女椎牛纵酒”，突然“神兵天降”，犹如张飞在长坂坡大战时的一声断喝：“大军已经到了，赶快放下兵器，我还能保全你们，共享富贵！”这些“贼寇”逃到这里，本就一个个如惊弓之鸟，忽然听到这一声仿佛炸雷似的断喝，顿时一个个吓得魂都掉了，于是不约而同地都举手缴械，其中，一贼首还跪下来用牛角杯给韩世忠敬酒，请求饶命。

这种时刻，韩世忠镇定自若，只见他“下马解鞍，饮啖之尽”，一见这阵势，这一万多贼寇便都一起投降。可是，等到黎明来临时，发现韩世忠的“大军”并没有来到，那些贼寇才始知上当，后悔莫及。

还有一例，则不妨名之曰“韩世忠雪夜捣金营”，说起来，也非常有计谋，非常之精彩。

事情也是发生在钦宗年间，当时，真定（今河北正定县）被金兵所占。韩世忠率部赶往赵郡增援守将王渊。金兵到来，听说韩世忠在此，攻势更加凶猛。由于粮尽援绝，形势明显对南宋军队不利，这时，出于好心，部下劝韩世忠突围而走，但他没有同意。

恰好，那天晚上，夜半下起了大雪，韩世忠顿时心生一计，他命敢死士卒300人假扮金兵，突袭敌营，致使敌军自乱，互相攻杀。在乱战中，金兵主将竟然也被刺死，如此一来，金兵尽退，而真定之围自然得以化解。

后来，康王赵构在济州（在今山东济宁），金兵大至，约数万人马。韩世忠部下仅千人，他单人独骑，突入敌营，斩其酋长，致使金兵大溃，在危难时刻算是救了赵构一命。

但韩世忠真正出名，应该还是在黄天荡一战。因而，黄天荡一战，完全可以说是韩世忠的“成名战”。

有道是：时势造英雄，尽管这“时势”对于有宋一朝，可以说是天大的不幸，莫大的耻辱，可是，对于韩世忠以及岳飞们来说，在某种意义上，却是一种极为难得的机遇。正是在这一方“时势”搭建的历史大舞台上，韩世忠与他的妻子梁红玉在黄天荡这个地方联袂上演了一出传诵千古的抗金戏剧。

那是建炎三年（1129年）的冬天，完颜宗弼也即《岳飞传》中那位妇孺皆知的“金兀术”渡江南侵，“搜山检海”捉拿赵构。

面对金兵来犯，高宗召集众将商议自己下一步“移跸”于何地？张俊等劝高宗自鄂、岳往长沙，韩世忠对此表示反对。他说：“国家已失河北、山东，若又弃江、淮，更有何地？”高宗便以韩世忠为浙西制置使，守镇江（今江苏镇江市）。

当时，金军乘江防未固，两路渡江，连破建康（今江苏南京）、杭州、越州、明州（今浙江宁波），高宗乘楼船逃往海上，金军海路追击三百里未能追上，恐归路被断，不敢继续深入，遂于1130年春沿运河北撤。

建炎四年春节刚过，探子报告韩世忠，说金军已从杭州饱掠而归。

此时韩世忠正留屯秀州，听到消息后，若无其事，晚上照常在秀州城内张灯结彩，集会宴乐。可是，到了三更之后，他却召集部队紧急出动，神不知鬼不觉地悄然沿运河水陆两路齐头并进，迅速抢先占领了金口一带的金山与镇江焦山寺（镇江东北九里）等险要之地，像一把尖刀突然截断了金兵的归路，锁住了金兀术的咽喉。

说来，黄天荡之战在中国历史上真的极具传奇色彩。首先，是宋军八千人对金兵十万人，双方力量悬殊太大；其次，金军将领是著名的金兀术，而宋军的将领则是“虎胆英雄”韩世忠，两位将领可谓旗鼓相当，都是中国历史上不可小觑的军事将领；最后，更为重要的是，在这场著名的战役中，还涌现了一个更具有传奇色彩的“巾帼英雄”——韩世忠的妻子梁红玉。

在我国古代，至少有三位女英雄历来为人们啧啧称道，其一就是女扮男装代父从军的花木兰；其二则是杨家将中女中豪杰穆桂英；而其三则是黄天荡一战与丈夫联手奋勇杀敌的梁红玉。

如果说这三位女将中，前两位只是传奇人物，历史上是否真有其人无从查考，尚难做定论的话，那么，梁红玉则完全实有其人，千真万确是个真实的人物。

在今天看来，梁红玉之所以会“一战成名”，显然有这几方面的因素：第一，她是一个青春靓丽貌美如花的女子；第二，在黄天荡之战中，她竟巾帼不让须眉，与她的丈夫韩世忠打了那样一场动人心魄震慑敌胆的漂亮之战。

让我们还是回到黄天荡，看看这场历史上著名的战役吧。

在韩世忠抢占先机，完成了对金兵北归之路的封锁之后，用大船小船装满了抢掠得来的贵重物品的金兵浩浩荡荡地开过来了。不用说，双方很快便展开了遭遇之战。

由于先前看惯了宋军的懦弱、宋将的无能，骄横的完颜宗弼一开始并没有把韩世忠的部队放在眼里。但在战斗打响后，他发现这支部队军容齐整、军纪威严，士兵显然训练有素，作战勇猛，再看看宋军的战船每艘都竖着大纛旗，大纛旗上都迎风高高飘扬着一个斗大的“韩”字，又听说那个把战鼓擂得惊天动地的女将乃是韩将军的夫人，猝然在这地方遭遇这样一支军队，完颜宗弼不免暗暗打了一个寒噤。

当时，完颜宗弼急欲渡江，故而在与韩世忠军江中会战时很希望速战速决。而韩世忠与梁红玉事先因为考虑到敌强我弱，力量悬殊，便苦思排兵布阵之法，制定了一套有利于宋军的作战方案。在与金兵作战时，韩世忠并不与金兵硬拼，而是采取诱敌深入的战术，边打边行，一日接战数次，每次韩世忠皆站在高大海船之上亲自指挥，梁红玉也身披盔甲亲擂战鼓助威，宋军士气高涨，屡获胜绩。

金兵擅长骑射，不习水战，眼看渡江不成，被动挨打，完颜宗弼便以送还财物、奉献名马为条件请求借路渡江。但完颜宗弼不是曹孟德，而韩世忠也不是关云长，对于完颜宗弼的乞求，韩世忠当然严词拒绝，绝不会感情用事，轻易给这位双手沾满宋人鲜血的民族之敌留一条“华容道”。没办法，完颜宗弼只好带着惊慌失措的金兵退往长江下游的黄天荡（今江苏江宁东北八十里），但很快又被韩世忠围困。

在困守黄天荡的四十多个日日夜夜里，金兵前进无路，后退受阻，弹尽粮绝，且不时地遭到韩世忠的轻舟部队白天黑夜的偷袭，损失很是惨重，眼看将四面楚歌，全军覆没，而韩世忠与梁红玉也以为大功即将告成，在船上开怀畅饮提前庆祝的时候，没想到意外发生了：原来，一个士兵禁不住完颜宗弼重赏的诱惑，竟然认贼作父，领金兵去挖开一条淤塞的河道由此抄近道突围而出，落荒而逃。

这次战役，虽然失败，“然金人自是不敢复渡江矣”，对金军起到了相当大的震慑作用，而韩世忠也因此名声大振，正式步入南宋名将行列。

后来，韩世忠带兵四处征讨，扫平了湖南、江西、福建等地多股贼盗。绍兴四年（1134 年）以后，南宋局势日趋稳定，朝中由主战派张浚担任宰相，南宋的五支主力军——张俊、韩世忠、刘光世、岳飞、吴玠各部分布宋金战争的全线，一度扭转了南宋初年宋军的混乱无序状态与被动挨打局面。其中，在战争中脱颖而出、将星闪耀的岳飞、韩世忠、刘光世以及张俊还被称为“中兴四将”，成了元帅级的当世名将。尤其是韩世忠和岳飞先后率军击败了金和伪齐的两次入侵，战功赫赫。宰相张浚对二人极为赞赏，多次向高宗称赞韩世忠忠勇、岳飞沉鸷，可以倚办大事。而因为韩世忠曾经对自己有过几次救命之恩，高宗赵构对他也很有好感，格外侧目。

如果事情照此发展下去的话，那么，南宋初年的所谓“中兴”就绝对不会只是昙花一现，稍纵即逝，而且，南宋在由战略大逃亡逐步转入战略大防御、战略大相持之后，也就会进入到战略大反攻阶段。当时，高宗帐下可谓战将云集。除了张俊、韩世忠、刘光世、岳飞、吴玠，其他还有王彦、刘锜、吴玠弟弟吴璘、岳飞之子岳云、义子张宪以及杨再兴，等等，相信只要准备充分，战略战术得当，以如此强大的军队“打过长江去”，“打过黄河去”，收复失地，威震中原，绝对不是痴心妄想。

虞云国先生说，宋代有两次削兵权，第一次是众所周知的“杯酒释兵权”；第二次削兵权发生在南宋初年。显然，太祖赵匡胤第一次“杯酒释兵权”还可以勉强说是在承平年间，在这期间，即使“刀枪入库，马放南山”也未尝不可的话，那么，第二次削兵权的时期，南宋怎么说也不是很太平，一方面，对外要时刻提防金兵的南侵；而在另一方面，对内则要平定流寇集团和流民的叛乱。然而，就是在这时，宋高宗赵构却忽然开始把心思用在了削夺武将兵权上。

按说，以赵构的精明，他当然知道削夺武将兵权无异于是自断其臂。那么，既然这样，赵构何以要干这种傻事？

这真的是让人很不理解。

但两宋的历史有时就是这样让人读不懂也想不通，就在南宋的形势稍稍有所好转，刚刚呈现出中兴的迹象之际，绍兴七年，高宗先是让“八字军”首领王彦“转业”到了地方，很快，又罢去了大将刘光世的兵权。淮西之战后，宋高宗与秦桧为了扫清和议障碍，将张俊、韩世忠、岳飞召到临安，任命张俊、韩世忠为枢密使，岳飞为枢密副使，名为加官晋爵，实是明升暗降，调虎离山，以此削夺了三大重将的兵权。

如果事情到此为止，武将们的结局也还不算太坏，兵权罢了也就罢了，顶多是没了实权，但武将们的政治待遇和现实处境并没有受到大的影响，起码生命不会受到任何威胁。但皇帝大都有很重的疑心病，生怕别人谋权篡位，整天疑神疑鬼。而宋朝的皇帝受基因的影响，在这方面就更是这样。所以，在罢了几位“中兴名将”的权后，也许是觉得这些名将“人还在，心不死”，仍然是个很大的威胁，于是，赵构与秦桧这一对奸帝奸相便又对这些名将继续实施“外科手术”。

事实上，在当时，“中兴四将”中的刘光世已在几年前被罢去兵权，而且此人沉溺酒色，胸无大志，自然不足为虑。而另一位名将张俊有才无德，小人一个，最大的特点就是非常贪财。

说到张俊贪财，在当时朝野内外是出了名的，尽管有宋一代武将多半贪财，但还很少有人能与张俊的贪财相“媲美”。据说，在张俊的卧室内，有一个用一千两银子铸就的大银球，而且，张俊还特地给这个银球起了个好听的名字，叫作“莫奈何”，意思是说即便是小偷对它也是干瞪眼，有想法没办法。

有一个笑话，在当时可谓路人皆知，说是有一次宋高宗与一群大臣在一起娱乐，有个小丑拿着一枚铜钱上场，说是自己有一个本事，用一文铜钱可以看见在座的人是天上的哪一个星宿下凡。那小丑用铜钱照到宋高宗就说，看到了“帝星”，照到秦桧说看到了“相星”，照到韩世忠说看见了“将星”，最后照到张俊，小丑看了半天才说：“哎呀，没有看到什么星宿，就看见张郡王坐在钱眼里。”君臣顿时哄堂大笑，笑声几乎掀翻了屋瓦。

张俊贪财功夫一流，察言观色、见风使舵的功夫也几乎无人能及。当时，他暗中观察到“淮西之变”之后，高宗对武将心存忌惮，便见风使舵，首请辞宣抚司兵权，宋高宗、秦桧乘势罢三宣抚司，也收韩世忠、岳飞兵权。随后，他又卖身投靠秦桧，协助秦桧推行乞和政策，又与秦桧合谋制造岳飞谋反的冤狱。所以，在杭州岳飞墓前，张俊为什么和其他三位奸佞小人长跪在那里，几百年来一直被人戳脊梁骨唾骂，原因也就在这里。

既然“中兴四将”中的刘光世、张俊已被搞定，不足为虑，那么，剩下的也就只有韩世忠和岳飞两位名将了。

关于岳飞，我们在本书中已经说了很多，毋庸再多赘述。这里，只想说，岳飞之死，乃是死于高尚。试想，像岳飞这样“冻杀不拆屋，饿杀不打虏”，可谓治军严明，主张“文官不爱钱，武官不怕死”，可谓高才远识，伏龙凤雏，对这样的“武将”，高宗又岂能不“另眼相看”，心存猜忌？

与岳飞相比，韩世忠当然没有那么高尚，但他也不像张俊那样卑鄙。假如说，像岳飞那样高尚在当时只有死路一条，而像张俊那样卑鄙却可以荣华富贵的话，那么，韩世忠是既不想走岳飞的死亡之路，也不想走张俊的贪图富贵之路，在经过了一番痛苦的长考后，他最终选择了“第三条道路”，事后看来，这“第三条道路”，韩世忠尽管走得有些无奈，有些凄凉，但却不失为是一条明哲保身之路，一条洁身自好之路，一条明智之路。

想当年，王翦率领六十万大军攻打楚国，秦始皇亲自到灞上送行。王翦临出发时，请求嬴政赐予自己大量良田美宅、园林池苑等。嬴政说：“将军尽管出征打仗好了，何必担忧家里日子不好过呢？”王翦说：“我替大王带兵，即使立下战功也很难封侯赐爵，所以趁着大王现在特别器重我，我也得趁早为子孙后代的幸福着想。”秦始皇听了哈哈大笑。王翦出发后到了函谷关，又连续五次派使者回朝廷请求秦始皇封赏自己。有人说：“将军这么请求赐予家业，也太过分了吧。”王翦说：“秦王生性多疑。现在他把全国的士兵都交给了我，我如果不请求赏赐田宅给子孙，岂不是要让他疑心我吗？”最终，王翦击破了楚国，而自己也得以保全。

无独有偶，被称为“汉初三杰”之一的萧何，在助汉高祖刘邦平定天下、计诛韩信后，封邑晋爵，圣眷日隆，未免有些飘飘然。幸好有门客召平为其支着儿，萧何力辞封邑，并拿出许多家财，拨入国库，移作军需，打消了刘邦对他的疑虑。后来，刘邦在前线征战，每次送军粮到前方时，刘邦都要问：“萧相国在长安做什么？”使者回答，萧相国爱民如子，除办军需以外，无非是做些安抚、体恤百姓的事。刘邦听说后，总是默不作声。萧何知道这一情况后，从此便违心地与民争利，自毁名节。当一些受害百姓写信到刘邦那儿告状，刘邦虽说表面惩戒了萧何，可内心里却暗自高兴，对萧何的怀疑也逐渐消失。因为他觉得相国如果贪财重利，鼠目寸光，就不会对汉室江山构成威胁，而萧何也因此避免了杀身之祸。

从史书上看，韩世忠所走的“第三条道路”，也正是王翦、萧何当年所用的所谓“韬晦”“自污”之计，也即拼命往自己头上泼污水，以此自毁名节，打消高宗与秦桧对自己的猜忌。

身为一代名将，韩世忠绝非浪得虚名，在战场上，他一向出生入死，战功赫赫，由于多次受伤，其“十指仅全四，不能动，身被金疮，如刻画”。他做人大气，一生清廉，仗义疏财，历年所得赏赐都分给了部下，田产都分给了他封邑的百姓。他持军威严，知人善任，能与士卒同甘苦。

而且，更为可贵的是，韩世忠生性直爽，敢于行侠仗义。他曾经派杀手刺杀金国和谈使节，为此惊出赵构与秦桧一身冷汗。后来，在战与和的问题上，由于他坚决主战，赵构屡屡斥责他没有文化，不识大体。他曾经上疏奏论秦桧误国，为投降派所不容。岳飞蒙冤，举朝文武多不敢言，而他却敢于当面质问秦桧。当秦桧以“莫须有”三字回答时，他气愤地说：“‘莫须有’三字何以服天下！”有人替他担心，劝他不要与秦桧作对，他回答说：“畏祸苟同，他日有何面目见先帝于地下？”

然而，就是这样一位抗战英雄，这样一位功臣，却因为触犯了南宋小朝廷求和媚外的投降政策，得罪了奸相秦桧，因而成为秦桧第一个陷害的对象。据说，就在秦桧准备以“谋反罪”构陷并逮捕韩世忠时，岳飞得到消息，激于义愤，及时给韩世忠通风报信。韩世忠得到岳飞的信之后十分惊恐，赶忙去求见宋高宗，跪在地上表明忠心，要高宗救命。因为韩世忠对自己有过几次救命之恩，所以高宗念及旧情，才让秦桧放过了他。

经历了这件事后，韩世忠的心凉了半截，而在目睹了对自己有救命之恩的岳飞被害的整个过程自己却又无能为力之后，就更感到心灰意冷。不知是由于对南宋小朝廷已经完全失望，不愿与奸臣同流合污，还是意识到倘若再这么仗义执言，为国尽忠，自己的下场也将和岳飞一样，而自己的家属及部下也将惨遭迫害，总之，在岳飞死后，仿佛大彻大悟的韩世忠决定彻底隐退，归隐林泉，所以在绍兴十一年几次向朝廷上疏自请罢枢密使，索性连闲官也不去做了。

对于他的这一段经历，《建炎以来系年要录》是这样记载的：

晚以公王奉朝请，绝口不言功名。自罢政居都城，高卧十年，若未尝有权位者，而偏裨部曲往往致身通显，节钺相望，岁时造门，类皆谢遣。独好浮图法，自号清凉居士。

一位曾经沙场征战视死如归的著名战将，到晚年竟然“杜门谢客”，口不言兵，其中的反差是多么巨大。一位自号“清凉居士”，在家吃斋念佛的老者，与他当年金戈铁马、气吞万里如虎的英雄岁月简直有着天壤之别，前后判若两人！

相传，“归隐”后的韩世忠晚年经常骑着一头小毛驴，携小童一二，带着酒壶，在西湖边四处闲逛。表面上看，老人家悠游自在，日子过得怡然自得，但其实，他的内心却非常痛苦，在经历了人生的大起大落之后，纵然不是万念俱灰，心中想必也会像悲欣交集吧？这，可以从他填的两首小词中看出端倪，如其《临江仙》云：

冬看山林萧疏净，春来地润花浓。少年衰老与山同。世间争名利，富贵与贫穷。荣贵非干长生药，清闲是不死门风。劝君识取主人公，单方只一味，尽在不言中。

又如其《南乡子》一词云：

人有几何般。富贵荣华总是闲。自古英雄都如梦，为官。宝玉妻男宿业缠。年迈已衰残。鬓发苍浪骨髓干。不道山林多好处，贪欢，只恐痴迷误了贤。

韩世忠行伍出身，早年泼皮无赖一个，《宋稗类抄》说他“初不知书，晚岁忽若有悟，能作字及小诗词，皆有见趣，信乎非常之才也”。

据说，韩世忠早年曾特别瞧不起读书人，经常轻蔑地称读书人为“子曰”。然而，到了晚年，想不到他竟也武将变文将，在落魄失意之时，也玩起了舞文弄墨、作诗填词，细想想，这无论对韩世忠本人还是对南宋来说，都非常具有讽刺意义，而且，怎么说也都是一个时代的不幸与悲剧。

最后的名将

13世纪，蒙古军横扫欧亚各国，可谓所向披靡，战无不胜，凶悍勇猛的蒙古铁骑几乎成了不可战胜的代名词。然而，诚如王曾瑜先生所说：尽管“蒙古的军事征服不可避免地带有残酷性，然而其所遭逢的唯一劲敌，却是偏安一隅、不思振作的南宋王朝。在长达四十余年间的拉锯战中，南宋凭借其城防与水军，还有一些有才能的指挥官，居然得以苦苦支撑，而使蒙古军屡遭重创。蒙古的第四代皇帝蒙哥汗竟死于顽强抗击的合州城下。第五代皇帝元世祖忽必烈和一些大臣最初甚至打算放弃灭宋。”

熟悉南宋历史的人都知道，王曾瑜先生在这里所说的“一些有才能的指挥官”，首屈一指当数孟珙，其次应该是余玠。此外，当然还有赵葵、杜杲、张钰、王坚等。这些人，特别是孟珙和余玠，绝对称得上是南宋乃至中国古代军事史上的名将。

限于篇幅，这里只简要说一说孟珙和余玠。

先说孟珙。

孟珙出生于武将世家，他的曾祖孟安是岳飞部将，祖父孟林也是岳飞部属。他的父亲孟宗政从小就从父抗金，随军徙居随州枣阳（今湖北枣阳），史书说他“自幼豪伟，有胆略”。南宋开禧二年（1206 年），金将完颜董犯襄郢，宗政率众据险游击，夺其辎重。嘉定十年（1217 年），与名将扈再兴等分军抵御金兵，又解枣阳之围。在其后两年间，屡败来犯之敌，威震境外。金人呼为“孟爷爷”，不敢窥襄汉枣阳者数年。

俗话说：“老子英雄儿好汉”，这话用在孟珙身上真的是再恰切不过。由于从小就跟着父亲沙场征战，并且屡立战功，等到枣阳大血战的时候，他已是一员能征善战的骁将了。在这次恶战中，他奉父亲指令对围城的金军进行偷袭，一口气竟连破金军十八寨，杀得金军人头滚落，望风溃逃。

对于孟珙来说，虽然这只是小试牛刀，初露锋芒，但也说明，在他还很年轻的时候，就已崭露出了名将的潜质。

作为南宋最后的名将，孟珙的“成名战”应该说是绍定六年（1233 年）聚歼金将武天锡部，随后在马磴山大破武仙部。当时，金哀宗逃至蔡州，金将武仙、武天锡、邓州守将移刺瑗（袁）等聚兵邓州，进攻光化。次年五月，孟珙奉命进讨，一举歼灭武天锡所部并杀死武天锡，金邓州守将移刺瑗投降。七月，又击败武仙于淅江石穴山寨（今河南淅川南）。由此，孟珙升任鄂州江陵府副都统制，成为节制一方的大将。

然而，真正使孟珙出名且为南宋挣了一回面子的战役当然还是攻陷蔡州之战。

那是端平元年（1234 年）正月，孟珙奉命率领宋军与蒙古军会攻金朝行都蔡州。当时两军的战斗任务是，蒙古军攻城北，孟珙所部宋军攻城南门。尽管这两支军队算是盟友，但其实暗地里都在较劲，特别是蒙古军队，几乎不把南宋军队放在眼里。

但战斗打响后，进攻城北的蒙古军却受到了很大的挫折。蒙古军统帅塔察儿派出猛将张柔，统领精兵五千攻城。蒙古大汉作战勇猛一个个敢死队员似的不要命地往城上爬，但负隅顽抗无路可逃的金兵拼死抵抗，乱箭几乎把冲锋在前的张柔射成了刺猬。幸亏孟珙派先锋把他抢了回来，张柔这才捡了一条性命。

而进攻南门的南宋军队在孟珙的带领下却攻坚克难，进展顺利。在战斗中，孟珙发现金军凭借深水环绕的柴潭楼固守，便挖渠放水，将传说中有龙蛰伏其中的柴潭水放了个精光，从而攻下已无险可守的柴潭楼，然后集中兵力，猛攻南门。孟珙亲临前线，鼓舞士气，以致将士奋勇，攻破南门，于是，宋军如潮水般涌入城内，与金兵展开巷战，并很快打开西门，使蒙古军也得以进入城内。最终，联军攻下蔡州，金哀宗自焚，金末帝为乱军所杀。

到此为止，金国彻底灭亡。正如元人郝经所叹："一百余年做天子，与国俱亡在今日。"

想当年，岳飞做梦都想"驾长车，踏破贺兰山缺"，"直捣黄龙府"，一雪"靖康之耻"，然而，至死都"臣子恨"，犹未灭。现在，在靖康之耻整整过了一百零七年之后，经由孟珙的手，岳飞的未竟之志、未遂心愿终于有幸得以实现了！

灭亡金国后，孟珙因功升任建康府诸军都统制，又兼权侍卫马军行司职事，已经成了南宋军队的一名重要将领。

如果说，战胜已经危亡在即的金军还不足以证明孟珙是一代名将的话，那么，在很快就将到来的蒙宋对抗中，孟珙竟接连击败当时世界上最强大的军队——被欧洲人称之为"上帝之鞭"的蒙古铁骑，这无疑确立了他在中国军事乃至世界军事史上的名将地位。

诚如大家所知道的，"端平入洛"揭开了宋蒙古战争的大幕，次年蒙古军便发起大规模的入侵。嘉熙三年（1239 年），蒙古军突破南宋的中路防线，攻破郢州（今湖北钟祥）、荆门（今湖北荆门）和军事重镇襄阳，随后挥兵围攻江陵（今湖北江陵）。在围城的同时，蒙古军还在长江北岸大造战船和木筏，准备渡江攻掠江南。

就在这紧要关头，孟珙犹如神兵天降，突围入城，以致城中军民喜极而泣道“吾父来矣!”

蒙古军见正面有孟珙军阻击，便兵分两路，企图迂回合围江陵。孟珙探知蒙古军动向，立刻派部队到长江边，大施疑兵之计。他白天把部队拉出来沿着江边来回行走，并经常变换旌旗服饰，让蒙古军以为宋军有许多支部队在这里驻守；同时，又调沿岸百姓，每当夜晚来临，便在江边点起火炬，江岸被照得如同白昼。蒙古军摸不清宋军的虚实，只好转而围攻蕲州（今湖北蕲春）。孟珙又及时出兵解了蕲州之围。

后来，蒙古军又增兵围攻黄州（今湖北黄冈）。如狼似虎的蒙古军把黄州团团围住，弹丸之地的黄州城一时间看起来简直连鸟儿都插翅难飞。

但危难时刻，孟珙又策马赶到黄州城内，他一面指挥军民守城，一面开展游击战、夜袭战对敌人进行反击，折腾得蒙古大军不胜烦扰，以致后来被宋军的夜袭折磨得到了神经质的地步。

作为一代名将，孟珙不仅把游击战术运用得到了炉火纯青的地步，而且，他还善于利用宋军的水上优势，以水军与蒙古军作战，多次把蒙古军辛辛苦苦建造的舰船烧毁或缴获，使蒙古军渡江南侵的梦想一再破灭。

此外，在黄州城内，孟珙还指挥宋军没日没夜地发炮，让大大小小的石弹冰雹一样在蒙古军头上狂轰滥炸。由于伤亡巨大，蒙古军再也围攻不下去了，只好再次灰溜溜地撤军北归。

1237 年，孟珙奉命对蒙古军发起反攻。他率军先收复了郢州，接着收复荆门、信阳，经过奋战，又收复了汉江流域的战略要地襄阳、樊城，并征得朝廷同意在这里布防军队，重点防守。

在与蒙古军的对抗中，孟珙率领宋军经常以少胜多，以弱胜强，充分展示了他作为一代名将的杰出指挥才能。孟珙能带领并不强大的宋军与蒙古军对峙，并经常将其击败，足见其真的是非同一般，不同凡响。

说来，南宋到了后来真的是独木难支，尽管孟珙在宋蒙战争中屡战屡胜，几乎完全以一己之力在长江中上游地区苦苦奋战，支撑了南宋朝廷长达三十年，但南宋朝廷面对强大的蒙古军队的入侵，摇摆不定，战和之争不已。在这种情况下，孟珙纵然竭尽全力，纵然有天大的本事，也无力回天，光靠一人的力量，终不能扭转南宋的战局。

作为一名杰出的军事家，孟珙无疑具有超一流的预见力，对当时整个宋蒙战局走势都了如指掌，且有一个宏大的战略构想。他曾提议要从川东一直延伸到湖南境内构建起三道防线，不仅护住通向两湖的川东蜀口，而且还提出针对盟军有可能通过大理的迂回攻势进行预防，为此，他向朝廷进言："大理至邕，数千里部落隔绝，今当择人分布数郡，使之分治生夷，险要形势，随宜措置，创关屯兵，积粮聚刍于何地，声势既张，国威自振。计不出此而闻风调遣，空费钱粮，无补于事。"可是，令他感到极度伤心失望的是，当时，南宋君臣大多昏庸无知，鼠目寸光，对他的这一极具战略眼光的计策不予采纳。后来，一切真的如孟珙所料，蒙古军果然是先灭大理后攻南宋的。

而且，更让他感到极其失望的是，淳祐元年（1241 年）春，蒙古河南行省范周吉，暗中派人联系孟珙，愿向孟珙投降，而且把蒙古人发给他的委任状都交到了孟珙的手上。如果这一受降计划实现，那么，南宋不仅能不战而一举收复河南，而且，当年在"端平入洛"时提出的"据（潼）关守（黄）河"这一战略计划就会在意想不到中得以实现，如此一来，南宋军队就能够取得更多与蒙古军队周旋的资本。可是，就在孟珙一面暗中做好受降的准备，一面把这意义非常的喜讯报告朝廷，请求朝廷批准时，让人读不懂也想不通的是，南宋小朝廷竟然莫名其妙地拒绝了范周吉的投诚计划，从而断送了南宋最后一次北进的机会。

就像一个超一流的棋手，眼看一步绝妙好棋不能去下，白白失去了一次也许可以反败为胜的天赐良机，孟珙无限懊恼，郁闷至极，禁不住仰天长叹："三十年收拾中原人心，今志不克伸矣！"这情景让人很自然地想到当年岳飞在取得郾城大捷、宋朝原都城开封收复在即的关键时刻，宋高宗赵构和奸相秦桧竟然不顾大局，连下十二道金牌催促岳飞立即班师的悲惨一幕，当时，迫于君命，岳飞只得撤兵。退兵之日，岳飞悲愤交加，仰天长叹道：

"十年之功，毁于一旦！所得诸郡，一朝全休！社稷江山，难以中兴！乾坤世界，无以再复！"

没有想到，时隔多年之后，几乎大致相同的悲惨一幕又呈现在人们面前，一代名将孟珙竟然和当年岳飞一样悲愤交加，发出了几乎完全一样的感叹！

仔细想想，这感叹，不仅流露出两位名将的痛苦与无奈，而且，应该说，也折射出这两位即使是在世界军事史上也屈指可数的南宋名将对当时朝廷腐朽昏庸的不满与控诉！

在一个特殊的时代，个人的命运总是和时代的命运紧密相连，休戚相关，所以，在某种意义上，与其说岳飞、孟珙的命运是一个悲剧，还不如说，他们所报效的南宋小朝廷更是一个悲剧！

由于积劳成疾，加上内心苦闷，淳祐六年（1246 年）九月，南宋最后一位名将病逝，时年只有五十二岁。

据说，孟珙病逝那天，狂风大作，大树被连根拔起，还有一颗大星从天坠落，声音轰鸣如雷，似乎苍天也在为南宋最后的名将之死而悲鸣，哭泣。

孟珙生前犹如擎天一柱，竟然依靠一己之力，独自支撑了危若累卵的南宋小朝廷将近三十年，但到最后，终于独木难支，先于南宋随风而逝。

这里，再接着说一说余玠。

如果说，孟珙之死，对于南宋来说，犹如天陷一角，那么，在四川，当时为南京默默撑起另一角的又一位南宋最后的名将余玠也已经快要谢幕，行将结束他悲剧的一生。

与孟珙相比，余玠或许要稍逊一筹，但也不折不扣，绝对称得上是南宋一位叱咤风云的名将。

余玠比孟珙小三岁，据说他年轻时豪迈超群，曾在著名的沧浪书院、白鹿洞书院上过学。一次，在和朋友去茶馆喝茶的时候，因和茶馆老板发生冲突，血气方刚的他竟和老板动起手来，而且，不小心竟失手把老板给打死了。眼看出了人命官司，为了活命，学业未成的他便只有亡命天涯，四处藏匿，从此，南宋历史上也许少了一位饱读诗书的儒生雅士，但却阴错阳差，多了一位不可多得的抗蒙名将。

逃亡到两淮后，余玠慕名去拜访淮东制置使赵葵，一番长谈之后，赵葵对他很是欣赏，当即便将他留在身边作了幕僚。从此，一介书生，投笔从戎，开始了他的军旅生涯。

以余玠的才干，自然不会久坐幕僚，在抗蒙战争中，很快，他便脱颖而出，崭露头角。1237 年 10 月，余玠在赵葵的领导下率部应援安丰军杜皋，击溃蒙古军，使淮右以安。次年，朝廷论功行赏，他被任命为知招信军兼淮东制置司参议官，进工部郎官。同年9月，蒙古大帅察罕进攻滁州。余玠率精兵应援，大获全胜。1240年9月被提升为淮东提点刑狱兼知淮安州，主持濠州以东、淮河南北一带防务。1241年秋，蒙古军察罕出兵安徽寿县，余玠率舟师进击察罕军，激战四十余天，使蒙古军溃退。他也因功拜大理少卿，升任淮东制置副使。

但余玠一生中最出彩最辉煌也最能显示他的杰出军事才能的时期应该还是在他到了四川之后。1143年，即宋理宗淳祐三年，余玠以兵部侍郎的身份任四川制置使。据说，在临行前，宋理宗特意召见他，对文武双全奏对得体的余玠很是满意，夸奖他说："卿人物议论，皆不寻常，可独当一面。"而余玠则向理宗皇帝立下誓言道："愿假十年，手挈全蜀之地，还之朝廷"。虽然后来余玠并没能完全兑现自己的这一诺言，史书上也因此说余玠"喜功名，好大言"，但细想想，这其实也并不能算是他的缺点。

余玠接手的四川是个烂摊子，由于战乱频仍，当时整个天府之国满目荒凉，民不聊生。受命于危亡之际，余玠抵重庆后，立即广纳贤才，他设招贤馆"集众思，广忠益"，王坚、张钰等人才都愿意效命，俩人后来也都成了优秀的将领。余玠还采纳播州冉连、冉璞兄弟的建议，恢复经济，安抚民心，统率十万军民到合州（今重庆合川）修筑钓鱼山城；又在三江沿岸山险处筑十余城。各城"皆因山为垒，棋布星分"，"屯兵聚粮，为必守计"，从而形成了既可各自为阵又能遥相呼应"如臂指使，气势联络"的坚固的山城防御体系。

史载，在构筑钓鱼城城堡时，四川官员当时几乎联合起来反对，用史书上的话说就是"一府喧嚷"，由于习惯了整天无所事事，混混日子了事，因而官员们谁都不想没事找事，吃苦受累的去又高又险的山上修城。这种时候，余玠并没有因为众人的反对而改变主意，他坚持说："山城如果修成，沾光受保护的是大家；如果山城修建不成，所有的责任都由我余某一人承担，和诸位没有任何关系。"由于看余玠如此坚决，又把责任揽在自己一人身上，众人也就不说话了。

钓鱼山位于嘉陵江、渠江、涪江三江交汇处，下通长江，山势险峻，易守难攻，不利于蒙古骑兵作战。钓鱼城筑成后，余玠就迁州城于此。

接下来，余玠又开始整肃军纪。利州都统王夔凶残跋扈，民愤极大，且不受节制，为免日后四川再出一个叛国投敌的“吴曦”，余玠设计斩杀了这个绰号“王夜叉”的悍将，此外又把残害百姓、强抢民财、几近于土匪的沔州都统制、权遂宁府云拱，以及权知潼川府张涓等人罢官流放，致使蜀地官场风气大为好转。

在抗蒙斗争中，入蜀当年，余玠便在资州、嘉定、泸州等地，赢得了与蒙古军大小三十六战的初步胜利。1246 年春，蒙古军大将塔塔歹贴赤分兵四路入侵四川，余玠率军抗战。他以新筑之山城为屏障，重创蒙古军。1252 年 10 月，蒙古军汪德臣、火鲁赤部大规模入侵，进抵嘉定，余玠调集蜀中精锐部队，组织大规模会战，将蒙古军击退。因抗蒙治蜀有功，余玠于 1252 年晋升为兵部尚书，仍驻四川。

由于余玠的文治武功，四川的军事、政治和经济很快得以好转，对此，就连“一半清醒一半糊涂”的宋理宗赵昀也予以嘉许：“余玠任四蜀，安危之寄已著，八年经理之功，敌不近边，岁则大稔”，这一评价，对余玠来说，可谓恰如其分。

但是，“木秀于林，风必摧之”，用坊间老百姓的话说就是“出头的椽子先烂”。由于余玠“太有才了”，而且他平时为人处世又不太低调，特别是在整肃巴蜀官场风气时，大刀阔斧，锋芒毕露，得罪人太多，所以，无论是四川这头，还是朝廷那边，不断有人朝他使暗器，打黑枪。而这些“使暗器，打黑枪”的人也许在领兵打仗、治理国政方面的本事没有，但在玩弄权术、党同伐异方面却本事了得。

既然有人对余玠看不顺眼，在背后一直在暗算他，那么，余玠倒霉栽跟头也就是迟早的事了。说来真的让人寒心，在封建官场，升官之秘诀从来都是“无须会干，必须会混”，越是有才能、敢做事、能干事的人，越是会遭人嫉妒，遭到或明或暗的攻击和中伤。即使是像南宋这样一个懦弱的王朝，在几乎已经濒临灭亡的时刻竟然也未能幸免，没有例外。

正当余玠在四川浴血奋战，费尽心血想兑现当初他在理宗面前立下的誓言的时候，一支从临安飞来的毒箭向他射来，而且正中他的“命门”。

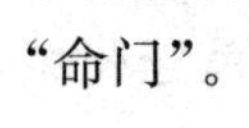

事情的起因据说是由于余玠在斩杀悍将王夔时留下的后遗症。当时，杀了这个令四川军民大快人心的“王夜叉”后，余玠便派部将杨成去暂时统领利州诸军，但此举却遭到了利州都统司的公然抵制，毫不客气地将用人权抓在自己手里，当即任命统制姚世安接任了都统制之职。

结果，当余玠亲自送部将杨成上任时，早已“上任”的姚世安紧闭城门，根本不买余玠的账，不仅如此，这位姚世安还仗着与当朝宰相谢方叔有私交，与谢方叔沆瀣一气，联手陷害余玠。

经过长时间的密谋，时任左相的反战派领袖、对余玠一直看不顺眼的谢方叔终于向余玠射来了一支致命的“毒箭”，宝祐元年（1253 年）春天，他向宋理宗赵昀上疏，诬告余玠“擅专大权，不知事君之礼”。宋朝的历代皇帝都对将兵在外的武将充满戒心，看了谢方叔的奏折后，昏庸颟顸的理宗越想越不对劲，于是便听信谗言，颁发金牌召余玠回朝。

长年的征战和总揽军政早已使余玠这位戎马倥偬的名将心力交瘁，但没想到自己的一腔热血和无限忠诚到头来换来的竟是这样一种结果，所以，在接旨后，一向豪迈刚毅宁死不屈的他悲愤交加，抑郁不乐，由于觉得回朝必有不测之祸，不愿进京，遂服药自尽，终年四十八岁。次年，他的部下王惟中也被诬告潜通蒙古军，处死。

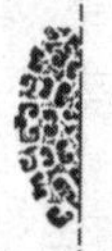

说来，两宋的历史真的是让人读不懂也想不通，在中国几个大的封建王朝中，宋朝其实是一个内忧外患最为严重的王朝，其国家政权一直很不稳固，按说，就这样一个“国情”，应该最需要加强军队建设，提高军事实力，而在政治上，应该更看重和尊崇“武将”，把“武将”当成“香饽饽”，可是，在事实上，有宋一朝却恰恰相反，完全是“反其道而行之”，每每在危难时刻总是迫害武将，自毁长城！

纵观两宋的历史，让人不无遗憾地看到：两宋之亡，其实并不亡于经济，在某种意义上说，也不亡于军事，因为，无论是北宋灭亡前夕，还是南宋覆亡之际，无论是经济实力还是军队人数以及武器装备，北宋都要强于金国，而南宋也要优于蒙古国。两宋之亡，应该说，首先当然是亡于“偃武修文”这一荒谬错误的基本国策；其次，应该说是亡于文官谗害武官，官场干扰、遥控战场。

拿南宋末期来说，理宗一朝幸运地拥有了孟珙、余玠等一帮在实战中成长起来的名将，但不幸的是这些名将却不能被朝廷放心大胆地重用，让他们在抗蒙战场上大显身手，为国效忠，反而使他们忧谗畏讥，使英雄空遗壮志未酬的千古之憾！有这样的昏君庸臣坐镇朝廷，对武将颐指气使，生杀予夺，南宋又岂能不亡于蒙古？所以，有人说，宋代乃是笔杆子亡国，仔细想想，却也不无道理。

第八章

大宋君臣的『幸福生活』

有人说，宋朝是一个“文官的盛世”。虽然，与“无敌盛唐”相比，它显得太过于萎靡和孱弱，但相对来说，这却是一个让文人意气风发乃至春风得意的黄金时代。在这个朝代，就整体而言，大大小小的官员都过着其乐无比的“幸福生活”，也许正因为如此吧，英国著名历史学家汤因比说：“如果让我选择，我愿意生活在中国的宋朝。”

然而，令人感到非常遗憾的是，就是这样一个“文官的盛世”，却显然不是一个“太平的盛世”，以致有宋一朝竟然两度遭受亡国之痛，致使生活在那个时代的人们乃至他们的子孙无可避免地有着太多的血泪和悲伤。

所以，在我国古代封建王朝中，宋朝无疑是一个“文人政治”的典范，但却不是一个理想政治的典范，倘若仔细检视这个朝代一路留下的足迹，就会发现，由于种种原因，在这个“文官的盛世”里，大宋的士大夫们纸醉金迷、放浪形骸，留下了太多的堕落与腐败。

纵是清官也腐败

在宋朝，官员的工资都很高。怎么会有那么高的工资收入？原来，据学者考证，真宗大中祥符五年（1012 年）官员首次大幅度加薪，仁宗嘉祐年间正式制定禄令，禄令规定：宰相、枢密使月俸 300 贯，如果按当时每石米价约六七百文到一贯文折算，得出宰相的月薪将近 90000 元人民币。

就这，还只是宰相、枢密使的纯工资收入，还不包括他们的各种津贴、补贴，林林总总的福利。如果加上这些津贴，则宰相、枢密使的收入还会更多！

也正因此，宋朝的宰相致仕后仍能过上非常富庶的体面生活，即便是一向生活清廉简朴如王安石者，在辞去宰相之职后回到江宁，也能买地建房，买下大片山林，并盖起一座名为“半山园”的园林建筑闲居。就物质生活而言，王安石晚年过得极为富足惬意。

再有像历史上著名的清官包拯，有人说，他在“倒坐南衙开封府”时，头上戴有三顶帽子，即龙图阁直学士、尚书省右司郎中、权知开封府事。按宋仁宗嘉祐年间颁布的官员俸禄法规《嘉祐禄令》，包拯作为龙图阁直学士，每年有 1656 贯的货币收入，还有 10 匹绫、34 匹绢、2 匹罗和 100 两绵的实物收入。

按《宋史·职官志》记载，包拯在开封府做权知开封府事时，每月有 30 石月粮，其中包括 15 石米、15 石麦。此外每月还有 20 捆（每捆 13 斤）柴火、40 捆干草、1500 贯“公使钱”。

另外，作为外任藩府的高级地方官，朝廷划拨给包拯 20 顷职田，也就是 2000 亩耕地，允许他每年收租，并且无须纳粮。这 2000 亩耕地按每亩租米一石估算，每年也有 2000 石米的进项。再查《嘉祐禄令》，开封府事每月还有 100 贯的添支，每年冬天又发给 15 秤（每秤 15 斤）的木炭。

这样一计算，会知道包拯一年的各项收入：20856 贯铜钱、2180 石大米、180 石小麦、10 匹绫、34 匹绢、2 匹罗、100 两绵、15 秤木炭、240 捆柴火、480 捆干草。

据史料记载，宋真宗熙宁二年，开封米价 400 文一石，麦价 300 文一石。宋仁宗嘉祐四年，官定绫价 1600 文一匹。宋真宗咸平年间，开封每匹绢最低 1200 文。宋徽宗宣和年间，每匹罗定价 4000 文。宋仁宗天圣七年，官府规定每两绵不得超过 85 文。宋真宗时某年冬天，官府出售木炭，每秤售价 100 文。宋仁宗后期，官府收购柴火，每捆定价 50 文。宋仁宗宝元二年，开封干草最低 19 文一捆。

以上是史料中出现的距包拯任职开封府时间较近的物价数据。利用这组物价数据，可以把包拯每年的各项实物收入都换成钱，加起来大致是 1022 贯，加上 20856 贯货币收入，总共是 21878 贯。这就是包拯任职开封府时的年薪。按当时 400 文铜钱的购买力和现在 250 元人民币的购买力大致相当，21878 贯铜钱则相当于人民币1367万元。

用现在的话说，这便是清官包拯的“千万年薪”!

当官能拿上这么高的薪水，日子过得体面而又幸福，按说，怎么着也该知足了，平时，怎么着也应该在从政时勤政廉政，执政为民，方对得起这份优厚的俸禄，但事实却恰好相反，宋朝的官员虽然高薪，却并不廉政。无论北宋还是南宋，朝廷内外，大小官吏，从昏君奸相，到州县胥吏，可以说是十官九贪，“多为奸赃”。

不说别的，就说滕子京吧，滕子京是范仲淹的朋友，范仲淹正是在他的请求下写出了那篇流传千古的《岳阳楼记》。在该文中，范仲淹称赞滕子京谪守巴陵郡时施政有方，因而使当地“政通人和、百废俱兴”。从史书上看，滕子京也确实是一位很有才干的好官，但就是这样一位“好官”，也不得不屈从于官场的潜规则，在知泾州任上经常超标准接待宴请上级官员，因被人告发滥用公用钱，在仁宗皇帝派人来调查此案时，为掩盖自己奢侈浪费乃至贪污腐败的行为，他竟一把火烧掉了公务消费的账本。后来，还是范仲淹出面为他求情，滕子京才被皇帝从轻处理，贬谪到偏远的岳阳小城就职。

从宋朝的历史看，如果没有必要的刚性制度约束，“高薪”未必能够“养廉”，而且，不仅不能够“养廉”，有时反而会助长腐败。如宋朝，高薪的官员因为手头阔绰，生活一般都很奢华，而在封建官场，奢华的近义词多半就是腐败。

宋代吏治败坏，毫厘之事，非赂不行，受贿成风，但行贿、受贿只是腐败的一种形式、一种现象，在宋朝，腐败的最突出表现应该说是官员的私生活放荡甚至堕落。

如果只是少数官员腐败也不足为奇，但在宋朝，令人惊奇的是，整个官场竟然大面积腐败，而且是普遍性、公开性的腐败，不仅仅是一般官员，即使是像寇准、范仲淹、欧阳修这样百姓心目中的好官或清官，其私生活也往往骄奢淫逸。

在这方面，最典型的首推寇准。

据《宋史·寇准传》以及欧阳修《归田录》所载，寇准在邓州做知州时，经常大摆宴席，通宵达旦地饮酒作乐，还不点油灯，全用蜡烛。在一千多年前，蜡烛算得上是奢侈品，即使是有钱人平时也舍不得用，而邓州衙门里即便是马棚、厕所每到天黑统统灯烛通明，每次宴会结束，厕所里都是成堆的烛泪。

邓州后来以花烛名闻天下，就像浏阳以烟花享誉世界一样，相传就是自寇准那时候传下来的。

在“澶渊之盟”后，寇准因谗言反遭疑忌被从宰相之位贬到陕州做知州，据说，他依然改不了“性豪侈，喜剧饮”、爱讲排场的毛病，并“因生日排山棚大宴，又服用僭侈”，被人举报到朝廷。

在当时，寇准生活奢侈是出了名的，在他任宰相时，他的服装饮食等待遇竟然完全和皇帝相同，对此，就连宋真宗也很不满，曾经很无奈地说：“寇准每样事都和我一个标准，真是过分！”

所以，这次，在看了举报信后，根本不需要调查核实，宋真宗就知道举报信反映的问题是真的，因而非常生气，对太尉王旦说：“寇准这么干，是不是太过分了？”

王旦对寇准一向印象不坏，就为寇准说好话：“寇准很有才干，就是有时候好犯傻。”

真宗听了，火气稍微小了点，点点头说：“对，朕看他就是犯傻！”

如果只是“慷国家之慨”，用公款大吃大喝，铺张浪费，奢侈无度，倒也罢了，然而，令人读不懂也想不通的是，在后人印象中非常美好的寇准竟然还有另外一大不良嗜好，就是喜欢歌舞狎妓。

据沈括在《梦溪笔谈》里说，寇准很喜欢“柘枝舞”，凡宴请宾客，一定要跳此舞，而且一跳就是一整天。时人称他为“柘枝颠”，“颠”即“癫狂、走火入魔”之意。

“柘枝舞”是一种集体舞，至于跳舞的人数，有说是二十四人的，也有说是四十人的，不管多少人，反正这种舞气势非凡、场面宏大，很符合寇准爱讲排场的性格。

假如只是单纯跳舞，那也太没劲了，每当在这种时候，寇准还喜欢狎妓，让年轻貌美的歌妓们陪自己喝喝酒、唱唱歌、跳跳舞，实在是很风流浪漫的事情。

据说，北宋歌妓倩桃诗名很大，后来被寇准纳为小妾。她见寇准身为宰相却经常让一帮歌妓在府上举办歌舞晚会，而且是有奖晚会，即歌妓每唱一曲，寇准就高兴地奖赏歌妓一匹上好绫缎，赎身从良的倩桃很想劝一劝自己的丈夫不要这样，于是，那天她便写了两首题为《呈寇准》的诗呈给自己的夫君：

一曲清歌一束绫，美人犹自意嫌轻。不知织女萤窗下，几度抛梭织得成！

风劲衣单手屡呵，幽窗轧轧度寒梭。腊天日短不盈尺，何似燕姬一曲歌。

从以上两首诗看，倩桃的心中虽然未免对“妖姬”有些醋意，但还是真心为寇准好，希望他能洁身自好，改掉这种一掷千金的毛病。

可是，对于倩桃的这番好意，寇准显然并不领情，因为，对于自己喜欢歌舞狎妓这一业余爱好，他并不觉得有什么不好，所以，在看了倩桃呈给自己的诗后，他当即步其韵给爱妾和了这么一首诗：

将相功名终若何，不堪急景似奔梭。人间万事何须问，且向樽前听艳歌！

显然，这是一首通篇散发着一股消极颓废、及时行乐等腐朽思想气息的诗篇。

如果不是史书白纸黑字证实，让人真的很难相信这样的诗竟然出自大清官寇准之手！

一个当朝宰相，喜欢狎妓，而且毫不避讳，公然在府上鼓乐喧天地举办有奖歌舞晚会，甭说是现在，即使是在其他封建王朝，也是不可思议的。

但在宋朝，这却竟是事实，而且，还是作为宰相寇准的风流韵事而不是一桩桃色丑闻载入史册的。

由此可见，百姓心目中的大清官寇准其实私生活也很腐败！

当然，在宋朝，像寇准这样私生活腐败的并不鲜见，可以说在官员中乃是普遍现象。即使是像范仲淹这样为人气节高尚流芳百世的历史人物，在私生活方面也未能超凡脱俗，由此在中国文学史也在中国官吏史上留下了一段说不清究竟是好是坏的风流轶事。

范仲淹的《岳阳楼记》大家都读过的，那里面的名言诸如“居庙堂之高，则忧其民；处江湖之远，则忧其君。是进亦忧，退亦忧；然则何时而乐耶？其必曰：先天下之忧而忧，后天下之乐而乐欤!”可谓掷地有声，响彻千古，堪称中国历史上最感人肺腑、充满忠君爱国思想的优秀篇章。而且，“胸中自有数万甲兵”以及主导“庆历新政”的范仲淹给人的印象简直就是一个金光闪闪形象高大的英雄人物。但是，再伟大的人物也是人，范仲淹同样是人，不是神，与常人一样，他也有七情六欲。

无独有偶。在当时，另一“大腕级”的著名政治人物、文学大师欧阳修也有绯闻，相传，他在年轻时曾经迷恋上了一名官妓，而且爱得如火如荼。

据钱世昭《钱氏私志》及明代蒋一葵《尧山堂外纪》记载：

欧阳永叔任河南推官，亲一妓。时钱文僖为西京留守，梅圣俞、尹师鲁同在幕下。一日，宴于后园，客集而欧与妓俱不至。移时方来，钱责妓云：“末至，何也?”妓云：“中暑，往凉堂睡觉，失金钗，尤未见。”钱曰：“若得欧推官一词，当为偿汝。”欧即席云：“柳外轻雷池上雨”云云。坐皆击节，命妓满斟送歌，而令公库偿钗。

欧阳修任河南推官时才二十五岁，刚刚踏入仕途，但他却经常“月上柳梢头，人约黄昏后”，纵情任性地与自己喜欢的歌妓厮混在一起，并且拒绝听从友人的劝说，由此演绎了上述这段“金钗门”事件。欧阳修有词云："纵使花时常病酒，也是风流。"这，或许可以说是即便是在老年也传有绯闻的他私生活的真实写照。

其实，在两宋，不只是寇准、范仲淹与欧阳修这些太平年间的清官喜欢狎妓风流，即使是在南宋，在国土沦陷，山河破碎之际，像赵鼎乃至文天祥这样官至宰相有着浩然正气的志士、英雄，也一样有着特殊的业余爱好。

赵鼎是宋南渡初年与李纲齐名并称的名相，也是南宋著名的抗金名臣。就因为他一直主张抗金策略，反对议和，引起了宋高宗赵构的强烈不满，并惹得秦桧"深恨之"，罢相后被贬到潮州。后来，由于不堪秦桧屡次羞辱，一代名相最后竟然绝食而亡。

显然，如果仅仅从政治方面来说，志向高洁、刚正严明的赵鼎绝对是个"大写的人"，然而，在私生活方面，他却也喜欢花天酒地，贪财恋色。

史载，赵鼎少时家境非常贫寒，住在村野处。拜相后，生活过得奢侈起来。临安相府他觉得不够气派，于是派人另造新宅。院子里植满了奇花异草，堂屋的四周，摆放着巨大的青缸，缸里燃烧着香木，烟气氤氲缭绕，望去如同仙府。家里的歌女众多，相府里成天呈现着歌舞升平的盛况。

相传，他曾经和一个能歌善舞的歌妓感情深厚，可南渡后却匆匆而别，后来俩人再也没有相见。多年后，赵鼎重游当年两人约会之地时，不禁感慨万千，写下一首《蝶恋花》：

尽日东风吹绿树。向晚轻寒，数点催花雨。年少凄凉天付与。更堪春思萦离绪。

临水高楼携酒处。曾倚哀弦，歌断黄金缕。楼下水流何处去。凭栏目送苍烟暮。

这种腐败在有宋一朝不以为耻，反以为荣。

浮生长恨欢娱少

两宋的历史，一直充满着严重的内忧外患，尽管有宋仁宗、宋神宗、范仲淹、王安石这样的政治家也曾为两宋的前途和命运担忧，但更多的时候，整个社会都弥漫着一种安逸奢侈的气息，沉浸在一种享乐成风的社会氛围中。

所以，看宋朝的历史，从某种意义上说，几乎就是一部大宋君臣的享乐史。

这里，具体看一下建立在腐败基础之上的大宋君臣的幸福生活吧。

不妨先看一下“浮生长恨欢娱少”的宋祁。

宋祁是安州安陆（今湖北安陆）人，字子京。据说，因为早年家境不好，他幼年与兄随父在外地读书，日子过得非常艰辛，稍长，回到家乡，与哥哥宋痒于天圣二年（1024 年）参加科考。当时的主考官将他定为“状元”，但章献太后刘娥认为不妥，很是有些妇人之仁地说：“做弟弟的，岂能排名在哥哥之前？”于是，将其兄宋痒定为状元，而置宋祁为第十名。兄弟俩同时科场折桂，一时享誉全国，传为美谈。故此，在当时世人称誉兄弟俩为“双状元”，分别称为“大宋”和“小宋”。然兄弟俩的性格迥然不同，哥哥宋痒质朴庄重，不好声色。而宋祁则醇酒妇人，骄奢淫逸。

据陆游的《老学庵笔记》记载，宋祁好客，经常在府邸广厦中大开筵席，“外设重幕，内列宝炬，歌舞相继”。宾客们从早到晚饮酒歌舞，偶然揭开幕布，惊讶不已：已是第二天凌晨了！故而，宋祁府邸又名曰“不晓天”。

又据《曲洧旧闻》说，宋祁在成都修编《新唐书》，宴会之后，大开寝门，“垂帘燃二椽烛，媵婢夹侍，和墨伸纸，远近皆知为尚书修唐书，望之如神仙焉”，旁人羡慕不已。

对于弟弟浪费公帑、放浪形骸的行为，哥哥宋痒显然时有所闻，所以，处事谨慎的他很为宋祁担忧，总想劝弟弟检点。据《钱氏私志》上说，某年的元宵节，虽然汴京城内火树银花、张灯结彩，已升任辅宰的宋庠依然在书院内清心寡欲，诵读《周易》。当闻知时任翰林学士的弟弟在这良宵时刻，又开始点起华灯，狎妓听歌，宋痒不免有些忧心忡忡。因担心宋祁沉湎酒色纵乐过度会贻误前程，次日，他特地一大早就派亲信去讽喻宋祁：“相公寄语学士，闻昨夜烧灯夜宴，穷极奢侈，还记得那年的元宵节，我们兄弟俩在州学吃斋饭吗？”

老成持重的宋痒显然是在提醒弟弟饮水思源，不要忘本。

对于哥哥的一番好意，宋祁似乎并不领情，也许，他从心底里瞧不起虽然官至宰相但日子却过得苦行僧似的哥哥，所以，听了宋痒托人捎来的话，他哈哈一笑，对那位捎信的人说：“学士寄语相公，不知某年吃斋饭为的是什么?”

用现在的话说，这无疑是两种泾渭分明截然对立的人生观价值观的碰撞与较量。因为，在哥哥宋痒看来，一个穷苦人家的孩子能够读书做官，很不容易，能够拥有今天的幸福生活，委实应当好好珍惜，为官自重，做到“富贵不能淫”。而宋祁却认为，当年的“读书苦”正是为了现在的“做官甜”。

从史书上看，持宋祁这种观点的人，在两宋时期，显然不在少数。所以，宋朝的官员多半都花天酒地，小日子过得优哉游哉，神仙似的快乐逍遥。

可是，宋祁似乎还是未能感到心满意足。有时，竟依然还会生出些许“好花不常开，好景不常在”的忧伤闲愁。

如宋祁有首名作《玉楼春》，千百年来被人们一直耳传口诵至今。

东城渐觉风光好，縠皱波纹迎客棹。绿杨烟外晓寒轻，红杏枝头春意闹。

浮生长恨欢娱少，肯爱千金轻一笑？为君持酒劝斜阳，且向花间留晚照。

相传，就是这首脍炙人口的词，让他得了一个“红杏尚书”的雅号。

读罢这首词后，掩卷遐思，遥想宋祁当年，才子风流，耳边不绝如缕地回响着“浮生长恨欢娱少”的千古咏叹，深切地感受到什么才叫“得陇望蜀”，什么才叫“欲壑难填”。

再来看看外号“桃杏嫁东风”郎中张先的幸福生活。

张先四十一岁进士及第，转宦江浙、巴蜀、关中等地，七十六岁时致仕归田，一辈子官做得实在不怎么样，平生当的最大的官就是都官郎中，这在文人优渥多半出将入相的宋朝实在是很窝囊。但官场失意的他，却情场得意。

张先虽然官位很低，但他的词却写得非常出名，还在早年就蜚声词坛，堪称“词坛一哥”，就连奉旨填词享誉大江南北的柳永也要敬他三分，至于晏殊、宋祁、欧阳修，虽然也是当时的“词坛大腕”，对张先的词更是欣赏有加。据说，有次，“子野（张先的字）谒永叔（欧阳修），永叔倒屣迎之”，可以想见，尽管官位要比张先高好几级，但欧阳修对“词坛一哥”张先却极为尊崇，不敢怠慢。

张先的外号“桃杏嫁东风”郎中，就是欧阳修给他起的。据范公偁在《过庭录》中记载，说张先的《一从花》写出来之后，一举成名，当时的大街小巷都在传唱。欧阳修是个性情中人，看了之后，喜欢得不得了，所以，在那天张先来拜访他时，两个人一见面，欧阳修拱手施礼，微笑着说：“您就是‘桃杏嫁东风’郎中？”

从此，张先“桃杏嫁东风”郎中这个绰号就在江湖上传开了。

由于专以乐章擅名一时，独步词坛，所以，极具名人效应的张先在当时每填一曲，很快便传播四方，南北传唱。

说来，有宋一朝，无论官大官小，得意与否，官员们多半都很注重享乐，自觉或不自觉的，似乎谁都想活出精彩，他们的庭院总是萦绕着书香、墨香、酒香，常常沉浸于暗香疏影下一册古书、一砚新墨、一杯清酒的精神怡愉中。

在宋朝，像宋祁、张先这样的官员绝非个案和特例，而是非常具有典型性和代表性。

说来，宋朝人的胸襟与理想抱负真的是与唐朝人有着云泥之别，不可同日而语。唐朝人一心想着“致君尧舜上，再使风俗淳”“功名只向马上取，真是英雄一丈夫”，始终渴望“战士长歌入汉关”，“力挽狂澜万人敌”，“黄沙百战穿金甲，不破楼兰终不还”，面对战争，面对牺牲，始终具有雄壮、恢宏、洒脱、豪迈，对成功的追求、对边关的向往、对死亡的蔑视、对艰苦的旷达，摄人魂魄，令人敬畏和神往。即使是朋友之间的相会，在一起喝酒，也“相逢意气为君饮，系马高楼垂柳边”，喝得热情洋溢，喝得意气风发，言行举止之间始终流露出一种自信，一种豪迈。正如余秋雨先生在《阳光雪》中所说：“这便是唐人风范。他们多半不会洒泪悲叹，执袂劝阻。他们的目光放得很远，他们的人生道路铺展得很广。告别是经常的，步履是放达的。这种风范，在李白、高适、岑参那里，焕发得越加豪迈。”

可是，到了宋朝，即使是在天下还算太平的北宋，唐时那种充满野性的豪放不羁、那种略带进攻性质的放肆、那种舍我其谁的自信，以及“少小虽非投笔吏，论功还欲请长缨”“莫遣只轮归海窟，仍留一箭射天山”的保家卫国愿望与豪情，已经被一种日落黄昏、暮色苍茫的哀怨所代替。

也正因此，北宋晚期，即使整个社会已经陷入危机，士大夫们也几乎无人忧国忧民，关心国家大事，只是依旧养尊处优，吃喝玩乐，而且花样翻新。

例如徽宗时被称为“六贼”之一的奸相蔡京，一次宴请部下，单是制作蟹黄馒头一味，就耗费一千三百余缗。据宋人曾敏行《独醒杂志》记载，蔡京有一次招待客人，酒后高兴，就吩咐拿出十饼江西官员贿赂的咸豉，客人发现都是用黄雀肸做的。而这样的咸豉，蔡家当时竟然多达80多饼。还有一个故事，说是有个人在京城汴梁买了一个女人做妾，这女人自称是蔡京家的厨娘。一天，主人让她做包子，她推辞说不会。

主人质问她：“既然做过蔡太师家厨娘，岂有不会做包子之理?”

谁知这女人回答说：“我是包子厨房里专门切细葱丝的人。”

光是做包子，就分工如此精细，这从一个侧面反映出当时蔡京的生活是多么奢靡腐败!

由于为官俸禄优厚，官场风气奢侈，朝野内外，许多官员都耽于酒色，纵情享乐。在这一时期，词人毛滂写有一首《忆秦娥》，其词云：

醉醉，醉击珊瑚碎。花花，先借春光与酒家。
夜寒我醉谁扶我，应抱瑶琴卧。清清，揽月吟风不用人。

这首词所描写的，应该说是当时不少士大夫醉生梦死的真实写照。

宋室南渡以后，苟且偷安，守着小小西湖，构筑舞榭歌台，“直把杭州作汴州”，赵宋君臣依旧过着醉生梦死的生活，早把失陷的中原大地抛在脑后，连东晋诸公饮宴新亭时念及故土沦丧而相对流泪的情景也不复再见，更不用说有祖逖那样中流击楫、誓复失土的人物了。

正是由于在温柔乡里沉浸得太惬意了，宋朝的文人士大夫们普遍不思进取，忘记了廓清天下、收拾山河的责任。

帝王只想做俗人

宋朝给人的印象就好像是一个声色娱乐型的社会，好像整个国家都是一个花花世界。它的奢侈与糜烂，麻醉了大宋的神经，似乎从始至终大宋都处于一种半疯半癫的迷狂状态之中。

据说，10 世纪、11 世纪的北宋都城汴京是当时世界上最大最繁华的都市，这座“八荒争辏，万国咸通”“万国舟车会，中天象魏雄”的大都市却以其纸醉金迷，不断吸引着四面八方的目光和纷至沓来的脚步……

史载，那个时候的东京汴梁，居有上百万人口，每天涌上大街的有上万乃至数十万南来北往的过客，可以想象都城的繁华与热闹。的确，汴梁自赵匡胤建都起，就鼓励市民娱乐，想方设法，甚至通过法律手段让它“开放、搞活”，由此逐渐培育发展成为一个万民同乐的大舞台。

从史书上看，当时汴京具有“二多”。

一是酒楼多。据有学者统计，在东京汴梁最繁华时，光是酒楼就数以万计。酒楼一般有大小两种，大的叫正店，小的叫脚店或角店。北宋末，东京有正店 72 家，脚店大约有上万家。这些酒店，好似雨后春笋，分布密集，仅九桥门街市一段，就星罗棋布，酒旗招展。

相传，当时东京城的达官贵人、公子哥儿最喜欢光顾的，是一家叫樊楼的正店。这家店地段极佳，位于皇宫东华门外的景明坊，店面非常富丽堂皇。出入这家酒店的顾客通常非富即贵，而时人也把能够光顾这家酒店视为有身份的象征。樊楼高三层，有五座分楼，楼与楼之间都有长廊暗道相互连接，客人可以自由穿行。这样的建筑，在那个时代可以称作“摩天大厦”，高可下视皇宫，气势非凡。到了晚上，大厦里华灯齐明，烛光耀眼，远远望去，竟像一条金色的飞龙悬在夜空，堪称汴京城最耀眼的一处夜景。

想当年，福建人刘子翚曾是东京樊楼的常客。北宋亡国之后，他回到了福建，心却永远留在了东京。以致许多年后，当他回忆这些往事，胸中依然还有许多的酸涩与哀愁：“梁园歌舞足风流，美酒如刀解断愁。忆得少年多乐事，夜深灯火上樊楼。”

二是瓦舍多。瓦舍，也叫瓦子，是一种大型的娱乐场所，它的内部又分许多小圈子，用栏杆、绳索或幕幛围起来，就是勾栏。一般一个瓦子中有几座甚至十几座勾栏。宋代的娱乐业也很发达，娱乐场所在城市遍地开花，那个时代，瓦子勾栏是新潮娱乐的标志，所以，当时的东京城里，大约有数十座瓦子，而南宋临安的瓦子勾栏总数比北宋的汴梁还要多。通常，瓦子勾栏是演艺场所，演出的文艺节目有说唱、曲艺、杂技、魔术、傀儡戏、踏索、口技、相扑，等等。

有史料记载，当年，东京最热闹的马行街夜市，街长数十里，遍布铺席商店，还夹杂着官员宅舍，一到晚上，灯火明亮，数十里如同白昼。大街上车马拥挤，人头攒动，可宋朝夜市的光景似乎并不逊色于现在的电气时代。

据说，有感于外面的世界很精彩，有时候，就连一向居于深宫的皇帝有时也会按捺不住。说是有一次，夜晚酒楼、茶馆的欢笑声甚至传入深宫，传到仁宗的耳朵里。仁宗问宫人："这是何处作乐？"宫人告诉他是民间的酒楼作乐。看到深夜宫中冷冷清清，这位一辈子还算天性仁厚自律较严的大宋天子竟也情不自禁地羡慕起皇城墙外的夜生活来。

可是，面对外面的诱惑，定力深厚的仁宗皇帝虽然能够挡住，但到了大宋第八代皇帝徽宗，却再也抵挡不住诱惑，最后，竟然置六宫粉黛于不顾，经常和心腹太监一起偷偷摸摸地翻墙跑到宫外去。

故而，《宋史》一针见血地说："宋徽宗诸事皆能，独不能为君耳！"

因此，假如当初向太后听从宰相章惇的劝告，不选择赵佶即位，让端王赵佶只是像明朝的"八大山人"之一的朱耷那样醉心于书画，成为一个放浪形骸的大书画家，则不仅仅是北宋的幸运，也绝对是他本人的幸运，自然也是中国书画艺术的幸运！

如果说，北宋亡国皇帝徽宗虽然风流胡闹，但也还算"做贼心虚"的话，那么，南宋的第五代皇帝宋理宗赵昀的行为则完全变得明目张胆，肆无忌惮。

宋理宗亲政后一直推崇理学，平时装模作样，显得"正心诚意"的样子。可是，他背地里做事，早已把国家兴亡抛之脑后。

所以，对宋理宗的这种假道学，后代有人写诗讥讽道：

宋史高标道学名，
风流天子却多情。
安安唐与师师李，
尽得承恩入禁城。

就连竭力为他唱赞歌的《宋史》，也指出他“经筵性命之讲，徒资虚谈，固无益也”，意思是说他只是“空头理学家”，光说不做，毫无用处。

言不由衷，口是心非，宋朝的“假道学”，从宋理宗身上就能看得非常分明。

度宗上台以后，北宋早已握蛇骑虎，危若朝露。

据清乾隆年间毕沅编著的《续资治通鉴·宋纪一百八十》上关于赵禥的记载：“帝自为太子，以好内闻；既立，耽于酒色。故事，嫔妾进御，晨诣合门谢恩，主者书其月日。及帝之初，一日谢恩者三十余人。”

有道是，上有好之下必甚焉。与理宗一样，度宗即位以后，当时北方元朝军队正大举南下，国难当头，他却将军国大权交给奸臣贾似道执掌，而自己则屁事不管。

清人王夫之在其《宋论》一书中论及徽宗君臣道：“君不似乎人君，相不似乎君之相。”这句话，显然也很适合理宗和度宗。

风气的败坏是政治腐朽、官员腐败的最好注脚，连皇帝都如此糜烂，大宋焉有不亡之理？

天下事，可知矣

南宋词人文及翁写有一首题为《贺新郎·游西湖有感》的词，即使今天读来还令人痛心疾首，感慨万千：

一勺西湖水。
渡江来，百年歌舞，百年酣醉。
回首洛阳花石尽，烟渺黍离之地。
更不复、新亭堕泪。
簇乐红妆摇画舫，问中流、击楫何人是？

千古恨，几时洗？

余生自负澄清志。

更有谁、磻溪未遇，傅岩未起。

国事如今谁倚仗，衣带一江而已！

便都道、江神堪恃。

借问孤山林处士，但掉头、笑指梅花蕊。

天下事，可知矣！

这首词是文及翁登第后与同年进士一起游览西湖时所作，按说，“春风得意马蹄疾，一日看尽长安花”，文及翁应该心花怒放兴高采烈才对，可是，他的这首词写得非常沉痛，非常深刻，作者不仅抒发了忧国忧民、报国无门的情怀，而且对南宋统治者偏安一隅，“簇乐红妆摇画舫”金迷纸醉、政治腐败和不图恢复的现状予以深刻的揭露和批判，同时，有感于“磻溪未遇，傅岩未起”，真正的英雄不被重用，以致“国事如今谁倚仗”，于无可奈何中禁不住发出了“天下事，可知矣”的深沉叹息，对南宋小朝廷的前途和命运表现出了深深的失望乃至彻底的绝望！

“天下事，可知矣”！即使是在八九百年之后，似乎依然能够听到他在西湖边无可奈何的叹息。

其实，甭说是在宋理宗宝祐年间，即使是在南宋初年，乃至北宋年间，大宋的前途和命运就已经露出征兆，完全可以说是“天下事，可知矣”。

当君臣普遍只耽于声色享乐而不能仰望星空，对国家的安危长期处于一种集体无意识之中，这样的国家又怎能在遇到重大灾难时，逢凶化吉，化险为夷？

从史书上看，无论是北宋还是南宋，大宋的君臣都自得其乐，骄奢淫逸地过着自己的幸福生活，就因此，整个国家便长期处于一种歌舞升平奢侈享乐的生活当中。

所以，与其说北宋与南宋乃是先后亡于金和蒙古，不如说是自己灭亡了自己。

一座“泥糊纸做的长城”说倒也就倒了，大宋君臣的“幸福生活”从此也便戛然而止，永远结束了。

第九章

诗人空怀报国心

通常，在诗人的笔下，江南是一个永远温暖的名词，是一个永远美丽的天堂，它象征着杏花、春雨，也象征着小桥、流水，以及在和煦阳光与丰沛雨水沐浴滋润下不断拔节生长的高大绿色植物和植物之上云蒸霞蔚的天空。天空中，炊烟袅袅，燕雀纷飞。江南，它常常让多情的诗人在心中油然生出一丝丝温暖，一丝丝眷恋，一丝丝怀旧。

可是，在南宋诗人的笔下，江南，却是一块伤心地！有多少诗人曾在这里伤心落泪，肝肠寸断？又有多少诗人曾在这里仰天长叹，抱憾终生？曾在这里望眼欲穿，痴情地呼唤？江南，留给他们的有太多太多苦涩酸疼的回忆，有太多太多痛彻心扉的失望，更有太多太多馨香祷祝永难释怀的渴望……

女诗人的愤怒

李清照是冠绝古今的著名女词人，也是著名的女诗人。

对于李清照，读者显然都不陌生。她出身名门，属于正儿八经的大家闺秀，王灼《碧鸡漫志·卷二》说她“自少年即有诗名，才力华赡，逼近前辈”，是个典型的美女加才女。

年轻时的李清照无疑是惹人妒羡的人，她有显赫的门庭，有出众的文才，更有天生丽质的容貌和美丽爱情。她与同样出身显贵的赵明诚结合，不仅门当户对，而且郎才女貌，志同道合，在爱情方面，简直是珠联璧合，举世无双，堪称白马王子与白雪公主的完美组合。

倘若就这样长此以往的话，命运待李清照实在是太优渥太偏爱了！然而，正像苏轼在一首词中所说，“人有悲欢离合，月有阴晴圆缺，此事古难全”，令李清照意想不到的是，造化弄人，在她刚刚步入中年时，她的命运发生了一系列不可逆转的变化。

变化首先是从靖康之耻开始的。靖康元年（1126 年），金兵的铁骑冲破了汴京的城门，也冲破了她的“浓睡不消残酒”的生活，就在金兵攻陷汴梁，擒获徽钦二帝之时，她和夫君赵明诚一起逃难到了江南。

如果说，在逃难的途中，纵然她和赵明诚节衣缩食积累多年的大量文物收藏几乎已丧失殆尽，尽管飘蓬不定的日子受尽折磨、苦不堪言，这一切的一切都还可以忍受的话，对于南宋最高统治者赵构怯弱无能，只图苟安于江南一隅，一味重用主和佞臣，而对主战的李纲、宗泽的恢复大计不予理睬，对于南来以后耳闻目睹的种种令人痛心疾首的现实，身为小女人、心乃大丈夫的李清照实在无法忍受，无法沉默。

在今天看来，虽然是女流之辈，但李清照却很关心政治，而且，也很有政治头脑。当那一天，当她得知金将粘罕渡黄河南下，即将围攻当时的行都扬州，赵构闻讯弃城不顾，连夜南逃，致使几十万百姓惨遭杀戮。这位饱经离乱之苦的美女诗人终于忍不住“红颜一怒”，愤然用诗歌表达了自己对时事、对国是的不满与愤怒。

在一首诗中，她不无悲哀地咏叹："南渡衣冠欠王导，北来消息少刘琨。"在诗中，她对朝廷罢免主战的宰相李纲很是惋惜，对昏庸的黄潜善、汪伯彦致使战事失利、生灵涂炭很是不解。而更让诗人不解、感叹与失望的是，在山河破碎、中原动荡之际，放眼整个南宋，竟然没有像王导、刘琨似的英雄人物能够击楫中流，解民倒悬。

南宋胡宗汲的《诗说隽永》中有言："今代妇人能诗者，前有曾夫人魏，后有易安李。李在赵氏时，建炎初从密阁守建康作诗云：'南来尚怯吴江冷，北狩应觉易水寒。'又云：'南渡衣冠少王导，北来消息欠刘琨。'直斥君臣无能。"

外族的入侵，时代的动乱，社会的悲剧，给人民带来的首先是乱离、逃难和漂泊。和当时大多数人一样，李清照也被迫加入到了漂泊逃难的洪流中。建炎三年（1129年）的夏天，她和丈夫从江宁溯江而上，准备将家迁到江西洪州。炎炎夏日，碌碌风尘，当船行至历阳（今安徽和县）境内的乌江镇时，得知这里就是当年项羽兵败自刎之处，想到传说中望帝怀念故国，化作子规，啼血哀鸣，就是那漫山遍野的杜鹃，也变成了他的满腔碧血，而楚霸王逐鹿败北，因无颜见江东父老，宁肯一死以谢天下。可如今，赵构皇帝带着一帮投降派大臣只知道向南逃跑，只知道苟且偷生……想到这些，她的心中不觉心潮澎湃，面对浩浩长江，情不自禁地又一次"红颜一怒"，百感交集地吟咏出了这首名为《乌江》的千古绝唱：

生当作人杰，死亦为鬼雄。
至今思项羽，不肯过江东！

这笔力千钧的诗句，令人实在难以置信，竟会出自像李清照这样一个从小生长在富贵温柔之乡的纤纤女子之手？就连大学问家朱熹在其《朱子语类》中也禁不住惊叹："如此等语，岂女子所能！"

与李清照一样，想当年，那个名叫花蕊夫人的女诗人在后蜀亡国时也"红颜一怒"，在愤怒中写下了一首声震天地千古流传的诗：

君王城上竖降旗，妾在深宫那得知？
十四万人齐解甲，更无一个是男儿！

要说花蕊夫人也真够厉害的，嘴不饶人，就这短短一首小诗，一句“宁无一个是男儿”，竟然骂尽了当时后蜀国的所有男人！

比较起来，李清照显然要比花蕊夫人含蓄得多，但是，在这首《乌江》诗中，她的话说得也非常难听，非常耐人寻味，“生当作人杰，死亦为鬼雄”，这发自一个柔弱女子笔端的铮铮誓言和心灵告白，不知道会让多少七尺男儿感奋不已，壮怀激烈？又不知道会让多少平时高高在上只会“做官”的“大男人”无地自容，羞愧难当？

李清照的词一向以婉约著称，但她的诗却常常直抒胸臆，慨当以慷。如上述这首《乌江》诗便是一首借古讽今的诗歌，诗中，隐含着诗人对现实的不满与愤怒，对奉行逃跑路线的南宋小朝廷的针砭与批判，以及对项羽似的宁死不屈有着大丈夫气概的英雄主义的崇敬与呼唤！

但是，在一个需要英雄，也产生过英雄，但几乎所有的英雄都无一例外遭到摧残、排斥乃至迫害的时代，无论是花蕊夫人的“红颜一怒”，还是“李清照似的呼唤”，都注定了只会无济于事，于事无补。

的确，在一个萎靡羸弱的时代，无论这些美女诗人们再怎样“红颜一怒”，大声呐喊，都不会听到任何回声。

这不仅是这些饱经忧患和屈辱的美女诗人的不幸与悲哀，更是一个时代的莫大不幸与悲哀。

应该说，李清照南渡以后的诗词染上了一种家国之悲。王洪先生在其所著《唐宋词流变》中说易安之后期词“其所写者一妇人，其所照者一个时代也”，可谓深中肯綮。因为“如今憔悴，风鬟霜鬓”，因为“雁过也，正伤心”，空怀一腔报国热情但却无处诉说又无可奈何的她常常是“寻寻觅觅，冷冷清清，凄凄惨惨戚戚”，总感到心情沉重，“载不动许多愁”，这显然不是一种儿女情长的“小愁”，而是一种国破家亡的“大恨”，报国无门的“大悲”！这种情怀是怎样的让人感同身受，又是怎样的让人喟然长叹？

但有满襟清泪

说来，真的是“时势造英雄”，从某种意义上说，李纲之所以能成为李纲，成为当时“天下人望之所归者”，真的要感谢他所生活的那个特殊的时代。

的确，李纲是时势造就的风云人物。在“东京保卫战”也即金军第一次围攻开封之前，他不过是一个从四品的太常少卿，所执掌的只是礼乐、郊庙事务，相较于二府宰执去之甚远，其职司与赞襄兵戎更是风马牛不相及。然而，在黄钟毁弃、瓦釜雷鸣之际，他却被推到了洪峰浪谷之间，极为偶然也非常必然地登上了历史舞台。

有道是：“天下兴亡，匹夫有责。”在政治上，李纲绝对是个有心人，早年的他虽然“处江湖之远”，但却“心忧其君”，是个典型的曹刿似的人物。据《宋史·李纲传》记载，北宋末年，有感于朝政腐败，武备松弛，虽为中级官员，所谓不在其位，不谋其政，但有着强烈忧患意识的他却“多管闲事”，向徽宗上疏进言道：“当以盗贼外患为忧。”

应该说，李纲的这一举动完全是出于对朝廷的一片忠心，是一种彻头彻尾的爱国行为，可是，令人读不懂也想不通的是，朝廷不仅不嘉其言，赏其功，却反而嫌其多嘴，乃“恶其言，谪监南剑州沙县税务”。

李纲喜欢仗义执言、爱说真话的性格注定了他的人生与仕途必然是个悲剧。

在金军第一次围攻开封之前，李纲刚刚回京任太常卿不久，和排兵布阵没有一点关系。说来，北宋王朝此时也真是走到了尽头。面对外敌入侵，京师岌岌可危，平时耽于游宴玩乐、玩弄权术非常在行的宋朝君臣这时却全都惊慌失措，成了脓包，反倒是李纲——一个本不知兵的文臣，在历史的关键时刻自告奋勇地站了出来，挺身救国，而且居然相当有效地组织了京师的城防，屡次击退了来势汹汹的金兵。

一介书生，从不知兵，请缨抗金纯粹业余，带兵打仗只是反串，但没想到他却出手不凡，大获成功，这，不能不说是一个奇迹，而对于宋廷那帮高官重臣来说，也不能不说是一个绝妙的讽刺。

所以，如果用“蜀中无大将”来形容北宋的话，实在是再确切不过，而用“廖化作先锋”来比喻李纲，则显然比喻不当，很是不恭，因为，无论从哪方面说，李纲都比廖化要强多了。

如果不是那场突如其来的民族大劫难与政治大风暴，像李纲这种在官场中不会投机、不大懂事、不被当权者所喜欢的人绝对不会有机会在国家政治舞台上崭露头角，脱颖而出，而且也绝对闹腾不出那么大的动静，绝对不会鹤立鸡群般出那么大的风头！但历史偏偏给了他这样一个百年不遇的机会，所谓“沧海横流”，极其偶然地让他显露出了英雄本色。

照理说，在危难中挽救了国家也挽救了大宋君臣的李纲功德无量，理所当然应该受到英雄般的敬重，国之栋梁般的重用。可是，匪夷所思的是，东京保卫战奇迹般地取得胜利后，几乎一夜成名的李纲虽然在士民中赢得了很高的威望，但却招致朝中一帮蝇营狗苟的主张“和议”的高官们的嫉妒和刁难，加上刚刚即位的宋钦宗赵桓也一心求和，结果，英雄李纲不仅没有获得“国家级表彰奖励”而加官晋爵，反而被懦弱无能的宋钦宗撤职查办，受到了最不公正的对待。

仅此可见，当时的北宋朝廷是多么黑暗与腐败，是多么昏庸与小肚鸡肠，连一个危难时刻挺身救国的李纲都不知报答，不能容忍，这样的国家不垮台才真是怪事！

卑鄙龌龊的封建官场可以没有正气，但民间特别是那些爱国的学生绝对不可能没有正义。当李刚与老将种师道被昏庸无能的宋钦宗罢免的消息在汴京传开后，京师突然间便沸腾了。先是数百名太学生在陈东的率领下，来到宣德门下向朝廷请愿，要求恢复李纲和种师道的职务，让他俩继续率领军民抗击金兵，很快，开封城内数十万军民也都参与进来，一起声援太学生们的请愿爱国运动。对此，朝廷先是置之不理，但被朝廷的冷漠激怒的太学生和军民坚持不达目的誓不罢休，他们把平时平民告御状的登闻鼓抬到了东华门，大家轮流上阵去敲，最后竟将鼓击碎。

这便是历史上有名的“伏阙上书”，堪称中国古代最为波澜壮阔的学生爱国运动。

虽然，钦宗最终在这声势浩大的“伏阙上书”面前作了让步，迫不得已恢复了李纲尚书右丞的职务，还让他担任了京城四壁守御使，但专制政府最不能容忍的就是民权对于君权的挑战，所以，李纲复位后不仅受到种种刁难，而且赵桓很快又找了个借口将他贬黜出了汴京。

李纲被贬不久，金兵再次两路南下围攻开封。到这种时候，宋钦宗才又想到起用李纲，任命他为资政殿大学士、领开封府事。但事情到了这步田地，一切都已太迟了。当李纲在长沙得知此命后率军北上勤王，北宋的两位皇帝即徽钦早已走在了被俘“北狩”的路上。

建炎元年（1127 年）五月，赵构在应天府自立为皇帝后，为了收拢天下人心，增强自己这个纯粹属于草台班子的“流亡政府”的公信力、凝聚力与号召力，便想借用当时声名卓著且深孚众望的李纲的政治声望与影响。

赵构能想到下这步棋，说明他在“御人”方面确实棋高一着，非常精明。在国难当头之际，“天下人望之所归者”，“一人而已”，而此人，便是李纲。

赵构内心其实并不喜欢李纲，他喜欢的是黄潜善、汪伯彦这样一些专会阿谀奉承的人，所以，在任用李纲为尚书右仆射兼中书侍郎（即右相）仅仅 75 天后，他便再也忍不住了，不仅将李纲罢免，而且“责词甚严”，将李纲流放到当年苏轼也曾被流放过的蛮荒之地海南岛，而且“凡纲所规画军民之政，一切废罢。”

当然，平心而论，将李纲再次排挤出朝廷并非赵构一人所为，而是一帮主和派奸佞之臣“共同努力”的结果。

据史书记载，李纲被任命为宰相后，首先黄潜善、汪伯彦俩人就很不高兴，经常在高宗面前上李纲的“烂药”。其次，右谏议大夫范宗尹也在赵构面前挑拨离间，说李纲“名浮于实”，恐怕会有“震主之危”。

如果说，范宗尹的存心挑拨纯粹是小人行为，只是让人非常气愤的话，那么，御史中丞颜歧对李纲的攻击则简直岂有此理，荒谬绝伦，让人真的不知道说什么才好！

据史书记载，听说李纲被任命为相，御史中丞颜歧急忙上奏道：“张金昌为金人所喜，虽已封三公君王，宜更加同平章事，增重其礼。李纲为金人所恶，虽已命相，宜及其未至罢之。”

《宋史》中，有关这段历史记载真的是让人读不懂也想不通，说来，简直是滑天下之大稽，想不到在封建人治社会中培养提拔的官员中竟有这样混账的人！

据说，赵构任用李纲为相后，很快便后悔了，有心罢免李纲，但又一时犹豫不决。最后，让赵构终于下定决心让李纲走人的是御前太监曾择。

事情的大致情节是这样的。李纲为相后，积极改革弊政，充实国库，同时任贤选能，起用宗泽、韩世忠等抗金派将领，整军备战，宋朝国力为之一振。然而，由于其主张北伐、坚决反对迁都江南，触犯了一心想放弃中原、巡幸江南的宋高宗赵构。

对于这些情况，身为御前太监平时善于察言观色的曾择自然心知肚明。他觉得，自己拍马屁的机会来了。

于是，有一天，这位太监屁颠屁颠地走到御案前，一见到正愁眉不展的赵构便赶忙下跪叩头，一副欲言又止的样子。见此情景，精明的宋高宗立即便猜出曾择这狗奴才肯定有什么重要的事要说，就不动声色地说："朕免你无罪，但说无妨。"

曾择说："奴才以为，功高震主的，便是权臣。明日便是十五，权臣不除，官家如何欢度中秋？又如何去东南快活？天下事，难道只有李相公？黄、汪二相公治理不得？"

经曾择这么一说，宋高宗遂不再犹疑，而李纲的政治前途也只能到此为止，也就这样最后决定了。

但李纲的悲剧绝不仅仅是他个人的悲剧，应该说，乃是整个国家的悲剧。他以救亡图存为己任，《宋史》说他"以宗社为心，以生灵为意"，而遭打击迫害，就连太监也暗算他，可见，这个刚刚建立的政府从一开始其上层建筑便已经彻底腐朽，为官者大多道德沦丧，是非善恶竟然完全混淆，偌大的朝廷，竟然完全没有正义以及正气可言。

由于李纲被废黜，主战派遭受了沉重打击，在投降派的簇拥下，赵构很快"南巡"，中原从此彻底沦陷。

据《宋史·李纲传》记载，在当时，金人很怕李纲，有宋使过去的时候，金人必问李纲安否。由此可见李纲在这一历史的特殊时期的地位与作用是多么的不同寻常！

所以，元人修《宋史》，尽管不可避免地带了一些阶级观点，但在论及李纲时，还是说了一句公道话："以李纲之贤，使得毕力殚虑于靖康、建炎间，二帝何至北行，而宋岂至为南渡之偏安哉？"这应该说是对李纲治国能力的充分褒赞，是对当时客观情势的公正评价。

可是，赵构之流总是喜欢干这种令亲者痛仇者快的事，在国家危亡的时刻竟然自断其翼，自毁长城，在那样一种艰难恶劣的情势下，将李纲这样一个救世之良将罢黜出局，赵构的这步棋下得实在是让人看不懂。

李纲被贬后，迫于朝野压力，赵构后来虽也勉强起用李纲为湖南宣抚使兼知潭州等职，但却一直不容他参与朝政。尽管，这之后一直得不到重用，但有着“是进亦忧退亦忧”精神的李纲仍屡次上书，坚决主张积极抗金，收复失地，反对“履危而求安”的投降政策。可是，他的一片忠心和满腔热情不仅不为高宗赵构所称赏，反而遭受高宗以及投降派的疑忌和打压。在历史的某个阴暗的角落里，似乎总有一双极其卑鄙、极其罪恶的黑手在阻挡着他、扼杀着他，使他的一腔爱国热情在无望中最终付诸东流！

李纲是宋徽宗政和二年（1112 年）进士，虽然，在靖康之变前后，主动请缨，率兵御敌，出将入相，文韬武略，但在骨子里，他却是个典型的文人。因而，当他忠而被谤，谋不见用，虽有杖策定国之才却无法得以施展，虽有凌云壮志却无法得以实现，所有这些难言的悲苦，抑郁的情怀，痴情的渴望，深长的叹息，都一起汇入词的艺术“空框”之中。

所以，从某种意义上说，词是李纲罢相后始终不离不弃患难与共的知己。“何以解忧？唯有杜康。青青子衿，悠悠我心。”如果这是当年曹孟德的解忧方式，那么，李纲的解忧方式则是填词。既然在现实世界中，理想不能实现，才能不能施展，真情无处表白，忠言无人倾听，那就姑且在词的精神世界里聊以慰藉畅叙衷肠吧，就像当年三闾大夫屈原被放逐后在汨罗江畔仗剑长啸披发长吟一样。

说来真是词如其人，倘若说，身为弱女子的李清照的词乃是“亡国之哀吟”的话，那么，无愧于“伟丈夫”称号的李纲的词则完全是“救国之呼号”。

这里，姑且先看他的《喜迁莺·晋师胜淝上》一词：

长江千里，限南北，雪浪云涛无际。天险难逾，人谋克壮，索虏岂能吞噬？阿坚百万南牧，倏忽长驱吾地。破强敌，在谢公处画，从容颐指。

奇伟！淝水上，八千戈甲，结阵当蛇豕。鞭弭周旋，旌旗麾动，坐却北军风靡。夜间数声鸣鹤，尽道王师将至。延晋祚，庇烝民，周雅何曾专美。

这是李纲的咏史词之一，此词虽是拿历史上著名的淝水之战说事，但实际上是借古喻今，渴望南宋当局能够凭借长江天险，仿效当年谢安面对投鞭可以断流的百万雄师沉着应战，与金兵奋力一搏，创造“从容颐指”“破强敌”的又一个历史奇迹。

而在另一首名为《苏武令·塞上风高》的词中，尽管他当时已经罢相，但仍然满含渴望，时时期待着出将入相，“致主丹衷”，用自己的热血乃至生命“调鼎为霖，登坛作将，燕然即须平扫。拥精兵十万，横行沙漠，奉迎天表”。真是天可怜见，可钦可佩，虽然满含冤屈，遭受朝廷的不公正对待，但胸中燃烧的仍然是爱国之炽情，报国之渴望！

然而，事实却极为无情地证明，英雄的理想只是一厢情愿，南宋小朝廷一味地向入侵者求和乞降，除非是赵构自己觉得连儿皇帝的宝座也坐不稳时，才勉强派兵出去替自己抵挡一下，而一旦形势好转，可以做偏安一隅的臣仆“天子”了，便又认贼作父，禁令抗战，且过河拆桥，对那些曾为自己效命疆场、杀敌立功的武将，像李纲、岳飞等可谓卸磨杀驴，恩将仇报！

这实在是让天下豪杰之士为之寒心气沮，也让天下正义之士为之义愤填膺，且百思不得其解的一件事。让人禁不住悲从中来，感慨唏嘘：古往今来，大凡英雄人物，天下才俊，为什么总有懦夫、小人、卑劣之徒来遏制他，诬陷他，毁灭他？其结果为什么总是逃不脱悲剧的宿命？

综观李纲的词，大体可分为两类，一类借古喻今，以咏史抒自己救国之志，一类则触景生情，抒写壮志难酬。

有道是“男儿有泪不轻弹，只因未到伤心处”。虽然身为英雄，铮铮铁骨，但其实英雄李纲也有泪，而且是比常人更加酸楚更加悲伤的眼泪。由于官场自古皆然的“逆淘汰”，李纲被排挤出朝廷后，壮志难酬，内心激荡，有时触景生情，感时伤怀，便情不自禁地写下一些“感时花溅泪”的词，最具代表性的应该说是他的《永遇乐·秋夜有感》：

秋色方浓，好天凉夜，风雨初霁。缺月如钩，微云半掩，的烁星河碎。爽来轩户，凉生枕簟，夜永悄然无寐。起徘徊，凭栏凝伫，片时万情千意。

江湖倦客，年来衰病，坐叹岁华空逝。往事成尘，新愁似锁，谁是知心底。五陵萧瑟，中原杳杳，但有满襟清泪。烛兰缸，呼童取酒，且图径醉。

在这首词中，诗人写自己在深秋的夜里“悄然无寐”，便心事重重地独自在月下徘徊。想到自己这昔日出将入相笑傲沙场的英雄壮士如今“年来衰病”，岁华空逝，被折磨成了年老多病、衰朽不堪的“江湖倦客”，想到“五陵萧瑟，中原杳杳”，而自己却又报国无门，无能为力，于是，民族衰亡之痛，国土沦陷之悲，以及个体壮怀失落之感，自我生命流逝之哀，忍不住一起百感交集，让他“满襟清泪”。

这是怎样的一种“清泪”呀？其中有抑郁，有感伤，有愤懑，有哀怨，当然，更有许多的无奈与失望！所以，在极度的痛苦与失望中，诗人便“呼童取酒”，想以酒麻醉自己，忘却烦恼。

可是，正如李白所说：“借酒浇愁愁更愁，抽刀断水水更流。”虽然借酒浇愁，麻木自己，然而，酒精的麻醉是有限的，暂时的，而苦闷的侵蚀却是无限的，长期的，那痛苦就像影子一样尾随着他，折磨着他，无论是他在枕上还是在独坐时分，旧事、新愁全部堆积在心里，委实是“剪不断，理还乱”，那饱受折磨的心始终浸泡在盐卤一样咸涩的苦水之中。

据说，李纲晚境穷窘时，每每自称寄望放舟烟波，横笛清秋，莫问六朝兴废。这当然是他在抑郁痛苦时的气话，可心底呢，却始终耿耿于国是日非，渴望建功立业。绍兴十年（1140 年）正月，正当金朝正式撕毁和约，大举进攻前夕，李纲因其三弟去世，大为哀恸，猝然而逝，享年 58 岁。

李纲一生爱国，宋代理学大师朱熹称赞他是孤忠伟节的一世伟人。文天祥撰写了《忠定公赞》：“其道则隆，其运则剥。噫，胡出处之不常，为苍天频卜。”意思是用李纲的治国之道，则国运昌盛，否则就国运颓废。清代名臣林则徐，在福州李公祠也题有一联，称赞其为：“进退一身关社稷，英灵千古镇湖山。”但令人感到殊为遗憾也殊为可惜的是，就是这样的一世伟人却不为时所用，不为世所容，空怀一颗报国之心，在等闲中白白流逝了英雄宝贵的生命。

岳飞的天真

在中国，说到岳飞，几乎是妇孺皆知。他在国人心中是个集忠、义、勇于一身的英雄人物。有关“说岳”题材的文学作品，特别是经由钱彩的《说岳全传》的成功刻画，使岳飞岳元帅几乎和三国时期的关公关老爷一样成了坊间老百姓敬若神明的圣人。

岳飞，字鹏举，汤阴（今河南汤阴）人，《宋史·岳飞传》中说他“好贤礼士，览经史，雅歌投壶，恂恂如书生。”这就是说，无论是待人接物，还是兴趣爱好，岳飞给人的印象都像是一个彬彬有礼的书生，而不像是一员武将。

的确，岳飞是南宋天空中一颗最为闪亮的“将星”，然而，从某种意义上说，和李纲一样，在骨子里他却彻头彻尾是一位诗人。

就成长经历而言，岳飞和狄青都很有些相似，两人都是标准的行伍出身，所谓“猛将发于卒伍”，都是从最基层的士兵逐步成长为后来声名卓著的军中大将的。有宋一代，在军事方面，一向是外行领导内行，军队的重要职位基本都是由不懂军事的文臣担任，而狄青和岳飞能从一名普通士兵成长为一名元帅，最终脱颖而出，这本身就足以证明他俩确实具有不凡的才干和惊人的业绩。

但是，无论性格还是气质以及行事的风格，他俩都有着很大的区别。狄青性格平和，遇事冷静，岳飞性格热烈，很有激情。如果说，狄青的性格与情感多半的时候就像是一泓平静的湖面，而岳飞的内心中则经常像江潮一样波涛汹涌。因此，倘若说狄青是一个现实主义的武将的话，那么，岳飞则是一个富有理想与激情，有着诗人一样情怀与浪漫主义气质的“军人”。

比较而言，狄青的性格相对无疑要圆熟沉稳得多，而岳飞的性格中则未免有许多理想和天真的成分。所以，从岳飞的一生来看，毫无疑问，他绝对称得上是一个优秀的军事家，但是，却绝对称不上是一个合格的政治家。而之所以会这样，问题的关键就在于，在骨子里，岳飞其实是个过于理想和天真的诗人。

通常，如果单纯从理论上说，那些过于理想和天真的诗人确乎都是一些圣洁而又崇高的人，非常值得人们尊崇，但是，这样的人活在现实生活中，却往往很无助，很吃亏，而在尔虞我诈的官场则更容易受到侵害和中伤。

显然，岳飞的悲剧，其症结也多半就在于此。

所谓“天下兴亡，匹夫有责”，从史书上看，岳飞无疑具有很强的参政意识与强烈的爱国热情，在他还只是一个承信郎时，在一般人看来，他就表现得颇有些孟浪，做了一件在当时即便是军中大将也未必有胆子做的事情。

那是在宋高宗刚继位时，朝廷内的主战派与主和派发生了一次激烈的争论。以李刚和宗泽为首的主战派强烈反对宋室南迁，要求皇帝北渡亲征，收复中原，而以黄潜善、汪伯彦为代表的主和派则要求皇帝避敌锋芒，偏安江南。早在未即位时就患了精神阳痿症的高宗赵构自然倾向于后者。

就在两派争论得最激烈的时候，当时还只是一个小小承信郎的岳飞也无所顾忌地加入进来，而且主动站到主战派一方，要求皇帝御驾亲征。

岳飞是个革命的乐观主义者，这从他当时给高宗的上书中就可以看出端倪，在写给高宗的这封信中，他说：“乘敌穴未固，亲率六军北渡，则将士作气，中原可复。”

诚如我们所知道的，赵宋皇帝的一个共同特点就是极为怯懦。甭说宋高宗赵构，就是宋真宗赵恒，几乎是被寇准硬逼着御驾亲征，在当年北宋那样一种国力强大的情势下，也几乎吓破了胆，以致事后想想都觉得可怕，觉得寇老西儿太拿自己这个大宋天子的生命不当回事，因而越想越气，最后硬是找了寇老西儿一个碴儿，以滥用职权博取个人名誉之罪，罢免了寇准的宰相之职。可想而知，就赵构那么一个患有严重精神阳痿症的人，现如今，在强敌入侵、中原沦陷的危难时刻，纵然借给他一个胆子，让他像宋真宗那样御驾亲征，谅他说什么也不会答应。

所以，当看了岳飞的上疏，赵构大为生气，而等弄清楚岳飞只是一个承信郎，竟也不知天高地厚，对自己指手画脚之后，赵构更是气不打一处来，立即以越职上奏的罪名革去岳飞的职务，而且将他的军籍也开除了。

这是岳飞第一次为“说真话”所付出的代价。

由皇帝亲自处置一个承信郎，这在古代真的是鲜有此例，可谓绝无仅有。所以，赵构说岳飞是“越职上奏”，殊不知他自己其实也是“越职处分”。

如果是在和平年间，像岳飞这样被削籍为民而且由皇帝亲自“判案定刑”，政治前途算是彻底玩完了，但在战争年代、特殊时期，却不尽然。

由上所述，岳飞给高宗赵构的第一印象很显然非常糟糕，但令人想不到的是，留给赵构的第二印象却非常之好，几乎完全可以说是冰火两重天。

那是建炎四年（1130 年）的四月，当时逃亡在海上的赵构获悉金兵北撤，刚从温州经明州回到越州，惊魂甫定，南宋政府获得了难得的喘息之机。五月下旬，早已重新投身军中而且立下赫赫战功并因此声名鹊起的岳飞亲自押解收复建康时所俘虏的金军将领到越州觐见皇帝。

不知道是赵构对当年岳飞越职上奏一事早已不记得了，还是早已原谅了他的这一越职行径，反正，在这次接见时，高宗赵构对岳飞的印象特别好，而岳飞在觐见后，心情也特别激动。回到宜兴后，心情尚未平静的他在房东张大年的屏风上欣然题词道：“……今且休兵养卒，蓄锐待敌。如或朝廷见念，赐予器甲，使之完备，颁降功赏，使人蒙恩；即当深入虏庭，缚贼主喋血马前，尽屠夷种……”充分表达了自己渴望“深入虏庭”，“尽屠夷种”，以此“勒功金石”的愿望。

这种愿望，在他的那首著名的《满江红》词中表现得就更为强烈和感人：

怒发冲冠，凭栏处，潇潇雨歇。抬望眼，仰天长啸，壮怀激烈。三十功名尘与土，八千里路云和月。莫等闲白了少年头，空悲切。

靖康耻，犹未雪；臣子恨，何时灭！驾长车踏破贺兰山缺。壮志饥餐胡虏肉，笑谈渴饮匈奴血。待从头收拾旧山河，朝天阙。

靖康之变之后，南宋上下几乎都被一种恐惧悲观的气氛所笼罩，在南宋小朝廷内，包括赵构在内，绝大多数人几乎都畏金如虎，谈金色变，对于驱除金贼、恢复故土更是持悲观无望之态度。然而，在这种沧海横流的时候，岳飞却委实显得很有些“另类”：别人畏“金”他不怕，别人悲观他乐观。如在这首流传千古的《满江红》中，用现在的话说，就从始至终都凸显出一种大无畏的革命英雄气概，洋溢着一种革命乐观主义精神，通篇散发着一股势不可挡、睥睨一切、击楫中流浪遏飞舟的豪气与霸气，俨然是一个顶天立地的壮士，在国家与民族最危难之时激于义愤拍案而起，慷慨激昂地唱出的一曲响彻行云气壮山河的抗金壮歌！

对这首词，后人无不大为称赏，评价极高，如明人沈际飞在其《草堂诗余正集》中云：“有此愿力，是大圣贤、大菩萨！”而清朝著名词论家陈廷焯在其《白雨斋词话》中更是击节称赞：“何等气概！何等志向！千载下读之，凛凛然有生气焉。‘莫等闲’二语，当为千古箴铭。”

从后来岳飞取得一连串大捷，一再重创金军主力，连金军都忍不住感叹“撼山易，憾岳家军难”。郾城之战，所向披靡地一直打到距汴京只有四十五里路的朱仙镇来看，岳飞绝对不是那种只会豪言壮语大话欺世之人。

绍兴三年（1133 年）的秋天，基于岳飞在一连串恶仗、硬仗中，以少胜多，连战连捷，迅速脱颖而出，成为南宋最为耀眼的一颗将星，高宗赵构特地将他召到都城，亲切接见，并手书“精忠岳飞”四个大字，制成锦旗赏赐给他。同时，还要为岳飞在京城建造府邸，被岳飞当面辞谢。

据说，岳飞辞谢得非常干脆，也非常慷慨，他说：“敌未灭，何以家为?”这句话，让人很自然地想到汉武帝时期的一代名将霍去病当年所说的那句千古名言：“匈奴未灭，何以家为?”仅此可见，岳飞当时有着怎样的雄心壮志！

对岳飞的这种表现，赵构显然非常满意。一年后，即绍兴四年的夏天，岳飞进军收复襄阳地区。在两个多月的时间里，岳家军如狂风骤雨一般横扫襄阳六郡，不仅使金人目瞪口呆，就连南宋的许多人也始料未及。当捷报传来，连赵构也很惊异，忍不住夸奖道：“平常总听说岳飞治军有方，可怎么也想不到，他打起仗来竟是这样的势如破竹！”

就因此，赵构对岳飞非常器重，不断地给他加官晋爵，甚至于还将他召进自己的寝宫说起了私房话，对岳飞显得很是真诚地夸奖道：“有臣如此，朕复何忧？进止之机，朕不中制！”君臣两人之间可谓进入了政治蜜月期。

这期间，高宗赵构对岳飞可以说是关爱备至，恩宠有加。但岳飞显然不会意识到，高宗皇帝对自己的“宠爱与信任”其实只是一种假象，只是在一种特殊时期，出于某种需要，对他刻意加以笼络罢了。要说赵构与他的关系，一言以蔽之，其实不过是一种利用关系。

的确，对于高宗赵构来说，不仅仅与岳飞的关系是一种利用关系，即便是后来他与奸相秦桧之间的关系，事实上也同样是一种利用关系。

但是，岳飞显然没有奸臣秦桧如此深刻的认识，由于天性善良，诗人气的天真，使他对为人精明颇有心机的高宗赵构明显认识不清，因而，就像一个纯情的少女，在被赵构几次甜言蜜语的笼络乃至欺骗以后，便全然掏出自己的一颗心来，执着一念地奉献出了自己的全部！

“长太息以掩涕兮，哀民生之多艰！”应该说，这是大诗人屈原的痴情。“为什么我的眼里常含着泪水？因为我对这一片土地爱得痴情。”这无疑是现代著名诗人艾青的痴情。具有诗人气质事实上也是极为优秀诗人的岳飞自然也很痴情，在一首名为《题骤马冈》的诗中，他这样写道：“誓将七尺酬明圣，怒指天涯泪不收。”由此可见，他的痴情原来是为了报答他的“明圣”。

当然，岳飞的痴情也并不只是为了高宗赵构，即所谓的“忠君”，其中更多的显然还有“爱国”的成分，而且也还有自己渴望建功立业、“勒功金石”的因子，但不管怎么说，岳飞都是一个很痴情的人，一个心地单纯因而未免显得有些天真的人。这，多半也是古代许多忠君爱国之士的共同特点之一，无疑也是他们最为高尚且令人尊崇与感佩之处。

据说，赵构曾经很真诚地问过岳飞这样一句话：“你觉得什么时候天下可以太平？”

岳飞的回答是：“文臣不爱钱，武将不惜死，就可以天下太平。”

应该说，岳飞的回答非常深刻，也非常精彩，然仔细想想却也非常非常天真！

所以，岳飞后来与宋高宗的感情破裂以及与他的领导张俊和当时的右相张浚之间的矛盾，从一个方面说，都可以被认为是他过于理想和天真的诗人气的性格造成的，而最终导致岳飞之死，在某种意义上，也完全可以说，乃是由于他性格中的天真以及任性使然。

试想，假若岳飞的性格中有一点点圆滑，有一点点市侩，有一点点阴险，有一点点狡诈，有一点点卑鄙，哪怕，只要稍微有一点点世俗的成分，即像那些权奸那样，只为谋身，不恤国难，那么，“莫须有”的千古冤案就绝对不会发生。然而，真要那样的话，岳飞也就不成其为岳飞，他的高尚品格、光辉形象与辉煌业绩自然也就不可能存在，而他也绝对不可能成为深受后世景仰的、中国普通老百姓心目中的“圣人”。

记得当年大诗人苏轼因“乌台诗案”横遭诬陷与迫害时，他的弟弟苏辙说了一句很有名的话：“东坡何罪？独以名太高。”那么，套用苏辙的这句话，也可以说：“岳飞何罪？独以名太高。”是啊，生于乱世，他岳飞也太出色，太能干，显然也太天真，太任性，太不懂事了。凭什么在南宋小朝廷一群触目皆是的猥琐卑劣的“政治侏儒”们面前，你岳飞要显得那么高大威武，鹤立鸡群？凭什么别人在皇帝面前都唯唯诺诺，唯命是从，就你岳飞老是自作聪明，自以为是，不那么听话，连立储这样犯忌讳的事你也“狗拿耗子多管闲事”……

所以，倘若细究起来，应该说，岳飞的悲剧，既是南宋这一特殊时代所造成的“时代悲剧”，同时，在很大程度上也是他个人性格所铸成的“性格悲剧”。

与岳飞生活在同一时代的另一抗金英雄李纲说自己“谋身性虽拙，许国心独苦”，其实，这句诗如果用在岳飞身上似乎更为贴切，更为真实。

由于自己的抗金主张一直得不到高宗的支持，加上自己由于“工于谋事，拙于谋身”，一直明里暗里受到朝中主和派乃至主战派的排挤与暗算，到了后来，岳飞的性格中也渐渐出现了悲观的成分，不再像以前那样“英雄气盛”了。

不妨看看他的这首词牌名为《小重山》的词：

昨夜寒蛩不住鸣。惊回千里梦，已三更。起来独自绕阶行。人悄悄，帘外月胧明。

白首为功名。旧山松竹老，阻归程。欲将心事付瑶琴。知音少，弦断有谁听？

如果说，前面的那首《满江红》中誓言要“待从头收拾旧山河，朝天阙，”乃是一曲“英雄的壮歌”的话，那么，这首《小重山》中，忍不住感叹：“知音少，弦断有谁听？”则已经变成了在极度失望后的“诗人的叹息”！

据说，与岳飞并称为“中兴四大名将”的韩世忠晚年不问世事，口不言兵，一位原本“初不知书”纯粹是大老粗一个的武将到后来竟也附庸风雅自己操笔填词，“能作字及小诗词”，成为“武人佳话”。

南宋初年，战乱频仍，国家正是需要良将呼唤良将之际，而像韩世忠这样的良将最后竟然被逼无奈，弃武从文，由一员战功赫赫的武将变成了只会附庸风雅的词人，这段历史，真的是让人读不懂，也想不通。

不难想象，假如岳飞不死，晚年的境遇也定然与韩世忠差不多，“武将”变成“文将”，雄鹰变成雉鸡，当然，可以肯定的是，以岳飞在诗词方面的功力与天赋，绝对会比初通文墨的大老粗韩世忠的创作成就要强十倍乃至百倍，倘若真是这样的话，岳飞一定会成为南宋又一位与辛弃疾以及陆游相比肩的著名诗人。

可是，话说回来，英雄无用武之地，诗人空怀报国心，一代名将不能驰骋疆场，而像千里马只能老死悲鸣于马厩之中，纵然写那么多的诗词又有何用？其结果，只会让人心中徒增更多的无奈，更多的悲哀！

“宁鸣而死，不默而生”，一首《满江红》，可以说是响彻寰宇，声震千古，所以，从某种意义上说，魂断风波亭，乃是军人加诗人的岳飞最好的归宿。

王以宁、辛弃疾的英雄泪

在南宋，王以宁实在是一位被忽略了太久的词人，也是一位不太引人注目的抗金英雄。

王以宁字周士，是潭州湘潭人，北宋末发运司管勾文字，宣抚使；南宋初以枢密院编修出知鼎州，升显谟阁学士。他能诗文，善作词，词风以豪放见长。《四库全书总目提要》称其南渡前的作品“以凝词句法精壮”，“绝无南宋浮艳虚薄之习”，极为鲜明地表现了其自我“轻狂”的个性极其“英俊沉下僚”的愤懑与幽独怀抱。

如宣和末他在淮南发运司任上所作的《虞美人·宿龟山夜登秋汉亭》一词就充分表现了他内心那种抑郁、孤独以及苦闷、彷徨、无助的情怀：

归来峰下霜如水。明月三千里。幽人独立瞰长淮。谁棹扁舟一叶，趁潮来。

洞庭湖上银涛观。忆我烟蓑伴。此身天地一浮萍。去国十年华发，欲星星。

王国维说，词有“有我之境”和“无我之境”之分，而“有我之境”又有“小我”与“大我”之别。如果说，王以宁的这首小词虽说表现的是“有我之境”，但显然书写的只是一个“小我”，那么，与这首《虞美人》同期作的《念奴娇·淮上雪》一词，则明显表现出了一种“大我”的形象：

天工何意，碎琼珰玉佩，书空千尺。箬笠蓑衫扁舟下，淮口烟林如织。飞观嶙峋，子亭突兀，影浸澄淮碧。纶巾鹤氅，是谁独笑携策。

遥想易水燕山，有人方醉赏，六花如席。云重天低酣歌罢，胆壮乾坤犹窄。射雉归来，铁鳞十万，踏碎千山白。紫箫声断，唤回春满南陌。

读此词，用王兆鹏先生在其《宋南渡词人群体研究》一书中的话说：“直让人感到一位顶天立地的男子汉旁若无人地屹立在当时词坛的绮罗丛里，是那样引人注目。”王以宁为人狂好英壮，洒脱不拘，他的词也写得气势磅礴，非常大气，然而，自古所谓“英雄气短，红颜薄命”，在这世上，越是品行高洁才华卓著的人越是容易遭人嫉妒、压制与暗算，从而越是容易命途多舛，发出怀才不遇的哀叹。

王以宁自然也不例外。

王以宁出生在湖南湘潭一个仕宦家庭，自幼深受湖楚文化的熏陶感染。湖湘大地，山川毓秀，人杰地灵。洞庭浩渺，气吞吴楚。特别是从小受到湖楚文化中“唯楚有才，于斯为盛”的那种大气与霸气的熏染，使他自觉不自觉地养成了一种“一览众山小”的胸襟与气度。对于自己的才能，王以宁一向自视甚高，在《满庭芳·重午登霞楼》一词中，他赞颂苏东坡，其实也是在赞颂自己：“千古黄州，雪堂奇胜，名与赤壁齐高。竹楼千字，笔势压江涛。笑问江头皓月，应曾照，今古英豪。”可是，他虽然有着“谈笑下燕云，看千里，风驱电扫”（《蓦山溪·游南山》）的志向与胆略，但正所谓“大鼎烹鸡，远器尚淹于小用”，这不能不使他满腔遗恨，无限悲哀！

如果说，在承平年间，自己怀才不遇，沉沦下僚，还可以归咎于时运不济的话，那么，在战乱年代，英雄无用，壮志难酬，则实在让人难以理解，无法心甘！

王以宁显然不是那种文弱书生，一介腐儒，史载，他“勇而有谋”，南渡初以知兵名世。靖康、建炎间，敢“冒矢石立功名”，曾“走鼎州乞师，躬率入援，解太原围”，深受当时抗战派主将李纲的赏识。而且，更富有传奇色彩的是，他曾“单骑入贼巢，羁政其酋”，“斗敌”生擒“番贼一百余人”，仅此可见他的胆识勇谋绝对非同小可，超乎常人。

可是，就是这样一个深入虎穴的“孤胆英雄”，一个古今罕见的“今古英豪”，在这国难当头、生灵涂炭的艰危时局，却“有奇才，无用处”，这又怎能不说是一种政治的“怪现状”？又怎能不使像他这样的英豪义愤填膺，痛苦满怀？所以，在《水调歌头·大别我知友》一词中，在依依惜别曾经与自己志同道合的战友时，面对纵横辽阔、莽莽苍苍的大别山，触景生情，诗人与战友一时都心潮澎湃，感从中来，情不自禁地“举杯一觞今古，叹息英雄骨冷，清泪不能收”！

与李纲一样，王以宁也有“清泪”，而这“清泪”，绝对不是那种儿女情长之泪，而分明是一种“英雄泪”，是南宋抗金英雄、爱国词人们“共同的眼泪”！

说来，真的是很有意思，南宋著名词人辛弃疾简直就像是得到了王以宁的衣钵真传，不仅词风深受王以宁的影响，可谓“青出于蓝而胜于蓝”，是南宋著名的豪放派词人，而且，在个人经历方面也有许多相似之处，与王以宁一样颇富传奇色彩。

辛弃疾生于宋高宗绍兴十年（1140 年），比王以宁小五十岁，出生于济南的一个仕宦之家。由于出生在被金人占领的“敌占区”，年仅二十二岁，他就聚众两千人，举起了抗金义旗。曾与他相识的济南僧人义端，在聚众千人起义后，经辛弃疾动员，一起投奔当时济南最大的一支起义军耿京的队伍当中。岂知花和尚义端贪生怕死，暗通金兵，有一天偷了耿京的帅印朝金兵的营寨连夜逃走。耿京大怒，拿辛弃疾问罪。辛弃疾又气又恨，当即向耿京立下了军令状：限期3天，不追回帅印，甘愿被处死！

于是，辛弃疾立即带了一哨人马疾追义端，追到金兵营寨，杀退金军猛将，生擒义端和尚，夺回帅印后手起刀落结果了义端的性命。

后来，在辛弃疾的劝说下，耿京“决策南向”，并与辛弃疾一起接受了赵构委任的官职，但没想到耿京军中出了叛徒，有个叫张安国的伙同邵进杀死耿京，投降了金人，被任为济州知州。获悉此事后，刚刚谒见完赵构正动身回去的辛弃疾非常震怒，毅然约统制王世隆等人率领五十余人的精兵小分队，长驱折返山东，实施了一场极为精彩的奇袭。是日月黑风高，辛弃疾从海州直向济州扑去，在五万敌军阵营中，出其不意地将张安国绑回南宋斩首。

这一年，辛弃疾才二十三岁！

据《宋史·辛弃疾传》记载，当时“安国方与金将酣饮，即众中缚之以归，金将追之不及。”这一传奇故事真的与当年王以宁“单骑入贼巢，羁政其酋”如出一辙。

辛弃疾的这一英雄行为，在当时引起了极大的轰动效应，与他同时代的洪迈在其《稼轩记》中谈及此事忍不住赞叹说：“齐虏巧负国，赤手领五十骑，缚取于五万众中，如挟毚兔，束马衔枚，间关西秦淮，至通昼夜不粒食。壮声英概，儒士为之兴起，圣天子一见三叹。”

后来，在回忆这段富有传奇色彩的往事时，辛弃疾写了一首脍炙人口的《鹧鸪天》，词的上阕是这样写的：

壮岁旌旗拥万夫，锦襜突骑渡江初。燕兵夜娖银胡䩮，汉箭朝飞金仆姑。

这场景，这气势，简直就像现代电影中刻意铺排渲染的战争镜头，真是令人叹为观止。

万敌丛中擒叛徒之后，辛弃疾因此名重一时，就连南宋最高统治者也大为惊异，称赏不已。可是，由于辛弃疾是从“敌占区”南来的，是所谓“归正人”，所以，尽管在当时他声名已显赫一时，却并没有得到南宋朝廷的信任。在渡淮南归后，小肚鸡肠的宋高宗立即剥夺了他统领的义军的兵权，只将他派到地方任小官，担任江阴军签判一职。

对这样的安排，性格豪放的辛弃疾起初似乎并不在意，所以在他到南宋任职的前一时期中，曾热情洋溢地写了不少有关抗金北伐的建议，像著名的《美芹十论》《九议》等，向刚刚即位的宋孝宗冷静客观地分析了宋金双方的形势，提出了周密详尽的抗金方略与克敌制胜的战略战术。而在这期间写的词，更是满怀信心与渴望，可谓斗志高昂，豪气干云，“袖里珍奇光五色，他年要补天西北。(《满江红·鹏翼垂空》)”“我最爱君中宵舞，道‘男儿到死心如铁’。看试手，补天裂。(《贺新郎·同父见和·再用韵答之》)”让人读来，眼前宛如真的矗立着一个高大的“女娲”!

然而，说来南宋小朝廷真的是非常窝囊，叫人郁闷：虽然，天塌一角，地陷一方，然而，自靖康之变后，从李纲，宗泽到韩世忠和岳飞，乃至于一直到“要补天西北”的辛弃疾，其实这片残存的国土上并不缺少“补天的女娲”，在一个迫切需要英雄的时代也真的产生了那么多的英雄，以及许多渴望成为英雄的人，可是，对于这些英雄，偏安于江南一隅的南宋小朝廷却一个都不欢迎，都不重用，赵构们所“欢迎”和“重用”的竟是像秦桧这样与金人私通的奸贼，竟是几百年后一个名叫卡尔·马克思的德国人所痛斥的那种“龟奴”，而南宋小朝廷本身就彻头彻尾是这样一个“龟奴的政府”!

显然，在这样一个“龟奴的政府”执政的时代，必然是一个小人得志好人遭殃的时代，必然是一个容不得奇男子伟丈夫大显身手的时代，因而，辛弃疾即便不是所谓的“归正人”，就他这样一个“少年横槊，气凭陵”(《念奴娇》)的英雄，在侏儒和小人扎堆的南宋小朝廷也断然看不惯他，容不得他。

如果说，刚开始，对南宋小朝廷的安排辛弃疾还不以为意，不太放在心上，曾经一度耽于自己的幻想，渴望“看试手，补天裂”，续写自己“想当年金戈铁马，气吞万里如虎”的英雄神话的话，然而，经不住现实的冷风苦雨的一再吹打，在不知不觉间，抑郁、不满与哀怨乃至愤怒的情绪开始像蚕丝一样一层层地萦绕在他的心头。

反映在他的词中，便是：“欲上高楼去避愁，愁还随我上高楼。经行几处江山改，多少亲朋尽白头！”（《鹧鸪天》）你看，忧愁像蚕儿一样咬啮他的心灵。“虎踞龙盘何处是？只有兴亡满目。”（《念奴娇·登建康赏心亭，呈史留守致道》）不满也开始在他的心中抽茧了。“落日楼头，断鸿声里，江南游子，把吴钩看了，栏杆拍遍，无人会，登临意。”（《水龙吟·登建康赏心亭》）而不被人理解的痛苦更是如影随形，不断地折磨着他。

当然，有时被痛苦缠磨不过，也禁不住耸耸肩，摇摇头，来点儿调侃和幽默：“乃翁依旧管些儿，管竹管山管水。”（《西江月·示儿曹以家事付之》）在痛苦时，他对儿子说：你看，你老爸我当年仿佛害了单相思似的，那么出生入死不顾一切“私奔”到江南，如今哪里遭到南宋小朝廷的遗弃？又哪里是英雄无用武之地？你看我如今“管竹管山管水”，不是权力很大，很被重用吗？这真是“辛弃疾似的幽默”，一种让人痛彻心扉百感交集的黑色幽默！

但即便是这样，他依然痴心不改，胸中恢复中原的万丈豪情与一团烈火依然未曾冷却，更没有熄灭，“补天”的雄心与幻想依然像金黄的野菊花那样执着盛开在似乎永远都是寒冷萧瑟秋天的南宋岁月里，渴望有一天“叠嶂西驰，万马回旋，众山欲东。”依然梦想着“似谢家子弟，衣冠磊落，相如庭户，车骑雍容。”（《沁园春·灵山齐菴赋》）“将军百战身名裂。向河梁，回头万里，故人长绝。易水萧萧西风冷，满座衣冠似雪。正壮士，悲歌未彻。”（《贺新郎》）依然以炽热的感情与崇高的理想拥抱人生，回报南宋，表现出了一种英雄的豪情与英雄的悲愤。纵然是到了生命的晚秋，也依然故我，可谓“烈士暮年，壮心不已”，发出了令人振聋发聩的“千古一问”——“凭谁问：廉颇老矣，尚能饭否？”（《永遇乐·京口北固亭怀古》）

但诗人虽然执着，虽然痴情，却并不糊涂，并不迂腐，何况英雄也总有梦醒时分。

辛弃疾不是传统意义上的文人。他的好友、南宋著名词人陈亮说他如“真虎”，而姜夔则说他是“前身诸葛”。他是个有英雄才略的人物，对于自己所遭遇到的一切，他不仅“知其然”，而且“知其所以然”。因为深知自己“刚拙自信，年来不为众人所容”（《论盗贼札子》），所以他很早就意识到自己可能仕途不畅，在心中做好了归隐的准备，并在江西上饶的带湖畔修建了园榭，以便离职后定居。果然，淳熙八年（1181年）冬，辛弃疾四十二岁时，因受到弹劾而被免职，归居上饶。此后二十年间，他除了有两年一度出任福建提点刑狱和福建安抚使外，大部分时间都在乡间如隐士般闲居。

与中国大多数传统知识分子一样，在早年，他的思想明显受到儒家入世思想的影响，积极进取，刚健有为，而到了归隐时代，那种道家的消极出世思想竟然也时不时地笼罩在了他的生命的天空。

不妨先看他的《新荷叶·和赵德庄韵》一词：

人已归来，杜鹃欲劝谁归？绿树如云，等闲借与莺飞。兔葵燕麦，问刘郎、几度沾衣？翠屏幽梦，觉来水绕山围。

有酒重携，小园随意芳菲。往日繁华，而今物是人非。春风半面，记当年、初识崔徽。南云雁少，锦书无个因依。

再看他的《西江月·夜行黄沙道中》一词：

明月别枝惊鹊，清风半夜鸣蝉。稻花香里说丰年，听取蛙声一片。

七八个星天外，两三点雨山前。旧时茅店社林边，路转溪桥忽见。

如果说，在《新荷叶·和赵德庄韵》词中，为了忘却旧日的烦恼，诗人似乎尽管竭力要把自己沉浸到这一片“绿树如云”“随意芳菲”的美丽山水之间，但却还是或多或少露出了一点往昔“痛苦的尾巴”的话，而在《西江月·夜行黄沙道中》等一些词中，诗人好像已经完全超然物外，淡出红尘，似乎已经完全成为陶渊明式的只在意山水与农事的田园诗人了。

然而，作为一个热血男儿、一个风云人物，在正是大有作为的壮年被迫出局，离开政治舞台，这使他委实痛苦万分，虽然在白天、在表面上尽情赏玩着山水田园风光和其中的恬静之趣，说一些“我见青山多妩媚，料青山见我应如是”（《贺新郎》）之类可为天人合一、物我两忘的话语，似乎在大自然中已完全找到了寄托，但在夜半时分，在灯火阑珊处，其内心深处又常常翻涌起情感的波澜，情到深处，以致常常“追亡事、今不见，但山川满目泪沾衣”，（《木兰花慢·席上呈张仲固帅》）“滴罗襟点点，泪珠盈掬。”（《满江红》）

楚天千里清秋，水随天去秋无际。遥岑远目，献愁供恨，玉簪螺髻。落日楼头，断鸿声里，江南游子。把吴钩看了，栏杆拍遍，无人会、登临意。

休说鲈鱼堪脍，尽西风，季鹰归未？求田问舍，怕应羞见，刘郎才气。可惜流年，忧愁风雨，树犹如此！倩何人、唤取红巾翠袖，揾英雄泪！

这首《水龙吟·登建康赏心亭》正是他英雄无用、报国无门而内心苦闷不堪的真实写照。处在一个山河破碎的时代，伴随着飞逝而去的年华，在举杯邀月中回首往事，感叹自己壮志未酬却“可怜白发生”（《破阵子·为陈同甫赋壮词以寄之》），满腹辛酸，无限哀愁，让诗人情不自禁地流下了英雄泪。

与李纲、岳飞一样，这又是英雄的“清泪”！在一个小人泛滥、鼠窃狗偷盛行的年代，在一个严重缺乏阳刚之气和尚武精神的懦弱王朝，英雄们空有满腔抱负和胆略，像辛弃疾这样的“真虎”，除了老死田园，在无可奈何中“却将万字平戎策，换得东家种树书”（《鹧鸪天》），此外，便只好也只有“揾英雄泪”了。

辛弃疾是个非常有情有义的人，他与同时代的另两位名人陈亮与朱熹关系密切，私交甚厚。他的那首著名的壮词“醉里挑灯看剑”（《破阵子·为陈同甫赋壮词以寄之》）就是为他的好友、著名的南宋抗金诗人陈亮写的。而且，他与陈亮的第二次鹅湖之会也为文坛留下了一段千古佳话。

朱熹逝世之前，理学以及他本人受到迫害，朝中官吏害怕惹祸，都不与朱熹交往。朱熹死时，朝廷禁止为他吊孝。但辛弃疾却无所顾忌，毅然前往福建吊祭，在悼念朱熹的祭文中，他沉痛地写道：“所不朽者，垂万世名；孰谓公死，凛凛欲生！”这话，既可以说是对好友朱熹一生的高度评价，“盖棺论定”，倘若用来评价他自己，也完全可以说是恰如其分，再中肯不过。

的确，正像当年大诗人杜甫称颂李白所说的那样：“尔曹身与名俱灭，不废江河万古流。”多少年后，那些宵小之徒，贪渎之辈，一辈子活得势利、活得精明、活得虚伪、活得奸诈的市侩小人在这世上早已销声匿迹，不为人知，而他，这个以武出名、以文耀世的真英雄、伟男子，至今依旧光耀史册，彪炳千秋。

开禧三年（1207 年）秋，在遭受一连串的打击早已心力交瘁的辛弃疾忽然病重，卧床不起，这年农历九月初十，爱国词人辛弃疾带着忧愤的心情和没有实现的遗愿离开了人世。

中原北望，乡关何处？成了他心头永远的伤痛。

据说，获悉辛弃疾的死讯后，当时另一位大诗人陆游异常悲痛，含泪吟出了“君看幼安气如虎，一病遽已归荒墟”（《寄赵昌甫》）的诗句，对这位抗金志士、爱国诗人的不幸谢世，表示了沉痛的哀悼。

陆游的遗嘱

说到陆游，我们显然并不陌生，记得还在上小学的时候，我就读到他的“楼船夜雪瓜洲渡，铁马秋风大散关”这样的名句，当然，一个小孩子要弄懂他的那首含义深刻的诗是颇困难的，即便是这两句诗，小时糊涂长大也并不聪明的我当时也不甚了了，只是在头脑中形成了这样一个印象，记住了几个关键词：陆游，南宋时期人，著名的爱国诗人。

关于陆游，有很多的故事值得一说。譬如说，他与唐婉的爱情纠葛就很哀感顽艳，凄恻动人，无论是情节还是故事所蕴含的悲剧意味，都绝对不比《孔雀东南飞》中所描述的焦仲卿与刘兰芝的爱情故事以及传说中的梁山伯与祝英台的爱情故事逊色。

唐婉是陆游母亲的侄女，陆游与唐婉应该是表兄妹的关系，如果是在现代，像他俩这种血缘关系是不适宜结婚的。可在当时的人看来，表哥与表妹，从小青梅竹马，两小无猜，结成连理，亲上加亲，是再好不过的。

陆游大约是二十岁与唐婉结婚的，可是想不到没过多久这桩婚事便发生了严重的危机。而危机的制造者竟是他的母亲。据《齐东野语》记载，婚后，陆游与唐婉两情相悦，可谓琴瑟和鸣，如胶似漆。也许是天生丽质又是文学青年的唐婉不太会做针线女红，也不太会服侍孝敬公婆，只会与自己的丈夫卿卿我我、谈诗论文吧，陆母对这位新媳妇、自己的亲侄女很不满意，硬是逼自己的儿子休妻，活活将一对有情人给彻底拆散了。不久，陆游另娶了一位四川的王姓女子，而唐婉也改嫁了皇室贵族、江南名士赵士程。一对有情人从此劳燕分飞，天各一方。

说来，事情真如戏剧般的极具巧合，多年后的一个春天，陆游独自到绍兴的沈园游玩，没想到竟邂逅了也来游园的唐婉和赵士程。一对有情人不期而然地猛一碰面，往日伤疤突被揭开，俩人都不胜哀伤与尴尬，于是都假装视而不见，打算擦肩而过。

这种时候，还是赵士程表现得极为镇静，也表现得极为大度，见此情景，他微微一笑，很是善解人意地劝唐婉道："去见一见吧！与其闷在心里难受，不如好好聚一聚、谈一谈！"然后，自己一个人转身走了。

回首往事，唐婉潸然泪下，良久良久，才以锦帕拭去泪水，带了一个丫鬟、一壶美酒，走向陆游，淡淡问候几句，亲手敬上一杯酒。

乍一见到分手后自己经常朝思暮想的往日情人，又见唐婉憔悴、悲戚不堪，刹那之间，痛心、怜惜、悔恨、失望之情，一起涌上陆游心头，犹如万箭穿心。由于过于激动，原本不胜酒力的他将酒一饮而尽，含悲忍泪，在沈园壁上急促地题了一首《钗头凤》：

红酥手，黄縢酒，满城春色宫墙柳。东风恶，欢情薄，一怀愁绪，几年离索。错！错！错！

春如旧，人空瘦，泪痕红邑鲛绡透。桃花落，闲池阁，山盟虽在，锦书难托。莫！莫！莫！

也许是生怕自己情感无法自控，陆游写罢，长啸一声，然后掉头而去，竟然不敢再看唐婉一眼。

唐婉先是痴痴地站着，看着陆游题在墙壁上的词，不禁百感交集，无限伤悲，待陆游的身影渐渐消失，便再也忍受不住，背转过身抽泣起来，然后，泪流满面地走到墙边，在陆游那首词旁边，和了一首《钗头凤》：

世情薄，人情恶，雨送黄昏花易落。晚风干，泪痕残，欲传心事，独倚斜栏。难！难！难！

人成各，今非昨，病魂常似秋千索。角声寒，夜阑珊，怕人询问，咽泪装欢。瞒！瞒！瞒！

写毕，唐婉也掩面而去，不久就卧床不起，“怏怏而卒”。

仅此可见，这魂断沈园的不幸爱情在陆游的心中留下了永久的伤痕，以致天长地久，至死不忘。

陆游的爱情之路走得非常不顺，在仕途上，没想到也走得磕磕绊绊。

那是绍兴二十三年（1153年），二十八岁的陆游从家乡绍兴来到杭州参加“锁厅试”。按宋代规定，凡现任官应试进士，称为“锁厅试”。由于陆游其时已荫补为登仕郎，所以参加“锁厅试”，若通过这场省试，第二年就可参加殿试了。

本来，以陆游的满腹经纶，才惊四座，考个头名状元几无悬念，可是，就因为秦桧的介入，事情变得极为复杂起来。

原来，秦桧的孙子秦埙这年也来参加考试。为了让自己的孙子稳获第一，秦桧事先早做好工作，与众考官都打了招呼，关节都疏通好了，用现在的话说就是，通过“暗箱操作”，科举考试的第一名事实上在考试前就已“内定”了。

作为主考官，对于秦桧的领导意图，陈之茂当然比其他“评委”更清楚，照理，对官场的潜规则应该更了解，可是，不知道究竟是他老兄太书生气了，还是身为一名学者型领导太爱才了，反正，在阅卷时，老先生看了陆游的文章大为称赏，觉得陆游“太有才了”！于是一激动，硬是拧着脖子将陆游判为“锁厅试”第一名，而将秦埙取为第二名。

就秦埙这水平，能“开后门”照顾个“第二名”，若是一般人，早已喜出望外，感激不尽了，可是，秦埙是什么人？人家是炙手可热的当朝宰相秦桧的孙子，所以，结果一出来，秦桧非常恼火，于是，他寻了个“莫须有”的罪名硬是将主考官陈之茂给狠狠修理了一下。

等到第二轮殿试时，秦桧这回不敢大意了，除了将考官全部安排成自己的亲信，对陆游也特殊“照顾”，实行重点“盯防”，结果，秦桧在陆游考卷上找到“收复国土”几个白纸黑字，说他破坏和议，就这样，陆游第一次因“爱国罪”被取消了殿试录取资格。

想想真是荒唐至极。“爱国”竟然也有罪过？仅此可见，这实在是一个荒诞的时代！

因“爱国罪”而名落孙山，断了仕途，直到绍兴二十八年（1158年），待秦桧死后，经朋友推荐，陆游才出任福州宁德县主簿，当了一个比七品芝麻官还要小的小官。

但这丝毫也不影响他写诗，更不影响他爱国。陆游是个有着强烈的爱国思想的人。

靖康之耻后，在爱国主义的感召下，一大批诗人自发地加入爱国诗歌大合唱的队伍中来。在这群人当中，有李清照、李纲、岳飞、王以宁、辛弃疾，还有像张元干、张孝祥、胡铨、杨万里、范成大，等等。这些人，无论哪一个，也无论在当时还是后世，都可谓大名鼎鼎，令闻广誉，让人惊奇于在那样一个血雨腥风的年代，竟然会涌现出那么多优秀的爱国诗人，他们个个激昂慷慨，人人星光四射，在那黑暗的岁月里，共同组成了一道独特的“南宋爱国诗人风景线”。

显然，陆游便是这道“南宋爱国诗人风景线”最为引人注目的亮点之一。

清代赵翼在其《瓯北诗话》中称陆游的作品“言恢复者十之五六”，意思是说陆游的诗，十之五、六是言抗金的，是表达诗人爱国之志的。

陆游出生在父亲赴京上任的路上，一叶风雨交迫的小舟中，那是北宋宣和七年（1125 年）十月十七日。两年后，在他还牙牙学语时，就发生了那场突如其来的靖康之变。因为躲避战乱，才蹒跚学步的他便不得不“扶床踉蹡出京华”，跟着家人一起逃难。也许正是由于受“儿时万死避胡兵”的痛苦经历的影响，陆游从小就对金人入侵切齿愤恨，在幼小的心田过早地播下了爱国主义的种子。

说来，时代对一个人的影响实在是太大了！由于生于战乱，陆游儿时的理想竟是“上马击狂胡，下马草军书”（《观大散关图有感》），为此，他苦读兵书，刻苦习武，“孤灯耿霜夕，穷山读兵书，平生万里心，执戈王前驱，战死士所有，耻复守妻孥。”（《夜读兵书》）一心渴望驰骋沙场，杀敌报国，直至为国捐躯也在所不辞。

然而，由于高宗南渡后只知道一味逃跑避敌，一旦站稳脚跟可以苟安做儿皇帝，就偷安畏死，公然违背民意禁止抗战，并对抗战者施以残酷的迫害和打击，因而，自靖康之难以后，宋朝就始终处于被动挨打任人宰割的屈辱地位而无力摆脱，实际上，宋统治者确乎也压根不想摆脱这种挨打。所以，像当时的许多抗金志士一样，尽管他“少年志欲扫胡尘”（《书叹》），“手枭逆贼清旧京”（《长歌行》），但却“报国欲死无战场”（《陇头水》）。

对此，陆游极为不满，深表愤怒，“战马死槽枥，公卿守和约，穷边指淮淝，异域视京雒。（《醉歌》）”他斥责投降派出卖了祖国的大好河山，控诉投降派排斥抗战将领、贻误国事的罪恶勾当。

绍兴十二年（1142 年），发生了一件令陆游刻骨铭心的大事：岳飞被皇帝赵构赐死，岳云、张宪被斩首于市！

临安发生的旷世悲剧，当天就传到山阴（今绍兴）。

当听到这一噩耗时，时年还只有 17 岁的陆游顿时感到天旋地转，痛苦万分，以致很长时间都说不出话，哭不出声。

岳飞是少年陆游心目中的英雄，他当时怎么也想不通，为什么像岳飞这样一个精忠报国的臣子，百战百胜让金兵闻风丧胆的将军，竟然死在高宗手里。

对于这桩千古冤案，陆游始终耿耿于怀，以致多年后他还愤愤不平，犹如骨鲠在喉，不吐不快：“公卿有党排宗泽，帷幄无人用岳飞。遗老不应知此恨，亦逢汉节解沾衣”（《夜读有感》）。在诗中，依然怒不可遏，对宗泽、岳飞的不幸遭遇深表同情，而对只顾“谋身”、不惜误国的权奸表示了极大的愤慨与强烈的谴责。

绍兴三十二年（1162 年）六月，赵构退居德寿宫，其养子赵昚即位，是谓宋孝宗。应该说，孝宗皇帝是南宋皇帝中最好的一任皇帝。即位伊始，血气方刚的他便为抗金英雄岳飞平反，同时起用主战派老将张浚为江淮宣抚使，意在筹划北伐而委以重任。

陆游当时三十八岁，正赋闲在家，经人推荐，被宋孝宗赐为进士出身，并提拔为编类圣听所检讨官。因他与张浚门人王大川、王十朋等支持北伐，得到张浚的重视，故张浚常常请陆游去“都堂”起草机要文书。可是，好景不长，隆兴元年（1163 年），陆游因参与反对两个受孝宗恩宠而专横弄权的奸佞小人，惹恼了赵昚，被调任镇江通判，而当时的镇江通判还未卸任，故他只好先回故乡山阴等候。直到隆兴二年二月，陆游才到镇江任职。

不久，张浚伐金，因手下将领内讧，兵败于符离（今安徽宿州），很快被贬。就在这年的八月，一代抗金名将张浚，满怀着屈辱与疲惫，迎着萧瑟秋风踉跄回老家，死在途中。

噩耗传来，陆游异常悲痛，在一首悼念张浚的诗中他愤然写道："张公遂如此，海内共悲辛。逆虏犹遗种，皇天夺老臣……"可是，还没等他悲痛过来，主和派就对他下手了，这些自己不去抗战也害怕别人抗战的权奸即便是对陆游这样一个"小人物"也看不顺眼，绝不放过，硬是以"交结台谏，鼓唱是非，力说张浚用兵"的罪名，将他罢归山阴。

这，应该说是陆游第二次因"爱国"被贬。

都说"无官一身轻"，可是，陆游在家乡赋闲的日子里，却怎么也轻松不起来，山阴虽好，物华天宝，可他却始终感到忧心如焚，度日如年："恩许还山已六年，誓凭耕稼饯华颠。养心虽若冰将释，忧国犹虞火未然。(《忧国》)"一颗忧国忧民的心始终无法安顿下来。

乾道八年（1172 年）三月，四十八岁的陆游应四川宣抚使王炎之召，赴南郑（今汉中市）任四川宣抚使司干办公事兼检法官，与王炎积极筹划抗金。一开始，陆游喜出望外，踌躇满志，原以为，这次，自己多年来梦寐以求的征战疆场杀敌立功的愿望就要实现了！可是，哪里知道，又是好景不长，昙花一现，还只不到一年，由于朝中主和派施展阴谋，当年十月，王炎就被召回临安，随即贬官。而陆游则调任成都府路安抚司参议官，成了一个不咸不淡的闲官。

陆游的梦幻又一次破灭！

在这大半年中，他曾在南郑和抗金前线之间不断往返，先后巡视过两当县、凤县、黄花驿、金牛驿、大散关等地，并参与渭水强渡及大散关遭遇战。尽管在这里，环境是恶劣的，生活是艰苦的，生命中还时时潜伏着危险，但他的内心却是喜悦的，充满着必胜的信心和乐观的豪情。

初来汉中时，陆游对取得抗金胜利的信心是很大的。他在《和高子长参议道中二绝》中，勉励对方"莫作世间儿女态，明年万里驻安西。"在《金牛道中遇寒食》中，他借绍兴三年金兵败走金牛道之事，发出"谁知此日金牛道，非复当时铁马声"的感慨，表达了诗人渴望再次取得像当年和尚原之战一样的抗金胜利的强烈愿望与必胜信念。

而在这期间，他写的那首著名的《秋波媚》（七月十六日晚登高兴亭望长安南山）词就更是豪情万丈，满含期待，充满着浪漫主义情调：

秋到边城角声哀，烽火照高台。悲歌击筑，凭高酹酒，此兴悠哉！
多情谁似南山月，特地暮云开。灞桥烟柳，曲江池馆，应待人来。

这首词是作者乾道八年（1172 年）秋天在南郑即兴抒怀的一首力作，情调特别昂扬。秋到边城，“悲歌击筑，凭高酹酒，”虽然那悠悠的角声在秋天的寒风中显得有些凄凉，但在诗人看来，这却不是什么忧郁哀愁的曲调，而是慷慨悲壮的旋律。在这秋天的夜晚，连南山月也显得格外多情，它冲破层层“暮云”悬挂在天空，照耀着千里之外的“灞桥烟柳，曲江池馆”，此时此刻，那美丽的长安，那沦陷多年的中原故土，无数的烟柳似乎都在迎风摇摆，无数的亭台楼馆似乎都一齐敞开大门，期待着南宋军队早日归来，收复关中。全词感情真挚，意境悠远，始终洋溢着乐观气氛和胜利在望的情绪。

可是，只过了月余，政治形势变了，诗人的情绪也晴转多云，一下子变了。

且看这首《清商怨·葭盟驿作》词：

江头日暮痛饮，乍雪寒犹凛。山驿凄凉，灯昏人独寝。
鸳机新寄断锦。叹往事、不堪重省。梦破南楼，绿云堆一枕。

这首词，表面上似乎是一首“爱情诗”，但其实是他于乾道八年冬天经过葭盟驿时有感于时势而作的。当时，陆游非常痛苦也非常困惑，他不理解王炎正积极准备收复长安，为什么朝廷要将他突然调回临安？就像一锅水，正烧得快要开时，为什么又突然不烧了呢？

王炎走后，整个宣抚司的人员一下子都树倒猢狲散了，也许别人倒没什么，但对于陆游来说，却觉得特别受不了，从南郑退却，途经葭盟驿，晚上在山驿住宿，回首往事，痛苦不堪，想到自己夙愿又一次“梦破”，男儿之泪禁不住滴落到枕头上。

在这之后，陆游始终不能释怀，写了许多诗词，“悲歌流涕”地一再述说他对退出南郑、放弃收复失地的不解与痛苦。“……梁州在何处，飞蓬起孤垒。……今朝忽梦破，跋马临漾水。此生均是客，处处皆可死……”（《自兴元赴官成都》）虽然离开南郑已有很长时间，却仍然念念不忘南郑抗金生涯，久久沉湎于“梦破”后的悲伤失望心情而不能自拔。

“怎么会是这样呢？‘公卿有党排宗泽，帷幄无人用岳飞。’——怎么总是这样呢?”夜深人静的时候，他常常这样痛苦满怀地思考，百思而不解。也确实，南宋的历史，有很多地方，很多细节，别说后代人“读不懂”，搞不清，就是像陆游这样的“当代人”也感到大惑不解，莫名其妙。

如果说，在南郑期间，陆游好歹也算像那么回事地上了一回战场，可是，一别南郑，他从此与战场算是彻底诀别了，就像他与自己一生挚爱的唐婉，虽有过短暂的情缘，然一旦分手，便再也不能走到一起，只留下无边无际的思念、悔恨与感叹！

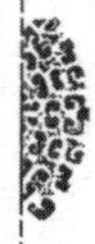

诚如大家所知，南渡后的李清照因为国破家亡，经常沉湎于酒、借酒消愁，在她的词中便经常出现“酒”这一意象，而被迫离开南郑抗金战场的陆游因经常沉浸在“梦”与回忆之中，在他的诗歌中则经常出现的一个意象便是“梦”：“雪晓清笳乱起，梦游处、不知何地？铁骑无声望似水。想关河，雁门西，青海际。”（《夜游宫·记梦》）“当年万里觅封侯，匹马戍梁州。关河梦断何处，尘暗旧貂裘。胡未灭，鬓先秋，泪空流。此生谁料，心在天山，身老沧州。”（《诉衷情》）

人到老年很喜欢回忆过去，如辛弃疾晚年就很喜欢回忆他“想当年金戈铁马，气吞万里如虎”的英雄时代，陆游的性格显然不像辛弃疾那样雄健，豪迈，他的回忆自然也不像辛弃疾那样豪放、洒脱，他总是喜欢一个人舔着伤口，默默地反刍，默默地感喟，如那首著名的《十一月四日风雨大作》：“僵卧孤村不自哀，尚思为国戍轮台。夜阑卧听风吹雨，铁马冰河入梦来。”还有像“老病虽惫甚，壮气颇有余，长缨果可请，上马不踌躇!”（《诗稿》卷二十）虽然年老力衰，“僵卧孤村”，但仍念念不忘捍卫祖国，收复失地，诗人感情之热烈，意志之坚强，愿望之强烈，委实令人感佩之至。

陆游是个痴情的人，无论是对于唐婉还是对于抗金的战场，这以后，他都是永远的怀念，可谓“虽不能至，心向往之”。他这辈子，官做得不好，离开南郑后，直到85岁去世，先后做过成都府路安抚司参议官，蜀州通判，摄知嘉州，知叙州事，权知严州军州事等职，而且时断时续，做做停停，但无论为官为民，用他自己的话说就是，他都“位卑未敢忘忧国”（《病起书怀》），那种为国报仇雪恨收复故土失地的心愿都始终执着而又强烈。

陆游一生为情所困，可以说，对唐婉的爱与对祖国的爱是他生命中执着歌唱的两大主题，也是他心中永远的痛。以致到死他都难以忘情，无法释怀。

据说，在陆游去世的前一年，即他八十五岁那年，还念念不忘与唐婉当年邂逅的沈园，作了《春游》诗三首，其中有一首是这样写的：

沈家园里花如锦，半是当年识放翁。
也信美人终作土，不堪幽梦太匆匆。

真是“人间信有白头痴”，到死，陆游也不忘旧情，在心中仍记着“昨夜星辰”，常记着他与唐婉的那份情，那份爱！

而同样不能忘怀的还有他对祖国的爱，说来真是生命不能承受爱国之重，在弥留之际，陆游还是念念不忘祖国的统一，写下了那首千古传诵的《示儿》：

死去元知万事空，但悲不见九州同。
王师北定中原日，家祭无忘告乃翁！

最后的挽歌

如果说，宋朝的武将，十之八九结局都很悲惨，而文天祥的结局则无疑应该说是悲壮。

文天祥出生在吉州庐陵（今江西吉安）一个书香门第，那是1236年，也即南宋理宗端平三年。当时，北方的蒙古军队已在两年前一举灭掉了金国。就在南宋小朝廷为自己的“联盟灭金”战略所取得的历史性的胜利大为得意、欢呼、庆祝的时候，没承想，几乎又像当年宋徽宗“联金灭辽”似的，那颇具讽刺意味的相同一幕又出现了，让南宋小朝廷的权贵大佬事先没想到的是，灭金还不到一年，原来刚刚还是“盟友”的蒙古国忽然对自己动起手来。

当蒙古军队的铁骑分三路在四川、襄汉、江淮等纵横几千里的战线上朝南宋杀来，令人读不懂也想不通的是，大敌当前，刚刚趁奸相史弥远新死收回权柄实行“亲政”的宋理宗竟然不动员抗战，反而在这种时候搞什么“端平更化”，在尊崇道学的同时，又大批特批王安石，花了将近三十年的时间高喊“正心诚意，克己复礼”，大搞思想运动，结果，在大敌当前、国家危在旦夕的情势下，竟然白白坐失了许多救国良机。

仅此可见，宋理宗君臣是多么昏庸迂腐，国家掌控在这些猪脑壳手里，要不亡国才真是咄咄怪事。

所以，文天祥一出生，就别无选择地处在了南宋政府极度腐败、内忧外患空前严重的重大历史关口。

文天祥的父亲文仪以读书勤敏、学识渊博闻名乡里，但却不喜欢做官，只愿在家乡以教书为乐。有这样一个严父加严师，因而，文天祥从小就受到了严格而良好的教育。在父亲的言传身教下，他不仅学会了怎样读书，而且学会了怎样做人。

据《宋史·文天祥传》记载，文天祥长得“体貌丰伟，美皙如玉，秀眉而长目，顾盼烨然”，是个美男子。二十岁那年，到临安参加进士考试，对策集英殿，以“法天不息”为题，洋洋万言，一挥而就。主考官王应麟奇其才，向宋理宗奏道：“是卷古谊若龟鉴，忠肝如铁石，臣敢为得人贺。”在这篇《御试策》中，文天祥切陈时弊，毫无顾忌，上自皇帝，下自污吏贪官，无不在指斥之列。自然，文天祥绝对不会一“骂”了之，在痛斥了一番时弊之后，他笔锋一转，殷切希望理宗能够彻底改变因在位日久而理政浸怠的现状，“法天不息”，励精图治。

因为主考官王应麟的极力推荐，文天祥有幸被宋理宗钦点为第一，成为御题状元。文天祥原字履善，据说，由于宋理宗在钦点其为状元时，叹其名佳，欣然道：“天之祥，乃宋之瑞也”，故而文天祥又字宋瑞。

可是，极具悲剧意味的是，无论对于文天祥，还是对于南宋，其结果都是既不“天祥”，也不“宋瑞”。

那年，蒙古大汗蒙哥率军侵入四川，忽必烈领兵直逼鄂州，南宋局势更加恶化。南宋权奸贾似道以枢密使为京西、湖南北、四川宣抚大使，慑于敌军威势，不去阻止抵抗，只一味告急。一时间京师汹汹，人心惶惶，朝廷震恐。这种时候，理宗的贴身内侍、宦官董宋臣主张迁都逃跑，对此，才刚刚进入仕途的文天祥愤然上书，指出迁都的办法是小人误国误民的错误建议，认为董宋臣此人恶贯满盈，应斩首示众以稳定民心。同时他还建议改革朝政、扩充军队、连接州县、联合抗敌的应急措施，可是，朝廷根本不予理睬。血气方刚的文天祥不满朝廷的黑暗与懦弱，便弃官回乡。后来，他受命为皇帝起草诏书，因在文稿中“裁之以公义”，对误国害民的奸相贾似道言多讥刺，贾似道怀恨在心，指使台官诬告，迫其致仕。他便又第二次愤然回到故乡。

由此可见，如果不是生于乱世，而在太平年间，像文天祥这样疾恶如仇、刚直不阿、有真性情的人，几乎很难能在尔虞我诈污秽不堪的封建官场存身立足。

所以，后来文天祥能够一路青云直上，而且，在一天之内，上午先被任命为枢密使，竟然在中午又被任命为右宰相兼枢密使，军政最高权力全部握在了他一人手里，实在不是他有什么升官秘诀，而完全是时势使然。南宋末日来临，已将覆亡之时，宰相投降的投降（留梦炎），逃跑的逃跑（陈宜中），他才会破天荒地有此官运。

平心而论，文天祥不是军事家。这位宋理宗宝祐四年的状元，其实只是个文科状元，不过是一介文弱的书生。可是，时代却阴错阳差地把他推到了武将的行列。这不仅是文天祥个人的悲剧，显然更是南宋整个国家的悲剧。

投笔从戎，文天祥的第一次“登场”应该是在宋恭帝德佑元年（1275 年）。这年的正月，因元军大举进攻，宋军的长江防线全线崩溃。大难来临，皇太后谢道清下《哀痛诏》让各地组织兵马勤王。当时，宋理宗已死，继位的小皇帝还只是个几岁的小孩子，国家权柄实际掌握在皇太后谢道清手里。若在平时，甭说皇太后下诏，就是使个眼色，满朝文武中也会有许多马屁精争先恐后地拥护和响应，可是，眼看国将不国，稍微精明点的官员都在打自己的小算盘，想着自己的后路，这种时候，谁还把皇太后的诏书太当回事？所以，诏书下了很多天，临近京城的地方官员都按兵不动，不作回应。

此时，文天祥正在江西赣州任知府。接到勤王诏书后，别人都装聋作哑，只有文天祥“傻乎乎”的，第一个响应，不仅在江西迅速举起了勤王的义旗，组建了一支万余人的义军，开赴临安，而且还无偿捐献出祖辈留下的一点房产和田地充作军费。

且看他的这首题为《颜杲卿》的诗：

常山义旗奋，范阳哽喉咽。胡雏一狼狈，六飞入西川。
哥舒降且拜，公舌膏戈鋋。人世谁不死，公死千万年。

诗歌表达了自己对唐代英雄颜杲卿的无限爱戴与敬仰之情，同时，也抒发了他的豪情壮志，凸显了诗人的价值观与生死观。

也就是从这时候开始，文天祥在几乎毫无铺垫、毫无准备的情况下完成了由一名文臣向一名武将的转变。从事后看，这种转变纯粹是形式上的，而实际上，实事求是地说，尽管他从此高举起了义旗，义无反顾地走上了抗元斗争的前线，但自始至终，他都只是一个地地道道的文人，并不具备一名高级将帅所应具有的谋略与才干。在军事才能方面，甭说他与岳飞无法比较，即使是和李纲相比，也明显不在一个重量级上。

“疾风知劲草，板荡识诚臣。”文天祥的可贵之处显然在于他的气节，而并不在于他的才干。

高举义旗，闪亮登场后，宋朝朝廷委任文天祥知平江府，命令他发兵援救常州，旋即又命令他驰援独松关。可是，几次仗打下来，事实证明，秀才遇到兵，文天祥根本就不是元军的对手。说也难怪，文天祥本就不晓军事，文弱书生一个，因而，文天祥的失败也就在所难免，毫不足怪。

德佑二年正月，元军占领了离临安仅三十多里的皋亭山，逼迫南宋政府谈判。左丞相留梦炎已经投降元军，因不敢出使元营的右丞相陈宜中也已连夜潜逃。在这种时刻，文天祥的“官运”来了，他先是早晨被任命为枢密使，到了中午，又被授予右丞相兼枢密使之职。而陈宜中不敢履行的去元营谈判使命也自然由他去完成。

在与元军主帅伯颜谈判时，文天祥大义凛然，毫不示弱。他自称“大宋状元宰相”，使敌“大酋为之辞屈而不敢怒，诸酋相顾动色，称为丈夫。”打仗不是文天祥的强项，只有在这种时候，才会凸显出他的超乎常人的英雄本色。

这之后，文天祥受到了元人的“特别照顾”，与文天祥一起去元营的谈判代表都被遣返回宋，而他却被扣留了下来。直到几个月后，在被押解北上的途中，一天夜间，趁看守元军疏于防备之时，他与一行 12

人成功逃脱，这应该说是文天祥的第一次被俘。而在这时候，南宋恭帝以及皇太后谢道清率百官降元已近一月。南宋实际上已经灭亡了。

从元营逃脱后，虽然遭受了许多磨难，但文天祥却“臣心一片磁针石，不指南方不肯休”（《扬子江》），始终不屈不挠地坚持抗元斗争，直到两年后即景炎三年（1278 年）第二次被俘为止，这期间，他多次发动并领导了南宋遗民与元军展开了最后的殊死搏斗。虽然，到了这种地步，战争的结局已经无关宏旨，完全只是个仪式问题了。

可是，元兴宋亡已是大势所趋，朝代的更替已经不以人的意志为转移，这种时候，别说是文天祥，就是岳飞再生，也已经回天乏术，丝毫不能阻挡元军奔驰南来的铁骑。所以，面对元军所到之处生灵涂炭，尸横遍野，诗人也只能“江流千古英雄恨，兰作行舟柳作樊”[《和中斋韵(过吉作)》]，也只好感叹“江山有恨销人骨，风雨无情断客魂。”（《和中斋韵》）。

然而，文天祥之所以能成为文天祥，就在于他虽然没有回天之力，但却有着壮士之志，英雄之气，而这种壮士之志和英雄之气在他第二次被俘后表现得是那样淋漓尽致，生动感人，简直可以说是完美无缺。

的确，宋末元初，在中国，似乎好像只有他一个人在偌大的历史舞台上尽情表演，无论是元朝的统治者还是南宋的投降者，到了最后，似乎都瞪大了眼睛无可奈何地看着狱中的他在表演一个人臣的忠义，一个人臣的名节，一个英雄的伟大，一个英雄的崇高！

而在他表演“一个囚徒的伟大”时，在他的耳边，不，应该说是在整个中原大地上，都在袅袅不绝地回荡着他那首著名的诗《过零丁洋》一咏三叹的悲怆的旋律：

辛苦遭逢起一经，干戈寥落四周星。
山河破碎风飘絮，身世浮沉雨打萍。
惶恐滩头说惶恐，零丁洋里叹零丁。
人生自古谁无死，留取丹心照汗青。

歌声如怨如慕，如泣如诉，到最后，不仅把他的敌人感动了，为他的气节所折服，同时，也把那些屈节降元的叛徒给羞得无地自容。

史载，在文天祥第二次被俘后，由于急需治国人才，元统治者包括忽必烈都想说服这位“南宋状元宰相”归降。为了在元人面前立功表现，宋朝数位宰执级降臣，包括同为状元宰相的留梦炎，皆入狱中劝降。文天祥或讥、或讽、或骂，这些小人无不灰溜溜羞惭而去。特别是留梦炎奉新主子之命来劝降他时，文天祥更是对其表现得极为不屑与嘲讽，并当场作《为或人赋》一诗，记载了此次“会见”，诗云：

悠悠成败百年中，笑看柯山局未终。
金马胜游成旧雨，铜驼遗恨付西风。
黑头尔自夸江总，冷齿人能说褚公。
龙首黄扉真一梦，梦回何面见江东。

曾同为状元宰相，留梦炎缺的不是才智，他所缺的是文人的气节与胆略。当看到“梦回何面见江东”这句诗时，他的脸红一阵白一阵，最后什么话也没说，便灰溜溜地走了。

1283 年 1 月 9 日，文天祥被押至元大都柴市刑场，从容就义。由于多年被囚禁于斗室，文天祥已经丧失方向感。是故临刑前，他问观刑之人南方故国方向何在。当辨明方向后，他虔诚地跪下来，向着南方祭拜，礼毕，索笔为诗一首：

昔年单舸走维扬，万死逃生辅宋皇。
天地不容兴社稷，邦家无主失忠良。
神归嵩岳风云变，气入烟岚草木荒。
南望九原何处是，关河暗淡路茫茫。

写毕，他对执刀的刽子手说：“吾事毕矣”，伏首受刑。时年四十七岁。

文天祥的死不仅感动了在场的所有人，也感动了当时元最高统治者。据说，获悉文天祥死后，忽必烈追悔莫及，很是惋惜：“文丞相好男子，不肯为吾用，一时轻信人言杀之，诚可惜!”即使多年后言及其事，还感叹说：“是好人也。”

后　记

许多年前的一个夜晚，宛如梦游般，我曾在长江大堤上溯流而上，形单影只地游走了一个通宵。那是一个月色朦胧的夜晚，时间大约是在六月，因为对自己毕业后的命运有些悲观，而母亲在老家又得了重病，所以，我当时的心境也像脚底下的长江水那样激流涌动。记得那次，当我在拂晓时爬上当年李白歌咏过的天门山，看到东方仿佛小鸡啄破蛋壳冉冉升起的一轮红日时，不知怎的，我忽然感到双腿瘫软，一屁股坐在一块大石头上，而眼泪也不知不觉地流淌了出来……

一晃二十多年过去了，也许是人过了不惑之年很喜欢忆旧吧，近年来，这过去的一幕，竟白天黑夜地经常在我的眼前浮现。

我是一个喜欢耽于梦想的人，平时老是稀里糊涂地分不清梦与现实，所以，尽管这些年我一路跌跌撞撞地走来，其间经历了许多坎坷与挫折、是非与纷扰，但我始终在心中像马丁·路德·金那样鼓励自己说："我有一个梦想!"也正是因了这种近乎"阿Q精神胜利法"似的"梦想"的指引抑或说是"诱惑"，这些年来，在无数个漫漫长夜中，我才能"躲进小楼成一统，管他冬夏与春秋"，尽量清心寡欲地独对青灯黄卷，自言自语、自娱自乐地写些感悟历史、感悟人生的蝇头文字。而显然，这本书便是我"躲进小楼"的"产物"。

说来，有宋一朝真的是中国历史上一个较为特殊、较为另类乃至较为荒诞的封建王朝。读宋朝的历史，乍一看去，有很多事情，总是很容易让人"读不懂也想不通"。

譬如说，宋朝是一个由武将或者说是由标准的职业军官通过军事政变的形式篡夺政权而组成的国家，按理说，这样的一个军人政府，应该更注重军事，更注重国防，实行（起码在初期）"军人专政"。然而，用著名历史学家黄仁宇先生的话说，它的军事与国防却"不及其他任何主要的朝代"，它所实行的却是"文人专政"。诚如大家所知道的，宋朝是中国历史上疆域最小的中原王朝，几乎老是遭受外族欺侮，而且无论北宋或南宋，许多统治者都一直梦想着实现国家统一。所以，正常情况下，它应该比其他任何朝代更尊崇武将，厚待武将，可是，匪夷所思的是，它却始终在干着猜疑、迫害乃至擅杀武将、自毁长城的傻事！

所以，作为一个“文人政治”的标本，两宋无疑最具有历史解剖的意义和价值。在这解剖的过程中，仔细想来，之所以会遭遇到那么多读不懂也想不通的历史人物与历史事件，究其原因，倒不完全是由于过于久远与漫长的时间阻隔，乃是因为太祖、太宗皇帝从一开始就聪明反被聪明误，极为聪明但却非常糊涂地制订了两宋一以贯之的“祖宗家法”。

而这些历史之悲剧，尽管早已定格，尘埃落定，但其中的许多人物与故事，即使在今天看来，也仍然非常生动，非常深刻，无论人物与故事本身，还是潜藏在它们背后的文化意蕴与政治得失，对后世的读者来说，也都非常饶有趣味，引人入胜，且发人深省，颇多启迪，对现代社会无疑具有非常深刻、立此存照的警示意义与“通鉴”价值。也正是有鉴于此，我才尝试着尽力去勾画和感受这个封建另类王朝早已逝去的背影，以及“他”内心中所曾经有过的酸痛与悲哀。

本书在编写过程中主要以《二十五史》和《资治通鉴》为资料，同时也参考了许多中外作者的书籍或文章，由于书目及作者较多，恕不一一列举，在此，真诚地说一声“谢谢”！

在此，也要感谢我的妻子与儿子，这些年来，是他们在我遭遇坎坷与挫折时，给了我许多的鼓励与慰藉，使我在逆境中增强了奋发向上的信心和勇气。

“无情未必真豪杰，怜子如何不丈夫？”最后，我还想对即将参加高考的儿子说：“无论结果如何，在父亲的眼中，你的表演一如你的人生，都是最精彩最成功的！”

本书中的评价仅为作者个人观点，若有不当之处，欢迎读者指正。

丁守卫